U0145596

邏輯思維當代應用
從哲學、數學、語言學、AI角度全方位學邏輯

王文方 ✳ 著

五南圖書出版公司 印行

自序

　　許多人說「邏輯」很重要，很多在不同領域從事研究的學者更是會這樣說，但很少人說清楚、講明白邏輯在各領域中的實際應用情況。

　　「邏輯學」不只是研究推理本身，還研究在各領域中實際或應該進行的推理模式。事實上，「邏輯學」作為一門跨領域的學科已經是當代許多人的共識。邏輯學不僅在哲學、數學、語言學和 AI 等領域上有其重要應用，其應用性甚至廣泛延伸到電路設計、法學、經濟學、因果科學和刑事偵查等各個領域，但許多邏輯學教科書缺乏對邏輯學具體應用的說明，因而，是時候該有一本講述邏輯學如何應用在各領域的書了。

　　從邏輯學的創始人亞里斯多德（Aristotle，公元前 384-322）開始，邏輯學一直被認為是具有高度工具性的學科，但工具有效率高低之分和使用方便與否之別。實際上，隨著自動化的程度日益增高與網路化的使用日漸普及，已經有許多程式化的軟體與網站，可以協助使用者更有效率地進行必要的邏輯推理與檢查，也可以協助邏輯的初學者發現自己在邏輯理解或邏輯技術上的錯誤，大幅提高學習邏輯的效率。國外因而有越來越多的邏輯學教科書會隨書附有光碟或建立網站，讓學習者能夠有更容易上手、更有效能的工具（如：Jon Barwise 等人合著的 *Language, Proof, and Logic* 一書），但這樣的教科書通常都要價不菲。另一方面，國內常見的教科書多半缺乏隨書附帶的可應用軟體或相關網站，因而，是時候該有一本隨附便宜（甚至免費）軟體或網站的邏輯學書了。

　　從以上的需要出發，本書力圖在內容上比一般常見的基本邏輯學教科書來得更有啟發性與工具性。除了教導基本的邏輯學觀念與技術之外，本書還希望能達成兩方面的功能：一方面具體舉例說明邏輯學在各種學科領域中的重要應用，一分面則與大家分享在網路上可免費下載的邏輯軟體或免費登錄的邏輯網站，以便利邏輯初學者的學習。本書各章中介紹的軟體和網站都可以無償使用，而本書對邏輯學在各領域中的應用介紹則為國內罕見。

　　本書是我在臺灣中正大學教邏輯學八年、陽明（交通）大學教邏輯學十三年、山東大學教邏輯學兩年的成果。我要感謝過去二十餘年被我教過的學生，他們在課堂中的反應，成為我不斷改進教學內容與教學方法的動力。我也要感謝臺、港邏輯學界的老前輩們（如：林正弘教授、何秀煌教授和吳定遠教授），感謝他們的著作對我在學習邏輯上的啟蒙。在我寫作這本書的期間，我的摯友臺灣大學哲學系彭孟堯教授（也是臺灣長期的邏輯教育工作者）不幸因病辭世，來不及對這本書給出寶貴的意見，我希望以這本書表達我對他的思念。

　　本書能夠順利付印，得感謝五南圖書編輯們，他們的細心校對和即時回覆讓我印象深刻。我也得感謝山東大學邏輯研究所蘇慶輝教授、榮立武教授、梁飛教授和徐超教授等幾位同事對我寫作期間「荒廢所務」的容忍與對本書的事先閱讀與指正。最後，我要感謝我的妻子和我的女兒，他們永遠是我能夠不顧家事、專心寫作的最堅強後盾。

王文方

CONTENTS

CONTENTS

CONTENTS

Chapter ①

導　論

第一節　邏輯學的研究對象

　　你可能聽人說過，邏輯學是一門研究推論或思想規律的學問，但這個說法並不太準確。準確來說，邏輯學是一門研究各種邏輯對象的語義與邏輯性質，以及這些對象之間的邏輯關係的學問，這些邏輯對象包括各種的邏輯字詞 ①（如：真值函數式的連接詞、量化詞、表達等同的詞彙，以及各種模態詞等）、命題、命題的集合、論證（或推論）、形式系統與語義模型等。這些語義與邏輯性質，包括各種邏輯字詞對複合句真假值所作出的語義貢獻、命題的恆真性、恆假性、偶然性、命題集合的邏輯一致性（或可滿足性）、論證（或推論）的演繹有效性、歸納強度、形式系統相對於語義模型的健全性與完備性等，而這些邏輯關係則包括邏輯蘊涵關係、邏輯等價（或邏輯等值）關係與邏輯強弱關係等。

　　你目前可能還看不懂這些術語，但沒有關係，本章將先說明其中一部分基礎重要的邏輯學概念，隨後各章則將逐次介紹這些相關的邏輯學對象、性質與關係。

　　除了邏輯學，其它學科，如：認知心理學、認知科學，也可能會研究我們利用語言所做出的各種推理。當研究推理時，邏輯學與認知心理學（或「認知科學」）的不同之處在於：邏輯學研究的是我們「應該」如何去思考與推理，或我們「應該」以什麼樣的前提或理由去支持一個結論？認知心理學（或「認知科學」）研究的則是我們「實際上」如何思考和推理，或我們「實際上」以什麼樣的前提或理由去支持一個結論？用簡短的話來說：「邏輯學研究的是推理之『應然』，其它學科研究的是推理之『實然』」。換言之，邏輯學是研究推理的規範性學科，而其它學科則是研究推理的描述性學科。

　　但邏輯學並非只是抽象的理論研究而已，它還有許多廣泛的應用。

　　邏輯學源起於古希臘時代，最早對邏輯學做出系統性研究的人是希臘哲學家亞里斯多德（Aristotle，公元前 384-322）。由於邏輯學源自於哲學，因而在過去兩千多年來，始終在哲學中有著廣泛的應用。但從十九世紀末到二十

---

① 又稱為「邏輯常項」（logical constants）或「邏輯符號」（logical symbols）。一個詞彙必須具備什麼特性才能成為一個邏輯常項或邏輯符號？這是邏輯哲學中相當重要的一個哲學問題，本書雖不會詳細討論這個問題，但有興趣的讀者可以參考本書第十三章第一節中的簡略說明。

世紀三〇年代為止，在數學家弗雷格（Gottlob Frege，公元 1848-1925）、塔斯基（Alfred Tarski，公元 1901-1983）、哥德爾（Kurt Gödel，公元 1906-1978）、庚岑（Gerhard Gentzen，公元 1909-1945）等人的改革和推動下，邏輯學不僅有了新的面貌與大幅的進步，更開發了十分廣泛的應用空間。近一百年來，邏輯學已經是許多學科共同需要和使用的工具，如：哲學、數學、電腦（資訊）科學、AI、電機、經濟學、語言學、法學和新聞學等。這個說法有一個簡單的證明：從 2007 年起，這些學科的研究者每兩年就會聚集召開一個名為「LORI」（Logic, Rationality, and Interaction）的國際邏輯學研討會（網站：http://www.golori.org/）。本書的第三部分「當代邏輯學的應用」將舉例說明邏輯學在若干領域中的重要應用。

第二節　基本的邏輯學概念

　　本節將說明邏輯學中最基本，但也是最重要的幾個概念，以便你能對邏輯學研究的各種對象、性質與關係有進一步的了解。其它重要的邏輯概念則在後面各章說明。

一、命題與真假值

　　邏輯學研究的基本對象之一是「命題」（proposition）。在邏輯學中，「命題」指的是任何自然語言中任何一個「有真假可言」的語句。[2]邏輯學稱一個語句實際上的「真」或「假」為該語句的「真假值」（truth-value）。[3]但

---

[2]「命題」一詞源於哲學，但哲學中所謂的「命題」與有真假可言的語句不見得是相同的東西。在哲學中，「命題」一詞通常被用來指稱語句的「內容」，或語句所表達的「思想」（這兩者通常被當作是抽象的事物），或任何可以被說成是有真假可言的事物（如：語句、信念、判斷等）當中最「根本的」類型（如：信念）。

[3] 更正確地說，「經典邏輯」（the classic logic）認為真假值只有「真」和「假」兩種，但「非經典邏輯」則未必如此認為。舉例來說，有些三值邏輯（three-valued logic）學家便認為有些日常語句有代表「既非真亦非假」的「n」值，而模糊邏輯（fuzzy logic）學家則普遍認為真、假是有程度性的事物，因而對模糊邏輯學家來說，真假值其實像實數一樣有無限多個。

並非所有的自然語言語句都有真、假可言，因而，一個接踵而來的問題便是：「什麼樣的語句才有真假可言呢？」邏輯學和哲學學者目前的共識是：自然語言中只有試圖用來表達事實的直述句（declarative sentences），如：「凡人皆會死」、「蘇格拉底是人」、「柏拉圖的老師是蘇格拉底」等，才有真、假可言。這個看法排除了兩種語句作為命題。首先，由於疑問句、祈使句等類型的語句通常並非用來表達事實，因而它們不能算是命題。其次，如果一個直述句只是狀似用來表達事實，但事實上不然，那麼，這樣的直述句同樣不能算是命題。舉例來說，有些哲學家便主張：由於並沒有關於對錯的倫理事實可言，因而倫理學中的直述句（如：「誠實是對的」或「說謊是不對的」）其實並不描述任何事實，也沒有真假可言，並非邏輯學中所謂的命題。

二、論證與推論

論證（argument，或「推論」〔inference〕）是由至少兩個命題所構成的事物，也是邏輯學研究的主要對象之一。一個簡單的論證（或推論）包含單一一個命題作為該論證（或推論）的結論（conclusion），而其它的命題則被推論者用來支持（或推論出）該結論，並且被稱作是這個論證（或推論）的「前提」（premise 或「理由」〔reason〕）。舉例來說，「凡人都有七情六慾，聖人也是人。所以，聖人也有七情六慾」就是一個簡單的論證，其中，「聖人也有七情六慾」是這個論證的「結論」，而其它的命題則是「前提」。數個簡單的論證（或推論）可以共同構成一個複雜的論證（或推論）。舉例來說，你可以先用「凡奇數都不能被 2 整除」和「5 是奇數」這兩個前提，去論證（或推論出）「5 不能被 2 整除」這個結論，再以該結論和「老張的子女數是 5」作為兩個前提，去論證（或推論出）「老張的子女數不能被 2 整除」這個進一步的結論。

在上段中，似乎暗示論證和推論是兩種不同類型的事物，但從結構上來看，論證和推論其實可以看作是同一類型的事物：它們都由一個結論和一或多個前提（或理由）所構成，主要差別在於使用前提的時機與順序。推論時，我們經常用已知的命題作為前提，然後一步一步「推論出」我們想要證明、但還不確定是否為真的結論；但在論證時，我們則是尋找已知或未知的真命題作為前提或理由，用它們去「支持」某個我們已經相信或抱持的結論（或看法）。

由於論證和推論結構相同，因此本書把這兩者簡單地歸為同一類。

以下是論證的四個例子（以**粗黑體**表示這些論證的「結論」）：

(1) 如果竊賊是從廚房窗戶爬進來的，那麼，廚房的窗臺上就會留有竊賊的腳印。但廚房的窗臺上並沒有腳印。所以，**竊賊並不是從廚房窗戶爬進來的。**

(2) 任何人只要喝了那杯毒酒都會死；因此，**喝了那杯毒酒的蘇格拉底會死**，畢竟，蘇格拉底也只是個人。④

(3) **約翰必然是個老菸槍**，因為，約翰有兩根被尼古丁燻黃的手指。

(4) 這隻狗是你的，但這隻狗也是個父親。所以，**這隻狗一定是你的父親。**

在此應該能夠輕易地從這四個例子看出三件事。首先，「所以」或「因此」通常標示了其後所連接的語句為結論，而「因為」則通常標示其後所連接的語句為前提。其次，結論在論證中的位置可以在論證的最後面，如 (1) 和 (4)，也可以在論證的一開始，如 (3)，但也可以夾雜在前提之間，如 (2)。最後，為了強調前提與結論之間有特定的邏輯關聯，我們通常會在結論中插入「一定」或「必然」這類詞，但這樣的詞不應該被看作是結論的一部分。當一個論證的前提分別是 α_1、$\cdots$、α_n，而其結論為 β 時⑤，我們就將該論證表示為「$\alpha_1, \cdots, \alpha_n / \therefore \beta$」；其中，「$/ \therefore$」這個符號代表「因此」。

三、論證的演繹與歸納標準

直覺上，論證有好壞之分（並非任何兩個論證都一樣好），我們也常評估論證的好壞，問題是：我們應該以什麼樣的標準去評估一個論證呢？這個問題

---

④ 注意，日常常見的論證經常省略了其中明顯的前提。以本例來說，「畢竟，蘇格拉底也是個人」就很可能會被省略。前提太過於明顯而被省略的論證，歷史上被稱為「省略論證」（enthymeme）。為了嚴格和清楚起見，本書的所有例子都不省略任何的前提，因而都不是省略論證。

⑤ 此處的 α_1、$\cdots\cdots$、α_n、β 代表任意的命題。

的答案很複雜，簡化起見，這麼說吧：當代的邏輯學所關心的，主要⑥是兩種評價論證的標準：演繹的（deductive）評價標準、歸納的（inductive）評價標準。⑦演繹的標準是數學家評價數學證明時所使用的標準，也是哲學家評價各種哲學論證時通常使用的標準，更是本書和多數邏輯教科書唯一關心的標準。歸納的標準則通常是科學家評價各種科學論證時所使用的標準。演繹的標準是個較強的標準，相對而言，歸納的標準則是個較弱的標準。有關於這兩種評價論證的標準，請見以下的說明。

四、演繹上有效與無效的論證、演繹上健全與不健全的論證

在演繹的評價標準下，好的論證被稱為「演繹上有效的」（deductively valid）論證，而壞的論證則被稱為「演繹上無效的」（deductively invalid）論證。演繹上有效的論證是「不可能（其前提都為真，但結論卻為假）」的論證，或者說，「必然（如果其前提都為真，則其結論也會為真）」的論證。⑧注意，在這兩個等價的定義中，我們使用了括弧去標示「不可能」和「必然」這兩個詞的範圍，因此，前一個定義說的是：「**其前提都為真但結論卻為假這件事**是不可能為真的」；後一個定義說的則是：「**如果其前提都為真，則其結論也會為真這件事**是必然為真的」。演繹上無效的論證則是「有可能（其前提

---

⑥ 更正確的說，當代的形式（formal）邏輯學（如本書）主要關心的是這兩種規範性的標準，但當代的非形式（informal）邏輯學可能還關心其它的標準。

⑦ 許多邏輯學教科書會將論證分為「演繹論證」和「歸納論證」兩種，但本書追隨美國邏輯學家 Susan Haack, *Philosophy of Logic*, Cambridge Univesity Press, 1978, p.12 的看法，認為演繹、歸納的區分較適合用來區分評價標準，而非論證類型本身。

⑧ 注意。在這個定義下，經典邏輯中的演繹有效性概念具有所謂的「單調性」（monotonicity），亦即：如果一個論證是演繹上有效的，那麼，在該論證的原前提上增加任何額外前提之後的論證仍然會是演繹上有效的。當代有些非經典邏輯系統（non-classic logic），如在法律和人工智能中有廣泛應用的缺省邏輯（default logic），則是非單調性的邏輯，但我們將不會舉例說明後者。另外值得注意的是：此處的必然性與哲學家所謂的必然性未必相同。我們在第十三章第一節中將區分邏輯的必然性、分析的必然性與形上學的必然性三者。有興趣的讀者可以參考該處的說明。

都為真但結論卻為假）」的論證，或者說，「（如果其前提都為真，則其結論也會為真）並非必然」的論證。⑨當「α₁, ⋯, αₙ / ∴ β」是演繹上有效的論證時，符號記作「{α₁, ⋯, αₙ} ⊨ β」；當「α₁, ⋯, αₙ / ∴ β」是演繹上無效的論證時，符號記作「{α₁, ⋯, αₙ} ⊭ β」。

作為簡單的例子，可以回顧之前 (1) 至 (4) 四個論證。論證 (1) 和 (2) 是演繹上有效的論證，而 (3) 和 (4) 不是。(1) 和 (2) 之所以是演繹上有效的論證，是因為：**它們的前提都為真但結論卻為假這件事**是不可能的。為什麼這件事是不可能的呢？除了直覺之外（我希望讀者有這樣的直覺），我們還有什麼更好的方法可以證明這件事嗎？我們將在本書第一和第二部分各章陸續說明這個問題的答案。(3) 之所以不是演繹上有效的論證，是因為**約翰有兩根被尼古丁燻黃的手指，但約翰卻不是個老菸槍這件事**是有可能的，例如：有可能約翰本身並不抽菸，但需要每天用手指夾菸給他的父親抽。(4) 之所以不是演繹上有效的論證則很明顯：該論證的前提實際上都為真（讓我們假設如此），但該論證的結論（這隻狗是你的父親）實際上卻為假。由於實際上的情況也是一種可能的情況，所以**該論證的前提都為真但結論卻為假這件事**是可能為真的。⑩

如果一個論證是演繹上有效的，而且其所有的前提**實際上**也都為真，那麼，我們就說該論證不僅是一個演繹上有效的的論證，還是一個演繹上「健全的」（sound）論證。一個「演繹上無效的論證」或一個「演繹上有效但卻至少有一個前提實際上為假的論證」則被稱為是演繹上「不健全的」（unsound）論證。就論證的目的來說，通常我們希望一個論證不僅是演繹上有效的，更是演繹上健全的。但由於論證的前提可以是任何的語句，這些前提是否為真的問題也往往需要不同的學科來加以鑑定，因而邏輯學關心的重點通常就只在於一個論證是否為演繹上有效這個問題，而不在於一個論證是否是演繹上健全的問題。

---

⑨ 後面會在第二章使用真值表、在第三章使用語義模型進一步闡釋演繹有效性和演繹無效性的意義。

⑩ 在本章第四節中和第三章中將進一步說明這裡所謂的「可能」何指。

五、歸納上強與弱的論證、歸納上可信與不可信的論證

　　在歸納的評價標準下，好的論證又被稱為「歸納上強的」（inductively strong）論證，而壞的論證則被稱為「歸納上弱的」（inductively weak）論證。歸納上強的論證是「不**太**可能（其前提都為真但結論卻為假）」的論證，或者說，「**相當**可能地（如果其前提都為真，則其結論也會為真）」的論證。注意，在這兩個模糊但等價的定義中，我們同樣使用括弧去標示「不太可能」和「相當可能」這兩個詞的範圍。因而，頭一個定義說的是：**其前提都為真但結論卻為假這件事**是不太可能為真的；而後一個定義說的則是：**如果其前提都為真，則其結論也會為真這件事**是相當可能為真的。歸納上弱的論證是「相當可能（其前提都為真但結論卻為假）」的論證，或者說，「（如果其前提都為真，則其結論也會為真）並不太可能」的論證。

　　作為簡單的例子，我們可以再回顧之前 (1) 至 (4) 四個論證。論證 (1) 至 (3) 都是歸納上強的論證，(4) 則不是。(1) 和 (2) 之所以是歸納上強的論證，那是因為：**它們的前提都為真但結論卻為假這件事**根本就不可能，因而是不太可能的。(3) 之所以是歸納上強的論證，那是因為**約翰有被尼古丁燻黃的手指但約翰卻不是個老菸槍這件事**是不太可能的，儘管這件事仍然是可能的（可能性再低的事情都是有可能的）。但為什麼 (3) **的前提為真但結論卻為假這件事**是不太可能呢？除了直覺之外（再一次地，我希望讀者具有這樣的直覺），讀者可以試著從概率（probability）的角度去理解這件事：在手指被燻黃的人當中，不是老菸槍的比率或概率是相當低的，因而 (3) **的前提為真但結論卻為假這件事**是不太可能的。(4) 之所以不是歸納上強的論證是很明顯的：就算該論證的前提實際上都為真（讓我們假設如此），該結論（**這隻狗是你的父親**）為真的概率也幾近於零。

　　如果一個論證是歸納上強的論證，而且其所有的前提實際上也都為真，那麼，我們就說該論證不僅是一個歸納上強的論證，還是一個歸納上「可信的」（cogent）論證。一個「歸納上弱的論證」或一個「歸納上強但至少有一個前提實際上為假的論證」則被稱為是歸納上「不可信的」（uncogent）論證。就論證的目的來說，通常我們希望一個論證不僅是歸納上強的，更是歸納上可信的。但由於歸納標準並不在本書（或大多書邏輯教科書）的涵蓋範圍之內，所以我們對歸納標準的說明就將到此為止。

　　對於論證的兩種評價標準以及評價分類，詳見以下的「圖 1-1」；其中，我們以橢圓形標示出邏輯學真正關心的分類。

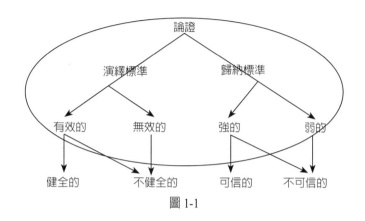

圖 1-1

六、恆真句、恆假句及偶然句

　　除了演繹上有效的論證之外，邏輯學研究的另一個重要對象是恆真句。一般而言，命題可以分為三類：恆真句、恆假句和偶然句。恆真句（tautology，又稱「邏輯真句」、「重言式」、「套套邏輯」）是不可能為假或必然為真的命題，如「王文方是女人或者王文方不是女人」及「所有的德國人都是德國人」等。[11]當 α 是一個恆真句時，我們在符號上表示為「⊨ α」。當 α 不是一個恆真句時，我們符號表示為「⊭ α」（不是恆真句的命題有可能是恆假句，也有可能是偶然句）。恆假句（self-contradiction，又稱「邏輯假句」、「自我矛盾句」）是不可能為真或必然為假的命題，如「王文方是男人而且不是男人」以及「有些德國人不是德國人」等。恆假句的否定一定是個恆真句，而恆真句的否定也一定是個恆假句。最後，偶然句（contingent）是有可能為真也有可能為假的命題，或者說，既非恆真句亦非恆假句的命題，如「王文方是男人」和「有些人是德國人」等。在下一節中，我們將說明恆真句與其它邏輯概念之間的關係。在本章之後，我們也將陸續介紹幾種證明一個命題是哪一類命題的方法。

---

[11] 有些教科書會區分「恆真句」與「邏輯真句」，但為簡單起見，本書不做分別。

七、邏輯蘊涵、邏輯等價及邏輯強弱比較

　　令 α 和 β 為任意的兩個命題。當「α 為真但 β 卻為假」為不可能時，或者說，當必然地「如果 α 為真則 β 為真」時，我們就說「α 邏輯上蘊涵（logically implies）β」（寫作「α ⊨ β」）；否則，我們就說「α 邏輯上不蘊涵 β」（寫作「α ⊭ β」）。直覺上，當 α 邏輯上蘊涵 β 時，我們就可以從 α 邏輯上有效地推論出 β 來。比方來說，從「王文方是個女老師」你可以有效地推論出「王文方是個老師」，因而前者邏輯上蘊涵後者。邏輯蘊涵關係是「自反的（reflexive）關係」；亦即，每個命題都邏輯上蘊涵它自己。邏輯蘊涵關係也是「傳遞的（transitive）關係」；亦即，如果一個命題邏輯上蘊涵第二個命題，而後者又邏輯上蘊涵第三個命題，那麼，第一個命題便邏輯上蘊涵第三個命題。但邏輯蘊涵關係不是「對稱的（non-symmetric）關係」；亦即，當 α 邏輯上蘊涵 β 時，β 不見得會邏輯上蘊涵 α。

　　當 α 和 β 互相邏輯上蘊涵時，或者說，當 α ⊨ β 且 β ⊨ α 時，我們就說「α 和 β 是邏輯上等價的（logically equivalent）」（寫作「α =⊨ β」）。例如，「所有的人都會死」和「沒有人不會死」便是「邏輯上等價的」。直覺上，內容完全一樣的兩個命題是邏輯上等價的命題，但邏輯上等價的兩個命題卻不需要是內容上完全一樣的語句（詳見下一節中的說明）。邏輯等價是「自反的關係」：每個命題都邏輯上等價於它自己。邏輯等價也是「傳遞的關係」：如果一個命題邏輯上等價於第二個命題，而後者又邏輯上等價於第三個命題，那麼，第一個命題便邏輯上等價於第三個命題。邏輯等價同時也是「對稱的關係」：當 α 邏輯上等價於 β 時，β 也會邏輯上等價於 α。同時具有自反性、對稱性和等價性的關係又稱為等價關係；邏輯等價是一種等價關係。[12]

　　任何兩個命題 α 和 β 之間一定會具有而且只會具有以下四個關係當中的一個：(a)α 邏輯上蘊涵 β，但反之不然；這時，我們說 α 在邏輯上強於（logically stronger than）β，而說 β 在邏輯上弱於（logically weaker than）α；(b)β 邏輯上蘊涵 α，但反之不然；這時，我們說 β 在邏輯上強於 α，而說 α 在邏輯上弱於 β；(c)α 和 β 互相在邏輯上蘊涵對方；這時，我們說它們在邏輯的強度上相等；(d)α 和 β 在邏輯上互相不蘊涵對方：這時，我們說它們是邏輯上獨立的

---

[12] 其它常見的等價關係（equivalent relation）還有等同關係、同齡關係，同義關係等。

（logically independent），在強度上則是不可比較的（not comparable）。比方來說，「這枝筆是黑色的」和「那是一隻小狗」在邏輯強度上便不可比較。

八、邏輯共同一致性

當 n 個語句 $\{\alpha_1, \cdots, \alpha_n\}$ 有可能都為真時，或者說，當它們可以在某個可能情況下都為真時，我們就說它們在邏輯上是「共同一致的」或「共同可滿足的」（jointly consistent; jointly possible；jointly satisfiable）。如果沒有任何可能情況可以讓 $\{\alpha_1, \cdots, \alpha_n\}$ 都為真，我們就說它們是「共同不一致的」或「共同不可滿足的」（jointly inconsistent；jointly impossible；jointly unsatisfiable）。直覺上，如果 $\{\alpha_1, \cdots, \alpha_n\}$ 是邏輯上「共同不一致的」，那麼，他們當中就至少有一個**實際上**為假，雖然也有可能不止一個語句在實際上為假。而這是因為：如果沒有任何可能的情況可以讓它們都為真，那麼，實際的情況也會是它們不全都為真的情況之一，因而他們當中至少會有一個實際上為假，雖然也有可能多於一個實際上為假。哲學上常見的「悖論」（paradox），也就是一組個別看來似乎都為真但卻在邏輯上「共同不一致的」語句集。在面對悖論時，哲學家的工作之一就是在這些個別看起來似乎都為真的語句當中挑出一個（或數個）實際上為假的語句來，並合理地解釋為何它（們）實際上為假但卻看起來像是真的。

第三節　各種邏輯基本概念間的關聯

前一節中所說明的各種邏輯基本概念之間並非毫無關聯，我們將在這一節中說明它們的關聯。

讓我們先說明演繹上有效的論證與其它概念之間的關係。首先，讓我們看演繹上有效論證與恆真句（或恆假句）之間的關係。如果一個論證「$\alpha_1, \cdots, \alpha_n$ /∴ β」是演繹上有效的，換言之，如果 $\{\alpha_1, \cdots, \alpha_n\} \vDash \beta$，那麼，根據有效性的定義，**如果 $\{\alpha_1, \cdots, \alpha_n\}$ 都為真，則 β 也會為真這件事**就會是必然為真的；因而，根據恆真句的定義，「如果 $\alpha_1, \cdots, \alpha_n$ 都為真，則 β 也會為真」這個語句（簡寫為「$(\alpha_1 \wedge \cdots \wedge \alpha_n) \rightarrow \beta$」）也就會是一個恆真句。反過來說，如果

「$(\alpha_1 \wedge \cdots \wedge \alpha_n) \rightarrow \beta$」是一個恆真句，那麼，根據恆真句的定義，**如果 $\{\alpha_1, \cdots, \alpha_n\}$ 都為真，則 β 也會為真這件事**就會是必然為真的；因而，根據有效論證的定義，$\{\alpha_1, \cdots, \alpha_n\} \vDash \beta$。類似地，如果「$\alpha_1, \cdots, \alpha_n / \therefore \beta$」是有效的，那麼，根據有效性的定義，**$\{\alpha_1, \cdots, \alpha_n\}$ 都為真但 β 卻為假這件事**就會是不可能為真的；因而，根據恆假句的定義，「$\alpha_1, \cdots, \alpha_n$ 都為真但 β 卻為假」這個語句（簡寫為「$(\alpha_1 \wedge \cdots \wedge \alpha_n \wedge \neg\beta)$」）就會是一個恆假句。反過來說，如果「$(\alpha_1 \wedge \cdots \wedge \alpha_n \wedge \neg\beta)$」是一個恆假句，那麼，根據恆假句的定義，**$\{\alpha_1, \cdots, \alpha_n\}$ 都為真但 β 卻為假這件事**就會是不可能為真的，因而，根據有效論證的定義，$\{\alpha_1, \cdots, \alpha_n\} \vDash \beta$。我們可以把這些結果簡單用兩句話去概括如下：

1. $\{\alpha_1, \cdots, \alpha_n\} \vDash \beta$，若且唯若，$\vDash (\alpha_1 \wedge \cdots \wedge \alpha_n) \rightarrow \beta$。（當 n=1 時，我們則有：$\alpha \vDash \beta$，若且唯若，$\vDash \alpha \rightarrow \beta$。）

2. $\{\alpha_1, \cdots, \alpha_n\} \vDash \beta$，若且唯若，「$(\alpha_1 \wedge \cdots \wedge \alpha_n \wedge \neg\beta)$」是一個恆假句。（當 n=1 時，我們則有：$\alpha \vDash \beta$，若且唯若，「$(\alpha \wedge \neg\beta)$」是一個恆假句。）

有效論證與邏輯蘊涵概念之間也有類似的關係。如果 $\{\alpha_1, \cdots, \alpha_n\} \vDash \beta$，那麼，根據有效性的定義，**如果 $\{\alpha_1, \cdots, \alpha_n\}$ 都為真，則 β 也會為真這件事**就會是必然為真的；因而，**如果「α_1 且…且 α_n」為真，則 β 也會為真這件事**也會是必然為真的，而根據邏輯蘊涵的定義，最後這個說法相當於：「α_1 且 … 且 α_n」這個語句（簡寫為「$(\alpha_1 \wedge \cdots \wedge \alpha_n)$」）邏輯上蘊涵 β，換言之，$(\alpha_1 \wedge \cdots \wedge \alpha_n) \vDash \beta$。反過來說，如果 $(\alpha_1 \wedge \cdots \wedge \alpha_n) \vDash \beta$，那麼，根據邏輯蘊涵的定義，**如果「$\alpha_1$ 且…且 α_n」為真，則 β 也會為真這件事**就會是必然為真的；因而，**如果 $\{\alpha_1, \cdots, \alpha_n\}$ 都為真，則 β 也會為真這件事**就會是必然為真的，而根據有效論證的定義，$\{\alpha_1, \cdots, \alpha_n\} \vDash \beta$。我們可以把這個結果簡單用一句話概括如下：

$\{\alpha_1, \cdots, \alpha_n\} \vDash \beta$，若且唯若，$(\alpha_1 \wedge \cdots \wedge \alpha_n) \vDash \beta$。

最後，論證的有效性與否和邏輯共同一致性（或共同可滿足性）的關係如下。首先，如果 $\{\alpha_1, \cdots, \alpha_n\} \vDash \beta$，那麼，根據有效性的定義，**如果 $\{\alpha_1, \cdots, \alpha_n\}$**

都為真，則 β 也會為真這件事就會是必然為真的；因而，{α₁, …, αₙ} 和「¬β」都為真這件事就是不可能為真的，因為 β 和「¬β」不可能都為真。而根據邏輯共同不一致性的定義，這也就是說：{α₁, …, αₙ, ¬β} 會是邏輯上共同不一致的（或非共同可滿足的）。反過來說，如果 {α₁, …, αₙ, ¬β} 是邏輯上共同不一致的（或非共同可滿足的），那麼，**如果 {α₁, …, αₙ} 都為真，則 β 也會為真這件事**就會是必然為真的（因為：如果 {α₁, …, αₙ} 都為真，則「¬β」一定為假，因而 β 一定為真）；而根據有效論證的定義，{α₁, …, αₙ} ⊨ β。我們可以把這個結果簡單用一句話概括如下：

> {α₁, …, αₙ} ⊨ β，若且唯若，{α₁, …, αₙ, ¬β} 是邏輯上共同不一致的（或非共同可滿足的）。

接著，讓我們看語句的邏輯類別與其它邏輯概念之間的關係。首先，如果一個論證的結論是一個恆真句，則該論證一定會是一個演繹上有效的論證，不管該論證的前提為何。而這是因為：恆真句是不可能為假的語句，而如果一個論證的結論不可能為假，則**該論證的前提都為真但結論卻為假這件事**也會是不可能的，所以，根據演繹有效性的定義，該論證一定會是一個有效的論證。其次，如果一個論證的某個前提是一個恆假句，則該論證也一定會是一個演繹上有效的論證，不管該論證的其它前提與結論為何；而這是因為：恆假句是不可能為真的語句，而如果一個論證的某個前提不可能為真，則**該論證的前提都為真但結論卻為假這件事**也會是不可能的，所以，根據演繹有效性的定義，該論證一定會是一個有效的論證。第三，如果 β 是一個恆真句，那麼，任何命題 α（不論 α 是恆真句、恆假句或偶然句）都一定會邏輯上蘊涵 β，而這是因為：如果 β 是一個不可能為假的恆真句，那麼，**α 為真但 β 卻為假這件事**就會是不可能的，因而，根據邏輯蘊涵的定義，α 一定會邏輯上蘊涵 β。類似地，如果 α 是一個恆假句，那麼，α 就一定會邏輯上蘊涵任何的命題 β（不論 β 是恆真句、恆假句或偶然句），而這是因為：如果 α 是一個不可能為真的恆假句，那麼，**α 為真但 β 卻為假這件事**就會是不可能的，因而，根據邏輯蘊涵的定義，α 一定會在邏輯上蘊涵 β。第四，從上述第三點我們可以推論出：任何兩個恆真句之間都會是邏輯上等價的，而且，任何兩個恆假句之間也都會是邏輯上等

價的（但注意，並非任何兩個偶然句都會在邏輯上等價）。最後，如果 $\{\alpha_1, \cdots, \alpha_n\}$ 當中有任何一個語句是恆假句，那麼，這些語句一定不可能同時為真，因而會是邏輯上共同不一致的（或非共同可滿足的）。我們可以把這些結果簡單概括如下：

1. 如果 β 是恆真句，那麼，$\{\alpha_1, \cdots, \alpha_n\} \vDash \beta$ 且 $\alpha \vDash \beta$。
2. 如果 α_i 是恆假句，那麼，$\{\alpha_1, \cdots, \alpha_i, \cdots, \alpha_n\} \vDash \beta$ 且 $\alpha_i \vDash \beta$。
3. 如果 α 和 β 都是恆真句或都是恆假句，則 $\alpha =\!\!\vDash \beta$。
4. 如果 α_i 是恆假句，那麼，$\{\alpha_1, \cdots, \alpha_i, \cdots, \alpha_n\}$ 是邏輯上共同不一致的（或非共同可滿足的）語句集合。

最後，讓我們再看邏輯不一致性與其它概念之間的三點關係。首先，如果一個論證的前提是邏輯上共同不一致的（或非共同可滿足的），那麼，該論證就會是有效的，而這是因為：如果該論證的前提不可能同時為真（因為其前提邏輯上共同不一致），那麼，**該論證的前提都為真但結論卻為假這件事**就是不可能為真的，所以，根據演繹有效性的定義，該論證會是個有效的論證。其次，如果 $\{\alpha_1, \cdots, \alpha_n\}$ 是共同不一致的（或非共同可滿足的），那麼，這些語句就不可能同時為真，因而「$(\alpha_1 \wedge \cdots \wedge \alpha_n)$」一定會是一個恆假句，而其否定則一定會是一個恆真句。最後，如果 $\alpha =\!\!\vDash \beta$，那麼，$\{\alpha, \neg\beta\}$ 和 $\{\neg\alpha, \beta\}$ 都會是邏輯上共同不一致的。我們可以把這些結果簡單概括如下：

1. 如果 $\{\alpha_1, \cdots, \alpha_n\}$ 是邏輯上共同不一致的（或非共同可滿足的），那麼，$\{\alpha_1, \cdots, \alpha_n\} \vDash \beta$。
2. 如果 $\{\alpha_1, \cdots, \alpha_n\}$ 是邏輯上共同不一致的（或非共同可滿足的），那麼，$\vDash \neg(\alpha_1 \wedge \cdots \wedge \alpha_n)$。
3. 如果 $\alpha =\!\!\vDash \beta$，那麼，$\{\alpha, \neg\beta\}$ 和 $\{\neg\alpha, \beta\}$ 都會是邏輯上共同不一致的（或非共同可滿足的）。

第四節　如何研究邏輯

　　我們將在這一節中說明兩個相關的問題：本章第二節中所說的「可能」和「必然」何指？以及當代邏輯學家如何研究邏輯學？

　　當我們在本章第二節中說明一些邏輯上重要的基本概念時，我們使用了「可能為真的」、「不可能為真的」、「必然為真的」這樣的概念，但它們究竟是什麼意思呢？首先，讓我們注意一件事：在假設我們已經了解否定詞「不」和量化詞「某個」或「任何一個」的意義的情況下，這幾個概念可以被化約為一個更基本的概念，也就是「可能的情況」（possible situation）（或哲學家所謂的「可能世界」〔possible world〕）這個概念；因為，說一個（或一些）語句是「可能（都）為真」也就是說它（或它們）在某個可能的情況下（都）為真，說一個（或一些）語句是「不可能（都）為真的」無非是在否定它（或它們）在任何一個可能的情況下（都）為真，而說一個（或一些）語句是「必然為真的」也就是在說它（或它們）在任何一個可能的情況下都會為真。所以，我們只需要知道什麼是一個「可能的情況」，也就能夠深刻把握本章第二節中所說的那幾個邏輯概念了。

　　但什麼是一個「可能的情況」呢？這個問題說起來很複雜，但為了簡單起見，讓我們這麼說吧：稱任何一個形如「α 且不是 α」的語句為一個形式矛盾句（formal contradiction），那麼，任何一個不會使得一個形式矛盾句為真的情況都是一個可能的情況。讓我們稱這個定義下的可能情況為「邏輯上的可能情況」。[⑬]邏輯上的可能情況是一種最寬廣的可能性，遠比一般人所謂的可能性來得更寬廣。比方來說，工程師會說「製造出一個能登上月球的高速公路」是（技術上）不可能的情況（儘管在物理和形上學上都是可能的），物理學家會說「有東西的速度比光更快」是（物理上）不可能的情況（儘管在形上學上是可能的），而形上學家則會說「存在一個既是整體紅色又是整體藍色的東西」是（形上學上）不可能的，但這些情況都不是會使得一個形式矛盾句為真

---

⑬ 以別於所謂「技術上的可能情況」、「物理上的可能情況」和「形上學的可能情況」。有關於這三種可能性的介紹，可以參考王文方：《形上學》，臺北：三民，2008，第二章。

的情況，因而仍然是邏輯上可能的情況。簡單地說，工程師、物理學家、形上學家認為可能的情況都是邏輯上可能的情況，而前三種人認為不可能的情況，只要它們不會使得一個形式矛盾句為真，仍然會被邏輯學家算作是邏輯上可能的情況。

但我們有沒有更明確且嚴格的方法去說明一個邏輯上可能的情況究竟是什麼樣子呢？這個問題將我們帶到了本節所要處理的第二個問題上：當代邏輯學家是如何研究邏輯學的？為了說明什麼是一個「邏輯上可能的情形」，當代邏輯學家普遍使用一種叫做語義模型（semantic model）的數學工具。我們將在本書的第三章第二節和第七章第一節分別舉例說明邏輯學家們如何使用語義模型去說明「邏輯上的可能性」；在此，我們只想先簡單指出一件事情：這些所謂的語義模型都是針對人工語言（artificial language）而設計的模型，而非針對日常語言（ordinary language）所設計的模型。換言之，當代邏輯學家研究邏輯學的方法是先從一個人工的語言（如我們在第二章和第六章中分別會學到的 PL 和 QL）入手，而非從像中文、英文這樣的日常語言入手。

但為什麼當代邏輯學家要這麼做呢？這個問題說起來同樣很複雜，但讓我們簡單這樣說吧：雖然日常語言是很好的溝通工具，但許多邏輯學家認為它們普遍有一些不利於邏輯研究的特性。我們在此簡單舉出三個這樣的特性。首先，日常語言的語句經常是歧義的，不但一個語句可以因為某些字的多義而產生語義上的歧義（semantic ambiguity）——如「白馬非馬」一語就可以因為「非」字的多義而產生「白馬不等於馬」和「白馬不是馬的一部分」兩種解讀；還可以因為字的組合順序不同而產生語法上的歧義（syntactic ambiguity）——如「約翰喜歡瑪莉和湯姆的姐姐」就可以因為組合方式的不同而理解為「約翰喜歡（瑪莉和湯姆）這兩個人的姐姐」和「約翰喜歡瑪莉，他也喜歡湯姆的姐姐」兩種不同的意思。當這些語義或語法上的歧義出現在論證中時，就會妨礙我們對論證的理解和評估；而這種歧義在人工語言當中可以分別透過「一字一義」的規定和對括弧的使用而加以避免。其次，日常語言中的語詞普遍是含混的（vague）：許多字詞缺乏精確的界線和定義。這樣的現象不但妨礙我們

對真假的判斷，也會產生哲學中的一類悖論。⑭在人工語言中，這種含混性很容易透過清楚的語義而加以去除。最後，日常語言經常可以有所謂的「言外之意」發生，這使得說出的話語本身和它所表達的內容往往不是同一件事情。有關於這個「言外之意」的現象，只要想想笑話和諷刺這兩種語言現象就可以了。當論證出現意在言外的語句時，論證內容的確定就成了一件麻煩的事情。幸運的是，在人工語言當中，這種意在言外的現象可以透過語言使用的規定而輕易避免。一個顯著的人工語言之例是當代的數學語言：在數學語言中，由於一個符號只有一個意義、語法的歧義能透過括弧的使用或其它約定而避免、每個符號都有精確的界線而其用途又只限於表達數學事實，因而前述日常語言的各種問題在數學這樣的語言中都不會產生。

　　從歷史來看，對邏輯學的研究有相當長的時間（大概從亞里斯多德到 19 世紀末之前）都是以日常語言作為研究對象的，但邏輯學的遲滯不前可能部分也要歸因於此。有鑑於日常語言的問題，德國哲學家萊布尼茲（Gottfried Wilhelm von Leibniz，公元 1646-1716）曾經在十七世紀時想像過一種普遍而清晰的語言，意見不同的人們可以利用它而將彼此的論證寫下來，然後經過清楚的規則去計算誰的論證才是好的論證，並因而化解爭執。這個理想到了兩個世紀之後，才由德國數學家與哲學家弗雷格於 1879 年開始著手進行，並且到目前為止仍在持續進行中。下一章中很快就會看到一個簡單的人工語言 PL。

　　但邏輯學的目的仍然是要協助我們去判斷各種由日常語言所寫下的命題和作出的論證；為此之故，我們在邏輯書中見到的各種人工語言只不過是自然語言的近似模擬物罷了，我們利用這樣的簡單模擬語言去說明哪些自然語言的論證是好的論證以及為何如此等等。重要的是，作為模擬物，這樣的人工語言必須在重要的方面夠像自然語言才行。讀完下一章之後，應該很快就會清楚理解人工語言和日常語言的差別與關聯。

---

⑭ 對這類悖論有興趣的讀者可以參考王文方：〈堆垛悖論〉，王一奇（編），《華文哲學百科》，2020/03/28。網站：http://mephilosophy.ccu.edu.tw/entry.php?entry_name= 堆垛悖論。

第一部分

命題邏輯

Chapter ②

真值函數式連接詞
與真值表

第一節　眞值函數式連接詞

在中文和其它自然語言中，不論多複雜的語句都有一定的結構：它們都由一或多個簡單語句和一或多個連接詞依一定的方式組合而成。所謂「連接詞」（connectives），指的是能將一或多個（複雜或簡單）語句結合起來，並藉此形成一個文法上正確但更為複雜的語句的單字或片語，如中文中的「並非……」、「……不……」（或英文中的「It is not the case that ...」或「... not ...」）、「……是有可能的」（或英文中的「Possibly ...」或「That ... is possible」）、「……而且……」、「……且……」[①]（或英文中的「... and ...」）、「……或者……」、「……或……」（或英文中的「... or ...」）、「如果……則……」、「如果……，……」[②]（或英文中的「if ..., then ...」或「... if ...」）、「……若且唯若……」、「……當且僅當……」（或英文中的「... if and only if ...」）、「因為……所以……」（或英文中的「... because ...」）等。[③]有些日常語言的連接詞必須連接或結合一個（複雜或簡單）語句才能形成一個較為複雜的語句，如「並非……」和「……是有可能的」等，這些連接詞通常被稱為「一位的」或「一元的」（monadic；one-place）連接詞，有些則必須連接或結合兩個（複雜或簡單）語句才能形成一個較為複雜的語句，

---

① 「（而）且」和以下的「或（者）」也可以用來連接兩個名詞、兩個動詞、兩個形容詞或兩個副詞片語以形成一個較為複雜的名詞、動詞、形容詞和副詞片語，如「倫敦或巴黎」、「跳且唱」、「富且貴」、「輕快或高亢」等。但這些用法都不是用來連接兩個語句，因而我們將忽略這些用法。

② 許多學者認為：「……或者……」和「……或……」是歧義的，有排斥性的（exclusive）和包含性的（inclusive）兩種用法，前者在左右兩個語句都為真時整個語句為假，後者則在左右兩個語句都為真時整個語句為真。我們在這一章中假設這個看法是正確的；在無特別聲明的情況下，本書中所使用的「……或者……」和「……或……」都是包含性的，其語義則見下一節中的說明。對這個問題有興趣的讀者，可以進一步參考本書第十三章第三節中相關的討論。

③ 「並非……」和「……不……」明顯是同義的，「……而且……」與「……且……」（或「……或者……」與「……或……」，或「如果……則……」與「如果……，……」，或「……若且唯若……」與「……當且僅當……」）亦然。為了簡單起見，以下這些同義的連接詞我們只挑其中的一個來作說明。

如「……而且……」、「……或者……」、「如果……則……」、「……若且唯若……」和「因為……所以……」等，這些連接詞通常被稱為「二位的」或「二元的」（dyadic；two-place）連接詞。自然語言中很少有三位或更多位的連接詞，即必須連接或結合三個或更多個（複雜或簡單）語句才能形成一個較為複雜語句的連接詞。

　　除了根據連接語句的數目之外，另一種分類日常語言連接詞的方式是將它們區分為「真值函數式的」（truth-functional）連接詞——如「並非……」、「……而且……」、「……或者……」、「如果……則……」和「……若且唯若……」等；和「非真值函數式的」（non-truth-functional）連接詞——如「……是有可能的」和「因為……所以……」等。真值函數式的連接詞是這樣的連接詞：由它們所形成的複雜語句的真或假（或它們的真假值）**總是能夠僅憑**較為簡單部分的真假值而加以決定；或者說，真值函數式的連接詞是這樣的連接詞：由它們所形成的複雜句的真假值，是其簡單部分的真假值的函數。非真值函數式的連接詞則是這樣的連接詞：包含了它們的複雜語句的真或假，**並非總是能夠僅憑**較為簡單部分的真假值來加以決定；或者說，非真值函數式的連接詞是這樣的連接詞：由它們所形成的複雜句的真假值，並非其簡單部分的真假值的函數。

　　更具體地說，要看出「並非……」、「……而且……」和「……或者……」是真值函數式的連接詞，你只需要自問：在**只知道** A 和 B 這兩個語句的真假值的情況下（特別是，在你甚至不知道它們的內容的情況下），你是否總能夠僅憑此就決定「並非 A」、「A 而且 B」和「A 或者 B」這些複雜語句的真假值？我相信這個問題的答案是很清楚的：「是！」因而它們都是真值函數式的連接詞。比方來說，如果你只知道 A 和 B 都是真的，你就可以基於此而斷說「並非 A」為假，而「A 而且 B」④和「A 或者 B」則都為真。但在我們**只知道** A 和 B 這兩個語句都為真的情況下，（特別是，在我們甚至不知道它們的內容的情況下）我們並非總是能夠僅憑此就決定「因為 A，所以 B」的

---

④ 至少對於「而且」一詞的「某個」意義與用法來說是這樣的。換言之，我們認為「而且」一詞在日常的用法中，至少有一種真值函數式的用法。對這個問題有興趣的讀者，可以進一步參考本書第十三章第三節中的相關說明。

真假值；同樣地，在我們**只知道** A 為假的情況下，我們並非總是能夠僅憑此就決定「A 是可能的」的真假值，因而它們都是非真值函數式的連接詞。舉例來說，如果你只知道 A =「約翰昨晚吃了一塊蛋糕」和 B =「約翰昨晚拉肚子了」都為真，你無法**只在這個基礎上**決定「**因為**約翰昨晚吃了一塊蛋糕，**所以**約翰昨晚拉肚子了」是否為真；要決定這句話的真假，你還得知道 A 和 B 之間是否存在著因果關聯。類似地，如果你只知道 A =「牛是藍色的」為假，你也無法**只在這個基礎上**決定「牛是藍色的是可能的」是否為真；要決定這句話的真假，你還得知道牛的基因與顏色之間的關係。這些例子顯示：不同於「並非……」、「……而且……」和「……或者……」等，「……是有可能的」和「因為……所以……」這兩個二位連接詞都不是真值函數式的連接詞。

我們剛才說，直覺上「並非……」、「……而且……」和「……或者……」都是真值函數式的連接詞，但為什麼我們能說「如果……則……」和「……若且唯若……」也是真值函數式的連接詞呢？這個問題其實很複雜，可以寫一整本書。⑤但為了簡單起見，讓我們這樣說吧：「如果……則……」和「……若且唯若……」其實是兩個歧義的連接詞，有許多不同的用法，但本書只關心它們在數學中或類似在數學中的用法（許多邏輯學家認為該用法在數學之外仍被人們經常使用）。在數學中，一個「如果 A，則 B」這樣的語句只有在 A 為真而 B 為假時是假的，在其他情況下則是真的。類似地，在數學中，一個「A，若且唯若，B」這樣的語句只有在 A 和 B 有不同的真假值時是假的，在其它情況下則是真的。因此，至少在數學（以及類似的用法）中，我們可以簡單地僅憑 A 和 B 的真假值而去判斷「如果 A，則 B」和「A，若且唯若，B」的真假值，而這便足以顯示：「如果……則……」和「……若且唯若……」在數學中的用法都是真值函數式的用法。

---

⑤ 對這個問題有興趣的讀者可以先參考《史丹佛哲學百科全書》中的兩個相關詞條：〈指示條件句〉與〈虛擬條件句〉。① Dorothy Edgington: "Indicative Conditionals," *SEP*, 2020. 網址：https://plato.stanford.edu/entries/conditionals/; ② W. Starr: "Counterfactuals," *SEP*, 2019. 網址：https://plato.stanford.edu/entries/counterfactuals/。對於指示條件句有興趣的讀者則可以進一步參考本書第十三章第三節中的相關說明。

　　在邏輯中，眞值函數式的連接詞有其特別的重要性，而這是由於以下的緣故使然。相對於非眞值函數式的連接詞，眞值函數式連接詞的語義很容易加以說明（詳見本章第三節），而包含它們的複雜語句的眞假值也很容易透過這樣的說明來加以「計算」（詳見本章第四節）。透過這些「計算」，我們可以進一步地決定**某些**論證是否是演繹上有效的論證，並判斷**某些**語句的特性和它們之間的各種邏輯關聯（詳見第三章第一節）。上述這些簡易的特性都是非眞值函數式連接詞所缺乏的特性。基於此，眞值函數式的連接詞通常是邏輯學基本教材一定會關切的對象，而非眞值函數連接詞則是邏輯學的進階教材才會介紹的內容。本書是一本介紹邏輯學的基本性教材。

第二節　命題語言（PL）

　　我們現在要介紹一個非常簡單的人工語言：「命題語言」（propositional language），簡稱為「PL」。我們把 PL 看作是模擬了日常語言中某個部分（fraction）的一個人工語言（在第七章中，我們會給出另一個較為複雜的模擬語言），而這個部分也就是日常語言中由簡單語句和眞值函數式連接詞所形成的部分。PL 的基本字彙或基本符號包含了七個「邏輯符號」：「（」（左邊括弧）、「）」（右邊括弧）、「¬」、「∧」、「∨」、「→」和「↔」（分別代表「並非……」、「……而且……」、「……或者……」、「如果……則……」和「……若且唯若……」這五個日常語言中的眞值函數式連接詞）。為了方便並明白提示它們所代表的眞值函數式連接詞，我們將分別稱「¬」為「否定符號」、稱「∧」為「連言符號」、稱「∨」為「選言符號」、稱「→」為「條件符號」、而稱「↔」為「雙條件符號」。此外，PL 的基本字彙或符號中還包括了無數個「非邏輯符號」或「命題符號」（propositional symbols）：「P」、「Q」、「R」、「P_1」、「Q_1」、「R_1」、「P_2」、「Q_2」、「R_2」、「P_3」、「Q_3」、「R_3」……等（亦即，任何一個加上或沒加上自然數下標的大寫字母「P」、「Q」和「R」），分別代表日常語言中不

包含任何真值函數式連接詞的簡單語句。⑥PL 的文法規則非常簡單，包含以下這四個規則，這些規則共同決定了哪些符號串是文法上完整的構造式或「合式公式」（well-formed formula，縮寫為「wff」），而哪些符號串則不是：

1. 任何一個命題符號本身都是一個合式公式。
2. 如果 α 是一個合式公式，那麼，「¬α」（也就是在 α 之前加上一個「¬」）也會是一個合式公式。
3. 如果 α 和 β 都是合式公式，那麼，「（α∧β）」、「（α∨β）」、「（α→β）」和「（α↔β）」（也就是在 α 和 β 之間先加上一個「∧」、「∨」、「→」或「↔」，然後將整串符號放入括弧中）也都會是合式公式。
4. 除了符合規則 1 至 3 的符號串之外，其它的符號串都不是合式公式。

符合上述文法規則 1 的合式公式被稱為「簡單句」（simple sentences）、「原子句」（atomic sentences）或「原子式」（atomic wff），而符合規則 2 和 3 的合式公式則被稱為「複合句」（compound sentences）、「分子句」（molecular sentences）或「分子式」（molecular wff）。注意，規則 2 和 3 中的希臘字母「α」和「β」並非 PL 中的符號，但它們被用來代表 PL 中的任意符號串。由於「α」和「β」代表 PL 中的任意符號串，它們通常被稱為「後設變元」（meta-variables），意指後設語言（meta-language，也就是談論 PL 的語言）中的變元。最後，規則 4 指出：不符合規則 1 至 3 的符號串都不是 PL

---

⑥ 不同的邏輯教科書或網站對這些符號的寫法往往不同。為了讀者們參考方便起見，以下羅列一些不同邏輯教科書或網站上常見的不同寫法：
括號：( )、[ ]、{ }。
命題符號：p、p_1、P、P_1、……。
否定符號：¬、～、！、或在整個合式公式上畫上一橫杠。
合取符號：∧、&、&&、•。
析取符號：∨、|。
條件符號：→、⊃、⇒。
雙條件符號：↔、≡、⇔。

中的合式公式。（以下讀者們將會看到許多合式公式的例子。）

　　被連接詞依據文法規則 2 和 3 而連接的合法公式（如 2 中的 α 或 3 中的 α 和 β）又被稱為該連接詞的範圍（scope）。⑦一個複合句中可能會有不只一個連接詞出現，但其中一定有一個範圍最大的連接詞（其範圍包含了語句內所有其它連接詞的範圍），而這個範圍最大的連接詞也就被稱為該複合句的「主要連接詞」（main connective）。所有的合式公式可以根據它們是否包含連接詞或其主要連接詞為何而區分為以下六類：

1. 簡單句：不包含任何連接詞的合式公式。
2. 複合句：包含連接詞的合式公式。
   (1) 否定句（negation）：主要連接詞為否定符號「¬」的合式公式，其所連接的（子）合式公式被稱為「被否定項」（negated item）。
   (2) 連言句（conjunction）：主要連接詞為連言符號「∧」的合式公式。連言句有時又被稱為「合取句」，連言句中主要連接詞所連接的左右兩個（子）合式公式分別被稱為「左連言項」（left conjunct，或「左連言肢」）和「右連言項」（right conjunct 或「右連言肢」）。
   (3) 選言句（disjunction）：主要連接詞為選言符號「∨」的合式公式。選言句有時又被稱為「析取句」或「分取句」，選言句中主要連接詞所連接的左右兩個（子）合式公式分別被稱為「左選言項」（left disjunct，或「左選言支」）和「右選言項」（right disjunct 或「右選言支」）。
   (4) 條件句（conditional）：主要連接詞為條件符號「→」的合式公式。條件句有時又被稱為「實質條件句」或「實質蘊涵句」（material implication），條件句中主要連接詞所連接的左右兩個（子）合式公式分別被稱為「前件」（antecedent，或「前項」）和「後件」（consequent 或「後項」）。

---

⑦ 另一種對「範圍」常見的說法是：一個連結詞的範圍也就是由該連接詞和被它所連接的語句所共同形成的合式公式。這兩種說法在決定哪個連接詞是一個複合句的主要連接詞的效果上，並沒有差別。所以，我們在此採取這個比較簡單的說法。

(5) 雙條件句（biconditional）：主要連接詞爲雙條件符號「↔」的合式公式。雙條件句有時又被稱爲「實質雙條件句」、「實質等值式」或「實質等價式」（material equivalence），雙條件句中主要連接詞所連接的左右兩個（子）合式公式分別被稱爲「前件」（antecedent，或「前項」）和「後件」（consequent 或「後項」）。

以下是一些 PL 合式公式的例子以及它們的類別。在每一個例子中，我們以粗體顯示該合式公式的主要連接詞：

1. $\neg$P（否定句）

2. $\neg\neg$P（否定句）

3. (P $\wedge$ $\neg$Q)（連言句，左連言項爲「P」，右連言項爲「$\neg$Q」）

4. ($\neg$($\neg$P$_3$ → Q$_2$) $\vee$ (P → Q))（選言句，左選言項爲「$\neg$($\neg$P$_3$ → Q$_2$)」，右選言項爲「(P → Q)」）

5. ((P $\wedge$ $\neg$Q) → $\neg$($\neg$P$_3$ $\vee$ Q$_2$))（條件句，前件爲「（P $\wedge$ $\neg$Q）」，後件爲「$\neg$（$\neg$P$_3$ → Q$_2$)」）

6. ($\neg$((P $\wedge$ $\neg$Q) ↔ $\neg$($\neg$P$_3$ $\vee$ Q$_2$)) $\vee$ $\neg$Q$_2$)（選言句，左選言項爲「$\neg$((P $\wedge$ $\neg$Q) ↔ $\neg$($\neg$P$_3$ $\vee$ Q$_2$))」，右選言項爲「$\neg$Q$_2$」）

7. ($\neg\neg$($\neg$((P $\wedge$ $\neg$Q) → $\neg$($\neg$P$_3$ $\vee$ Q$_2$)) $\vee$ Q$_2$) ↔ $\neg$($\neg$P$_3$ $\vee$ Q$_2$))（雙條件句，前件爲 ($\neg\neg$($\neg$((P $\wedge$ $\neg$Q) → $\neg$($\neg$P$_3$ $\vee$ Q$_2$)) $\vee$ Q$_2$)」，後件爲「$\neg$($\neg$P$_3$ $\vee$ Q$_2$)」）

以下則是一些**非** PL 合式公式的符號串，我們在括弧內說明它們不是 PL 中合式公式的理由：

1. $\neg$(P)（原子句周圍不應有一對括弧）

2. $\neg$α（「α」並非 PL 中的符號）

3. ($\neg$($\neg$P$_3$ $\vee$ Q$_2$))（否定句外圍不應有一對括弧）

4. $\neg$P$_3$ $\vee$ Q$_2$（選言句缺少一對周邊的括弧）

5. ($\neg$P$_3$ $\vee$ Q$_2$ $\vee$ P$_2$)（連續三個語句的選言並不合於文法規定）

就像在數學中一樣，括弧在邏輯語言中是消除語法歧義的一項重要設計。不過，當太多的括弧出現在一個語句當中時，可能就會覺得眼花撩亂了。為了減少括弧的使用但卻不至於產生歧義，我們在此要和讀者們進行第一項「省略約定」：從此之後，當一個語句是連言句、選言句、條件句或雙條件句時，我們將省略掉整個語句最左邊和最右邊的括弧。比方來說，我們將會把「($\neg(\neg P_3 \to Q_2) \lor Q$)」寫成「$\neg(\neg P_3 \to Q_2) \lor Q$」。（但小心，「$\neg((\neg P_3 \to Q_2) \lor Q$）」不可以省略地寫成「$\neg(\neg P_3 \to Q_2) \lor Q$」，因為前者並不是一個選言句，而是一個否定句。）

第三節　基本眞值表

我們在本章第二節中說過，PL 中的五個連接詞——「$\neg$」、「$\land$」、「$\lor$」、「$\to$」和「$\leftrightarrow$」——分別代表了日常語言中常見的一些真值函數式連接詞：「並非……」、「……而且……」、「……或者……」、「如果……則……」和「……若且唯若……」。而我們在本章第一節中也說過，真值函數式連接詞之所以重要，一部分在於其語義非常容易加以說明。在說明它們的意義之前，讓我們特別強調一點：日常語言中的真值函數式連接詞多半是歧義的詞，因而我們所說明的將只是它們經常被使用的一種用法或意義而已。

說明這五個連接詞的意義有兩種常見的方式，其中一種是用表格的方式分別去說明：由它們所形成的複合句的真假值是如何地取決於其組成部分的真假值。如果我們以「1」去代表「真」這個真假值，而以「0」去代表「假」這個真假值，[8]那麼，我們就可以使用以下五個一般被稱為「基本真值表」（basic truth-tables）的表格去分別說明這五個真值函數式連接詞的意義：

---

[8] 提醒一下：有些書用大寫的「T」或小寫的「t」去代表真這個真假值，而用大寫的「F」或小寫的「f」去代表假這個真假值。有些書則在繪製「基本真值表」時，將表中左方各列的真假值排列方式由下到上倒過來寫，將「0」或「0 0」寫在第一列，而將「1」或「1 1」寫在最後一列。這些不同的寫法純粹只是記號上的不同，沒有任何邏輯上的重要性。

α	¬α
1	0
0	1

表 2-1

α	β	α∧β
1	1	1
1	0	0
0	1	0
0	0	0

表 2-2

α	β	α∨β
1	1	1
1	0	1
0	1	1
0	0	0

表 2-3

α	β	α→β
1	1	1
1	0	0
0	1	1
0	0	1

表 2-4

α	β	α↔β
1	1	1
1	0	0
0	1	0
0	0	1

表 2-5

　　在「表 2-1」至「表 2-5」的每一個表中,我們都先在表的左上方寫下被該連接詞連接的(一或兩個)語句,然後在左下方寫下這些被連接的語句為真或為假的所有「可能情況」,並將每一種可能情況用橫線區分開來。比方來說,否定符號只連接一個語句 α,所以該語句只有為真(1)和為假(0)這兩種可能。相對來說,其它的四個連接詞都必須連接兩個語句 α 和 β,而這兩個語句為真(1)或為假(0)的可能情況則有四種:兩者都為真(第一列)、α 為真而 β 為假(第二列)、α 為假而 β 為真(第三列)和兩者都為假(第四列)。接著,我們在表的右上方寫下該連接詞連接較簡單語句後所形成的複合句(但依我們稍早的約定而省略括弧)。最後,我們在表的右下方寫下該複合句在前述各種可能情況中的真假。

　　以下是理解這五個表的方法。「表 2-1」說的是:當 α 為真時(第一列),否定它的語句「¬α」為假;而當 α 為假時(第二列),否定它的語句「¬α」則為真。這在直覺上似乎正確捕捉了否定連接詞「並非……」經常被使用的意義,並展現了該詞的真值函數特性;畢竟,直覺上當你否定一個真句時,你所說的為假;而當你否定一個假句時,你所說的為真。類似地,「表 2-2」所說的是:當 α 和 β 兩者都為真時(第一列),連言句「α∧β」為真;而當 α 為真但 β 為假(第二列)、或當 α 為假但 β 為真(第三列)、或當兩者都為假時(第四列),連言句「α∧β」為假。這在直覺上似乎也正確捕捉了連接詞「……而且……」經常被使用的意義;畢竟,直覺上說「α 而且 β」通常也就是在說兩者都為真,以至於該連言句通常只有在兩個連言項都為真時才會為真。類似地,「表 2-3」所說的是:當 α 和 β 兩者都為假時(第四列),選言句「α∨β」為假;而當 α 為真但 β 為假(第二列),或當 α 為假但 β 為真(第三列),或當兩者都為真時(第一列),選言句「α∨β」為真。這在直覺上

似乎也正確捕捉了連接詞「……或者……」經常被使用的意義；畢竟，直覺上說「α 或者 β」通常也就是在說兩者當中至少有一個為真，以至於該選言句只有在兩個選言項都為假時才會為假。[9]至於為何「表 2-4」和「表 2-5」分別說明了「如果……則……」和「……若且唯若……」經常被使用的語義，讀者們只需要回顧我們在本章第一節中所說的事情就可以了：我們關注的是這兩個連接詞在數學中或類似於數學中的用法。在數學中，一個像「如果 α 則 β」這樣的語句只有在 α 為真而 β 為假時（第二列）才是假的，在其它情況下則是真的；類似地，在數學中，一個「α，若且唯若，β」這樣的語句只有在 α 和 β 兩者有不同的真假值時（第二和第三列）才是假的，在其它情況下則是真的。

另一種說明這五個連接詞語義的簡明但抽象的方式，則是將它們當作是類似於數學中的函數（畢竟我們稱它們為「真值函數式」的連接詞）。稍微詳細一點地說，我們將一元連接詞「¬」看作是以下這個從真假值（1 或 0）映射到真假值（1 或 0）的全函數 $f_{\neg}$：$f_{\neg}(1) = 0$，$f_{\neg}(0) = 1$。此外，我們還將其它四個二元連接詞「∧」、「∨」、「→」和「↔」看作是以下這四個從一對真假值（<1, 1>、<1, 0>、<0, 1> 或 <0, 0>）映射到真假值（1 或 0）的全函數 $f_{\wedge}$、$f_{\vee}$、$f_{\rightarrow}$ 和 $f_{\leftrightarrow}$：

1. $f_{\wedge}(1, 1) = 1$，$f_{\wedge}(1, 0) = f_{\wedge}(0, 1) = f_{\wedge}(0, 0) = 0$
2. $f_{\vee}(1, 1) = f_{\vee}(1, 0) = f_{\vee}(0, 1) = 1$，$f_{\vee}(0, 0) = 0$
3. $f_{\rightarrow}(1, 1) = f_{\rightarrow}(0, 1) = f_{\rightarrow}(0, 0) = 1$，$f_{\rightarrow}(1, 0) = 0$
4. $f_{\leftrightarrow}(1, 1) = f_{\leftrightarrow}(0, 0) = 1$，$f_{\leftrightarrow}(1, 0) = f_{\leftrightarrow}(0, 1) = 0$

讀者們應該不難看出，上述這兩種說明這五個真值函數式連接詞的義意的方式其實只有符號或表示法上的差別，並沒有什麼實質上的不同。

一旦我們了解了「¬」、「∧」、「∨」、「→」和「↔」這五個真值函數連接詞的精確意義，我們也就知道如何將邏輯的方法應用來分析一部分日常語言（也就是 PL 所模擬的日常語言的部分）中的語句和這些語句所做出的論

---

[9] 注意：此處的符號「∨」代表的是日常語言包含性的「……或者……」，見本章注釋 2 的說明。

證。在應用時，我們第一件要做的事情是將日常語言中的語句「翻譯」或「形式化」為 PL 中的「語句」。但讀者們千萬不要小看這一個步驟的困難度。我們說過，「¬」、「∧」、「∨」、「→」、「↔」分別代表了日常語言中「並非……」、「……而且……」、「……或者……」、「如果……則……」和「……若且唯若……」這幾個真值函數式連接詞的**某種**用法，而這些連接詞在日常語言中其實還有其它用法，有些時候甚至有些非真值函數式的用法（如條件句）。⑩因而，在從事「翻譯」工作時，你必須要先確認：(1) 你要翻譯的日常語句中的連接詞用法與 PL 這五個符號的意義相同；否則的話，直接的翻譯就會導致翻譯上的不忠實。在確認 (1) 之後，你要做的事情就相對簡單得多：(2) 將日常語句或日常語言論證中的簡單語句用 PL 中的命題符號去表示，並且，同一個日常語言的簡單語句總是用相同的命題符號去表示，而不同的日常語言簡單句則用不同的命題符號去表示。在完成了 (1)、(2) 的「形式化」工作後，你就可以接著使用本章和下三章所教給你的各種方法去對日常語言中的語句和論證進行邏輯的分析了。

　　有時候，你會發現，你要分析的日常語言中的連接詞雖然在意義上不同於 PL 中的那五個連接詞「¬」、「∧」、「∨」、「→」和「↔」，但你卻可以使用較為複雜的方式以這五個符號去形式化該日常語言中的連接詞。舉例來說，日常語言中的「P，除非 Q」（或英文中的「P unless Q」，如「我要回家了，除非你請我吃晚飯」）經常被用來表示的意義無非就是「¬Q → P」。而「既非 P，亦非 Q」（或英文中的「neither P nor Q」）經常被用來表示的意義也無非就是「¬P ∧ ¬Q」。再舉例來說，許多人認為「……或者……」一詞還有所謂的排斥性用法（這種用法通常被稱為「Xor」或「exclusive or」）：在這種用法下，「P 或者 Q」只有在「P」單獨為真或「Q」單獨為真的情況下才為真，在「P」和「Q」都為真或都為假的情況下則為假。但如果「P 或者 Q」中的「……或者……」一詞是這裡所謂的排斥性用法，那麼，這個語句仍然可以使用 PL 中的連接詞而形式化為「(P ∨ Q) ∧ ¬(P ∧ Q)」。

---

⑩ 條件句的非真值函數式用法（如：指示性用法和反事實性用法）是當代條件句研究的一個重點。但這個重點遠超出本書範圍，所以我們不會仔細說明這一點，但有興趣的讀者則可以進一步參考本書第十三章第三節中的相關說明。

　　但現在，讀者們可能會產生這樣的疑問：如果在日常語言中，除了「並非……」、「……而且……」、「……或者……」、「如果……則……」和「……若且唯若……」這五個真值函數式連接詞之外，我們還有其它的真值函數式連接詞，如「既非……，亦非……」和「……除非……」等，為什麼我們的 PL 語言中沒有代表這些其它真值函數式連接詞的符號呢？而且，說不定有些日常語言中還包含了一些一次可以連接三或四個（或更多）語句的真值函數式連接詞，為什麼我們的 PL 語言中也沒有可以代表這些可能的三位或四位真值函數式連接詞的符號呢？對於上述的問題，我們在此先給出一個簡單的答案（我將把這個證明留到第十章的第一節）：事實上，可能的一位真值函數式連接詞一共有 4 個（2 的 2^1 次方個，也就是 2 的 2 次方個），可能的二位真值函數式連接詞一共有 16 個（2 的 2^2 次方個，也就是 2 的 4 次方個），可能的三位真值函數式連接詞一共有 256 個（2 的 2^3 次方個，也就是 2 的 8 次方個），……，而可能的 n 位真值函數式連接詞一共有 2 的 2^n 次方個。所以，PL 語言中的五個真值函數式連接詞符號不只嫌少了，而且少了很多。但慶幸的是，儘管數量稀少，但 PL 語言中的五個真值函數式連接詞已經是所謂「功能完備的」（truth-functionally complete）的一組連接詞了：它們可以用來定義和表達任何可能的真值函數式連接詞，不管是幾位的真值函數式連接詞。我們將在本書的第十章第一節證明這件事情。事實上，連這五個連接詞都嫌太多了，我們也將證明：就連 $\{\neg, \wedge, \vee\}$、$\{\neg, \vee\}$、$\{\neg, \wedge\}$ 或 $\{\neg, \rightarrow\}$ 當中的任何一組都已經是功能完備的了，更何況是 PL 中的這五個真值函數式的連接詞。

第四節　部分與完整真值表

　　牢記了前述五個基本真值表之後，我們就可以用它們來做很多的事情。這一節我們先說明其簡單的應用，下一章則將說明更多重要的應用。

　　首先，不論一個 PL 的合式公式有多複雜，只要你知道其中每個簡單句實際的真假值，你就可以利用前述的五個基本真值表逐步去「計算」這個複合句的真假值。這個計算的方法和步驟是這樣的：首先，找到該語句中範圍最小的

連接詞,利用簡單句實際的真假值和基本真值表去計算由這些連接詞所形成的最小複合語句(子合式公式)的真假值。然後,依序找到範圍較大的連接詞,利用前一步驟計算的結果和基本真值表去計算由這些連接詞所形成的較大複合語句(子合式公式)的真假值。最後,重複前一個步驟直到你找到主要連接詞並完成計算為止。當計算結束時,你最後寫下的真假值也就是整個複合句的實際真假值。

以「¬¬(¬((P ∧ ¬Q) → ¬(¬P₃ ∨ Q₂)) ∨ Q₂) ↔ ¬(¬P₃ ∨ Q₂)」這個雙條件句為例(注意,我們省略了最外面的一對括弧)。假設你知道其中 P、Q、Q₂ 和 P₃ 的真假值分別是 1, 0, 1, 0,你可以先將這些知道的資訊寫在各個簡單句的下方,結果如下:

$$¬¬(¬((P ∧ ¬Q) → ¬(¬P_3 ∨ Q_2)) ∨ Q_2) ↔ ¬(¬P_3 ∨ Q_2)$$
$$\quad 1 \qquad 0 \qquad\quad 0\ \ 1 \quad\ 1 \qquad\quad 0\ \ 1$$

由於這個語句中範圍最小的連接詞是其中出現了三次並且連接了簡單句的否定符號,因而按照前述的步驟,你可以先計算由它們所形成的否定句的真假,結果如下(以下新增的真假值以**粗體**顯示):

$$¬¬(¬((P ∧ ¬Q) → ¬(¬P_3 ∨ Q_2)) ∨ Q_2) ↔ ¬(¬P_3 ∨ Q_2)$$
$$\quad 1\ \ \mathbf{1}0 \qquad\ \ \mathbf{1}0\ \ 1 \quad\ 1 \qquad\quad \mathbf{1}0\ \ 1$$

接下來,這個語句中範圍較大的連接詞有一個連言符號和兩個選言符號,因而按照前述的步驟,你可以繼續計算這個語句中所包含的一個連言句和兩個選言句的真假值,結果如下:

$$¬¬(¬((P ∧ ¬Q) → ¬(¬P_3 ∨ Q_2)) ∨ Q_2) ↔ ¬(¬P_3 ∨ Q_2)$$
$$\quad 1\ \mathbf{1}1\,0 \qquad\ \ \mathbf{1}0\ \mathbf{1}\ 1 \quad\ 1 \qquad\quad \mathbf{1}0\ \mathbf{1}\,1$$

重複上述的步驟,你會依序得到以下的結果:

$$\neg\neg(\neg((P \land \neg Q) \to \neg(\neg P_3 \lor Q_2)) \lor Q_2) \leftrightarrow \neg(\neg P_3 \lor Q_2)$$

$$\quad 1\ 1\ 1\ 0 \quad \mathbf{0} \quad 1\ 0\ 1\ 1 \qquad 1 \qquad \mathbf{0}\ 1\ 0 \quad 1\ 1$$

$$\neg\neg(\neg((P \land \neg Q) \to \neg(\neg P_3 \lor Q_2)) \lor Q_2) \leftrightarrow \neg(\neg P_3 \lor Q_2)$$

$$\quad 1\ 1\ 1\ 0 \quad \mathbf{0}\ 0\ 1\ 0\ 1\ 1 \qquad 1 \qquad 0\ 1\ 0\ 1\ 1$$

$$\neg\neg(\neg((P \land \neg Q) \to \neg(\neg P_3 \lor Q_2)) \lor Q_2) \leftrightarrow \neg(\neg P_3 \lor Q_2)$$

$$\mathbf{1} \quad 1\ 1\ 1\ 0\ 0\ 0\ 1\ 0\ 1\ 1 \qquad 1 \qquad 0\ 1\ 0\ 1\ 1$$

$$\neg\neg(\neg((P \land \neg Q) \to \neg(\neg P_3 \lor Q_2)) \lor Q_2) \leftrightarrow \neg(\neg P_3 \lor Q_2)$$

$$\quad 1\ 1\ 1\ 0\ 0\ 0\ 1\ 0\ 1\ 1 \quad \mathbf{1}\ 1 \qquad 0\ 1\ 0\ 1\ 1$$

$$\neg\neg(\neg((P \land \neg Q) \to \neg(\neg P_3 \lor Q_2)) \lor Q_2) \leftrightarrow \neg(\neg P_3 \lor Q_2)$$

$$\mathbf{0} \quad 1\ 1\ 1\ 0\ 0\ 0\ 1\ 0\ 1\ 1 \quad 1\ 1 \qquad 0\ 1\ 0\ 1\ 1$$

$$\neg\neg(\neg((P \land \neg Q) \to \neg(\neg P_3 \lor Q_2)) \lor Q_2) \leftrightarrow \neg(\neg P_3 \lor Q_2)$$

$$\mathbf{1}\ 0\ 1\ 1\ 1\ 1\ 0\ 0\ 0\ 1\ 0\ 1\ 1 \quad 1\ 1 \qquad 0\ 1\ 0\ 1\ 1$$

$$\neg\neg(\neg((P \land \neg Q) \to \neg(\neg P_3 \lor Q_2)) \lor Q_2) \leftrightarrow \neg(\neg P_3 \lor Q_2)$$

$$1\ 0\ 1\ 1\ 1\ 1\ 0\ 0\ 0\ 1\ 0\ 1\ 1 \quad 1\ 1 \quad \mathbf{0}\ 0\ 1\ 0\ 1\ 1$$

而最後這個加上去的真假值「假」（0）也就是這整個語句的實際真假值。最後這個表，我們可以稱之為這個複合句的「部分真值表」，因為它只展現了這個語句在所有可能情況中某一個情況下的真假值，也就是實際情況中的真假值。

　　但就算你不知道一個複合句中所包含的各個簡單句的實際真假值，你仍然可以利用前一節中的五個基本真值表去計算該複合句在各種可能情況下的真假值，並由此判斷該複合句會在何種情況下為真，又會在何種情況下為假。以「¬((P ∧ ¬Q) → ¬(¬P ∨ R))」這個否定句為例，就算你不知道其中「P」、「Q」和「R」的實際真假值，你仍然可以為它寫下一個「完整的真值表」（如以下「表 2-8」所示）。為任何一個複合句寫出一個完整真值表的方法如下：首先，畫出一個交叉點在左上方的十字線。其次，數一數該複合句中簡單語句的數目，並將它們陳列在十字的左上方。第三，將該複合句寫在十字的右上方（前三個步驟的結果如「表 2-6」）。第四，將左上方各簡單句真假值的所有可能組合由上至下依序寫在十字的左下方，並以橫線將這些可能組合區分開來（如「表 2-7」）。最後，依據每一列中簡單句真假值的可能組合，一列一列

地按照前述部分真值表的計算方法，依序去計算該複合句在該組合下的真假值（如「表 2-8」）。

P Q R	¬((P ∧ ¬Q) → ¬(¬P ∨ R))

表 2-6

P Q R	¬((P ∧ ¬Q) → ¬(¬P ∨ R))
1 1 1	
1 1 0	
1 0 1	
1 0 0	
0 1 1	
0 1 0	
0 0 1	
0 0 0	

表 2-7

P Q R	¬((P ∧ ¬Q) → ¬(¬P ∨ R))
1 1 1	**0** 1 0 0 1 1 0 0 1 1 1
1 1 0	**0** 1 0 0 1 1 1 0 1 0 0
1 0 1	**1** 1 1 1 0 0 0 0 1 1 1
1 0 0	**0** 1 1 1 0 1 1 0 1 0 0
0 1 1	**0** 0 0 0 1 1 0 1 0 1 1
0 1 0	**0** 0 0 0 1 1 0 1 0 1 0
0 0 1	**0** 0 0 1 0 1 0 1 0 1 1
0 0 0	**0** 0 0 1 0 1 0 1 0 1 0

表 2-8

　　對一個（或數個，詳見第三章第一節）語句畫一個完整的真值表時，有幾件應該注意的事情。首先，n 個簡單語句的真假值會有 2^n 個可能組合，換言之，3 個簡單句的真假值有 8 種可能組合，4 個簡單句的真假值有 16 種可能組合，依此類推。因而，儘管真值表方法是一種機械且簡單的方法，但如果你正在檢視的複雜句中有許多個簡單句的話，對之列出一個完整的真值表並不是一件現實的事情。舉例來說，如果一個複雜句內有 10 個不同的簡單句，那麼，它的完整真值表就會有 2^{10} = 1024 行。如果每計算一行需要一分鐘時間，那

麼，寫下整個的真值表就需要 17 個小時又 4 分鐘，這簡直就是個折磨人的工作。其次，簡單句真假值的所有可能組合必須完整且不遺漏地列出，這樣才能有助於我們實際上的應用。為了要完整列出所有簡單句的真假值的可能組合而不會遺漏，可以使用以下的方法：首先，計算所有的組合數，也就是 2^n 為何。讓我們假設 2^n 為 k。其次，在第一個簡單句的下方寫下 k/2 個 1，然後寫下 k/2 個 0（有些書會教你先寫 k/2 個 0，再寫 k/2 個 1，這只是習慣不同而已）。然後，重複做兩次以下的動作：在第二個簡單句下方寫下 k/4 個 1，再接著寫下 k/4 個 0。如果還有第三個簡單句，那麼，重複做四次以下的動作：在其下方寫下 k/8 個 1，接著寫下 k/8 個 0。之後，每當你看到一個新的簡單句時，你就繼續這樣減半地寫下數個 1 和 0 並且加倍重複寫的次數，直到你在最後一個簡單句下重複k/2 次地寫下一個 1 和一個 0 為止。這時，你就可以放心地說：你已經完整且不遺漏地寫下了該複合句中所有簡單句的真假值的可能組合了。

為了更熟悉真值表的應用，除了作業的習題之外，也可以登入以下這兩個網站進行練習：

1. **Truth Table Creator**：https://www.cs.utexas.edu/~learnlogic/truthtables/
2. **Truth Table Generator**：https://web.stanford.edu/class/cs103/tools/truth-table-tool/

注意：在第一個網站中，所有符號間都不應有間隔，簡單句應該輸入為小寫的「a」、「b」、「c」等英文字母，否定符號「¬」應輸入為「!」，連言符號「∧」應輸入為「&」，選言符號「∨」應輸入為「|」，條件符號「→」應輸入為「-]」，而雙條件符號「↔」則應輸入為「=」（該網站還允許你輸入代表其它真值函數式連接詞的符號，但我們將忽略這些符號）。當你在輸入長方格內輸入一個合式公式（非合式公式會呈現為紅色）並按下「create table」鍵（該鍵旁邊有個藍框白勾）後，該網站會依據你的輸入而建構一個充滿空格的真值表（類似於「表 2-7」）；其中，最右方的合式公式是你自己輸入的公式，而其它的合式公式則是你輸入的合式公式中範圍由小到大的子合式公式。看到這樣的空白真值表時，你的工作是從左到右依序填入每一個合式公式在各種可能情況下的真假值。如果你填對了，該格的顏色將呈現為綠色；而如果你填錯

了，該格的顏色則將呈現為紅色，並記錄你的錯誤數目。（但如果你在按下「create table」鍵時去除旁邊藍框中的白勾，該網站就不會在你輸入時立即顯示你的輸入為正確或錯誤）。在第二個網站中，簡單句可以輸入為任何的大小寫英文字母，否定符號「¬」可以輸入為「!」、「~」或「not」，連言符號「∧」可以輸入為「&&」、「^」或「and」，選言符號必須輸入為「or」，條件符號「→」可以輸入為「->」或「=>」，而雙條件符號「↔」則可以輸入為「<->」或「<=>」。當你在輸入長方格內輸入一個合式公式後，第二個網站會立即依據你的輸入而建構一個只在主要連接詞之下標示真假值的完整真值表。

　　另外要注意的是，除了省略掉一個合式公式最外圍的一對括弧外，上述這兩個網站還進一步對不同的連接詞約定了不同的「連接力道」。如規定「¬」的連接力道強於「∧」，「∧」的連接力道強於「∨」，「∨」的連接力道強於「→」，而「→」的連接力道強於「↔」（符號上記作「¬ > ∧ > ∨ > → > ↔」）。因而，你可以將「(¬a ∧ b) ∨ ((c → a) ↔ b)」更簡單地輸入為「¬a ∧ b ∨ (c → a ↔ b)」（但也可以按照我們的寫法輸入），從而大幅減少括弧的使用。而當同一個連接詞連續出現多次時，如「a → b → c」這兩個網站還進一步約定該公式用來縮寫從左到右的組合「(a → b) → c」，而不能用來縮寫「a → (b → c)」這樣的組合。要輸入後者，你得在輸入時加入適當的括弧。

　　除了網頁之外，也可以透過 Google Play 在手機上下載 Logic Calculator 軟體練習。Google Play 中同名的軟體有兩三套，為了避免混淆，下載時請注意它的圖示應如右圖。下載後，打開該軟體就會看到如「圖 2-1」的介面。按下下方的符號鍵輸入PL 的合式公式後，[11]再按下「TRUTHTABLE」鍵，就會看到該合式公式的完整真值表，如「圖 2-2」所示。

---

⑪ 按鍵中的「⊕」符號代表的是本章注釋 2 中所說的排斥性「或者」。

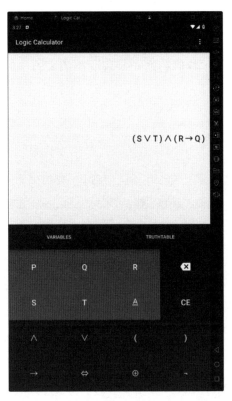

圖 2-1

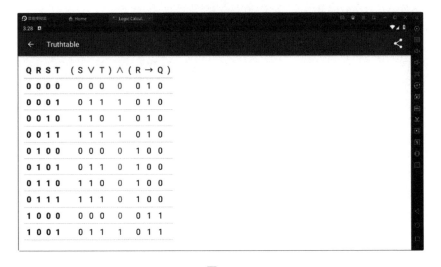

圖 2-2

　　藉著在網站和手機軟體上進行練習，希望讀者們能夠很快對真值表的方法練習得十分嫻熟。

　　在下一章第一節中，我們將進一步說明真值表方法的其它重要應用。

　　請：一、在空白紙上自行為以下各語句寫下完整真值表。二、使用 Truth Table Creator 和 Truth Table Generator 這兩個網站或 Logic Calculator 這個軟體進行練習：

1. $P \rightarrow P$

2. $R \rightarrow \neg R$

3. $(P \leftrightarrow Q) \leftrightarrow \neg(P \leftrightarrow \neg Q)$

4. $(P \leftrightarrow Q) \leftrightarrow (\neg P \leftrightarrow \neg Q)$

5. $(P \rightarrow Q) \vee (Q \rightarrow P)$

6. $((P \rightarrow Q) \vee Q) \rightarrow P$

7. $(P \wedge Q) \rightarrow (Q \vee P)$

8. $\neg(P \vee Q) \leftrightarrow (\neg P \wedge \neg Q)$

9. $((P \wedge Q) \wedge \neg(P \wedge Q)) \wedge R$

10. $(P \wedge Q) \wedge (\neg(P \wedge Q) \wedge R)$

11. $((P \wedge Q) \wedge R) \rightarrow Q$

12. $(P \wedge Q) \wedge (R \rightarrow Q)$

13. $\neg((R \vee P) \vee Q)$

14. $\neg(R \vee P) \vee Q$

Chapter ③

PL的語義論方法

第一節　真值表的應用

　　熟練了前一章所介紹的完整真值表之後，我們就可以用它們來判斷 (a) 一個由 PL 的語句所形成的論證是否演繹上有效；(b) 一個 PL 的語句屬於恆真句／恆假句／偶然句當中的哪一個類型；(c) 兩個 PL 語句之間是否有邏輯蘊涵或邏輯等價關係；以及 (d) 一個 PL 的語句集是否在邏輯上是共同一致的（或是否是共同可滿足的）。我們將在這一節中舉例說明這四者；不論你的用途是 (a) 至 (d) 中的哪一個，你的作法都將大同小異。[①]（有關於這幾個概念的說明，請參考第一章的第二節；有關於它們之間的關係，則請參考該章的第三節。）

　　要判斷一個由 PL 的語句所形成的論證是否演繹上有效，首先，(1) 先畫出一個交叉點在左上方的十字線。然後，(2) 數一數該論證中簡單句的數目，並將它們依序陳列在十字的左上方。接著，(3) 將該論證的每一個前提和結論依序寫在十字的右上方。然後，(4) 將左上方各簡單句真假值的所有可能組合方式由上至下依序寫在十字的左下方，並以橫線區分這些可能的組合方式。然後，(5) 依據每一列簡單句真假的可能組合方式，一列一列地按照前一章所教的完整真值表的計算方法，依序計算每一個前提和結論在該組合方式下的真假值。最後，(6) 找出所有前提的真假值都為 1 的那幾列，看看結論的真假值在那幾列當中是否也為 1。如果 (a) 沒有任何一列是所有前提的真假值都為 1 的一列，或 (b) 在所有前提的真假值都為 1 的那幾列中，該論證的結論的真假值也為 1，那麼，這個論證就是一個演繹上有效的論證；因為，這證明了：「如果該論證的前提都為真，則該論證的結論也會為真」是必然為真的，或者說，在任何的可能情況下都為真；但如果該論證的結論在其前提的真假值都為 1 的

---

① 使用完整真值表去判斷 (a) 至 (d) 並非唯一的語義論方法。一般常見的方法還有所謂的簡短真值表（short truth table）和真值分析法（truth-value analysis），但基於篇幅上的考慮，我們將不會在此說明這兩種方法。有關於簡短真值表，請讀者參考 P. D. Magnus, Tim Button 著的網路教材 *forall x: Calgary–An Introduction to Formal Logic* 中之第 13 和第 14 章，（https://forallx.openlogicproject.org/ 可下載）。有關於真值分析法，請讀者參考翟玉章著：《現代邏輯基本概念和技術》，河南：人民出版社，2020，第四章。

至少一列中其真假值為 0，那麼，這個論證就是一個演繹上無效的論證；因為，這證明了：「該論證的前提都為真但其結論為假」是有可能為真的情形。

讀者們可能會好奇，為什麼當 (a) 沒有任何一列是所有前提的真假值都為 1 的一列時，我們可以宣稱該論證是一個演繹上有效的論證呢？這個道理很簡單：當沒有任何一列是所有前提的真假值都為 1 的一列時，就沒有任何一種可能的情況可以讓所有的前提都為真，因而這些前提在邏輯上是共同不一致的。而我們在第一章第三節中說過，前提是邏輯上共同不一致的論證都是演繹上有效的論證，因為：不可能有任何的可能情況能讓其前提都為真但卻讓其結論為假。

舉例來說，以下的「表 3-1」和「表 3-2」分別證明了從「P → Q」和「¬Q」推論出「¬P 」的論證是一個演繹上有效的推論（換言之，$\{P \to Q, \neg Q\} \vDash \neg P$），但從「P → Q」和「¬P」推論出「¬Q」的推論則是一個演繹上無效的論證（換言之，$\{P \to Q, \neg P\} \nvDash \neg Q$）。「表 3-3」和「表 3-4」則別證明了從「P ∨ Q」和「¬P」推論出「Q」的推論是個演繹上有效的論證（換言之，$\{P \vee Q, \neg P\} \vDash Q$），但從「P ∨ Q」和「P」推論出「¬Q」的推論則是一個演繹上無效的推論（換言之，$\{P \vee Q, P\} \nvDash \neg Q$）。在以下各表中，為了簡潔起見，我們將不在完整真值表右邊的簡單句底下重複寫下該簡單句在各種可能情況中的真假值：

P Q	P → Q,	¬Q	/∴	¬P
1 1	1	0		0
1 0	0	1		0
0 1	1	0		1
0 0	1	1		1

表 3-1

P Q	P → Q,	¬P	/∴	¬Q
1 1	1	0		0
1 0	0	0		1
0 1	1	1		0
0 0	1	1		1

表 3-2

P Q	P ∨ Q,	¬P	/∴	Q
1 1	1	0		1
1 0	1	0		0
0 1	1	1		1
0 0	0	1		0

表 3-3

P Q	P ∨ Q,	P	/∴	¬Q
1 1	1	1		0
1 0	1	1		1
0 1	1	0		0
0 0	0	0		1

表 3-4

在上述的四個表中，我們以灰色標出了一個論證前提的真假值都為 1 的那幾列。在「表 3-1」和「表 3-3」中，結論在這些情形下也為真，所以該兩表中的論證都是演繹上有效的論證。「表 3-2」的第三行和「表 3-4」的第一行中結論為假，這證明了這兩個論證有可能前提都為真但結論卻為假，因此是演

繹上無效的論證。雖然我們所給的例子很簡單，但同樣的方法則可以用來證明任意複雜的論證是否是演繹上有效的論證。

　　利用同樣的方法，我們也可以證明某些論證架構（argument schema）是演繹上有效的，而有些論證架構則是演繹上無效的。所謂「論證架構」，指的是論證的形式，而一個論證架構代表了具有相同形式的一類論證。比方來說，從「P → Q」和「¬Q」推論出「¬P」的論證，和從「(P ∨ R) → ¬Q」和「¬¬Q」推論出「¬(P ∨ R)」的論證，都是從一個條件句和其後件的否定推論出其前件的否定的論證，因而具有相同的形式，屬於同一個論證架構。我們可以用「α → β, ¬β / ∴ ¬α」來表示這個論證架構，其中的 α 和 β 是我們在第二章第二節中所謂的「後設變元」，分別代表 PL 中任意兩個（相同或不同的）語句，不論它們有多麼複雜。下方「表 3-5」至「表 3-8」分別證明了「α → β, ¬β / ∴ ¬α」和「α ∨ β, ¬α / ∴ β」是兩個演繹上有效的論證架構（換言之，{α → β, ¬β} ⊨ ¬α 且 {α ∨ β, ¬α} ⊨ β），而「α → β, ¬α / ∴ ¬β」和「α ∨ β, α / ∴ ¬β」則是兩個演繹上無效的論證架構（換言之，{α → β, ¬α} ⊭ ¬β 且 {α ∨ β, α} ⊭ ¬β）：

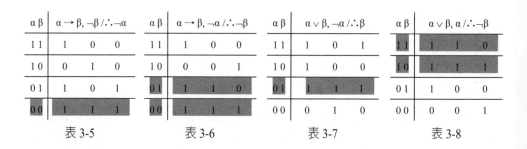

表 3-5　　　　　　表 3-6　　　　　　表 3-7　　　　　　表 3-8

　　當我們用一個 PL 中的語句，統一地替換一個論證架構中某個後設變元的每一次出現，並且輪番地將該論證架構中的每一個後設變元都如此統一替換成某個 PL 語句後（你可以用相同的語句替換不同的後設變元，也可以用不同的語句去替換不同的後設變元，但重要的是：該後設變元在一個論證架構中的**每一次**出現都必須以相同的語句去替換），所得到的結果就是該論證架構的一個替代例（substitutional instance）。比方來說，「(P ∨ R) → ¬Q, ¬¬Q / ∴ ¬(P ∨ R)」就是分別用「(P ∨ R)」和「¬Q」去統一替換「α → β, ¬β / ∴ ¬α」中

的 α 和 β 的結果。由於你可以用任何一個語句去替換一個論證架構中的後設變元，一個論證架構因而會有無窮多的替代例。如果一個論證架構是演繹上有效的，那麼，它的每一個替代例也都會是演繹上有效的論證。因而，要證明一個 PL 語句所形成的論證是演繹上有效的，我們可以簡單指出它是某個演繹上有效論證架構的替代例就行了。但小心，雖然我們可以用一個論證是某個演繹上有效論證架構的替代例去斷言其有效性，但我們卻不能因為一個 PL 語句所構成的論證是某個演繹上無效論證架構的替代例，便因此去斷言它是演繹上無效的論證。因為，如果一個論證架構是演繹上無效的，那麼，除了某些「特殊的情形」外，它仍然會有許多替代例是演繹上有效的論證，儘管它也會有許多替代例是演繹上無效的論證。比方來說，「α → β, ¬α ／ ∴ ¬β」是一個演繹上無效的論證架構，而儘管它的一些替代例，如「P → Q, ¬P ／ ∴ ¬Q」，是演繹上無效的論證，但它的一些替代例，如「P → (Q ∧ ¬Q), ¬P ／ ∴ ¬(Q ∧ ¬Q)」，卻仍然是演繹上有效的論證（因為這個論證的結論是一個恆真句，而如我們在第一章第三節所說，所有以恆真句作為結論的論證都是演繹上有效的論證）。因此，要證明一個 PL 語句所構成的論證是演繹上無效的，我們不能訴諸於它是某個無效論證架構的一個替代例這樣的事實，我們得使用真值表或其它本書中會繼續介紹的方法。前述所謂「特殊的情形」指的是這樣的情形：如果一個論證架構中的每一個「前提」都是一個「恆真語架」（詳見以下的說明），而其「結論」則是一個恆假語架（詳見以下的說明），如「α ∨ ¬α ／ ∴ β ∧ ¬β」，那麼，這樣一個演繹上無效論證架構的每個替代例就都會是演繹上無效的論證；因為，它的每個替代例的每個前提都會是恆真句，而其結論則會是恆假句。

　　要判斷一個 PL 的語句屬於恆真句／恆假句／偶然句中的哪一個類型，首先進行判斷一個論證是否演繹上有效的 (1) 至 (4) 步驟（但將那些步驟中的「論證」二字改為「語句」）。然後，(5) 依據每一列簡單句真假值的可能組合方式，一列一列地按照前述前一章所教的完整真值表的計算方法，依序去計算該語句在該組合方式下的真假值。最後，(6) 找到該語句的主要連接詞，看看其下方各列中的真假值分布為何。如果其下方各列的真假值都為 1，代表該語句在任何可能的情況下都為真，因而是個恆真句。如果其下方各列的真假值都為 0，代表該語句在任何可能的情況下都為假，因此是個恆假句。而如果其下方

各列的真假值有 1 也有 0，代表該語句有可能為真也有可能為假，因而是個偶然句。

　　舉例來說，以下的「表3-9」和「表3-10」分別證明了「P → (Q → P)」和「P ∨ ¬P」是恆真句（換言之，⊨ P → (Q → P) 且 ⊨ P ∨ ¬P），「表3-11」證明「P ↔ ¬P」是恆假句（因而，⊭P ↔ ¬P），而「表3-12」則證明「P ∨ ¬P ∧ Q)」是個偶然句（因而，⊭ P ∨ (¬P ∧ Q)）。同樣為了簡單起見，在以下各表中，除了左下方外，我們不在簡單句下重複寫下該簡單句在各種可能情況中的真假：

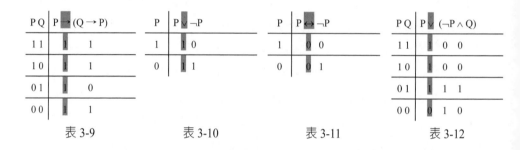

P Q	P → (Q → P)
1 1	1　　1
1 0	1　　1
0 1	1　　0
0 0	1　　1

表 3-9

P	P ∨ ¬P
1	1 0
0	1 1

表 3-10

P	P ↔ ¬P
1	0 0
0	0 1

表 3-11

P Q	P ∨ (¬P ∧ Q)
1 1	1 0　0
1 0	1 0　0
0 1	1 1　1
0 0	0 1　0

表 3-12

　　「P → (Q → P)」的主要連接詞是第一次出現的「→」，而「P ∨ ¬P」的主要連接詞是「∨」。由於它們下方各列的真假值都是 1，因此它們是必然為真的恆真句。「P ↔ ¬P」的主要連接詞是「↔」；由於其下方各列的真假值都是 0，因此它是必然為假的恆假句。至於「P ∨ (¬P ∧ Q)」，由於其主要連接詞是「∨」，且其下方各列的真假值有 1 也有 0，因此它是有可能為真也有可能為假的偶然句。同樣的方法可以用來證明任意複雜的 PL 語句屬於哪一類。

　　利用同樣的方法，我們也可以證明某些 PL 的合式公式語架（wff schema，以下簡稱「語架」）是恆真語架，有些語架是恆假語架，而有些語架則是偶然語架。所謂語架，我們指的是 PL 的合式公式的形式，而每個合式公式語架代表了具有相同形式的一類 PL 合式公式。比方來說，「P → (Q → P)」和「(P ∨ R) → ((R ∧ P) → (P ∨ R))」具有共同的下述形式：它們都是其後件也為條件句的條件句，而且其前件與其後件的後件是同一個合式公式。我們可以用「α → (β → α)」來表示這個語架，其中的 α 和 β 分別代表 PL 中任意兩個（相同或不同的）語句，不論它們有多複雜。以下，「表 3-13」至「表 3-16」分

別證明：「α → (β → α)」和「α ∨ ¬α」是恆真語架（換言之，⊨ α → (β → α) 且 ⊨ α ∨ ¬α），「α ↔ ¬α」是恆假語架，而「α ∨ (¬α ∧ β)」則是偶然語架（因 而，⊭ α ↔ ¬α 且 ⊭ α ∨ (¬α ∧ β)）：

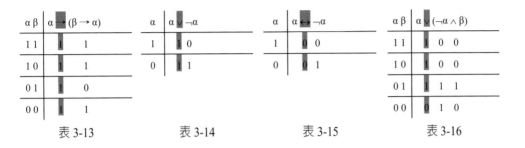

α β	α → (β → α)		α	α ∨ ¬α		α	α ↔ ¬α		α β	α ∨ (¬α ∧ β)	
1 1	1	1	1	1 0		1	0 0		1 1	1 0 0	
1 0	1	1	0	1 1		0	0 1		1 0	1 0 0	
0 1	1	0							0 1	1 1 1	
0 0	1	1							0 0	0 1 0	

表 3-13 　　　表 3-14 　　　表 3-15 　　　表 3-16

當我們用一個 PL 中的語句統一地替換語架中某一個後設變元的每一次出現，並且輪番地將該語架中的每一個後設變元都如此統一替換成某個 PL 語句後（你可以用相同的語句替換不同的後設變元，也可以用不同的語句去替換不同的後設變元，但重要的是：該後設變元在一個論證架構中的**每一次**出現都必須以相同的語句去替換），所得到的結果就是該語架的一個替代例。比方說，「(P ∨ R) → ((R ∧ P) → (P ∨ R))」就是分別用「(P ∨ R)」和「(R ∧ P)」去統一替換「α → (β → α)」中 α 和 β 的結果。由於你可以用任何一個語句去替換一個語架中的後設變元，一個語架因而會有無窮多的替代例。如果一個語架是個恆真語架（或恆假語架），那麼，它的每一個替代例都會是一個恆真句（或一個恆假句）。因而，要證明一個 PL 合式公式是一個恆真句（或恆假句），我們可以簡單指出它是某個恆真（或恆假）語架的替代例就行了。但小心，雖然我們可以用一個語句屬於某個恆真（或恆假）語架去斷言其恆真（或恆假）性，但我們卻不能因為一個 PL 語句是某個偶然語架的一個替代例，便因此斷言它是偶然句。因為，如果一個語架是偶然的，那麼，雖然它會有許多替代例是偶然句，但它仍會有許多替代例是恆真句或恆假句。比方來說，「α ∨ β」是一個偶然語架，但它的替代例「P ∨ (Q → Q)」是一個恆真句，而它的替代例「(P ∧ ¬P) ∨ (Q ∧ ¬Q)」則是一個恆假句。因此，要證明一個 PL 語句是偶然句，我們得使用真值表或其它本書會繼續介紹的方法。

要判斷兩個 PL 語句間是否有邏輯蘊涵或邏輯等價關係，首先進行判斷一

個論證是否演繹上有效的 (1) 至 (4) 步驟（但將那些步驟中的「論證」二字改為「這兩個語句」）。然後，(5) 依據每一列簡單句真假的可能組合方式，一列一列地按照前一章所教的完整真值表的計算方法，依序去計算這兩個語句在該組合方式下的真假。最後，(6) 先看看在第一個語句的主要連接詞下方真假值為 1 的那幾列當中，第二個語句的主要連接詞下方的真假值是否也都為 1？然後，再看看在第二個語句的主要連接詞下方真假值都為 1 的那幾列當中，第一個語句的主要連接詞下方的真假值是否也都為 1？如果這兩個問題的答案都是肯定的，或者說，如果這兩個語句的主要連接詞下方的每一列都有相同的真假值，那麼，它們就是邏輯上等價的，因為它們在任何情況下都會有相同的真假值。但如果只有第一個問題的答案是肯定的，那麼，第一個語句就會在邏輯上蘊涵第二個語句，並因而在邏輯上強於第二個語句，但反之不然。而如果只有第二個問題的答案是肯定的，那麼，第二個語句就會在邏輯上蘊涵第一個語句，並因而在邏輯上強於第一個語句，但反之不然。而如果兩個問題的答案都是否定的，那麼，這兩個語句彼此在邏輯上不蘊涵，並因而是邏輯上獨立的兩個語句。

　　舉例來說，以下的「表 3-17」證明了「$\neg(P \wedge Q)$」和「$\neg P \vee \neg Q$」是邏輯上等價的兩個語句（換言之，$\neg(P \wedge Q) \vDash\dashv \neg P \vee \neg Q$），「表 3-18」證明「$P \leftrightarrow Q$」邏輯上蘊涵「$P \vee \neg P$」（換言之，$P \leftrightarrow Q \vDash P \vee \neg P$），但反之不然，而「表 3-19」則證明了「$P \vee (\neg P \wedge Q)$」與「$P \leftrightarrow Q$」邏輯上互不蘊涵（換言之，$P \vee (\neg P \wedge Q) \nvDash P \leftrightarrow Q$ 且 $P \leftrightarrow Q \nvDash P \vee (\neg P \wedge Q)$），因而是邏輯上獨立的兩個語句（同樣為了簡潔起見，除了左下方外，我們將不在表右方簡單句下重複寫下該簡單句在各種可能情況中的真假）：

P Q	$\neg(P \wedge Q)$	$\neg P \vee \neg Q$
1 1	0　1	0　0　0
1 0	1　0	0　1　1
0 1	1　0	1　1　0
0 0	1　0	1　1　1

表 3-17

P Q	$P \vee \neg P$	$P \leftrightarrow Q$
1 1	1　0	1
1 0	1　0	0
0 1	1　1	0
0 0	1　1	1

表 3-18

P Q	$P \vee (\neg P \wedge Q)$	$P \leftrightarrow Q$
1 1	1　0　0	1
1 0	1　0　0	0
0 1	1　1　1	0
0 0	0　1　0	1

表 3-19

在「表3-17」至「表3-19」中，我們在每個語句的主要連接詞之下以灰色標示了該語句真假值為1的情況。讀者可以很容易看出，在「表3-17」中，「(P∧Q)」和「¬P∨¬Q」這兩個語句的主要連接詞下方的每一列都有相同的真假值，因而兩者是邏輯上等價的。在「表3-18」中，當「P↔Q」的主要連接詞下方的真假值為1時，「P∨¬P」亦然，但反之則不然；因而，「P↔Q」邏輯上蘊涵「P∨¬P」，但反之不然。在「表3-19」中，「P∨(¬P∧Q)」在第2和第3列中的真假值為1，但「P↔Q」在那兩行的真假值為0，所以「P∨(¬P∧Q)」邏輯上並不蘊涵「P↔Q」。類似地，「P↔Q」在第四列中的真假值為1，但「P∨(¬P∧Q)」在該列的真假值為0；因而，「P↔Q」邏輯上也不蘊涵「P∨(¬P∧Q)」。由於「P∨(¬P∧Q)」與「P↔Q」兩者在邏輯上互不蘊涵，因而它們是邏輯上獨立的兩個語句。

讓我們在此再舉兩個邏輯等價的例子，以便和讀者們進行第二項「省略約定」，俾利以後減少括弧的使用，便利讀者們閱讀和書寫（和作者的寫作）。讀者們可以自己檢查一下：以下「表3-20」證明了「P∧(Q∧R)」和「(P∧Q)∧R」這兩個語句是邏輯上等價的語句（換言之，P∧(Q∧R) ⊨⊧ (P∧Q)∧R），而「表3-21」則證明了「P∨(Q∨R)」和」(P∨Q)∨R」這兩個語句也是邏輯上等價的語句（換言之，P∨(Q∨R) ⊨⊧ (P∨Q)∨R）。但讀者要小心：「P→(Q→R)」和「(P→Q)→R」這兩個語句則不是邏輯上等價的語句：

P Q R	P∧(Q∧R)		(P∧Q)∧R		P Q R	P∨(Q∨R)		(P∨Q)∨R	
1 1 1	**1**	1	1	**1**	1 1 1	**1**	1	1	**1**
1 1 0	0	0	1	0	1 1 0	**1**	1	1	**1**
1 0 1	0	0	0	0	1 0 1	**1**	1	1	**1**
1 0 0	0	0	0	0	1 0 0	**1**	0	1	**1**
0 1 1	0	1	0	0	0 1 1	**1**	1	1	**1**
0 1 0	0	0	0	0	0 1 0	**1**	1	1	**1**
0 0 1	0	0	0	0	0 0 1	**1**	1	0	**1**
0 0 0	0	0	0	0	0 0 0	0	0	0	0

表3-20　　　　　　　　　　　表3-21

一般性地說，不論α、β和γ有多麼複雜，「(α∧β)∧γ」和「α∧(β∧γ)」

總是邏輯上等價的兩個語句（換言之，$(\alpha \wedge \beta) \wedge \gamma \mathbin{=\!|\!|\!=} \alpha \wedge (\beta \wedge \gamma)$）。因此，以後我們將省略這兩個連言語句中的括弧，並將兩者無分別地寫成「$\alpha \wedge \beta \wedge \gamma$」。嚴格地說起來，「$\alpha \wedge \beta \wedge \gamma$」缺乏應該有的括弧，並因而是解讀上歧義且不合文法的，但由於加入括弧而使之合於文法的兩種方式是彼此邏輯上等價的，所以我們將容忍這種不合文法的寫法。類似地，由於「$(\alpha \vee \beta) \vee \gamma$」和「$\alpha \vee (\beta \vee \gamma)$」也是邏輯上等價的兩個選言句（換言之，$(\alpha \vee \beta) \vee \gamma \mathbin{=\!|\!|\!=} \alpha \vee (\beta \vee \gamma)$），不論其中的 α、β 和 γ 有多麼複雜。因而，以後我們也將省略其中的括弧而將兩者無分別地寫成「$\alpha \vee \beta \vee \gamma$」。

更一般性地說，任何 n 個語句 α_1、α_2、…、α_n 的連續連言（其中 $n \geq 3$），不論其中括弧的位置如何，在邏輯上都是兩兩等價的，因而我們可以省略其中的括弧而將它們無分別地寫成「$\alpha_1 \wedge \alpha_2 \wedge \cdots \wedge \alpha_n$」。類似地，任何幾個語句 α_1、α_2、…、α_n 的連續選言，無論其中括弧的順序如何，在邏輯上也都是兩兩等價的，因而我們可以省略其中的括弧而將它們無分別地寫成「$\alpha_1 \vee \alpha_2 \vee \cdots \vee \alpha_n$」。比方來說，根據這個新的省略約定，我們就可以將「$(((P_1 \vee P_2) \vee \neg P_3) \wedge (\neg P_1 \vee (P_2 \vee P_3))) \wedge (P_1 \vee (\neg P_2 \vee P_3))$」更簡寫地寫成」$(P_1 \vee P_2 \vee \neg P_3) \wedge (\neg P_1 \vee P_2 \vee P_3) \wedge (P_1 \vee \neg P_2 \vee P_3)$」。這個新的省略約定和之前的一項省略約定將大幅減少我們寫下括弧的次數，並使得語句更容易閱讀。[2]

最後，要判斷一集 PL 的語句是否在邏輯上是共同一致的（或是否是共同可滿足的），首先進行判斷一個論證是否演繹上有效的 (1) 至 (4) 步驟（但將那些步驟中的「論證」二字改為「語句集」）。然後，(5) 依據每一列簡單句真假的可能組合方式，一列一列地按照前一章所教的完整真值表的計算方法，依序去計算每一個語句在該組合方式下的真假值。最後，(6) 看看是否在某一列中這些語句的主要連接詞下方都得到 1 的真假值。如果是，那麼，這些語句就有可能都為真，並因而在邏輯上是共同一致的（或共同可滿足的）。如果沒有任何一列能使得這些語句的主要連接詞下方都得到 1 的真假值，那麼，這些語句就不可能都為真，並因而在邏輯上是共同不一致的（或非共同可滿足的）。

---

② 有些書中可能還會進一步約定不同連接詞的「連接力道」，如規定「$\wedge$」的連接力道強於「$\vee$」，以便將「$(P \wedge Q) \vee R$」寫成「$P \wedge Q \vee R$」從而更大幅減少括弧的使用，但本書將不採取這樣的約定。

　　舉例來說，以下「表3-22」證明了 {¬(P ∧ Q), P ∨ ¬Q, ¬P ∨ Q} 這三個語句是邏輯上共同一致的（或共同可滿足的），而「表3-23」則證明了 {P ∨ (¬P ∧ Q), P ↔ Q, ¬P} 這三個語句是邏輯上共同不一致的（或非共同可滿足的）。同樣為了簡潔起見，我們只在每個連接詞下方寫下該部分的真假值：

P Q	¬(P ∧ Q)	P ∨ ¬Q	¬P ∨ Q
1 1	0　1	1　0	0　1
1 0	1　0	1　1	0　0
0 1	1　0	0　0	1　1
0 0	1　0	1　1	1　1

表 3-22

P Q	P ∨ (¬P ∧ Q)	P ↔ Q	¬P
1 1	1　0　0	1	0
1 0	1　0　0	0	0
0 1	1　1　1	0	1
0 0	0　1　0	1	1

表 3-23

　　在「表3-22」和「表3-23」中，我們同樣在每個語句的主要連接詞之下以灰色顯示了該語句真假值為 1 的情況。讀者可以很容易看出，在「表3-22中，三個語句在第四列的真假值都為 1，所以它們有可能都為真，並因而是邏輯上共同一致的。但在「表3-23」中，我們卻找不到任何一列是三個語句的真假值都為 1 的一列，所以它們不可能都為真，並因而是邏輯上共同不一致的。

　　為了讓讀者們更熟悉如何使用真值表的方法去判斷各種邏輯性質與關係，我們在此向讀者介紹一個可以透過 Google Play 在手機上下載的軟體 The Logic Calculator。Google Play 中同名的軟體有兩三套，為了避免混淆，讀者們下載時請注意它的圖示應如右下圖（注意，這個軟體與我們在前一章末所介紹的軟體並非相同的軟體)。下載後，打開該軟體就會看到如「圖3-1」的介面。按下下方的符號鍵輸入論證（如「圖3-1」）或 PL 的合式公式後，再按下「ENTER」鍵，讀者們就可以在輸入框的左下方看到相關的邏輯特性，如「圖3-1」中的「valid」（有效）。但如果讀者們在適當輸入後按下藍色的「TABLE」鍵，讀者們就會看到如「圖3-2」的完整真值表。

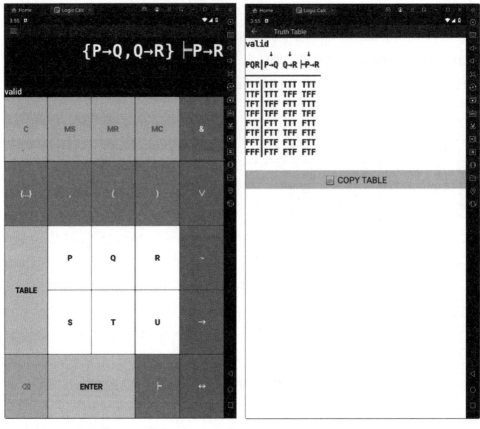

圖 3-1   圖 3-2

第二節　PL語義模型

　　前一節中的真值表方法是邏輯學中語義論方法的一種 [3]，邏輯學中另一種更直接的語義論方法則是訴諸於第一章第四節中所說的「語義模型」（semantic model）。我們將在這一節裡說明 PL 的語義模型及其應用。這一節和下一節中的說明將較為抽象，有抽象恐懼症的讀者可以跳過這兩節繼續閱讀。

---

③ 我們將在第四章的第一節中說明語義方法與語法方法的區別。

令 **P** 為 PL 中所有簡單語句「P」、「Q」、「R」、「P₁」、「Q₁」、「R₁」…所形成的集合。那麼，任何一個從 **P** 映射到真假值的全函數 v（記作 $v: \mathbf{P} \rightarrow \{1,0\}$，讀作「$v$ 是一個從 **P** 映射到真假值 1 和 0 的集合的全函數」）都是 PL 的一個語義模型（簡稱「模型」）。直覺上，一個模型所做的事情，就只是單純地賦予 PL 中每一個簡單語句任意的一個真假值。如果 v 和 v' 至少對於某個簡單語句所賦予的真假值不同，那麼，它們對 PL 來說就是不同的模型。④舉例來說，對 **P** 中每一個簡單語句都賦予真假值 1 的模型（讓我們稱之為 v_1；換言之，對於所有的 $\alpha \in \mathbf{P}$，$v_1(\alpha) = 1$），便不同於將 **P** 中除了「P」以外的每一個簡單語句都賦予真假值 1 的模型（讓我們稱之為 v_2；換言之，對於所有的 $\alpha \in \mathbf{P}$，如果 $\alpha \neq$「P」則 $v_2(\alpha) = 1$，而如果 $\alpha =$「P」則 $v_2(\alpha) = 0$）。邏輯上，我們對一個簡單語句賦予真假值的方式有兩種（1 或 0），而 PL 中又有無窮多個（事實上，跟自然數一樣多個）簡單語句；因而，數學上我們有無窮多個（事實上，跟實數一樣多個）對 PL 的所有簡單語句賦予真假值的方式，因而 PL 也就有（跟實數一樣多的）無窮多個模型。

PL 的任何一個語義模型只將真假值賦予簡單語句，對複合句則無所說；但是，給定任何一個這樣的模型 v 之後，我們可以依據下述的方式去決定各種複雜語句在該模型 v 中的真假值，並因而擴充了原來函數 v 的賦值範圍，使得它不僅對 PL 的簡單語句賦予真假值，也對其中的複合語句賦予真假值：

($R_\neg$) 如果 $v(\alpha) = 1$，則 $v(\neg\alpha) = 0$；否則，$v(\neg\alpha) = 1$。

($R_\wedge$) 如果 $v(\alpha) = v(\beta) = 1$，則 $v(\alpha \wedge \beta) = 1$；否則，$v(\alpha \wedge \beta) = 0$。

($R_\vee$) 如果 $v(\alpha) = v(\beta) = 0$，則 $v(\alpha \vee \beta) = 0$；否則，$v(\alpha \vee \beta) = 1$。

($R_\rightarrow$) 如果 $v(\alpha) = 1$ 而 $v(\beta) = 0$，則 $v(\alpha \rightarrow \beta) = 0$；否則，$v(\alpha \rightarrow \beta) = 1$。

($R_\leftrightarrow$) 如果 $v(\alpha) = v(\beta)$，則 $v(\alpha \leftrightarrow \beta) = 1$；否則，$v(\alpha \leftrightarrow \beta) = 0$。

讀者們應該不難看出，這五個規則其實只是摘述了這五個真值函數式連接詞的基本真值表而已。舉例來說，($R_\rightarrow$) 說的不過是：一個條件句只有在其前件為

---

④ 在本書中，我們用 v、v'、v'' 等去泛指任意的 PL 模型（有些書則用 M、M'、M''），而用 v_1、v_2、v_3 等去命名特定的 PL 模型。

真而後件為假時為假，在其它的情況下，該條件句都是真的。其它的規則可以依此類推。當一個語句 α（不論簡單或複合）在一個模型 v 中得到的值為 1 時，符號上我們就寫作「$v(α) = 1$」或「$v \vDash α$」。當一個語句 α（不論簡單或複合）在一個模型 v 當中得到的值為 0 時，符號上我們就寫作「$v(α) = 0$」或「$v \nvDash α$」。請注意，這時「$\vDash$」或「$\nvDash$」的左邊是一個模型的名稱，而非任何的語句或語句集合。

　　為了要看出這些規則如何讓我們決定一個語句在一個模型中的真假值，讓我們在此舉一個例子。假設我們的模型是前述將 **P 中除了 P 以外的**每一個簡單句都賦予真假值 1 的模型 v_2，換言之，對於所有的 α ∈ **P**，如果 α ≠「P」則 $v_2(α) = 1$，而如果 α =「P」則 $v_2(α) = 0$。現在，我們想知道「$P \lor \neg(\neg P \land Q)$」在這個模型中的真假值為何。我們的「計算」過程是這樣的：首先，我們依據連接詞連接的範圍大小，由小到大依次標示出這些連接詞。在此例中，範圍最小的是第二次出現的「$\neg$」，稍大的是「$\land$」，再稍大的是第一次出現的「$\neg$」，範圍最大的則是「$\lor$」。然後，根據連接詞範圍的小到大，我們依據前述的五個規則和 v_2 對於簡單句的賦值，逐次計算這些連接詞所形成的複合句在該模型中的真假值。在此例中，由於 $v_2(P) = 0$ 而 $v_2(Q) = 1$，因而我們可以逐次依據 $(R_\neg)$、$(R_\land)$、$(R_\neg)$ 和 $(R_\lor)$ 而計算出 $v_2(\neg P) = 1$、$v_2(\neg P \land Q) = 1$、$v_2(\neg(\neg P \land Q)) = 0$ 而 $v_2(P \lor \neg(\neg P \land Q)) = 0$。

　　在了解了什麼是語義模型之後，我們就可以給第一章第二節中所談論的幾個邏輯概念更為精確的定義。我們在第一章第二節中說：一個演繹上有效的論證是**其前提都為真但結論卻為假這件事**是不可能為真的論證。我們也說一個演繹上無效的論證是**其前提都為真但結論卻為假這件事**是可能為真的論證。我們在該章的第四節則說：說一件事「有可能為真」也就是說它「在某個可能的情況下為真」。現在，如果我們將一個模型看作是一個（邏輯上的 ⑤）可能情況，並且把不同的模型看作是不同的（邏輯上的）可能情況，那麼，對於 PL 來說，我們就可以將這兩個定義更精確地定義為：

――――――――――

⑤ 此處插入「邏輯上的」一詞，是為了區別這種可能性與形上學、物理學上或技術上的可能性的緣故，請參考第一章第四節中的說明。

1. $\{\alpha_1, \cdots, \alpha_n\} \vDash \beta$，若且唯若，不存在任何一個 PL 模型 v 能使得 $\{\alpha_1, \cdots, \alpha_n\}$ 中每個語句（前提）的真假值都為 1，但使得（結論）β 的真假值為 0。或者：$\{\alpha_1, \cdots, \alpha_n\} \vDash \beta$，若且唯若，不存在任何一個這樣的 PL 模型 v：對 $1 \leq i \leq n$，$v(\alpha_i) = 1$，但 $v(\beta) = 0$。再或者：$\{\alpha_1, \cdots, \alpha_n\} \vDash \beta$，若且唯若，對任何一個 PL 模型 v 來說，如果對 $1 \leq i \leq n$，$v(\alpha_i) = 1$，則 $v(\beta) = 1$。

2. $\{\alpha_1, \cdots, \alpha_n\} \nvDash \beta$，若且唯若，存在一個 PL 模型 v 能使得 $\{\alpha_1, \cdots, \alpha_n\}$ 中每個語句（前提）的真假值都為 1，但使得（結論）β 的真假值為 0。或者，$\{\alpha_1, \cdots, \alpha_n\} \nvDash \beta$，若且唯若，存在一個這樣的 PL 模型 v：對 $1 \leq i \leq n$，$v(\alpha_i) = 1$，但 $v(\beta) = 0$。

類似地，我們可以用下述更為精確的方式去定義 PL 中的恆真句、恆假句、偶然句、邏輯蘊涵、邏輯等價、邏輯共同一致性等概念：

1. α 是一個 PL 恆真句，若且唯若，不存在任何一個 PL 模型 v 能使得 α 的真假值為 0。換言之：α 是一個恆真句，若且唯若，不存在任何一個 PL 模型 v 能使得 $v(\alpha) = 0$。再換言之：α 是一個恆真句，若且唯若，任何的 PL 模型 v 都使得 $v(\alpha) = 1$。

2. α 是一個 PL 恆假句，若且唯若，不存在任何一個 PL 模型 v 能使得 α 的真假值為 1。換言之：α 是一個恆假句，若且唯若，不存在任何一個 PL 模型 v 能使得 $v(\alpha) = 1$。再換言之：α 是一個恆假句，若且唯若，任何的 PL 模型 v 都使得 $v(\alpha) = 0$。

3. α 是一個 PL 偶然句，若且唯若，存在一個 PL 模型 v 能使得 α 的真假值為 1，也存在另一個 PL 模型 v' 能使得 α 的真假值為 0。換言之：α 是一個偶然句，若且唯若，存在著兩個這樣的 PL 模型 v 和 v'：$v(\alpha) = 1$ 但 $v'(\alpha) = 0$。

4. PL 語句 α 邏輯上蘊涵 β（亦即，$\alpha \vDash \beta$），若且唯若，不存在任何一個 PL 模型 v 能使得 α 的真假值為 1 但卻使得 β 的真假值為 0。或者：$\alpha \vDash \beta$，若且唯若，不存在任何一個 PL 模型 v 能使得 $v(\alpha) = 1$ 但使得 $v(\beta) = 0$。再或者：$\alpha \vDash \beta$，若且唯若，任何使得 $v(\alpha) = 1$ 的 PL 模型 v 都使得 $v(\beta) = 1$。

5. PL 語句 α 和 β 是邏輯上等價的（亦即，「α ⫣⊨ β」），若且唯若，不存在任何一個 PL 模型 v 能使得 α 的真假值和 β 的真假值不同。或者：α ⫣⊨ β，若且唯若，不存在任何一個 PL 模型 v 使得 $v(α) \neq v(β)$。

6. $\{α_1, \cdots, α_n\}$ 是邏輯上共同一致的（或共同可滿足的）PL 語句集，若且唯若，存在一個 PL 模型 v 能使得 $\{α_1, \cdots, α_n\}$ 中的每個語句都爲真。或者：$\{α_1, \cdots, α_n\}$ 是邏輯上共同一致的，若且唯若，存在一個這樣的 PL 模型 v：對 $1 \leq i \leq n$，$v(α_i) = 1$。

第三節　PL後設證明

所謂後設證明（meta-proof）或語義證明（semantic proof），指的是使用語義模型的概念去證明事情的方法。我們將在這一節中簡單舉例說明如何使用 PL 語義模型的概念去證明一個 PL 論證是否演繹上有效、一個 PL 語句屬於何種類型、兩個 PL 語句間的邏輯關係為何、以及一個 PL 語句集合是否是邏輯上一致的。

請注意，如同我們在前一節末所看到的，這些邏輯概念的定義分別屬於「存在一個模型 v 能使得……」或「不存在任何一個模型 v 能使得……」這兩種定義類型之一。因而，後設證明的關鍵就在於證明的確存在或的確不存在一個「能使得……」的模型。證明「存在一個模型 v 能使得……」最常用的方法是直接去建構（construct）一個滿足了「能使得……」一語中所說的事情的模型，而證明「不存在一個模型 v 能使得……」最常用的方法則是先假設存在一個滿足了「能使得……」一語中所說的事情的模型，然後試圖從這個假設中推導出矛盾；但有時候，直接窮舉的證明方法也能夠達到同樣的結果。以下我們分別說明這幾種方法。⑥

---

⑥ 除了以下這幾種方法之外，邏輯學中其實還有一種非常有用也非常重要的證明方法，叫做「數學歸納法」（mathematical induction），但對這個方法的說明略嫌複雜，也非理解本書所必要，因此我們不在此說明這個方法。有關於這個方法的一個簡單介紹，讀者們可以參考以下網站（可下載 pdf 檔）：https://people.umass.edu/gmhwww/595t/pdf/MetaTheory-03-Mathematical%20Induction.pdf。

一、建構式證明（constructive proof）

舉例來說，要證明一個 PL 論證，比方說，「P ∨ Q, P / ∴ ¬Q」，是無效的，也就是要去證明存在一個 PL 模型 v 能使得 {P ∨ Q, P} 中的每個語句（前提）的真假值都為 1，但使得「¬Q」（結論）的真假值為 0。所以，只要我們能夠「想出」這樣的一個 PL 模型 v 並具體地說明它是一個什麼樣的函數，我們的證明也就完成了。（問題在於我們要如何「想出」這樣的一個 PL 模型呢？我們得依靠我們的想像力天賦嗎？我們將在第四章和第八章中介紹一種建構語義模型的簡易方法。）比方來說，具體地描述出以下的這個 PL 模型 v_1 就可以達到這個證明的目的：對於所有的 α ∈ **P**，$v_1(α) = 1$。我們很容易計算出：$v_1(P) = v_1(Q) = v_1(P ∨ Q) = 1$，但 $v_1(¬Q) = 0$。因而，**這個論證**（「P ∨ Q, P / ∴ ¬Q」）**的前提都為真但結論卻為假這件事**是有可能的，所以它是一個無效的論證。（證明語句 α 邏輯上不蘊涵 β 的方式與此雷同，我們只需要描述一個使得 α 為真但使得 β 為假的模型 v 就可以了。）

再舉一個例子，我們在前一節中已經知道 $v_2(P ∨ ¬(¬P ∧ Q)) = 0$。因而，如果我們還能夠「想出」一個使得該語句的真假值為 1 的模型，我們也就證明了該語句是一個偶然語句，而之前的這個模型 v_1 就可以達到這個證明的目的：對於所有的 α ∈ **P**，$v_1(α) = 1$。我們很容易依序計算出：$v_1(P) = v_1(Q) = 1$、$v_1(¬P) = v_1(¬P ∧ Q) = 0$、$v_1(¬(¬P ∧ Q)) = v_1(P ∨ ¬(¬P ∧ Q)) = 1$。因而，這個語句既有可能為真也有可能為假，所以它是一個偶然語句。

最後，讓我們看一下如何證明 {¬(P ∧ Q), P ∨ ¬Q, R ∧ ¬Q} 是一個邏輯上一致的（或共同可滿足的）集合。要證明這件事，我們只需要想出一個能讓其中三個語句的真假值同時為 1 的 PL 模型就可以了，而以下這個模型 v_3 就可以達到這個證明的目的：對於所有的 α ∈ **P**，如果 α ≠「R」，則 $v_3(α) = 0$；而如果 α =「R」，則 $v_3(α) = 1$。讀者們應該可以很容易計算出：$v_3(¬(P ∧ Q)) = v_3(P ∨ ¬Q) = v_3(R ∧ ¬Q) = 1$。因而，這個語句集合有可能同時為真，所以是一個邏輯上一致的（或共同可滿足的）集合。

二、歸謬式證明（reduction to absurdity; reductio ad absurdum）

比較棘手的事情是如何證明「不存在任何一個模型 v 能使得……」；因

為，PL 有（和實數一樣多的）無窮多個模型，而我們（或任何軟體）勢必無法一一檢視這無窮多個模型，以確定不會有任何一個模型滿足「能使得……」所說的事情。幸運的是，數學上的一個特殊方法帶給我們一個證明上述宣稱的簡單方法。要證明一個論證，比方說，「P ∨ Q, ¬P / ∴ Q」，是有效的，我們可以先假設「存在一個模型 v 能使得 {P ∨ Q, ¬P} 中的每個語句（前提）的真假值都為 1，但使得『Q』（結論）的真假值為 0」。如果我們可以從這個假設推論出某種不可能為真的矛盾，我們就知道這個假設本身是不可能為真的；而這是因為：只有矛盾（因而不可能為真）的語句或假設才會在邏輯上蘊涵矛盾的語句。這個證明事情的方法一般便被稱為「歸謬法」。舉例來說，如果我們先假設存在一個模型 v 能使得 $v(P ∨ Q) = v(¬P) = 1$ 但 $v(Q) = 0$，那麼，我們可以接著推論說：(1) 由於 $v(¬P) = 1$，因而 $v(P) = 0$；(2) 從 $v(P) = 0$ 和假設中的 $v(Q) = 0$，我們可以推論出 $v(P ∨ Q) = 0$；(3) 從 $v(P ∨ Q) = 0$ 和假設中的 $v(P ∨ Q) = 1$，我們可以推論出來 $v(P ∨ Q)$ 的真假值既是 0 又是 1，但這對於任何的模型來說都是不可能的。因為，模型是一種函數，而函數給任何論元（argument）的值都是唯一的。由於我們從該假設推論出了 (3) 中的矛盾，因而我們知道不會存在任何一個能使得該論證的前提都為真但讓該論證的結論為假的模型 v。

再舉一個例子。如果我們想要證明某個語句，比方說，「P ↔ ¬P」，是一個恆假句。由於恆假句是不存在任何能使其為真的模型的語句，因而我們可以先假設存在一個能讓該語句為真的模型 v，然後試著從該假設推論出矛盾來。現在，假設 $v(P ↔ ¬P) = 1$，那麼，根據 (R↔)，$v(P)$ 和 $v(¬P)$ 就會有相同的真假值。但這根據 (R¬) 來說是不可能的；因為，根據 (R¬)，$v(P)$ 和 $v(¬P)$ 一定會有不同的真假值。因而，我們知道不會存在任何一個使「P ↔ ¬P」為真的模型，所以該語句是個恆假句。證明一個語句是恆真句的方式與此雷同，不同之處在於，你一開始的假設應該是「有一個模型 v 使其為假」。

三、窮舉式證明（exhaustive proof）

除了歸謬法外，其實，要證明「不存在任何一個模型 v 能使得……」，還有一種類似於完整真值表的方法，只是較為麻煩一點而已。這個方法的好處是

讓我們看出真值表方法與語義模型之間的關係。讓我們舉論證「¬P ∨ Q, P / ∴ P → Q」為例。要證明「不存在一個 PL 模型 v 能使得這個論證的前提都為真但結論卻為假」，雖然我們無法檢視 PL 的每一個語義模型，但我們可以將這無窮多個 PL 語義模型依據它們賦予「P」和「Q」的真假值而將它們分成四類：$v(P) = v(Q) = 1$ 的一類、$v(P) = 1$ 但 $v(Q) = 0$ 的一類、$v(P) = 0$ 但 $v(Q) = 1$ 的一類和 $v(P) = v(Q) = 0$ 的一類。然後我們可以根據第二節中的各種規則 (R¬)、(R→) 和 (R∨) 去計算這個論證的前提和結論在每一類語義模型中的真假值，其結果如下：

$v(P)$	$v(Q)$	¬P ∨ Q, P / ∴ P → Q			
1	1	0	1	1	1
1	0	0	0	1	0
0	1	1	1	0	1
0	0	1	1	0	1

最後，透過簡單的檢視，我們可以看出：任何一類的 PL 語義模型都不會讓這個論證的前提都為真但卻讓其結論為假，並因而得到「這個論證是一個有效的論證」的結論。這些計算的過程和真值表的方法其實很相近，所以，你其實可以將真值表看成是根據語句或論證中簡單句的數量而將無窮多個 PL 語義模型分類為有限多種模型的方法。透過這樣的方法，PL 具有無窮多個語義模型的事實就再也不會困擾我們了，因為一個論證或一（或多）個語句中的簡單語句數量一定是一個有限大的自然數 n，而我們可以依據這 n 個簡單語句將 PL 的無窮多個語義模型分類成 2^n 個但仍然是有限多種的模型，然後加以一一檢視。

　　窮舉方法未必限於窮舉 PL 語義模型，也可以用來窮舉語句的類型，讓我們舉一個例子來加以說明。假設我們要證明「如果 α 和 β 是邏輯上等價的兩個語句，那麼，『……α……』和『……β……』也會是邏輯上等價的兩個語句」，而其中的「……α……」是 α 在其中至少出現過一次的任意一個語句，而「……β……」則是將「……α……」中某一次出現的 α 替換為 β 的結果；換言之，我們要證明的是：如果 α 和 β 是邏輯上等價的兩個語句，那麼，就不存在任何一個模型 v 能使得 $v(……α……) \neq v(……β……)$。我們要怎麼證明

這件事呢？由於這個待證的語句是一個條件句，我們可以先假設其前件（「α和β是邏輯上等價的」）為真（換言之，我們先假設 α 和 β 在 PL 的每一個語義模型中都有相同的真假值），然後試著證明：在這樣的假設下，其後件（「『……α……』和『……β……』是邏輯上等價的」）也會為真。但在假設了其前件後，我們要如何證明其後件呢？這時，一個簡單的窮舉法就可以達到目的了。如果「……β……」是將「……α……」中某一次出現的 α 替換為β 的結果，那麼，「……β……」和「……α……」之間的關係就只能是以下的幾種情況之一：

(1) 被替換的 α 就是「……α……」這整個語句，換言之，α =「……α……」。

(2) 被替換的 α 是一個出現在「……α……」中的被否定項。

(3) 被替換的 α 是一個出現在「……α……」中的一個連言句的（左方或右方）連言項。

(4) 被替換的 α 是一個出現在「……α……」中的一個選言句的（左方或右方）選言項。

(5) 被替換的 α 是一個出現在「……α……」中的一個條件句的前件或後件。

(6) 被替換的 α 是一個出現在「……α……」中的一個雙條件句的前件或後件。

由於 (在我們的假設下) 任何一個 PL 模型 v 都會使得 $v(\alpha) = v(\beta)$，而任何一個 PL 模型 v 又會對「……α……」和「……β……」中未替換的部分賦予相同的真假值，因而，你很容易證明：在上述 (1) 至 (6) 的任何一種情況中，「……α……」和「……β……」在任何一個 PL 模型 v 中也會有相同的真假值；換言之，如果 α 和 β 是邏輯上等價的兩個語句，那麼，就不存在任何一個模型 v 能使得 $v(\cdots\alpha\cdots) \neq v(\cdots\beta\cdots)$。

一、（一）試著自行繪製完整真值表以斷言以下論證是否有效。（二）使用前一章中所
介紹的 Logic Calculator 軟體以及第一章末所教過的一項事實（亦即，$\{\alpha_1, \cdots, \alpha_n\} \vDash$
β，若且唯若，$\vDash (\alpha_1 \wedge \cdots \wedge \alpha_n) \rightarrow \beta$）去檢查你的答案。（三）使用本章中所介紹的
Logic Calculator 軟體直接去計算答案：

1. $\{P \rightarrow Q, R \rightarrow Q\} \vDash (P \vee R) \rightarrow Q$

2. $\{P \rightarrow (Q \wedge R), \neg R\} \vDash \neg P$

3. $\{P \wedge (R \vee P_1), \neg(Q \rightarrow P_1)\} \vDash R$

4. $\{\neg(P \wedge \neg Q) \vee R, P \rightarrow (R \leftrightarrow P_1)\} \vDash P \leftrightarrow Q$

5. $\{P \leftrightarrow \neg\neg Q, \neg Q \rightarrow (R \wedge \neg P_1), P_1 \rightarrow (P \vee Q)\} \vDash (P_1 \wedge Q) \rightarrow P$

二、（一）試著自行繪製完整真值表以證明以下邏輯蘊涵宣稱是否成立。（二）使用
前一章中所介紹的 Logic Calculator 軟體以及第一章末所教過的一項事實（亦即，
$\alpha \vDash \beta$，若且唯若，$\vDash \alpha \rightarrow \beta$）去檢查你的答案。（三）使用本章中所介紹的 Logic
Calculator 軟體直接去計算答案：

1. $P \leftrightarrow (Q \leftrightarrow R) \vDash (P \leftrightarrow Q) \leftrightarrow R$

2. $\neg(P \rightarrow Q) \wedge \neg(P \rightarrow R) \vDash \neg Q \vee \neg R$

三、（一）試著自行繪製完整真值表以判斷以下語句屬於恆真句／恆假句／偶然句當中
的哪一類。（二）使用前一章或本章中所介紹的 Logic Calculator 軟體去檢查你的答
案：

1. $P \rightarrow (P \rightarrow (Q \wedge R))$

2. $((P \rightarrow Q) \rightarrow Q) \rightarrow Q$

3. $((P \rightarrow Q) \wedge (\neg P \rightarrow Q)) \rightarrow \neg P$

4. $(P \rightarrow Q) \wedge (P \wedge \neg Q)$

4. $(P \rightarrow (Q \rightarrow R)) \rightarrow (Q \rightarrow (P \rightarrow R))$

四、（一）試著自行繪製完整真值表以判斷以下的 PL 語句集合是否在邏輯上一致（或
共同可滿足）。（二）使用前一章中所介紹的 Logic Calculator 軟體以及第一章末
所教過的一項事實（亦即，如果 $\{\alpha_1, \cdots, \alpha_n\}$ 是邏輯上共同不一致的，那麼，$\vDash \neg(\alpha_1$
$\wedge \cdots \wedge \alpha_n)$）去檢查你的答案。（三）使用本章中所介紹的 Logic Calculator 軟體直接

去計算答案：

1. $\{P \to Q, R \to Q, \neg((P \vee R) \to Q)\}$

2. $\{P \to (Q \vee R), \neg R, P\}$

3. $\{P \leftrightarrow (Q \leftrightarrow R), \neg((P \leftrightarrow Q) \leftrightarrow R)\}$

五、令 v_4 是這樣的一個 PL 語義模型：$v_4(P) = v_4(P_1) = v_4(P_2) = \cdots v_4(P_i) = \cdots = 0$，$v_4(Q) = v_4(Q_1) = v_4(Q_2) = \cdots v_4(Q_i) = \cdots = 1$，而 $v_4(R) = v_4(R_1) = v_4(R_2) = \cdots v_4(R_i) = \cdots = 0$。請計算 v_4 對以下各語句真假值的賦值：

1. $P \to Q$

2. $Q \to R_{13}$

3. $(P_5 \vee R) \to Q$

4. $\neg P \wedge (\neg R \vee P_1)$

5. $P \leftrightarrow (R \to P_1)$

6. $(\neg Q_3 \to (R \wedge \neg P_1)) \to (P_1 \to (P \vee Q))$

六、試使用後設證明的方式證明以下的宣稱為真：

1. 如果 $\{\alpha_1, \cdots, \alpha_n, \alpha\} \vDash \beta$，那麼，$\{\alpha_1, \cdots, \alpha_n\} \vDash \alpha \to \beta$。

2. 如果 $\{\alpha_1, \cdots, \alpha_n, \alpha\} \vDash \beta \wedge \neg\beta$，那麼，$\{\alpha_1, \cdots, \alpha_n\} \vDash \neg\alpha$。

七、試自行繪製完整真值表或使用後設證明的方式以證明以下表格中雙箭號「⇔」兩邊的語架是邏輯上等價的語架：

等值式	$\alpha \Leftrightarrow \alpha \wedge \alpha$ $\alpha \Leftrightarrow \alpha \vee \alpha$	$\alpha \Leftrightarrow \neg\neg\alpha$	$\alpha \to \beta \Leftrightarrow \neg\alpha \vee \beta$	$\alpha \leftrightarrow \beta \Leftrightarrow (\alpha \to \beta) \wedge (\beta \to \alpha)$
縮寫（名稱）	Idem. (Idempotent)	DN. (Double Negation)	Impl. (Implication)	Equiv. (Equivalence)
等值式	$\alpha \wedge \beta \Leftrightarrow \beta \wedge \alpha$ $\alpha \vee \beta \Leftrightarrow \beta \vee \alpha$		$\alpha \to \beta \Leftrightarrow \neg\beta \to \neg\alpha$	$\alpha \to (\beta \to \gamma) \Leftrightarrow (\alpha \wedge \beta) \to \gamma$
縮寫（名稱）	Comm. (Commutation)		Contra. (Contraposition)	Exp. (Exportation)
等值式	$\neg(\alpha \wedge \beta) \Leftrightarrow \neg\alpha \vee \neg\beta$ $\neg(\alpha \vee \beta) \Leftrightarrow \neg\alpha \wedge \neg\beta$		$\alpha \wedge (\beta \wedge \gamma) \Leftrightarrow (\alpha \wedge \beta) \wedge \gamma$ $\alpha \vee (\beta \vee \gamma) \Leftrightarrow (\alpha \vee \beta) \vee \gamma$	$\alpha \wedge (\beta \vee \gamma) \Leftrightarrow (\alpha \wedge \beta) \vee (\alpha \wedge \gamma)$ $\alpha \vee (\beta \wedge \gamma) \Leftrightarrow (\alpha \vee \beta) \wedge (\alpha \vee \gamma)$
縮寫（名稱）	DeM. (DeMorgan's Law)		Assoc. (Association)	Dist. (Distribution)

Chapter **4**

PL的語義樹枝法

第一節　語義樹的基本想法與基本概念

　　前一章中利用真值表與語義模型去證明各種邏輯對象的性質與之間關係的方法，在邏輯中屬於語義論的方法。我們在本章中將介紹一種判斷各種邏輯對象的性質與之間關係的語法論方法。這個方法中文叫做「語義樹枝法」或簡稱為「樹枝法」，英文則有「semantic tableaux」、「proof trees」、「semantic trees」、「analytic tableaux」和「truth trees」等多種稱呼。

　　在邏輯中，語義論（semantics theory）研究的是與「意義」有關的概念與方法，語法論（syntax theory）則研究與「語法」有關的概念與方法。與意義有關的概念與方法是那些涉及了語句或語詞的「指稱」、「外延」、「內涵」、「真」、「假」，及能夠由這些概念進一步去定義的概念與方法。這類概念的共同特性在於它們都表達了某種介於語言與世界之間的（語義）關係；比方來說，「指稱」的概念是一個表達了專名（或通名）和它所命名的對象（或它所適用的事物）之間的（語義）關係的概念。而到目前為止，我們所見過的語義概念有「真假值」、「語義模型」、「在模型 v 當中為真」和由它們去定義的「演繹上有效的推論」、「恆真句」、「邏輯蘊涵」、「邏輯等價」、「邏輯上共同一致」、「可滿足」等概念，而我們所見過的語義方法則有真值表的方法和後設證明的方法。在第七章中，我們將見到更多的語義概念，如「指稱」、「外延」等。

　　與語法有關的概念則是那些涉及了語句形狀或不同語句類型之間轉換的規則的概念。這類概念的共同特性是它們只涉及語句的形狀以及基於形狀而區分出來的語句類型，以至於為了要正確辨識和使用這些概念，你無須了解語句中任何符號的意義，只需要能夠認出語句的形狀和相關的類別即可。舉例來說，「合法公式」就是這樣的一個語法概念，為了要看出一串符號是否是合法公式，你無須了解其中任何符號的意義，你只需要能夠辨識符號的形狀，和了解該串符合是否符合文法規則並因而屬於合法公式類就可以了。到目前為止，我們所見過的語法概念有「合法公式」、「主要連接詞」、「簡單句」、「複合句」等，在這一章中，還會介紹諸如「封閉樹」、「證明」（proof）、「定理」（theorem）等語法概念，以及一種叫做「PL 語義樹枝法」的證明方法。

　　我們首先介紹 PL 的語義樹枝法。作為一種純粹語法的方法，PL 語義樹枝法的操作程序讓你能夠在即使不知道任何符號的意義的情況下，也能夠由上至下地逐步「畫出」一棵根部在上、樹葉在下的「反轉（upside-down）樹」，並進一步從這棵樹的形狀去判定邏輯對象的特性與邏輯對象之間的關係：如一個由 PL 的語句所作出的論證是否有證明，或一個 PL 語句是否是定理等等。一棵 PL 的語義樹的例圖如以下的「圖 4-1」和「圖 4-2」所示。

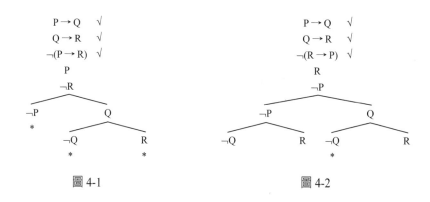

圖 4-1　　　　　　　　　　　　　　圖 4-2

　　PL 的語義樹並不是真正的樹，而是由語句和線條所構成樹形圖。每棵樹最上方的語句稱為該樹的「根部」（root），而每棵語義樹只有一個根部，如「圖 4-1」和「圖 4-2」中的「P → Q」。下方沒有任何其它語句的語句稱為該樹的「葉子」（leaf），而一棵語義樹可以有一或多片葉子，如「圖 4-1」下方從左到右的「¬P」、「¬Q」和「R」以及「圖 4-2」下方從左到右的「¬Q」、「R」、「¬Q」和「R」。從根部到任何一片葉子的一序列連續的語句稱為一根「枝子」（branch），而一棵語義樹可以有一或多根枝子（事實上，一棵語義樹有多少片葉子，就會有多少根枝子），如「圖 4-1」中的語義樹中便有三根枝子：① <P → Q, Q → R, ¬(P → R), P, ¬R, ¬P>、② <P → Q, Q → R, ¬(P → R), P, ¬R, Q, ¬Q>和③ <P → Q, Q → R, ¬(P → R), P, ¬R, Q, R>，而「圖 4-2」的語義樹則有四根枝子：① <P → Q, Q → R, ¬(R → P), R, ¬P, ¬P, ¬Q>、② <P → Q, Q → R, ¬(R → P), R, ¬P, ¬P, R>、③ <P → Q, Q → R, ¬(R → P), R, ¬P, Q, ¬Q>和④ <P → Q, Q → R, ¬(R → P), R, ¬P, Q, R>。

　　當一根枝子中包含了**任何**一個語句（複合句或簡單句）和它的否定在內時，我們便稱這樣的枝子為「封閉的枝子」（closed branch）。當一根枝子是

封閉的枝子時，我們便在它的下方標上一個「*」號。比方說，「圖 4-1」中的三根枝子都是封閉的枝子：① <P → Q, Q → R, ¬(P → R), P, ¬R, ¬P> 中包含了「P」和「¬P」；② <P → Q, Q → R, ¬(P → R), P, ¬R, Q, ¬Q> 中包含了「Q」和「¬Q」；③ <P → Q, Q → R, ¬(P → R), P, ¬R, Q, R> 則包含了「R」和「¬R」。不是封閉的枝子被稱為「開放的枝子」（open branch），開放枝子底下不做「*」號的標誌。比方說，「圖 4-2」中的① <P → Q, Q → R, ¬(R → P), R, ¬P, ¬P, ¬Q>、② <P → Q, Q → R, ¬(R → P), R, ¬P, ¬P, R> 和④ <P → Q, Q → R, ¬(R → P), R, ¬P, P, R> 都是開放的枝子。當一棵 PL 語義樹中的所有枝子都是封閉的枝子時，這樣的樹被稱為「封閉樹」（closed tree）或稱為一個「樹枝法的證明」，如「圖 4-1」中的語義樹。不是封閉的樹就稱為「開放樹」（open tree）；換言之，開放樹是那些有一或多個開放枝子的語義樹，如「圖 4-2」。

　　以上是部分術語的介紹。以下我們說明畫 PL 語義樹的方法。使用 PL 語義樹枝法時，我們先依據「目標」的類型而由上到下寫下一或多個語句，作為該樹的根部和第一根枝子。這些「目標」可以是一個論證、一個語句、一對語句或多個語句。（至於怎麼寫，我們留在下一節中再舉例說明。）寫完一開始的枝子之後，我們接著依據一組規則輪番去「灌溉」那根枝子，使得那根枝子能夠不斷地向下擴展出一或多個枝子和葉子。當沒有任何規則可以讓我們繼續擴展那棵樹時，我們就說那棵樹是一棵「完成的樹」（completed tree）。一棵完成的 PL 語義樹可以讓我們判定「目標」的語法特性，如一個由 PL 的語句所形成的論證或兩個 PL 語句間的可推論關係是否有（樹枝法上的）證明、一個 PL 的語句是否是定理、以及一個 PL 的語句集合能夠推論出矛盾這件事是否有（樹枝法上的）證明等等 ①。

---

① 但，如同我們在以下的注釋中將會說明的，一棵完成的樹也可以間接透過樹枝法的「健全性」和「完備性」而告訴我們這些邏輯對象的語義特性（如一個論證是否演繹上有效，以及一個語句是否是恆真句）和語義關係（如兩個語句之間是否有邏輯蘊涵或邏輯等價的關係，以及多個語句是否在邏輯上共同一致）。

第二節　PL語義樹的擴展規則

我們在前一節中提到，在畫 PL 語義樹時，我們先寫下若干個語句作為樹的根部和第一根枝子，然後根據一組規則去「灌溉」那棵樹。在這一節裡，我們將說明這些「灌溉」規則：這些規則可以分為 1 個「樹的起始規則」、1 個「封閉枝子的規則」、9 個「PL 語義樹的擴展規則」和 1 個「樹的完成規則」。

首先，讓我們看一下「樹的起始規則」。這個規則說的是：如果你在一開始畫樹時想要假設一個語句為真，那麼，你就寫下該語句；而如果你想要假設一個語句為假，那麼，你就寫下該語句的否定。這個規則讓我們能夠畫出一棵語義樹的根部和它的第一根枝子。

其次，讓我們看一下「封閉枝子的規則」。這個規則說的是：每當你應用樹的起始規則或某個擴展規則後，你應該作如下的檢查：看看你的樹上是否有某根枝子是根封閉的枝子（亦即，包含了某個語句和它的否定）；如果有，那麼，就在其葉子的下方打個「*」號。

在我們說明「樹的完成規則」前，讓我們先說明一個術語：我們將稱任何一個簡單句（如「P」）或任何一個簡單句的否定（如「¬P」）為一個「文字」（literal）；換言之，「文字」這個類包含了所有的簡單句及其否定。現在，「樹的完成規則」說的是：在任何時候，當你發現 (a) 你的樹是一棵形如「圖 4-1」這樣的封閉樹或「證明」時（一棵封閉樹又被稱為一個「證明」）；換言之，當你發現你的語義樹的每根枝子都是封閉的枝子時，或 (b) 你發現整棵語義樹上旁邊沒有打勾的語句只剩下「文字」時（如「圖 4-2」），那麼，你的樹便完成了。

到目前為止，我們說明了三個相對簡單的規則。讓我們先看一下這幾個規則的一個簡單應用。讓我們假設，你在畫一棵語義樹時，一開始便想假設「P → Q」和「¬(P → Q)」都為真但「R」為假，於是，根據「樹的起始規則」你寫下了 <P → Q, ¬(P → Q), ¬R> 這個樹枝（其中，「P → Q」是該樹的根部）作為樹的開始；接著，「封閉枝子的規則」告訴你，你應該立即在這個樹枝的葉子「¬R」下方打個「*」號，因為「¬(P → Q)」是「P → Q」的否定。而「樹的完成規則」則告訴你：由於這時你的樹的每根枝子（這棵樹只有一根枝子）都是封閉的枝子，所以，你的樹已經完成了；或者說，你已經有了一個對某件

事情的「證明」。

　　但如果你在畫語義樹的某個時間點（比方說，按照「樹的起始規則」寫下數個語句後）發現你的樹並不是一個完成的樹呢？換句話說，如果你發現那時你的樹既不是一棵封閉的樹，也不是一棵旁邊沒有打勾的語句只剩下「文字」的樹時，那麼，你應該做些什麼事呢？這時候，「樹的擴展規則」告訴你：你應該在樹上找一個旁邊沒有打勾的複雜語句，然後依據該語句的類型（或形狀）和某一個相關的擴展規則而將原來的樹擴展成一棵更為複雜的樹。PL樹枝法的擴展規則一共有 9 個（詳如下述），而每一個擴展規則都應該這樣理解：當你發現樹上有一個旁邊沒有打勾「√」並且不是「文字」的語句時，那麼，你可以依據該語句的類型（或形狀）而做兩件事情（順序不重要）：(1) 在該語句的旁邊打個勾「√」，以提醒自己將把相關的規則應用在該語句之上；(2) 根據相關規則的要求（如下所述），在**包含該語句的每一根開放枝子**（不用管任何封閉的枝子，也不要管那些**不包含**該語句在內的開放枝子）的葉子下方寫下一或兩個語句，或將這些開放的枝子再進一步分成兩根枝子並在它們的下方各寫下一或兩個語句。

　　「PL 語義樹的擴展規則」是語義樹枝法的核心。為了深刻了解 PL 語義樹枝法，讓我們仔細介紹這 9 個擴展規則，並順便舉一些簡單的例子來加以說明。PL 有一個一位和四個二位真值函數式的連接詞；對於每一個二位真值函數式的連接詞，我們有兩個相關的擴展規則，但對於否定這個一位真值函數式連接詞，我們則只有一個相關的擴展規則。我們先從否定這個連接詞開始說起，以下「圖 4-3」是與否定符號有關的擴展規則（T￢）（其中的「…」代表任意零或多個在同一根枝子上的語句）：

$$\neg\neg\alpha\ \surd$$
$$\cdots$$
$$\alpha$$

圖 4-3

　　這個規則告訴我們，當你看見樹上有一個旁邊沒有打勾「√」而且是個否定句（「￢α」）的否定句（「￢￢α」）時，那麼，你可以做兩件事情（順序不

重要）：(1) 在該語句的旁邊打個勾「√」；(2) 在**包含該語句的每一根開放枝子**（不用管任何封閉的枝子，也不要管那些**不包含**該語句在內的開放枝子）的葉子下方寫下「α」這個語句。舉例來說，如果在某個時間，你的語義樹如以下的「圖 4-4(a)」，那麼，該規則告訴你，你可以把包含了「¬¬(P ∧ Q)」在內的每一根開放枝子（圖中只有一根）的下方寫下「P ∧ Q」這個語句，並在「¬¬(P ∧ Q)」的旁邊打個勾「√」，結果如「圖 4-4(b)」：

$$
\begin{array}{cc}
P \vee Q & P \vee Q \\
P \rightarrow Q & P \rightarrow Q \\
P \leftrightarrow Q & P \leftrightarrow Q \\
\neg\neg(P \wedge Q) & \neg\neg(P \wedge Q) \, \surd \\
 & P \wedge Q
\end{array}
$$

圖 4-4(a)　　　　　圖 4-4(b)

記得，根據封閉枝子的規則，每當你應用完一個擴展規則後，你應該檢查樹上是否有某根枝子是根封閉的枝子。以本例來說，在應用完前述規則 (T¬) 後，樹上並沒有出現封閉的枝子。

這個規則背後的「涵義」可以這樣理解：為了要使「¬¬α」在一個可能情況或模型 v 中的真假值為 1，v 必須賦予 α 為 1 的真假值。但我們說過，語義樹枝法是一種語法的方法（儘管它的名稱叫做「語義樹枝法」）；因而，要正確使用這個規則，你只需要能夠辨識語句的類別和形狀就可以，無須了解其背後的語義論涵義。

其次，讓我們看兩個與連言句有關的規則 (T∧)，見下方的「圖 4-5(a)」及「4-5(b)」（其中的「⋯」代表任意零或多個在同一根枝子上的語句）：

$$
\begin{array}{cc}
\alpha \wedge \beta \, \surd & \neg(\alpha \wedge \beta) \, \surd \\
\cdots & \cdots \\
\alpha & \wedge \\
\beta & \neg\alpha \quad \neg\beta
\end{array}
$$

圖 4-5(a)　　　　　圖 4-5(b)

左邊「圖 4-5(a)」的規則告訴我們，當你看見樹上有一個旁邊沒有打勾「√」的連言句「α ∧ β」時，那麼，你可以做兩件事情（順序不重要）：(1) 在該語

句的旁邊打個勾「√」；(2) 在**包含該語句的每一根開放枝子**（不用管任何封閉的枝子，也不要管那些**不包含**該語句在內的開放枝子）的葉子下方連續寫下 α 和 β 兩個語句。舉例來說，如果在某個時間，你的樹如之前的「圖 4-4(b)」，那麼，該規則告訴你，你可以把包含了「P ∧ Q」在內的每一根開放枝子（圖中只有一根）下方寫下「P」和「Q」這兩個語句，並在「P ∧ Q」的旁邊打個勾「√」，結果如下「圖 4-4(c)」。右邊「圖 4-5(b)」中的規則告訴我們，當你看見樹上有一個旁邊沒有打勾「√」的連言句的否定「¬(α ∧ β)」時，那麼，你可以做兩件事情（順序不重要）：(1) 在該語句的旁邊打個勾「√」；(2) 把**包含該語句的每一根開放枝子**（不要管那些封閉的枝子，也不要管那些**不包含**該語句的開放枝子）分成兩個枝子（分別用兩條線表示），並在左邊的枝子下方寫下「¬α」而在右邊的枝子下方寫下「¬β」。舉例來說，如果在某個時間，你的樹如下方的「圖 4-6(a)」，那麼，該規則告訴你，你可以把包含了「¬(P ∧ Q)」在內的每一根開放枝子（該圖中只有一根）分成兩個枝子，並在左邊的枝子下方寫下「¬P」而在右邊的枝子下方寫下「¬Q」，同時在「¬(P ∧ Q)」的旁邊打個勾「√」，結果如「圖 4-6(b)」：

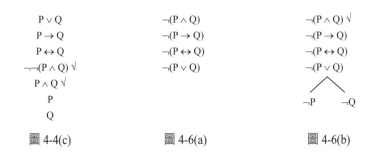

P ∨ Q	¬(P ∧ Q)	¬(P ∧ Q) √
P → Q	¬(P → Q)	¬(P → Q)
P ↔ Q	¬(P ↔ Q)	¬(P ↔ Q)
¬¬(P ∧ Q) √	¬(P ∨ Q)	¬(P ∨ Q)
P ∧ Q √		
P		¬P　　¬Q
Q		
圖 4-4(c)	圖 4-6(a)	圖 4-6(b)

記得，根據封閉枝子的規則，每當你應用一個擴展規則後，你應該檢查樹上是否有某根枝子是根封閉的枝子。以這兩個例子來說，當應用完前述規則（T∧）而形成「圖 4-4(c)」和「圖 4-6(b)」後，這兩棵語義樹上都沒有出現封閉的枝子。

規則「圖 4-5(a)」背後的涵義可以這樣理解：為了要使「α ∧ β」在一個可能情況或模型 ν 中的真假值為 1，ν 必須賦予 α 和 β 都為 1 的真假值；而規則「圖 4-5(b)」背後的涵義則可以這樣理解：為了要使「α ∧ β」在一個可能情況或模型 ν 中的真假值為 0（或使得「¬(α ∧ β)」在模型 ν 中的真假值為 1），ν 有兩

種不必然互斥的方式可以達到這個結果：一種是賦予 α 為 0 的真假值（因而使得「¬α」的真假值為 1），另一種則是賦予 β 為 0 的真假值（因而使得「¬β」的真假值為 1）。但我們說過，語義樹枝法是一種語法的方法（儘管它的名稱叫做「語義樹枝法」）；因而，要正確使用這個規則，你只需要能夠辨識語句的類別和形狀就可以，無須了解其背後的語義論涵義（以後我將不再重複強調這一段落最後所說的這句話）。

　　接者，讓我們看兩個與選言句有關的規則 (T∨)，見下方「圖 4-7(a)」及「圖 4-7(b)」（其中的「⋯」代表任意零或多個在同一根枝子上的語句）：

圖 4-7(a)　　　　　圖 4-7(b)

左邊「圖 4-7(a)」中的規則告訴我們，當你看見樹上有一個旁邊沒有打勾「√」的選言句的否定「¬(α ∨ β)」時，那麼，你可以做兩件事情（順序不重要）：(1) 在該語句的旁邊打個勾「√」；(2) **在包含該語句的每一根開放枝子**（不用管任何封閉的枝子，也不要管那些**不包含**該語句在內的開放枝子）的葉子下方連續寫下「¬α」和「¬β」兩個語句。舉例來說，如果在某個時間，你的樹如之前的「圖 4-6(b)」，那麼，該規則告訴你，你可以把包含了「¬(P ∨ Q)」在內的每一根開放枝子（該圖中有兩根）下方連續寫下「¬P」和「¬Q」這兩個語句，並在「¬(P ∨ Q)」的旁邊打個勾「√」，結果如「圖 4-6(c)」。右邊「圖 4-7(b)」中的規則則告訴我們，當你看見樹上有一個旁邊沒有打勾「√」的選言句「α ∨ β」時，那麼，你可以做兩件事情（順序不重要）：(1) 在該語句的旁邊打個勾「√」；(2) 把**包含該語句的每一根開放枝子**（不用管任何封閉的枝子，也不要管那些**不包含**該語句在內的開放枝子）分成兩根枝子（分別用兩條線表示），並在左邊的枝子下方寫下 α 而在右邊的枝子下方寫下 β。舉例來說，如果在某個時間，你的樹如之前的「圖 4-4(c)」，那麼，該規則告訴你，你可以把包含了「P ∨ Q」在內的每一根開放枝子（該圖中只有一根）分成兩個枝子，並在左邊的枝子下方寫下「P」而在右邊的枝子下方寫下「Q」，同時在「P ∨ Q」

的旁邊打個勾「√」，結果如下「圖4-4(d)」：

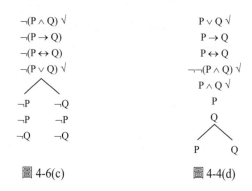

圖 4-6(c)　　　　　　　　　圖 4-4(d)

　　記得，根據封閉枝子的規則，每當你應用一個擴展規則後，你應該檢查樹上是否有某根枝子是根封閉的枝子。以這兩個例子來說，當應用完前述規則 (T√) 而形成「圖4-6(c)」和「圖4-4(d)」後，這兩棵樹上都沒有出現封閉的枝子。

　　規則「圖4-7(a)」背後的涵義可以這樣理解：為了要使「α∨β」在一個可能情況或模型 v 中的真假值為 0（並因而使得「¬(α∨β)」在模型 v 中的真假值為 1），v 必須賦予 α 和 β 都為 0 的真假值（並因而賦予「¬α」和「¬β」都為1的真假值）；而規則「圖4-7(b)」背後的涵義則可以這樣理解：為了要使「α∨β」在一個模型 v 中的真假值為 1，v 有兩種不必然互斥的方式可以達到這個結果：一種是賦予 α 為 1 的真假值，另一種則是賦予 β 為 1 的真假值。

　　再過來，讓我們看兩個與條件句有關的規則 (T→)，見下方的「圖4-8(a)」及「圖4-8(b)」（其中的「…」代表任意零或多個在同一根枝子上的語句）：

圖 4-8(a)　　　　　　　　圖 4-8(b)

左邊「圖4-8(a)」中的規則告訴我們，當你看見樹上有一個旁邊沒有打勾「√」的條件句的否定「¬(α→β)」時，那麼，你可以做兩件事情（順序不重要）：(1) 在該語句的旁邊打個勾「√」；(2) 在**包含該語句的每一根開放枝子**（不用管任何封閉的枝子，也不要管那些**不包含**該語句在內的開放枝子）的葉子下

方連續寫下 α 和「¬β」兩個語句。舉例來說，如果在某個時間，你的樹如之前的「圖 4-6(c)」，那麼，該規則告訴你，你可以把包含了「¬(P → Q)」在內的每一根開放枝子（該圖中有兩根）下方連續寫下「P」和「¬Q」這兩個語句，並在「¬(P → Q)」的旁邊打個勾「√」，結果如下「圖 4-6(d)」。右邊「圖 4-8(b)」中的規則告訴我們，當你看見樹上有一個旁邊沒有打勾「√」的條件句「α → β」時，那麼，你可以做兩件事情（順序不重要）：(1) 在該語句的旁邊打個勾「√」；(2) **把包含該語句的每一根開放枝子**（不用管任何封閉的枝子，也不要管那些**不包含**該語句在內的開放枝子）分成兩根枝子（分別用兩條線表示），並在左邊的枝子下方寫下「¬α」而在右邊的枝子下方寫下 β。舉例來說，如果在某個時間，你的樹如之前的「圖 4-4(d)」，那麼，該規則告訴你，你可以把包含了「P → Q」在內的每一根開放枝子（該圖中有兩根）分成兩根枝子，並在左邊的枝子下方寫下「¬P」而在右邊的枝子下方寫下「Q」，同時在「P → Q」的旁邊打個勾「√」，結果如下「圖 4-4(e)」：

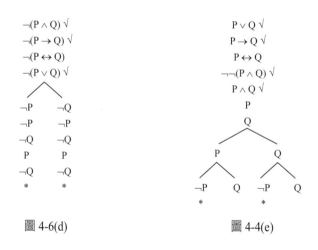

圖 4-6(d)　　　　　　　　　圖 4-4(e)

　　應用完前述規則 (T→) 後，這兩棵樹上都出現了封閉的枝子。「圖 4-6(d)」的左邊枝子 <¬(P ∧ Q), ¬(P → Q), ¬(P ↔ Q), ¬(P ∨ Q), ¬P, ¬P, ¬Q, P, ¬Q> 包含了「P」和「¬P」，因而是封閉的枝子，其右邊的枝子 <¬(P ∧ Q), ¬(P → Q), ¬(P ↔ Q), ¬(P ∨ Q), ¬Q, ¬P, ¬Q, P, ¬Q> 也包含了「P」和「¬P」，因而也是根封閉的枝子。由於「圖 4-6(d)」的兩根枝子都是封閉的枝子，該樹因而是一棵完成的封閉樹（或證明）。「圖 4-4(e)」現在有四根枝子，其中由左至右

的第一和第三根枝子由於包含了「P」和「¬P」的緣故，因而也是封閉的枝子
（請讀者自行檢查）。但它的另外兩根枝子目前還處於開放的狀態。由於「圖
4-4(e)」中仍然有一個未打勾「√」的語句「P ↔ Q」並不是「文字」，所以「圖
4-4(e)」中的樹還不是一棵完成的樹。

　　規則「圖 4-8(a)」背後的涵義可以這樣理解：為了要使「α → β」在一個
可能情況或模型 ν 中的真假值為 0（或使得「¬(α → β)」在模型 ν 中的真假值
為 1），ν 必須賦予 α 為 1 而 β 為 0 的真假值（並因而賦予 α 和「¬β」都為 1
的真假值）；而規則「圖 4-8(b)」背後的涵義則可以這樣理解：為了要使「α
→ β」在一個模型 ν 中的真假值為 1，ν 有兩種不必然互斥的方式可以達到這
個結果：一種是賦予 α 為 0 的真假值（並因而賦予「¬α」為 1 的真假值），
另一種則是賦予 β 為 1 的真假值。

　　最後，讓我們看兩個與雙條件句有關的規則 (T↔)，見下方的「圖 4-9(a)」
及「圖 4-9(b)」（其中的「…」代表任意零或多個在同一根枝子上的語句）：

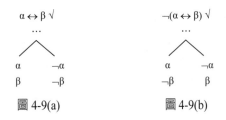

圖 4-9(a)　　　　　　　　圖 4-9(b)

左邊「圖 4-9(a)」中的規則告訴我們，當你看見樹上有一個旁邊沒有打勾「√」
的雙條件句「α ↔ β」時，那麼，你可以做兩件事情（順序不重要）：(1) 在
該語句的旁邊打個勾「√」；(2) 在**包含該語句的每一根開放枝子**（不用管任何
封閉的枝子，也不要管那些**不包含**該語句在內的開放枝子）分成兩根枝子（分
別用兩條線表示），並在左邊的枝子下方連續寫下 α 和 β 而在右邊的枝子下
方寫下「¬α」和「¬β」。舉例來說，如果在某個時間，你的樹如之前的「圖
4-4(e)」，那麼，該規則告訴你，你可以把包含了「P ↔ Q」在內的每一根開
放枝子（該圖中有兩根）再分成兩個枝子，並在左邊的枝子下方連續寫下「P」
和「Q」而在右邊的枝子下方連續寫下「¬P」和「¬Q」，同時在「P ↔ Q」
的旁邊打個勾「√」，結果如下「圖 4-4(f)」。右邊「圖 4-9(b)」中的規則告訴
我們，當你看見樹上有一個旁邊沒有打勾「√」的雙條件句的否定「¬(α ↔ β)」

時，那麼，你可以做兩件事情（順序不重要）：(1) 在該語句的旁邊打個勾「√」；(2) 把**包含該語句的每一根開放枝子**（不用管任何封閉的枝子，也不要管那些**不包含**該語句在內的開放枝子）分成兩根枝子（分別用兩條線表示），並在左邊的枝子下方連續寫下 α 和「¬β」而在右邊的枝子下方寫下「¬α」和 β。舉例來說，如果在某個時間，你的樹如之前的「圖 4-6(c)」（注意，不是「圖 4-6(d)」），那麼，該規則告訴你，你可以把包含了「¬(P ↔ Q)」在內的每一根開放枝子（該圖中有兩根）分成兩根枝子，並在左邊的枝子下方連續寫下「P」和「¬Q」而在右邊的枝子下方連續寫下「¬P」和「Q」，同時在「P → Q」的旁邊打個勾「√」，結果如下「圖 4-6(e)」：

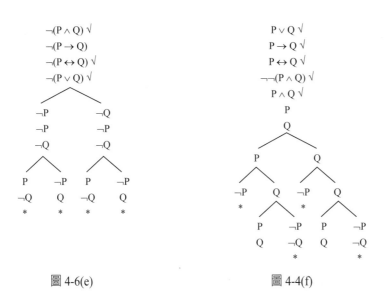

圖 4-6(e)　　　　　　　　　　圖 4-4(f)

　　應用完前述規則 (T↔) 後，這兩棵樹上再度出現了封閉的枝子。「圖 4-6(e)」的最左邊枝子 <¬(P ∧ Q), ¬(P → Q), ¬(P ↔ Q), ¬(P ∨ Q), ¬P, ¬P, ¬Q, P, ¬Q> 包含了「P」和「¬P」，因而是封閉的枝子，其左邊的第二根枝子 <¬(P ∧ Q), ¬(P → Q), ¬(P ↔ Q), ¬(P ∨ Q), ¬Q, ¬P, ¬Q, ¬P, Q> 則包含了「Q」和「¬Q」，因而也是根封閉的枝子。其第三和第四根枝子雷同（請讀者自行檢查）。由於「圖 4-6(e)」中的四根枝子都是封閉的，該樹因而是一棵完成的封閉樹（或證明）。「圖 4-4(f)」共有六根枝子，其中由左至右的第 1 根、第 3 根、第 4 根和第 6 根枝子因為包含了「P」和「¬P」（有些也包含了「Q」和

「¬Q」）的緣故，因而是封閉的枝子（請讀者自行檢查）。但它還有兩根枝子目前還處於開放的狀態。「圖 4-4(f)」中目前未打勾「√」的語句都是「文字」，所以「圖 4-4(f)」的樹也是一棵完成的樹。

　　規則「圖 4-9(a)」背後的涵義可以這樣理解：為了要使「α ↔ β」在一個可能情況或模型 v 中的真假值為 1，v 有兩種互斥的方式可以達到這個結果：一種是賦予 α 和 β 都為 1 的真假值，另一種是賦予 α 和 β 都為 0 的真假值（並因而賦予「¬α」和「¬β」都為 1 的真假值）；而規則「圖 4-9(b)」背後的涵義可以這樣理解：為了要使「α ↔ β」在一個模型 v 中的真假值為 0（或使得「¬(α ↔ β)」在模型 v 中的真假值為 1），v 有兩種互斥的方式可以達到這個結果：一種是賦予 α 的真假值為 1 但 β 的真假值為 0（並因而賦予 α 和「¬β」都為 1 的真假值），另一種是賦予 α 的真假值為 0 但 β 的真假值為 1（並因而賦予「¬α」和 β 都為 1 的真假值）。

　　讀者應該不難看出，PL 的語義樹在有限多個步驟後一定會完成，而這是因為：PL 語義樹的擴展規則會使得新寫下未打勾的語句越來越短，直到剩下的開放枝子中未打勾的語句都只是「文字」為止。由於我們對於「文字」（簡單句或其否定）並沒有任何相應的規則，因而重複應用擴展規則有限多次的結果一定會是：要嘛你在某個步驟得到一棵封閉而完成的樹，要嘛你得到的是一棵只有「文字」旁邊沒有打勾的完成開放樹。

第三節　PL語義樹枝法的應用

　　在具體舉例說明 PL 語義樹枝法的應用前，讓我們先說明一下語義樹枝法背後的基本原理。語義樹枝法其實是本書第三章第三節中所說的歸謬法和建構法的一個綜合應用。一開始寫下的一或多個語句是我們試圖建立或試圖歸謬的假設，而使用擴展規則去擴展樹的目的則在於試圖證明該假設可能或不可能成立。完成樹的每一根枝子代表一種根據連接詞的語義而試圖讓一開始的假設能夠成立的嘗試；其中，封閉的枝子代表該嘗試失敗，因為其中包含了矛盾並因而為不可能，而開放的枝子（如果有的話），由於不包含矛盾的緣故，則代表一種能夠讓一開始的假設成立的可能性。封閉樹由於缺乏任何開放的枝子，代

表一開始的假設毫無可能成立，而完成的開放樹則代表一開始的假設是有可能成立的，而且每一根開放的枝子還提供了如何讓該假設能夠成立的情況或模型的訊息（詳見以下的說明）。有了對語義樹的基本原理的認識之後，我們就可以理解如何應用樹枝法了。

在使用語義樹枝法去決定一個論證「$\alpha_1, \cdots, \alpha_n / \therefore \beta$」是否有證明（並進而決定是否為演繹上有效的論證）時，我們先寫下該論證的每一個前提 α_1、$\cdots$、α_n 和結論的否定「$\neg\beta$」，作為一開始的樹枝；直覺上，這樣做的目的在於先假設該論證的前提都為真但結論卻為假，然後看看這個假設是否有可能成立。如果在這樣的假設後，我們最終得到一棵封閉的樹[2]（這代表該假設不可能成立），我們也就知道了該論證在語義樹枝法中有一個證明（符號上記作「$\{\alpha_1, \cdots, \alpha_n\} \vdash_T \beta$」[3]，讀作「『$\alpha_1, \cdots, \alpha_n / \therefore \beta$』在語義樹枝法中有一個證明」），並進而知道該論證是個有效的論證；[4]因為，這證明了該論證不可能前提都為真但結論卻為假。而如果我們得到的是一棵開放的完成樹（這代表該假設有可能成立），我們也就知道該論證在語義樹枝法中沒有證明（符號上記作「$\{\alpha_1, \cdots, \alpha_n\} \nvdash_T \beta$」，讀作「『$\alpha_1, \cdots, \alpha_n / \therefore \beta$』在語義樹枝法上沒有證明」），並進而知道該論證是個無效的論證；[5]因為，該論證有可能前提都為

---

② 而這樣的封閉樹可能會應因為應用規則在語句上的順序不同而不只產生一個，但這不重要：重要的是該論證至少有一個封閉樹。

③「$\vdash_T$」符號中下標的「T」，意在表明這裡所使用的證明方法是語義樹枝法，而非其它的語法方法，如我們在下一章中將說明的自然演繹法。

④ 嚴格說起來，當得到一棵封閉的樹時，我們直接知道的只是該論證有個 PL 語義樹枝法上的證明，亦即，$\{\alpha_1, \cdots, \alpha_n\} \vdash_T \beta$，但由於我們可以證明以下這個被稱為 PL 語義樹枝法的「強健全性」（strong soundness）的結果：

　　強健全性：如果 $\{\alpha_1, \cdots, \alpha_n\} \vdash_T \beta$，則 $\{\alpha_1, \cdots, \alpha_n\} \vDash \beta$

所以，我們可以進一步推論出該論證也是演繹上有效的論證，亦即，$\{\alpha_1, \cdots, \alpha_n\} \vDash \beta$。不過，PL 語義樹枝法的「強健全性」證明比較複雜，因而不在本書說明的範圍內。有關於 PL 語義樹枝法的強（弱）健全性的證明，以及以下將提到的強（弱）完全性的證明，有興趣的讀者請參閱 G. Priest: *An Introduction to Non-Classical Logic – from If to Is*, Cambridge University Press, 2008, pp. 16-18。

⑤ 嚴格說起來，當得到一棵開放的樹時，我們直接知道的只是該論證沒有 PL 語義樹枝法上的證明，亦即，並非 $\{\alpha_1, \cdots, \alpha_n\} \vdash_T \beta$，但由於我們可以證明以下這個被稱為

真但結論卻為假。

舉例來說，以下的樹「圖4-10(a)」至「圖4-10 (d)」逐步證明了：「P ∨ Q, P → R, Q → R /∴ R」在語義樹枝法中有一個證明，並因而是一個演繹上有效的論證；而以下的樹「圖4-11(a)」至「圖4-11(d)」則逐步證明了「P ∨ Q, R → P, Q → R /∴ R」在語義樹枝法中沒有證明，並因而不是一個演繹上有效的論證：

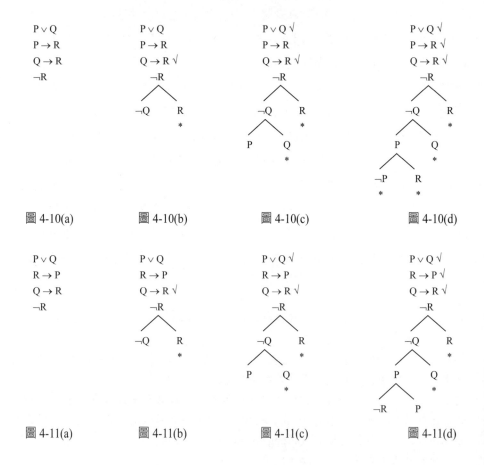

圖4-10(a)　　　　圖4-10(b)　　　　圖4-10(c)　　　　圖4-10(d)

圖4-11(a)　　　　圖4-11(b)　　　　圖4-11(c)　　　　圖4-11(d)

PL 語義樹枝法的「強完備性」（strong completeness）的結果：

　　強完備性：如果 $\{\alpha_1, \cdots, \alpha_n\} \vDash \beta$，則 $\{\alpha_1, \cdots, \alpha_n\} \vdash_T \beta$

所以，我們可以進一步推論出該論證也是演繹上無效的，亦即，並非 $\{\alpha_1, \cdots, \alpha_n\} \vDash \beta$。不過，PL 語義樹枝法的「強完備性」證明比較複雜，因而也不在本書說明的範圍內。

　　在使用語義樹枝法去決定一個語句 α 是否有證明（並進而決定 α 是否是個恆真句）時，我們先寫下 α 的否定「¬α」作為樹的開始；直覺上，這樣做的目的在於先假設 α 為假（或假設「¬α」為真），然後看看這個假設是否有可能成立。如果我們在一開始寫下「¬α」後，最終得到一棵封閉的樹（代表該假設不可能成立），我們也就知道 α 在語義樹枝法中有一個證明（符號上記作「⊢_T α」，讀作「α 在語義樹枝法中有一個證明」或「α 是語義樹枝法中的一個定理〔theorem〕」），並進而知道 α 不可能為假，所以是一個恆真句。⑥而如果我們在一開始寫下「¬α」後，最終得到一棵開放的樹（代表該假設有可能成立），我們也就知道 α 在語義樹枝法中沒有證明（符號上記作「⊬_T α」，讀作「α 在語義樹枝法中沒有證明」或「α 不是語義樹枝法中的一個定理」），並進而知道 α 有可能為假，所以不是一個恆真句。⑦類似地，在使用語義樹枝法去決定一個語句是否是恆假句時，我們先寫下 α 本身作為樹的開始；直覺上，這樣做的目的在於先假設 α 為真，然後看看這個假設是否有可能成立。如果我們在一開始寫下 α 後，最終得到一棵封閉的樹（代表該假設不可能成立），我們也就因而知道 α 不可能為真，所以是一個恆假句。而如果我們在一開始寫下 α 後，最終得到一棵開放的樹（代表該假設有可能成立），我們也就因而知道 α 有可能為真，所以不是一個恆假句。最後，如果無論你以「¬α」或 α 開始都得到一棵開放的樹，這表示 α 既可能為真也可能為假，因而是一個偶然句。

---

⑥ 嚴格説起來，當得到一棵封閉的樹時，我們直接知道的只是該語句有個 PL 語義樹枝法上的證明，亦即，⊢_T α，但由於我們可以證明以下這個被稱為 PL 語義樹枝法的「弱健全性」（weak soundness）的結果：

　　　強健全性：如果 ⊢_T α，則 ⊨ α

　　所以，我們可以進一步推論出 α 是一個恆真句，亦即，⊨ α。不過，PL 語義樹枝法「弱健全性」的證明比較複雜，因而不在本書説明的範圍內。

⑦ 嚴格説起來，當得到一棵開放的樹時，我們直接知道的只是該語句沒有個 PL 語義樹枝法上的證明，亦即，並非 ⊢_T α，但由於我們可以證明以下這個被稱為 PL 語義樹枝法的「弱完備性」（weak completeness）的結果：

　　　弱完備性：如果 ⊨ α，則 ⊢_T α

　　所以，我們可以進一步推論出 α 並不是一個恆真句，亦即，並非 ⊨ α。不過，PL 語義樹枝法「弱完備性」的證明比較複雜，因而也不在本書説明的範圍內。

　　舉例來說，以下的「圖 4-12(a)」證明了「P → (Q → (P ∧ Q))」是一個恆真句（我們在「圖 4-12(a)」中一開始假設該語句為假），「圖 4-12(b)」證明了「P ↔ ¬P」是一個恆假句（我們在「圖 4-12(b)」中一開始假設該語句為真），而「圖 4-12(c)」和「圖 4-12 (d)」證明了「(P ∨ Q) → Q」是一個偶然句（我們在「圖 4-12(c)」中一開始假設該語句為真，然後在「圖 4-12(d)」中假設該語句為假）：⑧

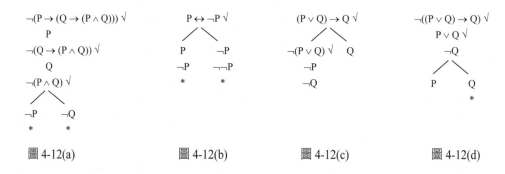

圖 4-12(a)　　　　　　　圖 4-12(b)　　　　　圖 4-12(c)　　　　　圖 4-12(d)

　　在使用語義樹枝法去決定一個語句 α 是否能夠推論出另一個語句 β（並進而決定是否在邏輯上蘊涵 β）時，我們先寫下 α 和「¬β」作為一開始的樹枝；直覺上，這樣做的目的在於先假設 α 為真而 β 為假，然後看看這個假設是否有可能成立。如果我們最終得到一棵封閉的樹（這代表該假設不可能成立），我們也就知道語義樹枝法中有一個從 α 推論出 β 的證明（符號上記作「α ⊢_T β」，讀作「從 α 到 β 的推論在語義樹枝法中有一個證明」），並進而知道⑨**α 為真但 β 為假這件事**是不可能的，所以「α 邏輯上蘊涵 β」。但如果我們得到的是一棵開放的完成樹（代表該假設有可能成立），我們也就知道語義樹枝法中並沒有任何從 α 推論出 β 的證明（符號上記作「α ⊬_T β」，讀作「從 α 到 β 的推

---

⑧ 這裡自然有個問題產生：當決定一個語句屬於哪一類時，我們要先假設它為真呢？還是先假設它為假呢？這個問題其實不重要，而直覺（特別是學過邏輯後所培養出的直覺）大概是你唯一的依靠：如果你直覺上認為某個語句是恆真句，就先假設它為假；而如果直覺上認為某個語句是恆假句，就先假設它為真。但就算你不信任你的直覺，你還是可以兩個假設都試試看，最後你一定會得到想要的結果。

⑨ 這個推論同樣需要訴諸語義樹枝法的強健全性。

論在語義樹枝法中沒有證明」），並進而知道 [10]α 邏輯上不蘊涵 β，因為，α**為真而 β 為假這件事**是有可能的。

　　舉例來說，以下的「圖 4-13(a)」證明了「P ∧ Q」邏輯上蘊涵「¬(P ∨ ¬Q)」，「圖 4-13(b)」證明了「¬(¬P ∨ ¬Q)」也邏輯蘊涵「P ∧ Q」；因而，這兩個圖共同證明了「P ∧ Q」和「¬(¬P ∨ ¬Q)」是邏輯上等價的語句。「圖 4-13(c)」和「圖 4-13 (d)」則證明了：雖然「P ∧ Q」邏輯上蘊涵「P ∨ Q」，但反之不然：

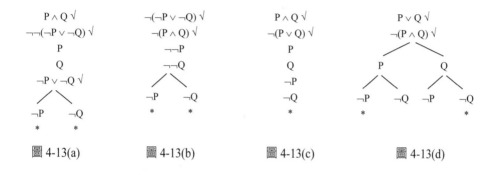

圖 4-13(a)　　　　圖 4-13(b)　　　　圖 4-13(c)　　　　圖 4-13(d)

　　最後，在使用樹枝法去決定 {α₁, ⋯, αₙ} 這些語句是否能夠共同推論出矛盾（並進而決定是否是邏輯上共同一致或共同可滿足的集合）時，我們直接寫下 {α₁, ⋯, αₙ} 這些語句，作為樹的開始；直覺上，這樣做的目的在於先假設 {α₁, ⋯, αₙ} 同時為真，然後看看這個假設是否有可能成立。如果我們得到一棵封閉的樹（代表該假設不可能成立），我們就知道語義樹枝法中有一個從 {α₁, ⋯, αₙ} 推論出矛盾的證明（符號上記作「{α₁, ⋯, αₙ}⊢_T ⊥」，其中，符號「⊥」（falsum）代表任意的一個形如「β ∧ ¬β」的恆假句，而「{α₁, ⋯, αₙ} ⊢_T ⊥」讀作「{α₁, ⋯, αₙ} 的語法不一致性在語義樹枝法中有一個證明」），並進而知道 [11]{α₁, ⋯, αₙ} 不可能同時為真，所以 {α₁, ⋯, αₙ} 是一個邏輯上不一致的（或非共同可滿足的）語句集合。但如果我們得到的是一棵開放的完成樹（代表該假設有可能成立），我們也就知道語義樹枝法中並沒有任何從 {α₁, ⋯, αₙ} 推論出矛盾的證明（符號上記作「{α₁, ⋯, αₙ} ⊬_T ⊥」，讀作「{α₁, ⋯, αₙ} 的語法

---

⑩ 這個推論同樣需要訴諸語義樹枝法的強完備性。
⑪ 這個推論同樣需要訴諸語義樹枝法的強健全性。

不一致性在語義樹枝法中沒有證明」），並進而知道 [12]$\{\alpha_1, \cdots, \alpha_n\}$ 有可能同時為真，所以 $\{\alpha_1, \cdots, \alpha_n\}$ 是一個邏輯上一致的（或共同可滿足的）語句集合。

　　舉例來說，前一節中的一連串樹枝「圖 4-4(a)」至「圖 4-4(f)」證明了：$\{P \lor Q, P \to Q, P \leftrightarrow Q, \lnot\lnot(P \land Q)\}$ 是一個語法上共同一致的集合。而前一節中的一連串樹枝「圖 4-6(a)」、「圖 4-6(b)」、「圖 4-6(c)」和「圖 4-6(d)」（或樹枝「圖 4-6(a)」、「圖 4-6(b)」、「圖 4-6(c)」和「圖 4-6(e)」）則證明了 $\{\lnot(P \land Q), \lnot(P \to Q), \lnot(P \leftrightarrow Q), \lnot(P \lor Q)\}$ 是一個語法（因而也是邏輯上）上共同不一致的集合（一個語法上共同不一致的語句集合，也就是一個可以藉著某種語法方法而推論出矛盾的語句集合）。注意，在「圖 4-4(d)」的封閉樹中，語句「$\lnot(P \leftrightarrow Q)$」旁邊並未打勾，這意味著 $\{\lnot(P \land Q), \lnot(P \to Q), \lnot(P \lor Q)\}$ 就已經是語法上共同不一致了。類似地，在「圖 4-4(e)」的封閉樹中，語句「$\lnot(P \to Q)$」旁邊也未打勾，而這意味著 $\{\lnot(P \land Q), \lnot(P \leftrightarrow Q), \lnot(P \lor Q)\}$ 也已經是語法上共同不一致了。

　　看過這麼多個例子，讀者們應該開始熟悉 PL 的語義樹枝法了，但這裡我們還是要提醒讀者們幾件使用語義樹枝法時應該注意的事情：

1. 應用擴展規則時，你不需要總是由上而下地將相關規則應用在第一個未打勾的語句上；你可以從任意一個未打勾語句開始使用相關的擴展規則。雖然不同的應用次序會產生不同形狀的語義樹，但只要其中的一棵最終是封閉的（或開放的），其它的各棵最終也會是封閉的（或開放的）。

2. 雖然，原則上，在樹還沒有完成前，你可以將相關的擴展規則應用在任何一個未打勾的語句上，但你最好先將相關的擴展規則應用在那些不會讓你把樹分成更多枝子的語句上，這樣才會讓你的樹在形態上更簡單些。

3. 如果你發現，在語義樹還沒有完成時，任何相關擴展規則的應用都會將樹分成更多的枝子，那麼，你應該優先考慮將相關的擴展規則應用在那

---

[12] 這個推論同樣需要訴諸語義樹枝法的強完備性。

些能夠儘快產生一或多根封閉枝子的語句上（但要能看出這件事，你需要一點經驗和心算的能力）。

稍早我們說過，完成的開放樹不僅代表一開始的假設是有可能成立的，而每一根開放的枝子也都提供你如何能讓該假設成立的情況或模型 v 的訊息。事實上，從完成樹上的任何一根開放枝子，你都可以抽繹出（induce）一個讓你一開始的假設能夠成立的模型 v，[13]而抽繹這個模型 v 的方法如下：

1. 如果一個簡單句 α 獨立出現在該枝子上，那麼，我們就令該語句在該模型 v 中為真或令 $v(\alpha) = 1$。
2. 如果一個簡單句 α 的否定「$\neg\alpha$」獨立出現在該枝子上，那麼，我們就令該語句在該模型 v 中為假或令 $v(\alpha) = 0$。
3. 對於其它未出現在該枝子上而其否定也未出現在該枝子上的簡單句 α，我們就令它在模型 v 中得到一個隨意的真假值，如 $v(\alpha) = 1$（但也可以令 $v(\alpha) = 0$）。

這樣做後，我們可以很容易證明（但我們不會在此證明）：不但所有獨立出現在該開放枝子上的「文字」都會在該抽繹出的語義模型 v 中為真，所有出現在該開放枝子上的語句（不論是不是文字）也都會在該模型 v 中為真。舉例來說，從「圖 4-11(d)」最左邊的開放枝子，我們可以抽繹出以下這個能讓該開放枝子中的所有語句都為真（請讀者驗證）的語義模型 v：$v(P) = 1$、$v(Q) = v(R) = 0$、而 v 對其它的簡單句則可以任意賦值。模型 v 因而會是一個讓「P $\lor$ Q, R $\rightarrow$ P, Q $\rightarrow$ R / $\therefore$ R」中的前提都為真但卻讓結論卻為假的 PL 語義模型。

最後，為了讓讀者熟練語義樹枝法，我們向讀者推薦一套網路上可免費下載的軟體 ProofTools。要下載這套軟體，讀者首先進入 https://creativeandcritical.net/prooftools 這個網站，下拉網頁後找到可以下載的最新版本，然後根據你的電腦類型，點擊安裝最新版本（如果你的電腦使用 Windows

---

[13] 不同的開放枝子可能讓你抽繹出不同的模型，但也可能讓你抽繹出相同的模型。

作業軟體而記憶體又不很大，建議你下載最新版本的 win32 版）。下載完成後，在桌面上按兩下相關圖示打開該軟體，你就會看到如「圖 4-14」的介面並可以開始使用該軟體了。使用時，把你要假設為真的語句鍵入（或利用右上方按鍵點選）到「Add premise」輸入框，每輸入一個語句按下一次輸入框旁的「enter」鍵；然後，把你要假設為假的語句（如果有的話）鍵入（或利用右上方按鍵點選）到「Set conclusion」輸入框，並按下輸入框旁的「enter」鍵。當你輸入完成後，你可以按下右上方的「Show proof」鍵一次看整個完成的語義樹，或者連續按右上方的「Step by: 1」鍵數次，一步一步地看語義樹的擴展與完成。（注意，當 ProofTools 應用擴展規則時，它並不會在該規則所應用的語句旁邊打勾「√」，但當你將滑鼠指到一個新產生的語句上時，它會用深綠色標示出該規則所應用的語句。）如果你一開始輸入的假設是不可能成立的，那麼，當樹完成時你會看到一棵封閉的樹，其中的每個枝子下方都有一個「*」號。而如果妳一開始輸入的假設是有可能成立的，那麼，當樹完成時你會看到一棵開放的樹，其中的每個開放枝子下方都有一個「o」號。如果你將滑鼠移到「o」號之上，該軟體就會在滑鼠處顯示出該開放枝子所抽繹出來的模型，如「圖 4-15」所示。

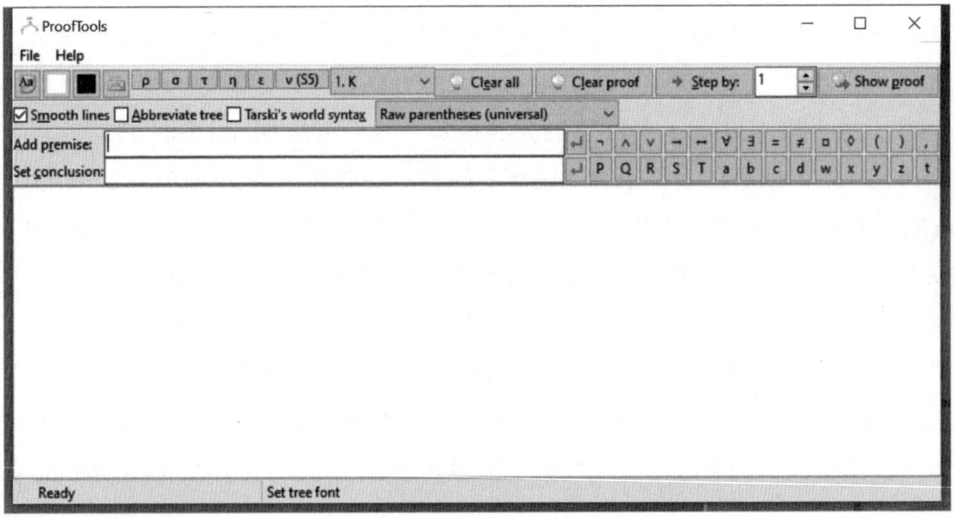

圖 4-14

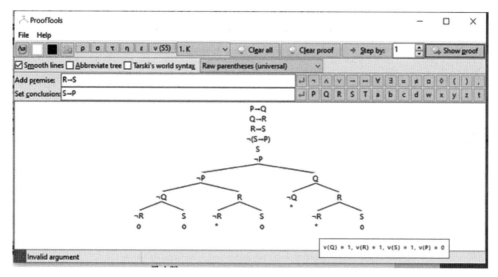

圖 4-15

　　ProofTools 的一個額外好處是：將來讀者如果學到更進階的邏輯，如量化邏輯和各種的正規模態邏輯（canonical modal logic），讀者仍然可以使用同一套軟體進行語義樹枝法的練習。除了 ProofTools 之外，網路上另外有一個叫「Tree Proof Generator」的方便網站（https://www.umsu.de/trees/），可供讀者熟悉和練習語義樹枝法。登入該網站後，讀者們會看到如「圖 4-16」的網頁，要判斷一個論證是否有證明或兩個語句間是否有推出關係，讀者只需要輸入各前提（以逗號分開）或第一個語句，然後輸入「|=」和結論；而要判斷一個語句是否是定理，讀者就只需要輸入該語句的否定就行了。如果你的輸入會導致一棵封閉的樹，該網站會展示給你完成的樹。但如果你的輸入不會導致一棵封閉的樹，該網站就只會顯示能讓你一開始的輸入不成立的反模型（countermodel）。該網頁也能讓你練習更進階的邏輯——如量化邏輯和一些正規模態邏輯—的語義樹枝法。

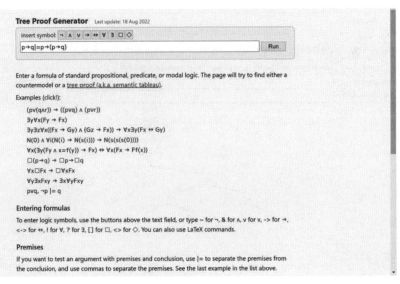

圖 4-16

一、（一）試著自行在紙上繪製語義樹，以判斷以下論證是否在 PL 的語義樹枝法中有
一個證明。如果一個論證在 PL 的語義樹枝法中沒有證明，試從其完成的開放語義
樹中抽繹出一個能讓其前提都為真但讓結論為假的模型 v。（二）使用本章中介紹
的 ProofTools 軟體或 Tree Proof Generator 網頁去檢查你的答案：

1. $\{P \to Q, R \to Q\} \vdash_T (P \vee R) \to Q$

2. $\{P \to (Q \wedge R), \neg R\} \vdash_T \neg P$

3. $\{P \wedge (\neg R \vee P_1), \neg(Q \to P_1)\} \vdash_T R$

4. $\{\neg(P \wedge \neg Q) \vee R, P \to (R \leftrightarrow P_1)\} \vdash_T P \leftrightarrow Q$

5. $\{P \leftrightarrow \neg\neg Q, \neg Q \to (R \wedge \neg P_1), P_1 \to (P \vee Q)\} \vdash_T (P_1 \wedge Q) \to P$

二、（一）試著自行在紙上繪製語義樹，以判斷以下從左到右的推論是否在 PL 的語義
樹枝法中有一個證明，如果一個推論在 PL 的語義樹枝法中沒有證明，試從其完成
的開放語義樹中抽繹出讓左邊句子為真但右邊句子為假的模型 v。（二）使用本章
中介紹的 ProofTools 軟體或 Tree Proof Generator 網頁去檢查你的答案：

1. $P \leftrightarrow (Q \leftrightarrow R) \vdash_T (P \leftrightarrow Q) \leftrightarrow R$

2. $\neg(P \to Q) \land \neg(P \to R) \vdash_T \neg Q \lor \neg R$

三、（一）試著自行在紙上繪製語義樹，以判斷以下語句是否是 PL 語義樹枝法中的一個定理。（二）使用本章中介紹的 ProofTools 軟體或 Tree Proof Generator 網頁去檢查你的答案：

1. $\vdash_T P \to (P \to (Q \land R))$

2. $\vdash_T ((P \to Q) \to Q) \to Q$

3. $\vdash_T ((P \to Q) \land (\neg P \to Q)) \to \neg P$

4. $\vdash_T (P \to Q) \land (P \land \neg Q)$

4. $\vdash_T (P \to (Q \to R)) \to (Q \to (P \to R))$

四、（一）試著自行在紙上繪製語義樹，以判斷以下 PL 語句集合的語法一致性是否在 PL 的語義樹枝法中有一個證明。（二）使用本章中介紹的 ProofTools 軟體或 Tree Proof Generator 網頁去檢查你的答案（使用 Tree Proof Generator 時，輸入各集合中的語句作為前提，然後寫下「$\vDash P \land \neg P$」）：

1. $\{P \to Q, R \to Q, \neg((P \lor R) \to Q)\}$

2. $\{P \to (Q \lor R), \neg R, P\}$

3. $\{P \leftrightarrow (Q \leftrightarrow R), \neg((P \leftrightarrow Q) \leftrightarrow R)\}$

五、試繪製語義樹以證明以下「$\Leftrightarrow$」兩邊的語架都是邏輯上等價的語架：

等值式	$\alpha \Leftrightarrow \alpha \land \alpha$ $\alpha \Leftrightarrow \alpha \lor \alpha$	$\alpha \Leftrightarrow \neg\neg\alpha$	$\alpha \to \beta \Leftrightarrow \neg\alpha \lor \beta$	$\alpha \leftrightarrow \beta \Leftrightarrow (\alpha \to \beta) \land (\beta \to \alpha)$
縮寫（名稱）	Idem. (Idempotent)	DN. (Double Negation)	Impl. (Implication)	Equiv. (Equivalence)
等值式	$\alpha \land \beta \Leftrightarrow \beta \land \alpha$ $\alpha \lor \beta \Leftrightarrow \beta \lor \alpha$		$\alpha \to \beta \Leftrightarrow \neg\beta \to \neg\alpha$	$\alpha \to (\beta \to \gamma) \Leftrightarrow (\alpha \land \beta) \to \gamma$
縮寫（名稱）	Comm. (Commutation)		Contra. (Contraposition)	Exp. (Exportation)
等值式	$\neg(\alpha \land \beta) \Leftrightarrow \neg\alpha \lor \neg\beta$ $\neg(\alpha \lor \beta) \Leftrightarrow \neg\alpha \land \neg\beta$		$\alpha \land (\beta \land \gamma) \Leftrightarrow (\alpha \land \beta) \land \gamma$ $\alpha \lor (\beta \lor r) \Leftrightarrow (\alpha \lor \beta) \lor \gamma$	$\alpha \land (\beta \lor \gamma) \Leftrightarrow (\alpha \land \beta) \lor (\alpha \land \gamma)$ $\alpha \lor (\beta \land \gamma) \Leftrightarrow (\alpha \lor \beta) \land (\alpha \lor \gamma)$
縮寫（名稱）	DeM. (DeMorgan's Law)		Assoc. (Association)	Dist. (Distribution)

PL的自然演繹法

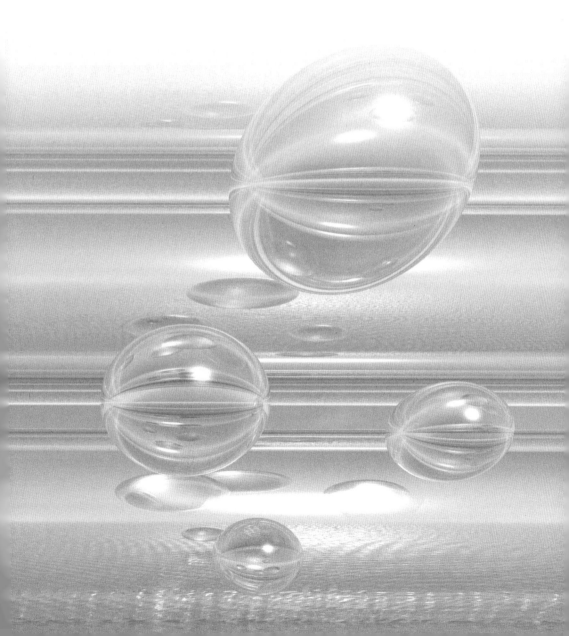

第一節　自然演繹法的基本想法與基本概念

　　我們在前一章中介紹了一種語法論的證明方法，叫做語義樹枝法，並且介紹了一些相關的語法概念，如「封閉樹」、「擴展規則」、「證明」與「定理」等。這一章中我們將介紹另一種常見的語法論證明方法，叫做「自然演繹法」（natural deduction）。[①]但在說明之前，讓我們再提示一下語法概念的特性：它們是只涉及語句形狀和相關類別的概念，以至於為了要正確辨識和使用這些概念，你只需要能夠認出語句的形狀和相關的類別即可，無須了解語句中任何符號的意義。

　　作為一種純粹語法論的方法，PL 的自然演繹法的操作程序讓你能夠根據一些語法規則有順序的寫下一序列語句，並從而判定邏輯對象的特性：如一個由 PL 的語句所構作的論證是否有自然演繹法上的證明（並因而是演繹上有效的論證）、一個 PL 語句是否是自然演繹法的定理（並因而是恆真句）等。就其操作過程來說，自然演繹法類似於我們在數學或幾何學中證明事情的方法：在構作數學證明時，我們往往從一些已經知道的前提出發，然後靠著正確的推論步驟逐步地推論出一序列的結果來。以下「圖 5-1(a)」和「圖 5-1(b)」是兩個 PL 自然演繹法推論的簡單例子。

1.	$P \to Q$	Premise
2.	$Q \to R$	Premise
3.	┃ P	Assumption
4.	┃ Q	$\to$E, 1, 3
5.	┃ R	$\to$E, 2, 5
6.	$P \to R$	$\to$I, 3-5

圖 5-1(a)

1.	┃ P	Assumption
2.	┃┃ Q	Assumption
3.	┃┃ P	ITER, 1
4.	┃ $Q \to P$	$\to$I, 2-3
5.	$P \to (Q \to P)$	$\to$I, 1-4

圖 5-1(b)

　　如上兩圖所示，一個自然演繹法的推論當中包含著長短不一的豎線和橫線。橫線的目的在於區隔推論的前提（或額外的假設）以及其它透過前者才能

[①] 除了語義樹枝法和自然演繹法，一般邏輯教科書中常見的語法論方法還有公理化方法（axiomatization）和序列演算法（sequent calculus）兩種。基於篇幅和證明便利性上的考慮，本書將不會說明最後這兩種方法。

夠推論出來的語句，豎線的目的則在於標示整個證明（或主證明）的範圍以及其中各個子證明（subproof）的範圍。② 一個主證明當中可能包含著一或多個範圍較小的子證明，而一個子證明當中也可能還包含著一或多個範圍更小的子證明，而這些主證明或子證明範圍的大小都以長短不一的豎線來加以標示。屬於主證明但不屬於其中子證明的語句（如「圖 5-1(a)」中的 1、2、6 以及「圖 5-1(b)」中的 5）都或者是前提，或者是單從前提就可以推論出來的語句。屬於子證明中的語句（如「圖 5-1(a)」中的 3、4、5 和「圖 5-2(b)」中的 2、3、4）可能還需要前提之外的額外假設才能夠推論出來。

概略地說，自然演繹法的操作程序讓你能夠從主證明中一開始就寫下的若干個前提（如果有的話），逐步地根據一些語法規則寫出一序列的語句來，直到你最終在主證明中（如果可能的話）寫下你一開始想要推論出來的語句為止；在這個過程中，除了一開始所寫下的前提（如果有的話，如「圖 5-1(a)」中右方註記為「Premise」的那些語句）之外，其它的每個語句都是依據序列中若干個已經寫下的語句和某個（語法論的）推論規則而寫下的語句。為了清楚標示每一個新寫下的語句的「依據」，每一個寫下的語句之前都應該有一個自然數作為其編號，而其右方則應該有個「註記」（annotation）去說明：(i) 寫下該語句時所依據的推論規則名稱（如「圖 5-1(a)」中的「→ E」和「→ I」），和 (ii) 該推論規則所應用的那幾個語句的編碼（如「圖 5-1(a)」中第 4 行右方的「1」和「3」）。雖然，嚴格說起來，進行自然演繹法時所訴諸的規則都是語法論的規則，但當然，我們希望這些規則也都是語義上「正確的」或演繹上有效的規則。

我們剛才說，PL 自然演繹法的操作程序讓我們能夠根據一些語法論的規則有順序的寫下一序列語句，以下我們說明這些規則。這些規則可以分為 1 個「起始規則」、1 個「開啟子證明的規則」、若干個「PL 基本推論規則」和 1 個「完成規則」。

---

② 本書使用向右縮排語句並在語句左方加上豎線的方式，去標示一個證明中的子證明，但有些書完全不使用任何的豎線，而只使用向右縮排的方式去標示子證明（如本章第三節所介紹的 Natural Deduction 軟體），而有些書則以在句子編號外加上箭頭的方式去標示一個假設。這些都只是標示方法上的不同，並沒有任何的重要性。

首先，讓我們看一下自然演繹法的「起始規則」。這個規則說的是：你可以寫下任意零個或多個語句作為一個主證明一開始時所使用的「前提」，但記得在它們的右方註記「Premise」，同時以橫線將它們與其它語句區隔開來。注意，這個規則允許你寫下「零個」語句（換言之，允許你不寫下任何的語句）作為主證明一開始的前提，讀者們在下一節中將會知道，這對於定理（或對恆真式）的證明來說是件重要的事情。在「圖 5-1(a)」中，我們依據此規則寫下其中 1 和 2 這兩個語句作為前提，而在「圖 5-1(b)」中，我們則依據此規則寫下零個語句作為前提。

其次，讓我們看一下自然演繹法的「開啟子證明的規則」。這個規則有兩個部分，第一個部分說的是：在證明的**任何階段**，你都可以寫下任意的一個語句作為暫時性的假設去開啟一個子證明，但記得 (i) 該假設應該向右縮排，並以橫線將它與之後子證明中的其它語句區隔開來，(ii) 在結束該假設和它所引進的子證明之前，該子證明中的所有語句都應該向右縮排到該假設所在的位置，並且 (iii) 在其右方註記為「Assumption」。在「圖 5-1(a)」中，我們在其中的第 3 行利用了這個規則的第一部分作出了一個假設，並縮排了該子證明中的 3 至 5 三行；在「圖 5-1(b)」中，我們則在一開始的第 1 行和第 2 行利用了這個規則的第一部分連續地作出了兩個假設（因而第二個假設向右縮排了兩次），並縮排了其後的 3 至 4 兩行。該規則的第二個部分說的是：每一個開啟了子證明的假設都必須依照「→I 規則」（或第九章將會介紹的「∃E 規則」）在後來做出「小結（論）」，並以將該小結向左縮排一次的方式去結束該子證明。[③]在「圖 5-1(a)」中，當我們依據此規則的第二部分在其中的第 6 行作出「P → R」這樣的小結時，我們同時將該小結向左縮排了一次寫在主證明中。在「圖 5-1(b)」中，我們則先依據此規則的第二個部分在第 4 行作出「Q → P」這樣的小結，並將該小結向左縮排一次寫在另一個範圍較大的子證明中。然後，我們再度依據此規則的第二個部分在其第 5 行作出「P → (Q → P)」這個小結，同時將該小結向左縮排一次寫在主證明中。

[③] 除了使用「→I 規則」去結束一個子證明外，有些邏輯書允許你使用其它規則（如 ¬I、∨E 和 ↔I）去結束子證明，但為了讓規則更簡單並符合我們將介紹的 Natural Deduction 應用軟體的理由，本書將不採取這樣的規則系統。

　　直覺上，一個假設並不是你所知道並在推論的一開始就寫下的前提，但它能夠和你所知道的前提（或許還加上一些尚未結束的其它假設）共同推論出一個暫時性的結果 α（如「圖 5-1(a)」中第 5 行的「R」）來。這個暫時性的結果 α 或許不是只靠你的前提就能夠推論出來的結論，但你可以利用這個假設和推論出來的 α 去作出一定的小結論；你可以小結說：雖然只使用前提本身（或許還加上一些尚未結束的其它假設，但不加上該假設）你或許不能夠推論出 α，但單憑這些前提（或許還加上一些尚未結束的其它假設，但不加上該假設）你還是能夠證明出某種類型的語句來，如一個條件句（如「圖 5-1(a)」中第 6 行的「P → R」），詳見以下的說明。

　　接著，讓我們看一下自然演繹法的「完成規則」。這個規則說的是：只要你目前依序寫下的語句都是依據推論規則所寫下的語句，而所有的子證明也都已經結束，那麼，你所寫下的語句序列就構成了一個完成的證明。讀者們可以自己檢查，「圖 5-1(a)」和「圖 5-1(b)」中的語句序列各自構成了一個完成的證明。在我們的註記法中，完成的證明有一條長豎線在其最左邊，標示著整個證明中所有出現過的語句。

第二節　PL自然演繹法的基本推論規則

　　「基本推論規則」是 PL 自然演繹法的核心，也是這一節說明的重點。但不同的書所介紹的 PL 自然演繹法基本推論規則不僅在數量上不盡相同（有些書只有 13 個基本推論規則，而有些書則可能有多達 20 個或更多個基本推論規則），在「內容」上也可能不盡相同。這些不同的基本推論規則系統增加了我們在介紹上的困難度，也可能會讓初學者感到困惑。但我們在此要提醒讀者的是：純粹就邏輯證明的目的來說 ④，這些不同數量和不同內容的基本推論規則系統其實是無關緊要的；重要的事情是：一本書所選擇的基本推論規則必須能

─────────────

④ 有些規則系統的背後其實存在著一些哲學上的想法（如辯護邏輯哲學中所謂的推論主義〔inferentialism〕），而這些規則系統的特性是：與任何一個連接詞有關的推論規則都不應該出現其它的連接詞。但這樣的哲學想法與本書無關，本書所介紹的自然演繹法推論規則因而忽視這個限制。

夠讓我們證明出所有我們「想要證明」的事情（如證明出所有在演繹上有效的論證或恆真的語句的確都有其證明，此即前一章注釋中所謂的「完備性」），並且不會讓你不幸「證明出」任何一個我們不想要證明的事情（如證明出某個在演繹上無效的論證或不是恆真的語句竟然有個證明，此即前一章注釋中所謂的「健全性」）。為了達到上述完備性和健全性的目的並兼顧說明上的簡單性，以下我們介紹 13 個基本推論規則，並順便以一些簡單的例子來說明這些規則。在介紹前，讓我們先提醒讀者一個我們在第四章中曾經見過的符號「⊥」（falsum）：該符號代表了任意一個形如「β ∧ ¬β」的恆假句，如「P ∧ ¬P」或「(P ∨ Q) ∧ ¬(P ∨ Q)」。

首先，讓我們介紹三個簡單的基本推論規則，其中兩個與「⊥」有關：⑤

i.	α		i.	α		i.	⊥
…	…		…	…		…	…
j.	α ITER, i		j.	¬α		j.	α ⊥E, i
			…	…			
			k.	⊥ ⊥I, i, j			

　　　　圖 5-2(a)　　　　　　　　圖 5-2(b)　　　　　　　　圖 5-2(c)

「圖 5-2(a)」說的是，當你看到之前證明中的第 i 行中已經出現了 α 這個語句（不管它後面的註記是什麼），並且第 i 行並不包含在一個已經結束的子證明中時，那麼，你就可以在該證明的第 j 行重複寫下這個語句 α，並在其後方註記「ITER, i」（其中，「ITER」是「Iteration」（重複）的縮寫，ITER 這個規則有時又被稱為「R」或「Reiteration」）。注意，如果 α 只出現在已經結束的子證明中，那麼，這個規則並沒有允許你在該證明的第 j 行重複寫下這個語句 α。「圖 5-2(b)」說的是，當你看到之前證明中的第 i 和第 j 行中已經分別出現過 α 和「¬α」這兩個語句（不管它們後面的註記是什麼，而它們出現的順序也不重要；注意，此處的 α 可以是簡單句或複合句），並且這兩行都不包含在一個已經結束的子證明中時，那麼，你就可以在該證明的第 k 行寫下

---

⑤ 從完備性的角度來說，如果我們已經有以下的其它規則，那麼，以下的規則 Reit 就是不必要的。但為了證明上便利起見，我們仍將它放入自然演繹法的基本推論規則當中。

「⊥」，並在其後方註記「⊥I, i, j」，其中，「I」是「Introduction」（引入）的縮寫。注意，如果 α 或「¬α」只出現在已經結束的子證明中，那麼，這個規則並沒有允許你在該證明的第 k 行寫下語句「⊥」。「圖 5-2(c)」說的則是，當你看到之前證明中的第 i 行中已經出現了「⊥」這個語句，並且第 i 行並不包含在一個已經結束的子證明中時，那麼，你就可以在該證明的第 j 行寫下**任意的**一個語句 α，並在其後方註記「⊥E, i」，其中，「E」是「Elimination」（排除）的縮寫，⊥E 這個規則又被稱為「Explosion」（爆炸）或「Ex Falso Quodlibet」（EFQ，意為：任何事均可由邏輯假句推論而出）。同樣注意，如果「⊥」只出現在已經結束的子證明中，那麼，這個規則並沒有允許你在該證明的第 j 行寫下 α。

　　直覺上，ITER 規則允許你從任何一個語句 α 本身演繹上有效地推論出 α，⊥I 規則允許你從 α 和「¬α」這兩個語句共同演繹上有效地推論出任意一個形如「β ∧ ¬β」的恆假句（特別是「α ∧ ¬α」）作為結論，而 ⊥E 規則則允許你從「β ∧ ¬β」這樣的恆假句有效地推論出任何語句 α。讀者可以自己使用完整真值表的方法或語義模型的方法檢查一下，以下這幾個論證語架的確都是演繹上有效的論證語架：「{α} ⊨ α」、「{α, ¬α} ⊨ β ∧ ¬β」、「{β ∧ ¬β} ⊨ α」。

　　在之前「圖 5-1(b)」的第 3 步驟中，我們已經看過 ITER 的使用，以下「圖 5-3(a)」和「圖 5-3(b)」是兩個應用了 ⊥I 和 ⊥E 規則所作出的自然演繹推論；讀者可以自己檢查一下，其中的語句序列各自構成了完成的證明：

1.	P	Premise
2.	¬P	Premise
3.	⊥	⊥I, 1, 2
4.	Q	⊥E, 3

圖 5-3(a)

1.	P ∧ Q	Premise
2.	¬(P ∧ Q)	Premise
3.	R ↔ ¬R	Premise
4.	⊥	⊥I, 1, 2
5.	¬(R ↔ ¬R)	⊥E, 4
6.	⊥	⊥I, 3, 5

圖 5-3(b)

接著讓我們介紹兩個與連言有關的基本推論規則：

<table>
<tr><td>i.</td><td>α</td><td></td><td>i.</td><td>$\alpha \wedge \beta$</td><td></td></tr>
<tr><td>…</td><td>…</td><td></td><td>…</td><td>…</td><td></td></tr>
<tr><td>j.</td><td>β</td><td></td><td>j.</td><td>α（或β）</td><td>$\wedge$E, i</td></tr>
<tr><td>…</td><td>…</td><td></td><td></td><td></td><td></td></tr>
<tr><td>k.</td><td>$\alpha \wedge \beta$（或$\beta \wedge \alpha$）</td><td>$\wedge$I, i, j</td><td></td><td></td><td></td></tr>
</table>

圖 5-4(a)　　　　　　　　　　　　　　　圖 5-4(b)

「圖 5-4(a)」說的是，當你看到之前證明中的第 i 和第 j 行中已經分別出現過 α 和 β 這兩個語句（不管它們後面的註記是什麼；注意，此處的 α 和 β 可以是相同或不同的語句；而如果是相同的語句，i 和 j 甚至可以是同一行），並且這兩行都不包含在一個已經結束的子證明中時，那麼，你就可以在該證明的第 k 行寫下它們的連言「$\alpha \wedge \beta$」或「$\beta \wedge \alpha$」，並在其後方註記「$\wedge$I, i, j」，「$\wedge$I」這個規則又被稱為「Conjunction」（連言）。注意，如果 α 或 β 只出現在已經結束的子證明中，那麼，這個規則並沒有允許你在該證明的第 k 行寫下語句「$\alpha \wedge \beta$」或「$\beta \wedge \alpha$」。「圖 5-4(b)」說的則是，當你看到之前證明中的第 i 行中已經出現了「$\alpha \wedge \beta$」這個語句，並且第 i 行並不包含在一個已經結束的子證明中時，那麼，你就可以在該證明的第 j 行寫下它的連言項 α（或 β），並在其後方註記「$\wedge$E, i」，$\wedge$E 這個規則又被稱為「Simplification」（簡單化）。同樣注意，如果「$\alpha \wedge \beta$」只出現在已經結束的子證明中，那麼，這個規則並沒有允許你在該證明的第 j 行寫下這個語句 α（或 β）。

直覺上，$\wedge$I 規則允許你從 α 和 β 這兩個語句演繹上有效地推論出「$\alpha \wedge \beta$」（或「$\beta \wedge \alpha$」）這個結論，而 $\wedge$E 規則允許你從「$\alpha \wedge \beta$」這個語句演繹上有效地推論出 α（或 β）這個結論。讀者可以自己用完整真值表的方法或語義模型的方法檢查一下，以下這幾個論證語架的確都是有效的論證語架：「$\{\alpha, \beta\}$ $\vDash \alpha \wedge \beta$」、「$\{\alpha, \beta\} \vDash \beta \wedge \alpha$」、「$\{\alpha \wedge \beta\} \vDash \alpha$」、「$\{\alpha \wedge \beta\} \vDash \beta$」。

以下「圖 5-5(a)」至「圖 5-5(c)」是三個應用了 $\wedge$I 和 $\wedge$E 規則（以及之前教過的規則）所作出的自然演繹推論；讀者可以自己檢查一下，其中的語句序列各自構成了完成的證明：

1.	P	Premise
2.	P ∧ P	∧I, 1, 1
3.	(P ∧ P) ∧ (P ∧ P)	∧I, 2, 2

1.	P ∧ Q	Premise
2.	P	∧E, 1
3.	Q	∧E, 1
4.	Q ∧ P	∧I, 2, 3

1.	P ∧ (Q ∧ R)	Premise
2.	P	∧E, 1
3.	Q ∧ R	∧E, 1
4.	Q	∧E, 3
5.	R	∧E, 3
6.	P ∧ Q	∧I, 2, 4
7.	(P ∧ Q) ∧ R	∧I, 5, 6

圖 5-5(a)　　　　　　　　　圖 5-5(b)　　　　　　　　　圖 5-5(c)

接著，我們介紹兩個與條件句有關的基本推論規則：

i.		α	Assumption
…		…	
j.		β	
j+1.	α → β		→I, i-j

i.	α → β	
…	…	
j.	α	
…	…	
k.	β	→E, i, j

圖 5-6(a)　　　　　　　　　圖 5-6(b)

「圖 5-6(a)」說的是，當你利用開啟子證明規則假設了 α，並藉著這個假設（和前提或許再加上之前其它尚未結束的假設）而在第 j 行推論出 β 來，那麼，這個時候，你就可以結束這個子證明並在第 j+1 行藉著向左縮排一次寫下「α → β」的方式而小結說：「由於加上了 α 這個假設後我們能夠（和前提或許再加上之前尚未結束的其它假設）推論出 β 來，因此，（從前提或許再加上之前尚未結束的其它假設但）在不必加上 α 的情況下，我們其實就已經能夠推論出『α → β』」，並在第 j+1 行小結的後方註記「→I, i-j」，其中，「i-j」註明這個以 α 開始的子證明包含了 i 到 j 那些行；「→I」這個規則又被稱為「Conditional Proof」（條件證法；CP）。讀者們一定要經常提醒自己的一個重點是：在一個結束的子證明中，被標示為子證明的短豎線所囊括的那幾行可能是需要靠著假設 α 才能夠推論出來的語句，但在子證明之外的那些語句則是可以不靠 α 這個假設就能夠從前提（或許再加上尚未結束的其它假設）推論出來的語句。「圖 5-6(b)」說的是，當你看到之前證明的第 i 和第 j 行中已經分別出現一個條件句「α → β」和它的前件 α 時（不管它們後面的註記是什麼，而它們出現的先後順序也不重要），並且這兩行都不包含在一個已經結束的子證明中時，那麼，你就可以在該證明的第 k 行寫下這個條件句的後件 β，並在其後方

註記「→ E, i, j」，「→ E」這個規則又被稱為「Modus Ponens」（離斷律；MP）。注意，如果「α → β」或 α 只出現在已經結束的子證明中，那麼，這個規則並沒有允許你在該證明的第 k 行寫下 β 這個語句。

　　直覺上，→ I 規則告訴你的是：如果你能夠從（前提和之前其它尚未結束的假設加上）一個假設 α 演繹上有效地推論出 β 來，那麼，你就能夠（從前提和和之前其它尚未結束的假設）演繹上有效地推論出「α → β」來。這個規則背後的依據是以下這個容易證明的事實（我們把這個證明留給讀者作為一個練習）：

　　（事實 1）如果 $\{\alpha_1, \cdots, \alpha_n, \alpha\} \vDash \beta$，那麼，$\{\alpha_1, \cdots, \alpha_n\} \vDash \alpha \to \beta$。

而「→ E」規則允許你從一個條件句和其前件推論出其後件。讀者可以自己使用完整真值表的方法或語義模型的方法去檢查一下，以下這個論證語架的確是演繹上有效的論證語架：「$\{\alpha \to \beta, \alpha\} \vDash \beta$」。

　　之前的「圖 5-1(a)」和「圖 5-2(b)」是兩個應用了「→ I」規則所做出的自然演繹證明。在「圖 5-1(a)」中，由於我們在第 3 行假設了「P」，並從前提和這個額外的假設在第 5 行推論出了「R」，因此我們在第 6 行利用「→ I」規則小結說：單從前提本身（而不需要這個額外的假設）我們就能夠推論出「P → R」來。「圖 5-1(b)」稍微複雜一點，但原理是相同的。我們先在第 1 和第 2 行連續做了兩個假設「P」和「Q」，由於我們在第 3 行中從這兩個假設推論出了「P」，因此我們在第 4 行利用「→ I」規則小結說：單從第一個假設 (而不需要第二個假設) 我們就可以推論出「Q → P」。⑥之後，在確認了單從「P」這個假設可以推論出「Q → P」之後，我們再一次利用「→ I」規則小結說：在不需要任何前提或假設 (因為這個證明當中並沒有任何前提) 的情況下，我們就能夠推論出「P → (Q → P)」來。以下的「圖 5-7(a)」至「圖 5-7(c)」是另外三個應用了 → I 和 → E 規則（以及之前教過的規則）所作出的自然演繹推

---

⑥ 讀者們在此可能會好奇，難道我們不能在第 4 行利用 → I 規則小結說：單從第二個假設（而不需要第一個假設）我們可以推論出「P → P」來嗎？答案是「可以的」，但這可能會讓規則複雜了些。詳見以下第四節中的説明。

論；讀者可以自己檢查一下，其中的語句序列各自構成了完成的證明：

1.	$P \land \neg Q$	Premise
2.	$P \to R$	Premise
3.	$\neg Q \to \neg R$	Premise
4.	P	$\land$E, 1
5.	$\neg Q$	$\land$E, 1
6.	R	$\to$E, 2, 4
7.	$\neg R$	$\to$E, 3, 5
8.	$\bot$	$\bot$I, 6, 7

圖 5-7(a)

1.	$P \to Q$	Premise
2.	$Q \to R$	Premise
3.	P	Assumption
4.	Q	$\to$E, 1, 3
5.	R	$\to$E, 2, 4
6.	$P \to R$	$\to$I, 3-5

圖 5-7(b)

1.	$P \to Q$	Premise
2.	$\neg Q$	Premise
3.	P	Assumption
4.	Q	$\to$E, 1, 3
5.	$\bot$	$\bot$I, 2, 4
6.	$P \to \bot$	$\to$I, 3-5

圖 5-7(c)

接著，我們介紹兩個與選言有關的基本推論規則：

i.	α	
...	...	
j.	$\alpha \lor \beta$ （或$\beta \lor \alpha$）	$\lor$I, i

圖 5-8(a)

i.	$\alpha \lor \beta$	
...	...	
j.	$\alpha \to \gamma$	
...	...	
k.	$\beta \to \gamma$	
...	...	
m.	γ	$\lor$E, i, j, k

圖 5-8(b)

「圖 5-8(a)」說的是，當你看到之前證明中的第 i 行中已經出現了 α 這個語句（不管它後面的註記是什麼），並且第 i 行並不包含在一個已經結束的子證明中時，那麼，你就可以在該證明的第 j 行寫下這個語句「α ∨ β」這個語句（或「β ∨ α」，其中，β 可以是任意的語句，甚至是與相同的語句），並在其後方註記「∨I, i」，「∨I」這個規則又被稱為「Addition」（增加）。注意，如果 α 只出現在已經結束的子證明中，那麼，這個規則並沒有允許你在該證明的第 j 行寫下「α ∨ β」（或「β ∨ α」）這個語句。「圖 5-8(b)」說的則是，當你看到之前證明中的第 i、j 和 k 行中分別出現了「α ∨ β」、「α → γ」和「β → γ」這三個語句（不管它們後面的註記是什麼，而它們出現的先後順序也不重要；注意，此處的 α、β 和 γ 可以是相同或不同的語句），並且這三行都並非包含在已經結束的子證明中時，那麼，你就可以在該證明的第 m 行寫下 γ，並在其

後方註記「∨E, i, j, k」，「∨E」這個規則又被稱為「Constructive Dilemma」（建構式兩難）。同樣注意，如果 i、j 和 k 中的語句有任何一個只出現在已經結束的子證明中，那麼，這個規則並沒有允許你在該證明的第 m 行寫下 γ。

　　直覺上，∨I 規則允許你從一個語句 α 演繹上有效地推論出「α ∨ β」（或「β ∨ α」），而 ∨E 這個規則則允許你從「α ∨ β」、「α → γ」和「β → γ」這三個語句演繹上有效地推論出 γ。讀者可以自己用完整真值表的方法或語義模型的方法去檢查一下，以下這幾個推論語架的確是演繹上有效的推論語架：「{α} ⊨ α ∨ β」、「{α} ⊨ β ∨ α」和「{α ∨ β, α → γ, β → γ} ⊨ γ」。

　　以下「圖 5-9(a)」至「圖 5-9(c)」是三個應用了 ∨I 和 ∨E 規則（以及之前教過的規則）所作出的自然演繹推論；讀者可以自己檢查一下，其中的語句序列各自構成了完成的證明：

1.	P ∧ Q	Premise
2.	P	∧E, 1
3.	P ∨ Q	∨I, 2

圖 5-9(a)

1.	P → R	Premise
2.	Q → R	Premise
3.	(P ∨ Q) ∧ P₁	Premise
4.	P ∨ Q	∧E, 3
5.	P₁	∧E, 3
6.	R	∨E, 1, 2, 4
7.	P₁ ∧ R	∧I, 5, 6

圖 5-9(b)

1.	P ∨ Q	Premise
2.	¬P	Premise
3.	P	Assumption
4.	⊥	⊥I, 2, 3
5.	Q	⊥E, 4
6.	P → Q	→I, 3-5
7.	Q	Assumption
8.	Q	ITER, 7
9.	Q → Q	→I, 7-8
10.	Q	∨E, 1, 6, 9

圖 5-9(c)

接著，我們介紹兩個與雙條件句有關的基本推論規則：

i.	α → β	
...	...	
j.	β → α	
...	...	
k.	α ↔ β（或 β ↔ α）	↔I, i, j

圖 5-10(a)

i.	α ↔ β	
...	...	
j.	(α → β) ∧ (β → α)	↔E, i

圖 5-10(b)

「圖 5-10(a)」說的是，當你看到之前證明的第 i 和第 j 行中已經分別出現了前後件相反的兩個條件句「α → β」和「β → α」時（不管它們後面的註記是什

麼，而它們出現的先後順序也不重要），並且這兩行都不包含在已經結束的子證明中時，那麼，你就可以在該證明的第 k 行寫下「α ↔ β」（或「β ↔ α」），這個雙條件句，並在其後方註記「↔I, i, j」。注意，如果「α → β」或「β → α」只出現在已經結束的子證明中，那麼，這個規則並沒有允許你在該證明的第 k 行寫下「α ↔ β」這個語句。「圖 5-10(b)」說的是，當你看到之前證明中的第 i 行中已經出現了「α ↔ β」這個雙條件句（不管它後面的註記是什麼），並且第 i 行並不包含在一個已經結束的子證明中時，那麼，你就可以在該證明的第 j 行寫下「(α → β) ∧ (β → α)」這個語句，並在其後方註記「↔E, i」。注意，如果「α ↔ β」只出現在已經結束的子證明中，那麼，這個規則並沒有允許你在該證明的第 j 行寫下「(α → β) ∧ (β → α)」這個語句。

　　直覺上，↔I 規則允許你從前後件相反的兩個條件句「α → β」和「β → α」演繹上有效地推論出「α ↔ β」（或「β ↔ α」），而 ↔E 這個規則則允許你做出反向的演繹有效推論。讀者可以自己用完整真值表的方法或語義模型的方法去檢查一下，以下這幾個推論語架的確是演繹上有效的推論語架：「{α → β, β → α} ⊨ α ↔ β」、「{α → β, β → α} ⊨ β ↔ α」和「{α ↔ β} ⊨ (α → β) ∧ (β → α)」。

　　以下「圖 5-11(a)」至「圖 5-11(c)」是三個應用了 ↔I 和 ↔E 規則（以及之前教過的規則）所作出的自然演繹推論；讀者可以自己檢查一下，其中的語句序列各自構成了完成的證明：

1.	P ∧ Q	Premise
2.	P	Assumption
3.	Q	∧E, 1
4.	P → Q	→I, 2-3
5.	Q	Assumption
6.	P	∧E, 1
7.	Q → P	→I, 5-6
8.	P ↔ Q	↔I, 4, 7

圖 5-11(a)

1.	P	Assumption
2.	P ∧ P	∧I, 1, 1
3.	P → (P ∧ P)	→I, 1-2
4.	P ∧ P	Assumption
5.	P	∧E, 4
6.	(P ∧ P) → P	→I, 4-5
7.	P ↔ (P ∧ P)	↔I, 3, 6

圖 5-11(b)

1.	P ↔ Q	Premise
2.	P	Premise
3.	(P → Q) ∧ (Q → P)	↔E, 1
4.	P → Q	∧E, 3
5.	Q	→E, 2,

圖 5-11(c)

最後，我們介紹兩個與否定有關的基本推論規則：

$$
\begin{array}{lll}
\text{i.} & \alpha \to \bot & \qquad \text{i.} \quad \neg\alpha \to \bot \\
\cdots & \cdots & \qquad \cdots \quad \cdots \\
\text{j.} & \neg\alpha \qquad \neg\text{I, i} & \qquad \text{j.} \quad \alpha \qquad\qquad \neg\text{E, i}
\end{array}
$$

圖 5-12(a)　　　　　　圖 5-12(b)

「圖 5-12(a)」說的是，當你看到之前證明中的第 i 行中已經出現了「$\alpha \to \bot$」這個語句（不管它後面的註記是什麼），並且第 i 行並不包含在一個已經結束的子證明中時，那麼，你就可以在該證明的第 j 行寫下「$\neg\alpha$」這個語句，並在其後方註記「$\neg$I, i」，「$\neg$I」這個規則又被稱為「Reductio ad Absurdum」（歸謬法）。注意，如果「$\alpha \to \bot$」只出現在已經結束的子證明中，那麼，這個規則並沒有允許你在該證明的第 j 行寫下「$\neg\alpha$」這個語句。「圖 5-12(b)」說的則是，當你看到之前證明中的第 i 行中已經出現了「$\neg\alpha \to \bot$」這個語句（不管它後面的註記是什麼），並且第 i 行並不包含在一個已經結束的子證明中時，那麼，你就可以在該證明的第 j 行寫下 α 這個語句，並在其後方註記「$\neg$E, i」，「$\neg$E」這個規則有時也被稱為「Reductio ad Absurdum」（歸謬法）。注意，如果「$\neg\alpha \to \bot$」只出現在已經結束的子證明中，那麼，這個規則並沒有允許你在該證明的第 j 行寫下 α 這個語句。

　　直覺上，$\neg$I 規則允許你從一個語句「$\alpha \to (\beta \wedge \neg\beta)$」演繹上有效地推論出「$\neg\alpha$」，而 $\neg$E 這個規則則允許你從「$\neg\alpha \to (\beta \wedge \neg\beta)$」演繹上有效地推論出 α。讀者可以自己用完整真值表的方法或語義模型的方法去檢查一下，以下這幾個推論語架的確是演繹上有效的推論語架：「$\{\alpha \to (\beta \wedge \neg\beta)\} \vDash \neg\alpha$」和「$\{\neg\alpha \to (\beta \wedge \neg\beta)\} \vDash \alpha$」。

　　舉例來說，之前的「圖 5-7(c)」步驟 6 之後，你可以藉著 $\neg$I 規則從 6 繼續推出「$\neg$P」。以下「圖 5-13(a)」和「圖 5-13(b)」則是另外兩個應用了 $\neg$E 規則（以及之前看過的規則）所作出的自然演繹推論；讀者可以自己檢查一下，其中的語句序列各自構成了完成的證明：

1.	P → Q		Premise
2.	Q → R		Premise
3.		P	Assumption
4.		¬R	Assumption
5.		Q	→E, 1, 3
6.		R	→E, 2, 5
7.		⊥	⊥I, 4, 6
8.		¬R → ⊥	→I, 4-7
9.		R	¬E, 8
10.	P → R		→I, 3-9

圖 5-13(a)

1.	P	Premise
2.	¬(Q → P)	Assumption
3.	Q	Assumption
4.	P	ITER, 1
5.	Q → P	⊥I, 3-4
6.	⊥	⊥I, 2, 5
7.	¬(Q → P) → ⊥	→I, 2-6
8.	Q → P	¬E, 7

圖 5-13(b)

第三節　PL自然演繹法的應用與限制

　　我們在這一節中說明如何使用自然演繹法去證明一個 PL 中的論證的確有證明（並進而知道該論證是個演繹上有效的論證）、以及如何使用自然演繹去證明一個 PL 語句是一個定理（並進而知道該語句是個恆真句）等等。在舉例說明之後，我們接著指出使用自然演繹法去判斷上述邏輯特性時的一個限制。

　　在使用自然演繹法去證明一個 PL 論證「$\alpha_1, \cdots, \alpha_n$ / ∴ β」的確有證明（並因而是個演繹上有效的論證）時，我們先依序寫下該論證的每一個前提（其後註記為「Premise」），然後試著依據前一節中的基本推論規則逐步寫下一序列的其它語句。如果我們最後成功地依據規則和前提**在主證明中**寫下該論證的結論 β，我們也就知道該論證在自然演繹法中有個證明[7]（符號上記作「$\{\alpha_1, \cdots, \alpha_n\} \vdash_{ND} \beta$」[8]，讀作「『$\alpha_1, \cdots, \alpha_n$ / ∴ β』在自然演繹法中有一個證明」），並進而知道該論證是個演繹上有效的論證。[9]在前兩節中，我們其實已經看過不少

---

[7] 而這樣的「證明」（依據規則所寫下的語句序列）可能不只一個，但這不重要：重要的是該論證至少有一個證明。

[8] 下標在「⊢」符號下的「ND」表明這個證明的方法是自然演繹法。

[9] 嚴格說起來，當得到一個完成的自然演繹法的證明時，我們直接知道的只是該論證有個 PL 自然演繹法中的證明，亦即，$\{\alpha_1, \cdots, \alpha_n\} \vdash_{ND} \beta$，但由於我們可以證明以下這個被稱為自然演繹法的「強健全性」（strong soundness）的結果：

　　強健全性：如果 $\{\alpha_1, \cdots, \alpha_n\} \vdash_{ND} \beta$，則 $\{\alpha_1, \cdots, \alpha_n\} \vDash \beta$

所以，我們可以進一步推論出該論證也是演繹上有效的，亦即，$\{\alpha_1, \cdots, \alpha_n\} \vDash \beta$。

有證明（並因而有效）的論證的例子；比方來說，「圖 5-1(a)」證明了「P →
Q, Q → R / ∴ P → R」在自然演繹法中有一個證明，而「圖 5-3(a)」則證明了
「P, ¬P / ∴ Q」在自然演繹法中也有一個證明，並因而都是演繹上有效的論證；
讀者們可以自己回頭檢視這些演繹上有效論證的證明。但我們在此要特別提醒
讀者們注意的事情是：在使用自然演繹法去對「α_1, …, α_n / ∴ β」給出一個證
明時，由於你的目標是從 {α_1, …, α_n} 這些前提逐步推出結論 β 來，而非從這
些前提加上一些額外的假設去推出結論 β 來，因此，在推論的過程中，雖然你
可以使用前提之外的其它語句作為輔助性的假設，但這些假設最終都必須根據
「開啟子證明的規則」的第二部分而結束其所引進的子證明，否則，你便沒能
夠成功地證明結論 β 可以只從 {α_1, …, α_n} 這些前提而推論出來。舉例來說，
以下的「圖 5-14(a)」由於未能結束證明過程中所做出的假設（儘管它的最後
一個語句是「P → Q」，但該語句卻不在主證明中），因而未能成功證明「P
→ (P → (P → Q)) / ∴ P → Q」在自然演繹法中有一個證明，但「圖 5-14(b)」
則成功證明了該論證在自然演繹法中有一個證明，並因而是一個有效的論證：

1.	P → (P → (P → Q))	Premise
2.	P	Assumption
3.	P → (P → Q)	→E, 1, 2
4.	P → Q	→E, 2, 3

圖 5-14(a)

1.	P → (P (P → Q))	Premise
2.	P	Assumption
3.	P → (P → Q)	→E, 1, 2
4.	P → Q	→E, 2, 3
5.	Q	→E, 2, 4
6.	P → Q	→I, 2-5

圖 5-14(b)

　　利用自然演繹法去證明一個 PL 語句 α 可以推出另一個語句 β（並進而知
道前者邏輯上蘊涵後者）的方法，與證明一個 PL 論證在自然演繹法中有證明
的方法雷同。要證明 α 可以推論出 β，我們先寫下 α 作為「Premise」，然後
試著依據前一節中的基本推論規則逐步寫下一序列的其它語句。如果我們最後

不過，自然演繹法的「強健全性」證明稍嫌複雜，因而不在本書說明的範圍內。對
自然演繹法的強弱健全性（以及以下所謂的強弱完備性）證明有興趣的讀者，可
以參考 M. Bergmann, J. Moor, J. Nelson: *The Logic Book 6/e*, New York: McGraw-Hill,
2014, pp. 244-261。

成功地依據這些規則和 α 而**在主證明中**寫出 β，我們也就在自然演繹法中得到一個從 α 推論出 β 的「證明」（符號上記作「α ⊢_ND β」，讀作「從 α 到 β 的推論在自然演繹法中有一個證明」），並進而知道⑩**α 為真但 β 為假這件事**是不可能的，所以「α 邏輯上蘊涵 β」。如果我們不僅能以 α 作為「Premise」依據基本推論規則最終在主證明中寫出 β，還能以 β 作為「Premise」依據基本推論基本推論規則最終在主證明中寫出 α，那麼，我們也就在自然演繹法中得到「從 α 推出 β」和「從 β 推出 α」的雙重證明，並進而知道兩者在邏輯上是等價的。在前兩節中，我們其實看過一些從一個 PL 語句推出另一個 PL 語句的證明；比方來說，「圖 5-13(b)」證明了「P」可以推論出（並因而邏輯上蘊涵）「Q → P」（但反之不然），而「圖 5-14(b)」則證明了「P → (P → (P → Q))」可以論推出（並因而邏輯上蘊涵）「P → Q」等；讀者們可以自己回頭檢視一下這些邏輯蘊涵關係的證明。以下「圖 5-15」證明了「P → Q」也邏輯上蘊涵「P → (P → (P → Q))」，因而與「圖 5-14(b)」共同構成了兩者邏輯上等價的自然演繹法證明。

1.	P → Q	Premise
2.	P	Assumption
3.	P	Assumption
4.	P → Q	ITER, 1
5.	P → (P → Q)	→I, 3-4
6.	P → (P → (P → Q))	→I, 2-5

圖 5-15

　　在使用自然演繹法去證明 PL 的語句集 {α_1, …, α_n} 能夠推論出矛盾（並進而是邏輯上共同不一致的集合）時，我們直接寫下 {α_1, …, α_n} 這些語句，將它們列為「Premise」並作為證明的開始。然後我們試著依據前一節中的基本推論規則去逐步寫下一序列的其它語句，看是否能夠最終**在主證明中**寫下「⊥」。如果我們最後成功地依據這些規則和 α_1、…、α_n 而**在主證明中**寫下「⊥」，我們也就在自然演繹法中得到了 {α_1, …, α_n} 能共同推出矛盾的證明，

---

⑩ 這一點仍需訴諸自然演繹法的強健全性。

並進而知道 [11]$\{\alpha_1, \cdots, \alpha_n\}$ 不可能都為真。作為例子，之前的「圖 5-7(a)」證明了 $\{P \wedge \neg Q, P \rightarrow R, \neg Q \rightarrow \neg R\}$ 是邏輯上共同不一致的語句集，而以下的「圖 5-16(a)」和「圖 5-16(b)」則分別證明了 $\{P \leftrightarrow Q, P, \neg Q\}$ 和 $\{\neg P \vee Q, P \rightarrow \neg Q, \neg(\neg P \vee R)\}$ 也都是邏輯上共同不一致的集合。

1.	$P \leftrightarrow Q$	Premise
2.	P	Premise
3.	$\neg Q$	Premise
4.	$(P \rightarrow Q) \wedge (Q \rightarrow P)$	$\leftrightarrow$E, 1,
5.	$P \rightarrow Q$	$\wedge$E, 4
6.	Q	$\rightarrow$E, 2, 5
7.	$\bot$	$\bot$I, 3, 6

圖 5-16(a)

1.	$\neg P \vee Q$	Premise
2.	$P \rightarrow \neg Q$	Premise
3.	$\neg(\neg P \vee R)$	Premise
4.	$\neg P$	Assumption
5.	$\neg P \vee R$	$\vee$I, 4
6.	$\neg P \rightarrow (\neg P \vee R)$	$\rightarrow$I, 4-5
7.	Q	Assumption
8.	P	Assumption
9.	$\neg Q$	$\rightarrow$E, 2, 8
10.	$\bot$	$\bot$I, 7, 9
11.	$P \rightarrow \bot$	$\rightarrow$I, 8-10
12.	$\neg P$	$\neg$I, 11
13.	$\neg P \vee R$	$\vee$I, 12
14.	$Q \rightarrow (\neg P \vee R)$	$\rightarrow$I, 7-13
15.	$\neg P \vee R$	$\vee$E, 1, 6, 14
16.	$\bot$	$\bot$I, 3, 15

圖 5-16(b)

　　最後，在使用自然演繹法去證明一個 PL 語句 α 是自然演繹法中的一個定理（符號上記作「$\vdash_{ND} \alpha$」，並進而證明 α 是個恆真句 [12]）時，我們不使用任何的語句作為前提，而是在一開始的主證明中以某個語句作為假設和推論的出發點，然後試著依據基本推論規則而從該假設出發去**在主證明中**推論出 α。一般

---

[11] 這一點仍需訴諸自然演繹法的強健全性。

[12] 嚴格說起來，當我們使用自然演繹法去作出一個沒有任何前提的證明時，我們直接知道的只是某個語句 α 是自然演繹法中的一個定理，即 $\vdash_{ND} \alpha$；但由於我們可以證明以下這個被稱為自然演繹法的「弱健全性」（weak soundness）的結果：

　　弱健全性：如果 $\vdash_{ND} \alpha$，則 $\vDash \alpha$

所以，我們可以進一步推論出 α 是一個恆真句，亦即，$\vDash \alpha$。不過，自然演繹法「弱健全性」的證明稍嫌複雜，因而不在本書說明的範圍內。

而言，使用自然演繹法去證明一個語句 α 是一個定理常見的策略如下：[13](1) 如果 α 是一個連言句「β ∧ γ」，我們在主證明中先分別證明 β 和 γ 都是定理，然後利用 ∧I 規則在主證明中證明「β ∧ γ」也是定理；(2) 如果 α 是一個雙條件句「β ↔ γ」，我們在主證明中先分別證明「β → γ」和「γ → β」都是定理，然後利用 ↔I 規則在主證明中證明「β ↔ γ」也是定理；(3) 如果 α 是一個條件句「β → γ」，那麼，我們就在主證明中一開始就先假設它的前件 β，然後試著利用該假設和基本推論規則逐步去在該子證明中寫出其後件 γ。一旦成功了，我們就利用 →I 規則而在主證明中結論說：「β → γ」也是一個自然演繹法中的定理；(4) 如果上述的方法都不奏效，那麼，我們就在主證明一開始就先假設 α 的否定「¬α」（而如果 α 本身是個否定句「¬β」，我們則以假設 β 作為推論的開始），然後試著利用該假設和基本推論規則逐步去在該子證明中寫下 ⊥。如果我們成功了，我們就可以利用 →I 和 ¬E（或 →I 和 ¬I）規則而在主證明中結論說：「¬α → ⊥」和 α（或「α → ⊥」和「¬α」）也都是自然演繹法中的定理。舉例來說，「圖 5-1(b)」利用了這裡的策略 (3) 而證明了「P → (Q → P)」是一個定理（並因而是個恆真句），以下的「圖 5-17」利用這裡的策略 (4) 而證明了「¬(P ↔ ¬P)」是一個 PL 自然演繹法中的定理（並因而是個恆真句），而以下的「圖 5-18」則重複應用這裡 (1) 至 (4) 中的多個策略而證明了「P → ((P ∨ R) ∧ ¬(Q ∧ ¬Q))」是一個 PL 自然演繹法中的定理（並因而是個恆真句）。（在證明「P → ((P ∨ R) ∧ ¬(Q ∧ ¬Q))」是一個定理時，由於該語句是個條件句，我們先假設其前件「P」為真，然後試著在這個假設下推論出「(P ∨ R) ∧ ¬(Q ¬Q)」來。由於我們要推出的「(P ∨ R) ∧ ¬(Q ∧ ¬Q)」是個連言句，我們接著試分別證明它的兩個連言項。最後，由於連言項「¬(Q ∧ ¬Q)」是個否定句，因而我們假設「Q ∧ ¬Q」，並試著在這個假設下推出「⊥」。）

---

[13] 這個策略也是證明論證的策略：我們依據結論的類型來擬訂論證的中間步驟。

1.	P ↔ ¬P	Assumption
2.	(P → ¬P) ∧ (¬P → P)	↔E, 1
3.	P → ¬P	∧E, 2
4.	¬P → P	∧E, 2
5.	P	Assumption
6.	¬P	→E, 3, 5
7.	⊥	⊥I, 5, 6
8.	P → ⊥	→I, 5-7
9.	¬P	¬I, 8
10.	P	→E, 4, 9
11.	⊥	⊥I, 9, 10
12.	(P ↔ ¬P) → ⊥	→I, 1-11
13.	¬(P ↔ ¬P)	¬I, 12

圖 5-17

1.	P	Assumption
2.	P ∨ R	∨I, 1
3.	Q ∧ ¬Q	Assumption
4.	Q	∧E, 3
5.	¬Q	∧E, 3
6.	⊥	⊥I, 4, 5
7.	(Q ∧ ¬Q) → ⊥	→I, 3-6
8.	¬(Q ∧ ¬Q)	¬I, 7
9.	(P ∨ R) ∧ ¬(Q ∧ ¬Q)	∧I, 2, 8
10.	P → ((P ∨ R) ∧ ¬(Q ∧ ¬Q))	→I, 1-6

圖 5-18

　　看過這麼多例子後，讀者們應該已經開始熟悉自然演繹法了；不過，讓我們在此再醒讀者們幾件使用自然演繹法時應該注意的事項，以及相較於語義樹枝法來說一個較為不便之處。

　　首先，自然演繹法與第四章樹枝法一個明顯的不同之處在於：前者允許你將多個規則應用在同一個語句之上，甚至允許你將同一個規則多次應用在同一個語句上，但後者則不然。舉例來說，以下「圖 5-19(a)」中第 2 行和第 3 行將兩個不同的規則應用在同一行（第 1 行）之上，以及「圖 5-19(b)」中第 3 行和第 5 行將同一個規則應用在同一行（第 1 行）之上，都是合乎自然演繹法基本推論規則的證明步驟。

1.	P	Premise
2.	(P ∧ P)	∧I, 1, 1
3.	P ∨ R	∨I, 1
4.	(P ∧ P) ∧ (P ∨ R)	∧I, 2, 3

1.	P ∧ R	Premise
2.	Q	Assumption
3.	R	∧E, 1
4.	Q → R	→I, 2-3
5.	R	∧E, 1
6.	(Q → R) ∧ R	∧I, 4, 5

圖 5-19(a) 　　　　　　　　　　 圖 5-19(b)

　　其次，我們在本章中強調過許多次：當一個語句包含在一個已經結束的子證明中時，你就不能在之後的推論中引用該語句繼續去進行推論；因為，該語句可能會是 [14]只能靠著該假設才能推論出來的語句，而我們在結束一個子證明後想看的事情卻是：還有其它什麼樣的語句是可以不透過該假設便能夠推論出來的語句。但嚴格說起來，「不能引用已經結束的子證明中的任何語句」這個規則並非絕對。如果包含在一個已經結束的子證明中的某個語句其實可以不必靠該子證明一開始的假設就推論出來，那麼，在該子證明結束後，「原則上」你仍然可以繼續使用這個語句繼續進行推論。但為了要讓這個「原則」得以順利進行，你必須嚴格標誌每一個語句得以被推論出來所需的前提和假設為何（並因而看出每一個出現在子證明中的語句是否需要依賴開啟該子證明的假設才能夠被推論出）。為此之故，有些自然演繹法的教材會在每一個語句的編號之前再加上一個集合，其中標誌了推論出該語句所需的前提和假設的編號，如以下的「圖 5-20」的例子所示。[15]但為了簡單起見，本書不採取這樣的標誌法，也因而採取了「不能引用已經結束的子證明中的任何語句」這個較為簡單的規定。[16]但這樣的規定並不會妨礙我們證明出應該能夠被證明的事情；因為，如果一個在子證明中的語句是可以不依賴開啟該子證明的假設而被推論出來，

---

[14] 可能會是，但不必然會是（換言之，也可能不是）。請參考以下的說明。

[15] 在「圖 5-20」中，語句 1 成立所依據的前提是 1，語句 2 成立所依據的假設是 2，以此類推。在該證明中，語句 3 成立所依據的假設和前提不包括第 2 行的假設，所以，儘管 3 包含在該子證明中，但在該子證明結束後仍能繼續引用，但語句 4 和語句 5 則不然。

[16] 採取這種標誌法的書籍，請參考林正弘：《邏輯》（第四版），臺北：三民，2020；採取這種標誌法（但未加上集合符號）的網站軟體，則請參考 https://logic.tamu.edu/daemon.html。

那麼，在結束了該子證明後（或開啟了該子證明之前），你當然能夠不依賴該假設而從前提（或許還加上其它已經做出的假設）推論出該語句，並據以繼續進行推論。舉例來說，要證明出「圖 5-20」中的語句 7，雖然（依據本書的規定）你不能引用包含在已經結束的子證明中的語句 3（「P ∨ R」），但你當然可以在結束該子證明的步驟 6 之後（或在 2 之前）繼續由 1 推出「P ∨ R」，然後再將之與 6 共同推論出我們應該要能夠推論出的結論 7：「(P ∨ R) ∧ (Q → ((P ∨ R) ∧ (Q ∨ R)))」。

{1}	1.	P	Premise
{2}	2.	Q	Assumption
{1}	3.	P ∨ R	∨I, 1
{2}	4.	Q ∨ R	∨I, 2
{1, 2}	5.	(P ∨ R) ∧ (Q ∨ R)	∧I, 3, 4
{1}	6.	Q → ((P ∨ R) ∧ (Q ∨ R))	→I, 2-5
{1}	7.	(P ∨ R) ∧ (Q → ((P ∨ R) ∧ (Q ∨ R)))	∧I, 3, 6

圖 5-20

再其次，讀者們一定要切記：使用自然演繹法去證明一件事情時，其過程中所作出的任何假設（以及因此而引入的子證明）一定要在證明完成前依據規則而結束，否則，你就不是單從前提依據規則而推論出最後一個語句。這件事情我們強調過許多次，其重要性不言可喻。另一件相當重要的事情是，當你在證明的過程中作出了多個假設時，順序上你應該先結束**最後那個**尚未結束的假設。但嚴格地說起來，「應該先結束**最後那個**尚未結束的假設」的規則也非絕對。假如 {α₁, …, αₙ} 是你的前提，αₙ₊₁ 和 αₙ₊₂ 是你先後做出的兩個假設，並且假定你從這些前提和假設依據基本推論規則而寫下 β，這時，無論你先結束 αₙ₊₂ 這個假設而小結說：「從前提和 αₙ₊₁ 可以推出『αₙ₊₂ → β』」或先結束 αₙ₊₁ 這個假設而小結說「從前提和 αₙ₊₂ 可以推出『αₙ₊₁ → β』」，你都沒有犯下任何邏輯錯誤。問題在於作了這個小結之後，你還能繼續引用什麼樣的語句去進行推論？結束一個假設意味著你不應該再繼續引用依賴該假設才能推論出的語句；而如果你在做了多個假設後先結束稍早做出的假設，你就得標誌結束該假設之前的哪些語句依賴於這個先被結束的稍早假設，而哪一些則否，但這會讓我們對於語句的標誌又變得複雜起來。為了避免前一個段落中所提到的標誌上的複雜問題，我們因而在這本書採取一個較為簡單的規定：當你在證明的過程

中作出了多個假設時，你應該先結束**最後那個**尚未結束的假設，並不再引用該子證明中所提到的任何語句。

最後，一件非常重要的事情。在使用自然演繹法去證明一個 PL 論證有證明（或一個 PL 語句能推論出另一個 PL 語句，或一個 PL 語句是一個定理）時，我們說，我們應該先寫下一或多個被註記為「Premise」（或「Assumption」）的語句 $\{\alpha_1, \cdots, \alpha_n\}$，然後試著從這些前提（或假設）依據基本推論規則去推論出某個語句 β（或從寫下的 β 依據基本推論規則進行進一步的推論）。但如果我們在寫下了這些前提（或假設）之後最終沒能寫出想要推論出來的語句 β 呢？這有兩種可能，一是因為該論證（或該語句）本來就無法讓你利用一開始就寫下的前提（或假設）加上自然演繹法中的基本推論規則而去推論出來（符號上記作「$\{\alpha_1, \cdots, \alpha_n\} \nvdash_{ND} \beta$」或「$\alpha \nvdash_{ND} \beta$」或「$\nvdash_{ND} \beta$」），因而 $\{\alpha_1, \cdots, \alpha_n\}$ 和 β 之間的邏輯關聯（演繹有效論證關係、邏輯蘊涵關係等）其實並不成立，[⑰]但也有可能是因為這些前提或假設在自然演繹法中可以推論出 β，只是我們沒能想出應該如何作出相關的推論所致。我們有沒有辦法決定這個問題的答案倒底是哪一個呢？雖然在簡單的 PL 語言論證中，我們可以設計出一個十分複雜且繁瑣的方法去幫助我們決定哪一個答案才是正確的，但這樣的方法會讓一個簡單的證明在步驟上變得十分笨重與不便，因而我們將不在此說明這個方法。這個限制顯然構成了自然演繹法略遜於語義樹枝法的一個方面。

為了讓讀者更熟練自然演繹法，我們在此向讀者推薦一套網路上可以免費下載的軟體 Natural Deduction。要下載這套軟體，讀者首先進入 http://naturaldeduction.org/ 這個網站，點擊「Get it from Microsoft」，或直接進入 https://apps.microsoft.com/store/detail/natural-deduction-using-strict-implication/9N3B5NB9PKGX?hl=en-us&gl=us 網站，就可以從 Microsoft Store 下載該軟體了。下載完成後，將之釘選在工作列上，或在電腦程式中找到

[⑰] 嚴格說起來，在第一種情況下，我們直接知道的只是：並非 $\{\alpha_1, \cdots, \alpha_n\} \vdash_{ND} \beta$ 或並非 $\vdash_{ND} \beta$，但由於我們可以證明以下這個被稱為自然演繹法的「強完備性」和「弱完備性」的結果：

　　強完備性：如果 $\{\alpha_1, \cdots, \alpha_n\} \vDash \beta$，則 $\{\alpha_1, \cdots, \alpha_n\} \vdash_{ND} \beta$

　　弱完備性：如果 $\vDash \beta$，則 $\vdash_{ND} \beta$

所以，我們可以進一步推論出該論證也是演繹上無效的或非恆真句，亦即，並非 $\{\alpha_1, \cdots, \alpha_n\} \vDash \beta$ 或並非 $\vDash \beta$。

Natural Deduction 的相關圖示，打開該軟體，你就會看到如「圖 5-21」的介面並可以開始使用該軟體了。

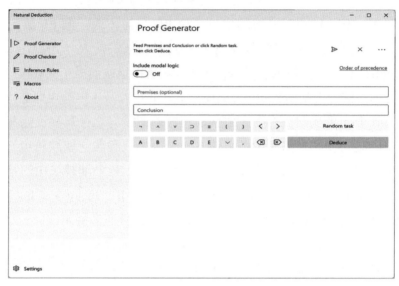

圖 5-21

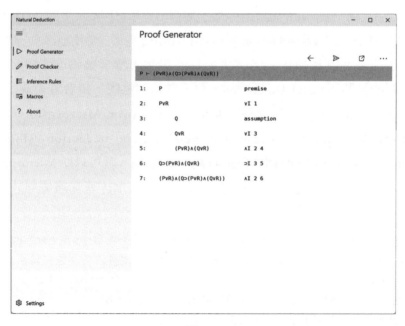

圖 5-22

　　Natural Deduction 有兩個運行模型可以點選（見「圖 5-21」的左方）：證明產生器（Proof Generator）和證明檢查器（Proof Checker）。證明產生器可以自動產生證明，而其操作則相當簡單：你可以 (1) 什麼也不輸入，只按下奶黃色的「Random task」按鍵，讓軟體隨機選取論證或定理，然後展示給你看完成後的證明（如「圖 5-22」；但注意，該軟體中各證明裡的假設和子證明都只以向右縮排的方式（而不再加上短的橫豎線）加以顯示），或 (2) 自行鍵入（或利用下方符號圖示點選）前提和結論（前提可以一次輸入零或多個，但需以逗號分開各個前提。注意條件符號是「⊃」而非「→」。另外需要注意的事情是：證明產生器中沒有「⊥」符號的按鍵（但證明檢查器中有）；因此，如果你要輸入的結論是「⊥」，你可以鍵入「P ∧ ¬P」去代替「⊥」），然後按下綠色的「Deduce」按鍵，讓軟體展示給你看完成後的證明（如「圖5-22」）。

　　Natural Deduction 的證明檢查器則稍微複雜些，當你選取證明檢查器的模式時，該軟體仍然會展現出類似於「圖 5-21」的畫面（但綠色按鍵上的「Deduce」一字改變為「Continue」），並要求你或者 (1) 什麼也不輸入，只按下奶黃色的「Random task」按鍵，讓軟體隨機選取論證或定理，或者 (2) 自行鍵入 (或利用下方按鍵點選) 前提和結論，然後按下綠色的「Continue」按鍵。但不論你選取 (1) 或 (2)，當你按下綠色的「Continue」鍵後，你都會看到如「圖 5-23」的圖示，只列出了證明的開端，然後要求你一步一步地在上方各欄中輸入證明的下一個步驟中所需要的各種元素：如選取下一步驟所使用的規則（從「Inference」的下拉表單中選取本章所介紹的 13 個規則）[18]、鍵入該該則會引用的語句編號（在「Arg.line number」欄中輸入）、在「Sentence」欄位中鍵入（或點選輸入）該規則所產生的語句，然後按下「Accept」鍵完成證明中下一步驟的輸入。當你輸入錯誤時，該模式會自動提示你可能的修改之

---

[18] 除了本章所介紹的 13 個規則外，該表單中還有多個巨型規則「Options: Macros」（一般又稱為衍生規則）可以選取。使用這些巨型規則可以縮減只使用 13 個規則的證明的長度，並因而加快證明的速度；但從完備性的角度來看，這些巨型的規則都可以從原來的 13 個規則中推出，因而原則上並無必要性。相關細節可參考本章作業的第五題和該軟體左方「Macros」中的說明。

處；而當你最後證明出結論時，該模式則會自動檢查你的證明是否正確。證明檢查器能讓讀者熟悉不同的基本推論規則和標記證明步驟的方法，是本書特別推薦的部分。我們希望讀者們在多次練習之後，能對 PL 的自然演繹法更加了然於心。

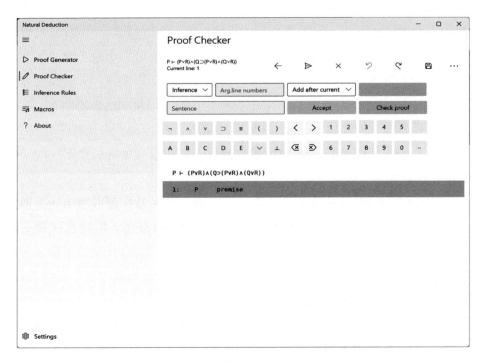

圖 5-23

一、（一）試著自行在紙上寫出以下各論證在自然演繹法上的證明。（二）使用本章中
介紹的 Natural Deduction 軟體去檢查你的答案：

1. $\{P \rightarrow Q, R \rightarrow Q\} \vdash_{ND} (P \vee R) \rightarrow Q$

2. $\{P \rightarrow (Q \wedge R), \neg R\} \vdash_{ND} \neg P$

3. $\{P \leftrightarrow \neg Q, \neg Q \rightarrow (P \wedge \neg P), P \rightarrow (R \wedge \neg R)\} \vdash_{ND} Q \wedge \neg P$

二、（一）試著自行在紙上寫出以下各題中從左到右的推論在自然演繹法上的證明。

（二）使用本章中介紹的 Natural Deduction 軟體去檢查你的答案：

1. $P \leftrightarrow (Q \leftrightarrow \neg Q) \vdash_{ND} P \to R$

2. $\neg(P \to Q) \wedge \neg(P \to R) \vdash_{ND} \neg(Q \vee R)$

三、（一）試著自行在紙上寫出以下各恆真句在自然演繹法上的證明。（二）使用本章中介紹的 Natural Deduction 軟體去檢查你的答案：

1. $\vdash_{ND} ((P \to Q) \wedge (\neg P \to Q)) \to Q$

2. $\vdash_{ND} \neg((P \to Q) \wedge (P \wedge \neg Q))$

3. $\vdash_{ND} (P \to (Q \to R)) \to (Q \to (P \to R))$

四、（一）試著自行在紙上寫下以下各 PL 語句集合能夠推論出「⊥」的自然演繹法證明。（二）使用本章中介紹的 Natural Deduction 軟體去檢查你的答案（使用 Natural Deduction 檢查時，你可以鍵入「P∧¬P」去代替「⊥」）：

1. $\{P \to Q, R \to Q, \neg((P \vee R) \to Q)\}$

2. $\{P \to (Q \vee R), \neg R, P, \neg Q\}$

3. $\{P \wedge (\neg R \vee (P \leftrightarrow Q)), \neg(Q \to (P \leftrightarrow Q))\}$

五、以下是 Natural Deduction 在 Proof Checker 模式中允許你使用的一些 Optional Macros 規則，試自行在紙上證明：每一個這樣的「Optional Macro 規則」其實都可以只使用本書所教的 13 個基本的推論規則推論出來：

Macros	$\neg\neg\alpha \vdash_{ND} \alpha$	$\alpha \vdash_{ND} \neg\neg\alpha$
名稱	Eliminate double-negation	Introduce double-negation
Macros	$\neg(\alpha \wedge \beta) \vdash_{ND} \neg\alpha \vee \neg\beta$	$\alpha \vee \beta \vdash_{ND} \neg(\neg\alpha \wedge \neg\beta)$
名稱	Eliminate negation of conjunction	Introduce negation of conjunction
Macros	$\neg(\alpha \vee \beta) \vdash_{ND} \neg\alpha \wedge \neg\beta$	$\alpha \wedge \beta \vdash_{N} \neg(\neg\alpha \vee \neg\beta)$
名稱	Eliminate negation of disjunction	Introduce negation of disjunction
Macros	$\neg(\alpha \to \beta) \vdash_{ND} \alpha \wedge \neg\beta$ $\neg(\alpha \to \neg\beta) \vdash_{ND} \alpha \wedge \beta$	$\alpha \wedge \beta \vdash_{N} \neg(\alpha \to \neg\beta)$ $\alpha \wedge \neg\beta \vdash_{N} \neg(\alpha \to \beta)$
名稱	Eliminate negation of implication	Introduce negation of implication
Macros	$\neg(\alpha \leftrightarrow \beta) \vdash_{ND} \neg(\alpha \to \beta) \vee \neg(\beta \to \alpha)$ $\neg(\alpha \leftrightarrow \beta) \vdash_{ND} \neg(\beta \to \alpha) \vee \neg(\alpha \to \beta)$	$\neg(\alpha \to \beta) \vee \neg(\beta \to \alpha) \vdash_{ND} \neg(\alpha \leftrightarrow \beta)$ $\neg(\alpha \to \beta) \vee \neg(\beta \to \alpha) \vdash_{ND} \neg(\beta \leftrightarrow \alpha)$
名稱	Eliminate negation of equivalence	Introduce negation of equivalence

Macros	$\neg\alpha \vee \beta \vdash_{ND} \alpha \to \beta$ $\alpha \vee \beta \vdash_{ND} \neg\alpha \to \beta$	$\alpha \to \beta \vdash_{ND} \neg\alpha \vee \beta$ $\neg\alpha \to \beta \vdash_{ND} \alpha \vee \beta$
名稱	From disjunction to implication	From implication to disjunction
Macros	$\alpha \to \beta \vdash_{ND} \neg\beta \to \neg\alpha$ $\neg\alpha \to \beta \vdash_{ND} \neg\beta \to \alpha$ $\alpha \to \neg\beta \vdash_{ND} \beta \to \neg\alpha$ $\neg\beta \to \neg\alpha \vdash_{ND} \alpha \to \beta$	$\alpha \wedge (\beta \vee \gamma) \vdash_{ND} (\alpha \wedge \beta) \vee (\alpha \wedge \gamma)$ $(\alpha \vee \beta) \wedge \gamma \vdash_{ND} (\alpha \wedge \gamma) \vee (\beta \wedge \gamma)$ $\alpha \vee (\beta \wedge \gamma) \vdash_{ND} (\alpha \vee \beta) \wedge (\alpha \vee \gamma)$ $(\alpha \wedge \beta) \vee \gamma \vdash_{ND} (\alpha \vee \gamma) \wedge (\beta \vee \gamma)$
名稱	Contraposition	Distribution
Macros	$\neg(\alpha \wedge \neg\beta) \vdash_{ND} \alpha \to \beta$ $\neg(\alpha \wedge \beta) \vdash_{ND} \alpha \to \neg\beta$	$\alpha \to \beta \vdash_{ND} \neg(\alpha \wedge \neg\beta)$ $\alpha \to \neg\beta \vdash_{ND} \neg(\alpha \wedge \beta)$
名稱	From negation of conjunction to implication	From implication to negation of conjunction

第二部分

量化（帶等同）邏輯

Chapter **6**

量化（帶等同）語言（QL）

第一節　語句結構分析

在本書第一部分（第二章至第五章）所謂的命題邏輯中，PL 語言的最小單位是代表簡單句的命題符號「P」、「Q」、「R」等。利用命題符號和真值函數式連接詞，你可以建構起複雜程度不一的複合句。但在自然語言中，就算一個再簡單的語句內部也會有一定的結構，而且這樣的內在結構還可能會決定包含它們的論證是否在演繹上有效、包含它們的語句是否為恆真句等等。為了看出這一點，讓我們比較一下以下這四個論證（我們將它們在直覺上的演繹有效性與否寫在每個論證的後方）：①

(1a) 那間教室內的老師在說話；所以，至少有位老師在說話。（有效）

(1b) 那間教室內的老師在說話；所以，至少有間教室在說話。（無效）

(2a) 張三給了我一本書；所以，至少有一個人給了我一本書。（有效）

(2b) 張三給了我一本書；所以，沒有任何人給了我一本書。（無效）

注意，(1a) 和 (1b) 的差別只在於 (1a) 結論中的「老師」一詞換成了 (1b) 結論中的「教室」，而 (2a) 和 (2b) 的差別也只在於 (2a) 結論中的「至少有一個」一詞換成了 (2b) 結論中的「沒有任何」。像「老師」、「教室」、「至少有一個」和「沒有任何」都不是簡單的語句，而是可以用來構成簡單語句的片語。像 (1a) 至 (2b) 這樣的例子顯示出：要看出為何有些推論（如 (1a) 和 (2a)）是演繹上有效的，而有些推論（如 (1b) 和 (2b)）卻是演繹上無效的，我們不能只把我們對於論證的分析停留在語句層面，我們還需要分析簡單語句的內部結構。

我們可以像文法學家一樣，將一個談論一或多個特定事物的簡單語句──如「王文方是位老師」、「它是隻狗」、「王文方喜歡甄子丹」、「3 小於 4」或「王文方於 1961 年出生於臺北市」等──的組成部分依其功能劃分為主詞、

---

① 利用本章第四和五節所教的形式化方法，讀者們應該很容易將以下的 (2a) 和 (2b) 翻譯為 QL 的合式公式。但由於 (1a) 和 (1b) 中包含了「那間教室內的老師」這個確定描述詞的緣故，對它們的形式化工作就較為複雜了。不過，讀完本書第十一章的讀者，應該仍然有足夠的知識去形式化這裡的 (1a) 和 (1b)。

受詞、動詞、數量詞、比較詞、通名等，但出於論證分析的目的，當代邏輯學家通常只將這些簡單的語句看作是由兩類特定的詞所構成：主詞（subject）和謂詞（predicate）。[2]邏輯學家將一個語句中任何一個用來指稱「單一特定事物」（不論是具體占據時空的單一特定物理事物或不占據時空的單一特定抽象事物）的詞，如例子中的「王文方」、「甄子丹」、「它」、「3」、「4」、「1961年」、「臺北市」等一稱為該語句中的「主詞」[3]，而將一個語句中可以用來謂述一或多個特定事物的剩餘部分稱為該語句的「謂詞」。因而，對於邏輯學家來說，像「王文方是位老師」和「它是隻狗」這兩個語句，我們可以簡單地將前者看作是包含了「王文方」這個主詞和「⋯⋯是位老師」這個謂詞的語句，而將後者看作是包含了「它」這個主詞和「⋯⋯是隻狗」這個謂詞的語句。對「王文方喜歡甄子丹」和「3小於4」這兩個語句來說，我們則可以將前者看作是包含了「王文方」和「甄子丹」這兩個主詞以及「⋯⋯喜歡____」這個謂詞的語句，而將後者看作是包含了「3」和「4」這兩個主詞以及「____小於⋯⋯」這個謂詞的語句。[4]至於像「王文方於1961年出生於臺

---

[2] 請讀者們注意，以下關於「主詞」和「謂詞」這兩個專門術語的說明，是根據19世紀後當代邏輯學家對這兩個術語的用法所作出的說明，這與亞里斯多德邏輯中對於這兩個術語的用法並不相同。

[3] 單一特定的事物一般又稱為「個體」（individual）。日常語言中用來談論單一特定事物的詞，除了這裡所例舉的專名（proper name，如「王文方」和「甄子丹」），以及單數代名詞（singular pronoun，如「它」、「你」和「我」）之外，還包括確定描述詞（definite description，如「英國的現任首相」和「王文方最喜歡的明星」）和指示詞（demonstrative，如「這個」和「那個」）。我們將在第十一章中說明確定描述詞的分析方式，但本書將不會討論指示詞。

[4] 事實上，當代邏輯學的創立者弗雷格認為，在分析像「王文方比王寶強高」這種多於一個主詞的語句時，我們有相當大的自由。我們可以將之分析成包含了「王文方」和「王寶強」這兩個主詞以及「____比⋯⋯高」這一個二位謂詞的語句，也可以將之分析成只包含「王文方」這個主詞以及「____比王寶強高」這個一位謂詞的語句，更可以將之分析成只包含了「王寶強」這個主詞以及「王文方比⋯⋯高」這個一位謂詞的語句。但以後我們將不會特別強調這一點。實務上，我們會將一個談論多個特定事物的簡單語句中所有談論個體的詞都當作是該語句的主詞（因而一個語句可以有多個主詞），而把剩下的部分當作是該語句的謂詞。

北市」這個語句，我們則可以將之看作是包含了「王文方」、「1961 年」和「臺北市」這三個主詞以及「……於＿＿＿出生於＿＿＿」這個謂詞的語句。簡單地說，將一個簡單語句中所有談論單一特定事物的主詞挑出來（而這樣的主詞可以有多個），剩餘的部分就可以看作是該語句的謂詞。謂詞可以根據它在文法上必須連接的主詞數量而去區分為一位謂詞、二位謂詞、……、n 位謂詞等。像「……是位老師」和「……是隻狗」這樣的謂詞，由於必須連接一個主詞才能夠形成一個合乎文法的簡單語句，所以在邏輯學中被稱為「一位謂詞」（one-place predicate）或「一元謂詞」（monadic predicate）；像「……喜歡＿＿＿」和「＿＿＿小於……」這樣的謂詞，由於必須連接兩個主詞才能夠形成一個合乎文法的簡單語句，所以在邏輯學中被稱為「二位謂詞」（two-place predicate）或「二元謂詞」（dyadic predicate）；至於像「……於＿＿＿出生於＿＿＿」這樣的謂詞，由於必須連接三個主詞才能夠形成一個合乎文法的簡單語句，在邏輯學中便被稱為「三位謂詞」（three-place predicate）或「三元謂詞」（triadic predicate）。簡單地說，對於邏輯學家來說，許多合乎文法的簡單語句都具有這樣的結構：其中包含了一個 n 位謂詞和 n 個談論特定事物的主詞。

　　謂詞除了可以和若干個主詞共同形成一個簡單的語句外，也可以和一或多個「量化詞」（quantifier），或若干個量化詞與主詞的混合，以共同形成一個複雜的語句。量化詞是任何用來談論有限多 ⑤數量的片語。例如，「……是位老師」這個一位謂詞不但可以「王文方」這個主詞結合起來，以形成「王文方是位老師」這樣的簡單語句，也可以和「至少有一個人」這個量化詞結合成「至少有一個人是位老師」這樣的語句。類似地，「……喜歡＿＿＿」這個二位謂詞不僅可以和「王文方」和「甄子丹」這兩個主詞結合起來，以形成「王文方喜歡甄子丹」這樣的語句，也可以和「所有的東西」或「至少有一個人」這樣的量化詞結合起來，形成像「王文方喜歡所有的東西」或「至少有一個人喜歡所有的東西」這樣的語句。甚至，利用前述的量化詞和謂詞以及我們已經熟悉的連接詞，我們還可以組成像「至少有一個人是位老師，而且至少有一

---

⑤ 更寬鬆地說，任何談論有限多或無限多數量的片語都可以被稱為「量化詞」；但由於量化帶等同語言 QL 中的表達式缺乏表達無限多數量的詞，因此我們將「量化詞」限制在談論有限多數量的片語。

個東西是隻狗，而且他（那個老師）喜歡它（那隻狗）」這樣複雜的語句。
日常語言中的量化詞有精確的量化詞和不精確的量化詞兩種，前者談論精確
的數量，而後者則否。精確的量化詞包括像「至少有一個東西」（at least one
thing）、「至少有兩個東西」、「最多只有一個東西」、「最多只有兩個東
西」、「剛好有一個東西」、「剛好有兩個東西」、以及「所有的東西」（all
things）、「每一個東西」（everything）、「沒有任何一個東西」（nothing）
這種談論精確數量的片語，不精確的量化詞則包括像「多數的東西」（most
things）、「少數的東西」（few things）、「許多東西」（many things）這種
談論不精確數量的片語。不精確的量化詞是較深入的邏輯書所研究的對象，本
書的介紹限於精確的量化詞。

　　量化詞有兩點值得注意之處。首先，它們的出現通常暗示了一個它們所涵
蓋的範圍或所謂的「論域」（domain），也就是它們所遍及的事物的範圍；但
這個範圍倒底有多大這件事，則是件脈絡敏感的（context-sensitive）事情，或
者說，往往隨著說話脈絡的不同而不同。有關於這一點，讀者們只要想想「所
有的學生明天都放假一天」這句話被不同的人如教育部長、校長、老師說出來
時，其中「所有的學生」所指的範圍為何這件事，就可以了解量化詞的「脈絡
敏感性」了：通常，使用該語句時，教育部長指的是全國的學生，校長指的是
全校的學生，而老師指的則只是全班的學生而已；因而，該語句所說的「所有
的學生」究竟何指，也就依說話時的人、事、時、地、物、討論的主題與預設
的信念等（攏統地稱為「脈絡」）而不同。其次，雖然量化詞與主詞（也就是
談論單一個體的詞）在文法上的表現很相似，都可以和謂詞結合起來形成完整
的語句，但這兩者在邏輯的表現上則大相逕庭，邏輯學家們因而將它們看作是
兩類非常不同的語詞。

第二節　量化（帶等同）語言（QL）

　　有了上述對於語句內部結構的認識之後，我們就可以開始介紹一個比 PL
更為複雜但非常有用的人工語言。這個人工語言有多種不同的稱呼，有時
被稱為「量化（帶等同）語言」（quantificational language〔with identity〕

或 QL），有時被稱為「初階（帶等同）語言」（first-order language〔with identity〕或 FOL），有時則被稱為「謂詞（帶等同）語言」（predicate language〔with identity〕或 PL）。為了明確及避免混淆起見，以後我們將稱之為「QL」。像 PL 一樣，QL 也是一個模擬了日常語言的某個部分的模擬語言，但 QL 所模擬的部分較 PL 所模擬者略為廣泛而複雜：除了模擬日常語言中由簡單句和真值函數式連接詞所形成的部分之外，QL 還模擬了日常語言中包含了主詞、謂詞和量化詞的部分。具體地說，QL 的基本字彙中包含了以下數類的符號：（在 QL 中，除了常元和謂詞〔等同符號除外〕不是「邏輯符號」外，其它的符號都算作是邏輯符號）：

1. 括號：「(」、「)」。
2. 真值函數式連接詞：「¬」、「∨」、「∧」、「→」、「↔」。
3. 變元（或個體變元 individual variables）：「x」、「y」、「z」、「x_1」、「y_1」、「z_1」、「x_2」、「y_2」、「z_2」、…等。
4. 常元（或個體常元 individual constants）：「a」、「b」、「c」、「a_1」、「b_1」、「c_1」、「a_2」、「b_2」、「c_2」、…等。
5. 量化符：「∀」和「∃」。
6. 一位謂詞：「F^1」、「G^1」、「H^1」、「F_1^1」、「G_1^1」、「H_1^1」、「F_2^1」、「G_2^1」、「H_2^1」、…等。
7. 二位謂詞：「=」、「F^2」、「G^2」、「H^2」、「F_1^2」、「G_1^2」、「H_1^2」、「F_2^2」、「G_2^2」、「H_2^2」、…等。
8. 三位謂詞：「F^3」、「G^3」、「H^3」、「F_1^3」、「G_1^3」、「H_1^3」、「F_2^3」、「G_2^3」、「H_2^3」、…等。
9. …
10. n 位謂詞：「F^n」、「G^n」、「H^n」、「F_1^n」、「G_1^n」、「H_1^n」、「F_2^n」、「G_2^n」、「H_2^n」、…等。

注意：(1) 在 QL 中，我們有無限多個用來模擬日常語言中單數代名詞（如「他」、「她」或「它」）的個體變元（以有或無數字下標的「x」、「y」和「z」來表示），也有無限多個用來模擬日常語言中專名（如「王文方」或「甄

子丹」）的個體常元（以有或無數字下標的「a」、「b」和「c」來表示），QL 之所以有無限多個個體變元和常元，那是為了讓 QL 表達力夠豐富起見。(2) 類似地，在 QL 中，對於任何的數字 n 來說，我們都有無限多個用來模擬日常語言中的 n 位謂詞的符號（以有或無數字下標的「F^n」、「G^n」、「H^n」去表示，其上標數字 n 表明該符號是一個 n 位謂詞，不同的下標數字（如「F^2」和「F_1^2」）則用來表示它們是不同的謂詞），而這無限多個謂詞符號的目的也是為了讓 QL 語言的表達力豐富起見。(3) 表示等同關係的「=」符號是一個特殊的二位謂詞，它不但具有特別的符號表示法，也有不同的文法規則，而這樣的特殊性部分是源自於數學的傳統，部分則是因為我們將之看作是具有邏輯重要性的「邏輯符號」的緣故。(4) 雖然日常語言中有無限多個表達精確數量的量化詞，但 QL 中只有兩個表達精確數量的符號「∀」（表示「所有的」）和「∃」（表示「至少有一個」）。這樣的稀少性部分是為了語義論上容易說明起見，但以下我們將會見到，QL 在量化符號數量上的稀少性並不會影響 QL 在談論數量方面的表達力。

讓我們稱 QL 中的任何一個（個體）變元符號或任何一個（個體）常元符號為一個「詞項」（term），直覺上，一個詞項對應於日常語言中談論特定個體的單稱代名詞或專名。有了這個名稱上的約定，QL 的文法規則就可以簡述如下了（記得，一個語言的文法規則規定了哪些符號串是合乎文法的構造式或「合式公式」（well-formed formula，縮寫為「wff」），而哪些符號串則不是）：

1. 將任何兩個詞項 t_1 和 t_2 放在等同符號「=」的兩邊，其結果（也就是「$t_1 = t_2$」）會是一個合式公式。

2. 任何一個不是等同符號的 n 位謂詞 ϕ^n 後方連續接上 n 個詞項 t_1、…、t_n，其結果（也就是「$\phi^n t_1 \cdots t_n$」）會是一個合式公式。

3. 如果 α 是一個合式公式，而 ν 是任何一個變元，那麼「¬α」、「∀να」和「∃να」（也就是在 α 之前加上「¬」或「∀ν」和「∃ν」的結果）也都會是合式公式。

4. 如果 α 和 β 都是合式公式，那麼，「(α ∧ β)」、「(α ∨ β)」、「(α → β)」和「(α ↔ β)」（也就是在 α 和 β 之間先加上一個「∧」、「∨」、

「→」或「↔」，然後將整串符號放入括弧中的結果）也都會是合式公式。

5. 沒有其它的符號串是合式公式。⑥

　　符合上述文法規則 1 或 2 的合式公式被稱為「簡單式」或「原子式」，而符合規則 3 和 4 的合式公式則被稱為「複合式」或「分子式」。注意，規則 1 和 2 中的「t_1」、「t_2」、「t_n」和「ϕ^n」、規則 3 中的「v」以及規則 3 和 4 中的希臘字母「α」和「β」都不是 QL 中的符號，它們分別是被用來表示 QL 中任意詞項、任意謂詞、任意變元和任意符號串的「後設變元」（請參考第二章中相關的說明）。另外也請注意，規則 3 並沒有要求「α 中必須出現 v 這個變元才能將「$\forall v$」或「$\exists v$」放在它的前面以形成合式公式」，因而，像「$\forall x Fa$」和「$\exists y Fx$」等都是 QL 中的合式公式。⑦最後，規則 5 指出：不符合規則 1 至 4 的符號串都不是 QL 中的合式公式。

　　任何一個形如「$\forall v$」或「$\exists v$」的符號（其中的 v 是任何一個 QL 中的變元）都被稱作是 QL 中的一個「量化詞」（quantifier），前者被稱為「全稱量化詞」（universal quantifier），如「$\forall x$」和「$\forall z_1$」，而後者則被稱為「存在量化詞」（existential quantifier）或「特稱量化詞」（particular quantifier），如「$\exists y$」和「$\exists x_5$」。被量化詞或真值函數式連接詞依據文法規則 3 和 4 所連接的合式公式（如 3 中的 α 或 4 中的 α 和 β）又被稱作是該連接詞的範圍（scope）。一個複合式中可能會有不只一個量化詞或真值函數式連接詞出現，但其中一定有一個範圍最大的量化詞或真值函數式連接詞（其範圍包含了該複合式內其它量化詞或真值函數式連接詞的範圍），而這個範圍最大的

---

⑥ 不同的邏輯教科書或網站對於 QL 中符號的寫法或文法規定不完全相同。為了讓讀者們參考方便起見，以下我們羅列一些不同邏輯教科書或網站上對簡單合式公式、全稱合式公式和存在合式公式常見的一些不同寫法：
簡單合式公式：F^1x、F^1a、$F^1(x)$、$F^1(a)$。
簡單合式公式：F^2xy、$F^2(x, y)$。
全稱合式公式：$\forall x F^1x$、$(\forall x)F^1x$、$(x)F^1x$、$\Pi x F^1x$、$\wedge x F^1x$。
存在合式公式：$\exists x Fx$、$(\exists x)Fx$、$\Sigma x Fx$、$\vee x Fx$。

⑦ 這一點或許和許多中文教科書都不太相同，但卻可以簡化我們對文法規則的說明。

量化詞或真值函數式連接詞也就被稱為是該複合式的「主要邏輯詞」（main logical word）。所有的合式公式可以根據它們是否包含量化詞或真值函數式連接詞或根據其主要邏輯詞為何而區分為以下八類：

1. 簡單公式：不包含任何量化詞或真值函數式連接詞的合式公式。
2. 複合公式：包含量化詞或真值函數式連接詞的合式公式。
   (1) 否定公式：主要邏輯詞為否定符號「¬」的合式公式。
   (2) 連言公式：主要邏輯詞為連言符號「∧」的合式公式。
   (3) 選言公式：主要邏輯詞為選言符號「∨」的合式公式。
   (4) 條件公式：主要邏輯詞為條件符號「→」的合式公式。
   (5) 雙條件公式：主要邏輯詞為雙條件符號「↔」的合式公式。
   (6) 全稱公式（universal wff）：主要邏輯詞為全稱量化詞「$\forall v$」的合式公式。
   (7) 存在公式（existential wff）：主要邏輯詞為存在量化詞「$\exists v$」的合式公式，又稱為「特稱公式」（particular wff）。

以下是一些合式公式的例子以及它們的類別。在每一個例子中，我們以**粗體**顯示該合式公式中的主要邏輯詞（如果有的話），並省略最外面的括弧（如果有的話）：

1. $G^1 c$（簡單公式）
2. $F^2 ax$（簡單公式）
3. **∃x**$G^1 x$（存在公式）
4. **∀x**$G^1_5 y$（全稱公式）[8]
5. **¬**$\exists x G^1_7 x$（否定公式）
6. **∃y**$\forall x H^2 xy$（存在公式）
7. **∀x**$\exists y H^2_4 xy$（全稱公式）

---

[8] 注意，我們之前說過的：文法規則 3 並未要求「$G^1_5 y$」中必須出現「x」這個變元才能將「∀x」加在它的前面以形成合式公式。

8. $\forall x F^1 x \rightarrow x=a$（條件公式）

9. $\forall x(F^1 x \rightarrow x=a)$（全稱公式）

10. $\neg \exists x(F_3^1 x \wedge \neg H_2^1 x)$（否定公式）

11. $\neg \exists x F_3^1 x \wedge \neg H_2^1 x$（連言公式）

12. $\forall x G_x^1 \rightarrow \exists z G_z^2$（條件公式）

13. $\forall x(G_x^1 \rightarrow \exists z G^2 zx)$（全稱公式）

14. $\forall x \neg Fxb \wedge Hy$（連言公式）

15. $\exists x Gx \vee (\forall x Gx \leftrightarrow \exists z Gz)$（選言公式）

16. $\forall x \forall y \forall z((F_3^2 xy \wedge F_3^2 yz) \rightarrow F_3^2 xz)$（全稱公式）

以下則是一些**非**合式公式的符號串的例子，我們在括弧內說明它們不是合式公式的理由：

1. $\neg F^2 a$（二位謂詞之後應該連接兩個詞項）

2. $\neg(\exists x G^1 x)$（依據文法規則2，將存在量化詞放在一個合式公式（「$G^1 x$」）之後，無須在其外面加上一對括號）

注意，在謂詞的後上方加上一個明示其位數的上標數字固然有助於我們一眼看出該謂詞的位數，並據以判斷其後所連接的詞項數目是否剛好足夠形成合式公式，但在以下的說明中，我們將不再寫下任何非合式公式，因而可以省略謂詞後方的上標數字。因此，當讀者以後讀到類似於「Gabx」這樣的符號時，只要數一數謂詞後面詞項的數目，就可以知道我們其實省略了「G^3」這個謂詞的上標數字「3」。另外，像以前一樣，我們依然省略掉整個語句最左邊和最右邊的括弧（如果有的話）；對於連續的連言和選言公式，我們也都省略掉其中的括號。

第三節　QL中的幾個重要語法概念

我們將在這一節中說明兩個和 QL 有關的重要語法概念。記得，語法概念

是那些純粹靠文法類別或符號的形狀就能夠辨識和應用的概念。但在說明之前，讓我們先區分兩個不同但容易混淆的概念：「變元」和「變元的出現」。一個變元是一種符號類型（type），而該類型的符號可以在一個合式公式中「出現」一或多次（或者說，該類型的符號可以在一個合式公式中有一或多個例子〔token〕）。比方來說，「x」是 QL 中的一個變元（類型），但它在「∀xFx → ∃xHx」中則出現了 4 次，兩次在量化詞內，兩次在謂詞後。在以下的討論中，我們將忽略在量化詞內出現的變元，而只看那些出現在謂詞後的變元。

一、變元的拘束或自由出現

　　一個變元可以在一個合式公式中的量化詞之外出現零或多次。比方來說，在「∀xGxx → H₁x」中，「x」在該公式的量化詞之外出現了 3 次，前兩次出現在「G」之後，第三次則出現在「H₁」之後。有時候，我們會說一個變元的某次出現是「拘束的」（bound），但有時候，我們則說該變元的某次出現是「自由的」（free）；但這兩者之間的區別何在呢？簡單地說，當變元 v 的某次出現是出現在某個（不排除不只一個）包含了 v 在內的量化詞（「∀v」或「∃v」）的範圍內時（注意，這個量化詞的變元必須是 v，不能是不同於 v 的變元），v 的該次出現就是拘束的（或非自由的）出現。但如果 v 的某次出現並不出現在任何一個包含了 v 在內的量化詞（「∀v」或「∃v」）的範圍內時（注意，v 的這次出現仍然可以出現在一或多個包含了不是 v 的量化詞的範圍內），v 的該次出現就是自由的（或非拘束的）出現。⑨

　　舉例來說，在「∀xGxx → H₁x」中，「x」在「G」之後的那兩次出現都位於一個包含了「x」在內的量化詞（也就是「∀x」）的範圍內（注意，在這個例子中，「∀x」的範圍是「Gxx」，而非「Gxx → H₁x」），因而「x」的那兩次出現都是拘束的出現。相對而言，「x」在「H₁」之後的那一次出現則未出現在任何一個包含了「x」的量化詞（「∀x」或「∃x」）的範圍內，因而「x」的該次出現是自由的出現。再舉一個例子，在「∀x(Hy → ∃yFx)」這樣

---

⑨ 這個分類並不適用於量化詞內變元的出現，但如果我們要延伸應用到量化詞內變元的出現，一般都將它們都當作是拘束的出現。

的合式公式中，「x」在「F」之後的出現，是位於一個包含了「x」在內的量化詞（也就是「∀x」）的範圍內（注意，在這個例子中，「∀x」的範圍是「(Hy → ∃yFx)」，而非「Hy」），因而「x」的該次出現是拘束的出現。相對而言，「y」在「H」之後的出現，則由於不在任何一個包含了「y」在內的量化詞的範圍內，因而「y」的該次出現是自由的出現。（注意，在這個例子中，雖然「y」出現在「∀x」的範圍中，但「∀x」這個量化詞內的變元並不是「y」，而是「x」；而且，雖然該合式公式內還有一個包含了「y」的量化詞「∃y」，但「y」在「H」後的那次出現並非在「∃y」的範圍內。）注意，一個變元 v 的某次出現有可能同時出現在兩個或多個包含了 v 的量化詞範圍內，舉例來說，在「∀x(∃x∀xGxx → H₁x)」中，「G」之後的連續兩次出現的「x」就同時出現在第一次出現的（最左邊）「∀x」、「∃x」和第二次出現的（最右邊）「∀x」的範圍內；當這種情形發生時，我們就說該變元 v 的該次出現是被包含了 v 的量化詞中**範圍最小的**那個量化詞所拘束。以「∀x(∃x∀xGxx → H₁x)」為例，「G」之後兩次出現的「x」都是被第二次出現的（最右邊）「∀x」所拘束。

我們說過，變元是用來模擬日常語言中單稱代名詞的符號。在日常語言中，單稱代名詞的使用應該要放在所謂的「先行詞」（antecedent）之後 [⑩]。先行詞指的是一個語句當中被一個出現在之後的代名詞所代替的詞，如「約翰很愛他的媽媽」中的「約翰」（該專名被之後的「他」所代替）和「很久以前有一個國王，他有兩個女兒」中的「有一個國王」（該量化詞被之後的「他」所代替）就是「他」這個字在這兩個語句中的先行詞。直覺上來說，當一個變元 v 在一個合法公式中的某次出現是拘束的出現時，該次的出現由於有個先行詞（「∀v」或「∃v」）拘束它的緣故，因而我們知道 v 所談論的事物為何。但當一個變元 v 在一個合法公式中的某次出現為自由的出現時，該次的出現就沒有任何先行詞去拘束它，因而 v 的指稱為何這件事就成了一件不清楚的事情。[⑪]

---

⑩ 注意，英文的「antecedent」可以指一個條件句的前件，也可以指一個代名詞的先行詞，因而是個歧義的字，但脈絡通常會告訴我們該字的意思為何。

⑪ 但在數學和電腦科學中有一個不成文的約定，將這種沒有先行詞的變元 v 都看作在合式公式前省略了全稱量化詞「∀v」的公式。我們在此忽略這個約定。

二、開放公式和語句

我們可以根據一個合式公式內「是否有任何變元在其中有過任何一次自由的出現」這件事而將合式公式分為兩類：開放合式公式（open wff）和封閉合式公式（closed wff）。開放合式公式是至少有一個變元在其中自由出現過至少一次的合式公式，封閉合式公式則是沒有任何一個變元在其中自由出現過任何一次的合式公式；換言之，封閉合式公式中任何變元的任何出現都是拘束的。封閉的合式公式又稱為「語句」（sentence）。直覺上，語句中的每個變元都有一個量化詞作為其先行詞，因而每個變元都有確定的指稱，而整個的語句也就因此有確定的真假可言。而開放的合式公式則由於其中至少存在一個變元沒有先行詞，因而有些變元沒有確定的指稱，而整個公式也就因而缺乏確定的真假可言。在這本書中，由於我們關心的只是有真假可言的語句，因而，在以下的討論中，我們將把關心的焦點放在語句之上，我們將完全忽略開放公式。⑫

以下是一些開放合式公式和語句的例子，注意，在以下的各個例子中，我們按照之前的約定，省略了每個謂詞後方上標的數字：

1. Fab（語句）
2. Fax（開放合式公式：「x」的出現是自由的）
3. x = a（開放合式公式：「x」的出現是自由的）
4. ∃x(x = a)（語句）
5. ∀x(Fx → Hx)（語句）
6. ∀xFx → Hx（開放合式公式：「x」在「H」之後的出現是自由的）
7. ∀x(Fx → Hy)（開放合式公式：「y」在「H」之後的出現是自由的）
8. ∀x∀y(Fx → Hy)（語句）
9. ∀x(Fx → ∃xHx)（語句）
10. ∀x(Fx → ∃xHy)（開放合式公式：「y」在「H」之後的出現是自由的）

---

⑫ 標準的邏輯教科書通常在語義論中（而非語法論上）將開放公式當作是省略了全稱量化詞的全稱語句。我們之所以不採取這樣的做法，主要是為了讓下一章中的語義論說明能夠更為簡單。

11.∀y∀x(Fx → ∃xHy)（語句）

第四節　QL符號的直覺涵義和各種精確量化詞

　　QL 中有真值函數式的連接詞、變元、常元、各種的 n 元謂詞（包括一個等同符號）、以及兩種量化詞等符號。我們在第二章中已經說明過這些真值函數式連接詞的意義，也在本章中指出：變元相當於日常語言中的單稱代名詞，常元相當於日常語言中的專名，而謂詞則相當於將一個簡單句中剔除了單稱代名詞和專名後所剩下的部分。對於 QL 中各種二位以上的謂詞，讓我們提醒讀者們一件事：它們之後所接的詞項的順序是非常重要的。就好像日常語句中「王文方喜歡甄子丹」在意義和真假上都可能不同於「甄子丹喜歡王文方」一樣，類似地，「Fab」（或「Fabc」）在真假和意義上也都可能不同於「Fba」（或「Facb」）。所以，當我們決定（比方說）以「a」、「b」和「F」這幾個符號分別去代表「2」、「3」和「小於」這些專名和謂詞時，表示「2 小於 3」的 QL 語句就應該寫成「Fab」，而非「Fba」。

　　我們簡略提過：QL 中的量化詞「∀ν」用來表示日常語言中的「所有的東西」一詞，而「∃ν」則用來表示「至少有一個東西」一詞，但我們也說過，日常語言中還有各式各樣表達精確數量的量化詞，如「至少有兩個東西」、「至少有三個東西」、「最多只有一個東西」、「最多只有兩個東西」、「最多只有三個東西」、「剛好有一個東西」、「剛好有兩個東西」、「剛好有三個東西」……等等。因而，一個自然產生的問題是：QL 中的量化詞數量是否太少，以至於無法用來表達日常語言中各種精確的量化詞？對這個問題的簡單答覆是：「不會；只要我們想表達的是精確的有限大數量（不論是多大）的量化語句，QL 中都有相應的語句去表達。」以下我們說明這如何可能。

　　讓我們先注意一件事：將 QL 中兩個（或多個）帶有不同變元的量化詞連續並置，如「∃x∃y(Fx ∧ Fy)」或「∃x∃y∃z(Fx ∧ Fy ∧ Fz)」，並不表達日常語言中「至少有兩個（不同的）東西是 F」或「至少有三個（不同的）東西是 F」的意思，而這是因為「∃x」、「∃y」以及「∃z」的意義就只是「至少有一個東西 x」、「至少有一個東西 y」和「至少有一個東西 z」而已，連續並置它

們並沒能表達這裡的 x 和 y 或 z 是不同的東西的意思；換言之，量化詞中不同的變元並不代表它們一定得是不同的東西不可。因而，即便我們所談論的環境中只有一個東西是 F，「∃x∃y(Fx ∧ Fy)」和「∃x∃y∃z(Fx ∧ Fy ∧ Fz)」這兩個語句仍然會是真的，因為它們不過是重複多次地說了「至少有一個東西是 F」罷了。所以，如果 QL 中只有量化詞而無其它的符號，我們將無法用 QL 的合式公式去表達日常語言中的其它精確量化詞。幸運的是，由於 QL 中還包含有「＝」和「¬」符號的緣故，所以，我們還是可以利用這些符號在 QL 中表達出所有能夠以自然數表達的精確量化詞。以下我們舉例說明這如何辦到。

　　首先，讓我們看如何在 QL 中表達「至少有 n 個東西（存在）」以及「至少有 n 個東西是 φ」這樣的日常語句（其中，φ 代表任何一個簡單的或複合的謂詞）。這裡的訣竅是：當 n ≥ 2 時，我們使用 n 個不同的變元**並斷說它們當中的任何兩個都不是同一個東西**。因而（以下我們按照數學的慣例用「$v' \neq v$」去表示「$\neg v' = v$」並省略了連續連言中的括號）：

「至少有 1 個東西存在」可以表示為：$\exists x\ x = x$

「至少有 2 個東西存在」可以表示為：$\exists x \exists y\ x \neq y$

「至少有 3 個東西存在」可以表示為：$\exists x \exists y \exists z(x \neq y \land x \neq z \land y \neq z)$

「至少有 4 個東西存在」可以表示為：$\exists x \exists y \exists z \exists x_1(x \neq y \land x \neq z \land x \neq x_1 \land$
$y \neq z \land y \neq x_1 \land z \neq x_1)$

……

「至少有 n 個東西存在」可以表示為：$\exists x_1 \exists x_2 \cdots \exists x_n(x_1 \neq x_2 \land \cdots \land x_1 \neq x_n$
$\land x_2 \neq x_3 \land \cdots \land x_2 \neq x_n \land \cdots \land x_{n-1} \neq$
$x_n)$

「至少有 1 個東西是 φ」可以表示為：$\exists x \phi x$

「至少有 2 個東西是 φ」可以表示為：$\exists x \exists y(x \neq y \land \phi x \land \phi y)$

「至少有 3 個東西是 φ」可以表示為：$\exists x \exists y \exists z(x \neq y \land x \neq z \land y \neq z \land \phi x$
$\land \phi y \land \phi z)$

「至少有 4 個東西是 φ」可以表示為：$\exists x \exists y \exists z \exists x_1(x \neq y \land x \neq z \land x \neq x_1 \land$
$y \neq z \land y \neq x_1 \land z \neq x_1 \land \phi x \land \phi y \land$
$\phi z \land \phi x_1)$

......

　　「至少有 n 個東西是 φ」可以表示為：$\exists x_1 \exists x_2 \cdots \exists x_n(x_1 \neq x_2 \wedge \cdots \wedge x_1 \neq x_n \wedge$
$x_2 \neq x_3 \wedge \cdots \wedge x_2 \neq x_n \wedge \cdots \wedge x_{n-1} \neq x_n$
$\wedge \phi x_1 \wedge \cdots \wedge \phi x_n)$

　　請注意，表達前述日常語句的 QL 語句並不是唯一的。比方來說，要表達「至少有 2 個東西存在」這個日常語句，我們不但可以使用 QL 中的「$\exists x \exists y\ x \neq y$」這個語句，也可以使用任何與「$\exists x \exists y\ x \neq y$」邏輯上等價的 QL 語句（如「$\exists z \exists x_1$ $z \neq x_1$」或「$\neg \forall x \forall y\ x=y$」；注意：與之邏輯上等價的語句有無限多個）。

　　其次，讓我們看如何在 QL 中表達「最多只有 n 個東西存在」以及「最多只有 n 個東西是 φ」這樣的日常語句。這裡的訣竅是：「最多只有 n 個東西存在」和「並非至少有 n+1 個東西存在」是邏輯上等價的，而「最多只有 n 個東西是 φ」和「並非至少有 n+1 個東西是 φ」也是邏輯等價的；因而：

　　「最多只有 1 個東西存在」可以表示為：$\neg \exists x \exists y\ x \neq y$

　　「最多只有 2 個東西存在」可以表示為：$\neg \exists x \exists y \exists z(x \neq y \wedge x \neq z \wedge y \neq z)$

　　「最多只有 3 個東西存在」可以表示為：$\neg \exists x \exists y \exists z \exists x_1(x \neq y \wedge x \neq z \wedge x \neq$
$x_1 \wedge y \neq z \wedge y \neq x_1 \wedge z \neq x_1)$

......

　　「最多只有 n 個東西存在」可以表示為：$\neg \exists x_1 \exists x_2 \cdots \exists x_{n+1}(x_1 \neq x_2 \wedge \cdots \wedge x_1 \neq$
$x_{n+1} \wedge x_2 \neq x_3 \wedge \cdots \wedge x_2 \neq x_{n+1} \wedge \cdots$
$\wedge x_n \neq x_{n+1})$

　　「最多只有 1 個東西是 φ」可以表示為：$\neg \exists x \exists y(x \neq y \wedge \phi x \wedge \phi y)$

　　「最多只有 2 個東西是 φ」可以表示為：$\neg \exists x \exists y \exists z(x \neq y \wedge x \neq z \wedge y \neq z \wedge$
$\phi x \wedge \phi y \wedge \phi z)$

　　「最多只有 3 個東西是 φ」可以表示為：$\neg \exists x \exists y \exists z \exists x_1(x\ y \wedge x \neq z \wedge x\ x_1 \wedge$
$y \neq z \wedge y \neq x_1 \wedge z \neq x_1 \wedge \phi x \wedge \phi y \wedge$
$\phi z \wedge \phi x_1)$

......

「最多只有 n 個東西是 φ」可以表示為：$\neg \exists x_1 \exists x_2 \cdots \exists x_{n+1}(x_1 \neq x_2 \wedge \cdots \; x_1 \neq$
$$x_{n+1} \wedge x_2 \neq x_3 \wedge \cdots \wedge x_2 \neq x_{n+1} \wedge \cdots$$
$$\wedge \; x_n \neq x_{n+1} \wedge \phi x_1 \wedge \cdots \wedge \phi x_{n+1})$$

上述在 QL 中表達「最多只有 n 個東西存在」和「最多只有 n 個東西是 φ」的方式仍然不是唯一的。比方來說，以下這些 QL 中的語句也都可以用來表示相同的日常語句（這裡的訣竅是：對於任何的 n，我們使用 n+1 個變元並斷說它們當中至少有兩個是同一個東西）：

「最多只有 1 個東西存在」可以表示為：$\forall x \forall y \; x = y$

「最多只有 2 個東西存在」可以表示為：$\forall x \forall y \forall z(x = y \vee x = z \vee y = z)$

「最多只有 3 個東西存在」可以表示為：$\forall x \forall y \forall z \forall x_1(x = y \vee x = z \vee x =$
$$x_1 \vee y = z \vee y = x_1 \vee z = x_1)$$

……

「最多只有 n 個東西存在」可以表示為：$\forall x_1 \forall x_2 \cdots \forall x_{n+1}(x_1 = x_2 \vee \cdots \vee x_1$
$$= x_{n+1} \vee x_2 = x_3 \vee \cdots \vee x_2 = x_{n+1} \vee$$
$$\cdots \vee x_n = x_{n+1})$$

「最多只有 1 個東西是 φ」可以表示為：$\forall x \forall y((\phi x \wedge \phi y) \rightarrow x = y))$

「最多只有 2 個東西是 φ」可以表示為：$\forall x \forall y \forall z((\phi x \wedge \phi y \wedge \phi z) \rightarrow (x = y$
$$\vee y = z \vee x = z))$$

「最多只有 3 個東西是 φ」可以表示為：$\forall x \forall y \forall z \forall x_1((\phi x \wedge \phi y \wedge \phi z \wedge \phi x_1)$
$$\rightarrow (x = y \vee x = z \vee x = x_1 \vee y = z$$
$$\vee y = x_1 \vee z = x_1))$$

……

「至少有 n 個東西是 φ」可以表示為：$\forall x_1 \forall x_2 \cdots \forall x_{n+1}((\phi x_1 \wedge \cdots \wedge \phi x_{n+1})$
$$\rightarrow (x_1 = x_2 \vee \cdots \vee x_1 = x_{n+1} \vee x_2 = x_3$$
$$\vee \cdots \vee x_2 = x_{n+1} \vee \cdots \vee x_n = x_{n+1}))$$

最後，讓我們看如何在 QL 中表達「剛好有 n 個東西存在」以及「剛好有 n 個東西是 φ」這樣的日常語句。這裡的訣竅是：「剛好有 n 個東西存在」和

「至少有 n 個東西存在而且最多也只有 n 個東西存在」在邏輯上是等價的，而「剛好有 n 個東西是 φ」和「至少有 n 個東西是 φ 而且最多也只有 n 個東西是 φ」也在邏輯上是等價的；因而：

「剛好有 1 個東西存在」可以表示為：$\exists x\ x = x \wedge \forall x \forall y\ x = y$

「剛好有 2 個東西存在」可以表示為：$\exists x \exists y\ x \neq y \wedge \forall x \forall y \forall z (x = y \vee x = z \vee y = z)$

……

「剛好有 n 個東西存在」可以表示為：$\exists x_1 \exists x_2 \cdots \exists x_n (x_1 \neq x_2 \wedge \cdots \wedge x_{n-1} = x_n) \wedge \forall x_1 \forall x_2 \cdots \forall x_{n+1}(x_1 = x_2 \vee \cdots \vee x_1 = x_{n+1} \vee x_2 = x_3 \vee \cdots \vee x_2 = x_{n+1} \vee \cdots \vee x_n = x_{n+1})$

「剛好有 1 個東西是 φ」可以表示為：$\exists x \phi x \wedge \forall x \forall y ((\phi x \wedge \phi y) \rightarrow x = y))$

「剛好有 2 個東西是 φ」可以表示為：$\exists x \exists y (x \neq y \wedge \phi x \wedge \phi y) \wedge \forall x \forall y \forall z ((\phi x \wedge \phi y \wedge \phi z) \rightarrow (x = y \vee y = z \vee x = z))$

……

「剛好有 n 個東西是 φ」可以表示為：$\exists x_1 \exists x_2 \cdots \exists x_n (x_1 \neq x_2 \wedge \cdots \wedge x_{n-1} \neq x_n \wedge \phi x_1 \wedge \cdots \wedge \phi x_n) \wedge \forall x_1 \forall x_2 \cdots \forall x_{n+1}((\phi x_1 \wedge \cdots \wedge \phi x_{n+1}) \rightarrow (x_1 = x_2 \vee \cdots \vee x_1 = x_{n+1} \vee x_2 = x_3 \vee \cdots \vee x_2 = x_{n+1} \vee \cdots \vee x_n = x_{n+1}))$

　　類似地，上述在 QL 中表達「剛好有 n 個東西存在」和「剛好有 n 個東西是 φ」的方式仍然不是唯一的；以下這些邏輯上等價的語句可能會更簡短些（讀者們可以自行利用下一章將學到的 QL 語義論，或第八章將學到的 QL 語義樹枝法，或第九章將學到的 QL 自然演繹法去證明它們和前一組語句是邏輯上等價的）：

　　「剛好有 1 個東西存在」可以表示為：$\exists x \forall y\ y = x$

「剛好有 2 個東西存在」可以表示為：$\exists x \exists y (x \neq y \wedge \forall z(z = x \vee z = y))$

……

「剛好有 n 個東西存在」可以表示為：$\exists x_1 \exists x_2 \cdots \exists x_n (x_1 \neq x_2 \wedge \cdots \wedge x_{n-1} \neq x_n$

$\wedge \ \forall x_{n+1}(x_{n+1} = x_1 \vee x_{n+1} = x_2 \vee \cdots \vee$

$x_{n+1} = x_n))$

「剛好有 1 個東西是 ϕ」可以表示為：$\exists x(\phi x \wedge \forall y(\phi y \rightarrow y = x))$

「剛好有 2 個東西是 ϕ」可以表示為：$\exists x \exists y(x \neq y \wedge \phi x \wedge \phi y \wedge \forall z(\phi z \rightarrow (z$

$= x \vee z = y)))$

……

「剛好有 n 個東西是 ϕ」可以表示為：$\exists x_1 x_2 \cdots x_n \ (x_1 \neq x_2 \wedge \cdots \wedge x_{n-1} \neq x_n \wedge$

$\phi x_1 \wedge \cdots \wedge \phi x_n \wedge \forall x_{n+1}(\phi x_{n+1} \rightarrow (x_{n+1}$

$= x_1 \vee \cdots \vee x_{n+1} = x_n)))$

第五節　自然語言的形式化

我們在第二章第三節中提示了一些將日常語言（的一部分）形式化為 PL 語句時應該注意的事情，我們將在這一節中繼續說明將日常語言（的一部分）形式化為 QL 語句時應該注意的事情。

首先，由於量化詞是脈絡敏感的詞，因而在將自然語言的語句改寫為 QL 語句時，除了必須提供所謂的「對照詞」（formalization key）之外，通常還會具體地指明隱含的論域為何。但如果形式化時沒有具體指明隱含的論域，該論域一般就被假設為這個世界中所有的東西（包括占據時空的具體事物和不占據時空的抽象事物）所形成的集合。[13]以下我們先以亞里斯多德邏輯所關心的四種語句的形式化作為例子，希望讀者們能從其中看出如何將日常語言的語句轉換成 QL 語句的作法（在以下四個形式化的語句中，變元的選擇可以是任意的；而且，量化詞的論域是隱含的，而「ϕ」和「ψ」則代表任意兩個一位謂

---

[13] 在當代集合論中，由於數量太大，所有的東西因而不可能形成一個集合（set）。但我們將忽略這個當代集合論的限制。

詞）：⑭

A（全稱肯定）「所有的 φ 都是 ψ」：「∀x(φx → ψx)」或「¬∃y(φy ∧ ¬ψy)」。⑮

E（全稱否定）「沒有任何 φ 是 ψ」：「∀z(φz → ¬ψz)」或「¬∃x(φx ∧ ψx)」。

I（特稱肯定）「至少有一個 φ 是 ψ」：「∃x(φx ∧ ψx)」或「¬∀y(φy → ¬ψy)」。

O（特稱否定）「至少有一個 φ 不是 ψ」：「∃z(φz ∧ ¬ψz)」或「¬∀x(φz → ψz)」。

　　以下則是一些具體指明了論域和對照詞的例子，其中，論域為所有的動物，「Fx」代表「x 是隻鱷魚」，「Gx」代表「x 是隻猴子」，「Hx」代表「x 是個爬蟲類」，「F₁x」代表「x 住在動物園」，「a」代表「阿花」，「b」代表「巴頓」而「c」則代表「西西」：

「阿花、巴頓和西西都住在動物園」：「$F_1a \land F_1b \land F_1c$」。

「巴頓是個爬蟲類但不是鱷魚」：「$Hb \land \neg Fb$」。

「至少有一個爬蟲類住在動物園」：「$\exists x(Hx \land F_1x)$」。（I 類語句）

「每隻鱷魚都是爬蟲類」：「$\forall x(Fx \to Hx)$」。（A 類語句）

「沒有猴子是爬蟲類」：「$\forall x(Gx \to \neg Hx)$」。（E 類語句）

「住在動物園裡的動物都是猴子或鱷魚」：「$\forall y(F_1y \to (Fy \lor Gy))$」。

---

⑭ 亞里斯多德邏輯所關心的論證或推論有兩類，第一類是以下 A、E、I、O 四種語句（都是只有一位謂詞在內的語句）間的互相推論（又稱為「直接推論」），第二類是由 A、E、I、O 四種語句中的兩個語句推論到另一個（A、E、I 或 O）語句的三段論（syllogism）。從現代邏輯的角度來看，亞氏邏輯只是本書第六至第八章所介紹的「謂詞邏輯」的一個子部分罷了（儘管有些預設並不相同，如全稱量詞的存在預設），因而我們在本書中並不特別加以介紹。

⑮ 「只有 φ 是 ψ」則可以被形式化為「∀x(ψx → φx)」或「∀x(¬φx → ¬ψx)」或「¬∃y(ψy ∧ ¬φx)」。

「有些爬蟲類不是鱷魚」：「$\exists x(Hx \wedge \neg Fx)$」。（O 類語句）

「如果有任何動物是爬蟲類，阿花是一個」：

「$\forall x(Hx \rightarrow Ha)$」或「$\exists xHx \rightarrow Ha$」。[16]

「任何是鱷魚的動物都是爬蟲類」：「$\forall z(Fz \rightarrow Hz)$」。（A 類語句）

以下的例子則例示了如何翻譯自然語言中涉及二位謂詞的語句，其中，論域為所有的人和所有的狗所形成的集合，「H_1x」代表「x 是人」，「Hx」代表「x 是隻狗」，「Fxy」代表「x 是 y 的朋友」，「Gxy」代表「x 擁有 y」而「b」則代表「鮑伯」：

「鮑伯是個有狗的人」：「$H_1b \wedge \exists x(Hx \wedge Gbx)$」。

「有些人是有狗的人」：「$\exists y \exists x(H_1y \wedge Hx \wedge Gyx)$」。

「鮑伯的所有朋友都是有狗的人」：

「$\forall x(Fxb \rightarrow (H_1x \wedge \exists y(Hy \wedge Gxy)))$」。

「每一個有狗的人都是某一個有狗的人的朋友」：

「$\forall x((H_1x \wedge \exists y(Hy \wedge Gxy)) \rightarrow \exists z(H_1z \wedge Fxz \wedge \exists x_1(Hx_1 \wedge Gzx_1)))$」。

「每一個有狗的人的每一個朋友都擁有某一個朋友的至少一隻狗」：

「$\forall x \forall y((H_1x \wedge H_1y \wedge \exists z(Hz \wedge Gxz) \wedge Fyx) \rightarrow \exists x_1((Hx_1 \wedge Gyx_1) \wedge \exists y_1(H_1y_1 \wedge Fy_1y \wedge Gy_1x_1)))$」。

值得注意的是，在以上兩組例子的對照詞中，我們使用不同變元（如 Fxy：「x 是 y 的朋友」）的目的只是為了強調謂詞的位數和順序，並不代表該謂詞之後一定得放入不同的詞項。比方來說，「鮑伯是鮑伯的朋友」便是一個中文中合乎文法的語句（儘管通常我們不會這樣說），而「Fbb」也是 QL 中的一個合式公式，因而後者適合用來翻譯前者。同樣值得注意的是，同一個語句可以使用不同的對照詞組去加以形式化。比方來說，英文語句「John gives Moco to Mary」既可以用「Fxyz: x gives y to z; a: John; b: Moco; c:

---

[16] 讀者可以利用我們在下三章中所教的方法去證明這兩個 QL 語句是邏輯上等價的。

Mary」這樣的對照詞組而將之改寫為「Fabc」，也可以用「Fxyz: x gives y z; a: John; b: Moco; c: Mary」這樣的對照詞組而將之改寫為「Facb」，所以，翻譯時具體地說明對照詞是一件重要的事情。

最後，形式化過程中有一件一定要注意的事情是：自然語言中經常出現語法與語義歧義的現象（有關於這兩者的說明，請參考第一章最後一節），因而形式化時一定要先確定脈絡中的語義。有關於語法歧義出現的一種典型情況是語句中同時包含了一個全稱量化詞和一個存在量化詞的時候，如中文的「所有的男人都愛某個女人」或英文的「Every male loves some female」。這兩個語句在使用時經常是歧義的，可以被歧義地解讀為以下兩者之一（以下，論域為所有的人所形成的集合，「Fx」代表「x 是個男人」，「Gx」代表「x 是個女人」，而「Hxy」代表「x 愛 y」）：

1. $\forall x(Fx \rightarrow \exists y(Gy \wedge Hxy))$
2. $\exists x(Gx \wedge \forall y(Fy \rightarrow Hyx))$

前者允許不同的男人愛不同的女人，但後者斷說了每一個男人都愛至少一個相同的女人。由於這兩個語句可能會有（而且實際上的確有）不同的真假，因而它們並非邏輯上等價的不同翻譯方式。語法歧義出現的另一種典型情況是語句中同時包含了一個全稱量化詞和一個否定詞時，如英文中的「Everything that glitter is not gold」。這個語句在使用時經常是歧義的，可以被歧義地解讀為以下兩者之一（以下，論域為所有的東西所形成的集合，「Fx」代表「x 會發亮（glitters）」而「Gx」代表「x 是黃金（is gold）」）：

1. $\neg\forall x(Fx \rightarrow Gx)$
2. $\forall x(Fx \rightarrow \neg Gx)$

前者斷說有些會發亮的東西不是黃金（或者，並非所有會發亮的東西都是黃金）而後者斷說每一個會發亮的東西都不是黃金。同樣地，由於這兩個語句可能會有（而且實際上的確有）不同的真假，因而它們並非邏輯上等價的不同翻譯方式。

　　最後，讓我們看一些語義歧義的例子。自然語言中的許多謂詞（如「是很老練的」、「是好的」、「是壞的」、「是大的」、「是小的」等）是脈絡敏感的詞，它們的意義往往隨著其後所接的名詞或出現的脈絡而異，因而它們在不同脈絡中的出現應該被翻譯為不同的謂詞。[17]要看出歧義詞如何干擾我們對論證的評估，讓我們考慮一下以下這個論證：「Dumbo 是個小象，但 Dumbo 是動物。所以，Dumbo 是個小動物。」直覺上，這是個無效的論證，因為：它的前提實際上都為真但結論卻不然。然而，如果你採取形式化的方法去評估該論證，但沒有注意到「小」這個字在其中的歧義性，並因而採取以下的論域和對照詞去形式化該論證（其中，論域是所有的動物所形成的集合，「a」代表「Dumbo」，「Fx」代表「x 是小的」，「Gx」代表「x 是頭象」，而「Hx」代表「x 是動物」）：

$$Fa \land Ga \land Ha / \therefore Fa \land Ha$$

那麼，你就會把一個在直覺上為演繹無效的論證形式化成為了一個演繹上有效的論證（讀者可以利用以下三章的說明去證明上面這個 QL 論證是有效的）。對該論證來說，一個注意到其中語義歧義的較好形式化作法是採取以下的論域對照詞：其中，論域是所有的動物所形成的集合，「a」代表「Dumbo」，「F_1x」代表「x 是小象」，而「F_2x」代表「x 是小動物」，並將之形式化為以下這個無效的論證：

$$F_1a \land Ha / \therefore F_2a$$

讀者們可以利用以下幾章的說明去證明上面這個 QL 論證是無效的。

---

[17] 它們同時也都是含混的或模糊的，但我們暫時忽略這一點。

一、試根據以下各合式公式中所包含的（如果有的話）主要邏輯詞，而將它們做適當的
分類：

1. Fx

2. Gab

3. y = b

4. ¬∀x(Fy → Hx)

5. ¬∃x(Fx ∧ ¬Hy)

6. ¬∀xFx → Hx

7. ∀xGx → ∃zGz

8. ∃y∀xHxy

9. ∃z(∀xHxy ∧ ¬Hz)

10. ∀xHxa

11. ∀x(Gx → ∃zGzx)

12. ¬∃xFx ∧ ¬∀yHy

13. ∀x¬Fxb ∧ Hy

14. ∃xGx ∨ (∀xGx ↔ ∃zGz)

15. ∃xGx ∨ Hx

16. ∀xGx ↔ (Ga ∧ Fx)

17. ∀xGx ↔ (Ga ∧ Fb)

二、試根據是否有任何變元的任意一次出現是自由的，而將第一大題中的 17 個合式公
式區分為語句或開放合式公式。

三、試將以下各日常語言的語句形式化為 QL 中的語句，其中，論域為所有的動物，
「Fx」代表「x 是隻狗」，「Gx」代表「x 愛啃骨頭」，「Hxy」代表「x 的個子
比 y 大」，「a」代表「阿蓮」，「b」代表「巴巴」而「c」則代表「倩倩」

1. 巴巴是一隻愛啃骨頭的狗。

2. 巴巴、阿蓮和倩倩都是狗。

3. 倩倩的個子比巴巴大，而阿蓮的個子比倩倩大。

4. 所有的狗都愛啃骨頭。

5. 剛好只有三隻狗。

6. 只有狗才愛啃骨頭。

7. 至少有一隻狗的個子比倩倩大。

8. 最多只有一隻狗的個子比倩倩大。

9. 剛好有一隻狗的個子比倩倩大。

10. 如果至少有隻狗的個子比阿蓮大，那麼，就會至少有隻狗的個子比倩倩大。

11. 沒有任何喜歡啃骨頭的動物會比倩倩的個子大。

12. 沒有任何狗的個子會比阿蓮大。

13. 所有不愛啃骨頭的動物都比巴巴的個子大。

14. 至少有一隻動物的個子介於巴巴和倩倩之間。

15. 沒有任何狗的個子會介於巴巴和倩倩之間。

16. 沒有任何狗的個子比自己大。

17. 每一隻狗的個子都比某隻狗大。

18. 至少有一隻動物的個子比所有的狗小。

19. 任何一隻個子比所有的狗大的動物都不愛啃骨頭。

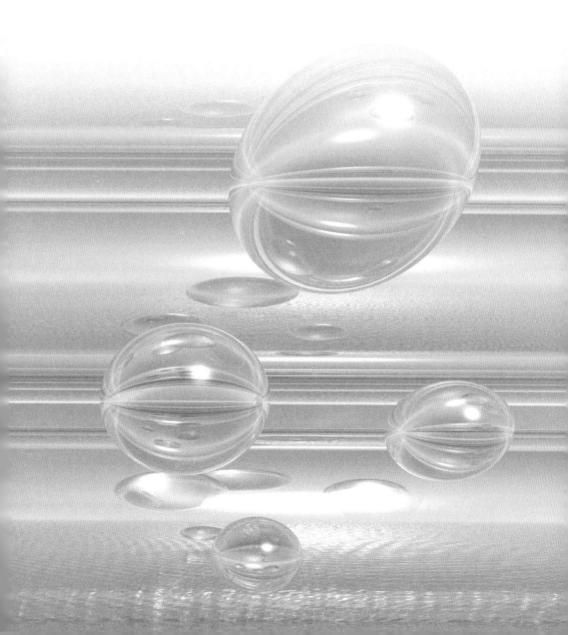

Chapter **7**

QL 的語義論方法

第一節　QL語義模型

　　我們在第三章第二節中說明過 PL 的語義模型，我們將在這一章中說明 QL 的語義模型。這一節和下一節中的說明將較為抽象，有抽象恐懼症的讀者可以跳過這兩節繼續閱讀下一章。

　　基本上，一個語言的語義模型包含兩個部分：對非邏輯符號的賦值和對邏輯符號意義的說明。一個語義模型首先要做的事情是對語言中的非邏輯符號（如 PL 中的簡單語句）給出一定的語義值，不同的語義模型對於同一個語言中的同一組非邏輯符號會給出不盡相同的語義值；有了對非邏輯符號的賦值之後，一個語義模型要做的第二件事情便是對邏輯符號的意義作出一定的說明，這樣的說明通常透過如第三章第二節中的 $(R_\neg)$、$(R_\wedge)$ 等規則來進行，而這些規則並不會隨著模型的不同而不同。在 PL 中，非邏輯符號由簡單句「P」、「Q」、「R」、「P_1」、「Q_1」、「R_1」……所構成，因而一個 PL 的模型 v 也就只是任意一個對所有簡單句賦予一定真假值（0 或 1）的函數 v。直覺上，一個 PL 模型 v 賦予 PL 中每一個簡單句一個任意的真假值，而複合句在模型 v 當中的真假值，則由複合句中的簡單句在 v 中的真假值和與連接詞有關的意義規則來決定。

　　由於 PL 是一個相對簡單的語言，其語義模型也就相對十分簡單。但從前一章中對 QL 的說明，讀者們應該很容易看出 QL 比 PL 來得複雜許多：QL 中的邏輯符號不僅包括了各種的真值函數式連接詞，還包括兩種帶變元的量化詞和一個等同符號，而 QL 中的非邏輯符號則包括了無窮多個常元和各式各樣的 n 位謂詞。對 QL 的語義說明因而也就得包括對這兩個部分（邏輯符號和非邏輯符號）的說明。

　　為了說明上簡單起見，讓我們先說明幾個特殊符號的意思。首先，對於任意一個集合 D，我們除了將會把它的名稱寫成「D」之外，也會寫成「D^1」。當 S 是 D 的任意一個子集合時，我們將把這個事實寫成「$S \subseteq D$」或「$S \subseteq D^1$」。其次，讓我們將任意兩個（不必然不同）具有先後順序的事物的組合（如 d_1 和 d_2）稱為一個「序對」（ordered pair），符號上表示為「$<d_1, d_2>$」，並將任意 n 個（不必然不同）具有先後順序的事物的組合（如 $d_1 \cdots d_n$）稱為一個「n 位有序序列」（ordered n-tuple），符號上表示為「$<d_1, \cdots,$

$d_n>$」。從定義上來看，一個序對不過是一個 n=2 的二位有序序列，因而以下我們將只談序列。注意，序列中可以有重複出現的事物，而事物（不論重複與否）在其中出現的順序是非常重要的，出現順序不同但組成事物相同的序列仍然是不同的序列。比方來說，<王文方, 甄子丹> ≠ <甄子丹, 王文方>，而 <王文方, 甄子丹, 王文方> 也不等於 <甄子丹, 王文方, 王文方>。最後，我們將 D 中所有可能的二位有序序列（其中的事物不必然是不同的兩個事物）所形成的集合寫成「D^2」，而當 S 是 D^2 的任意一個子集合時，我們將這個事實寫成「$S \subseteq D^2$」。類似地，我們將 D 中所有可能的 n 位有序序列（其中的事物不必然是不同的事物）所形成的集合寫成「D^n」，而當 S 是 D^n 的任意一個子集合時，我們則將這個事實寫成「$S \subseteq D^n$」。舉例來說，如果 $D = D^1 = \{$ 王文方, 甄子丹 $\}$，則 $D^2 = \{<$王文方, 王文方$>, <$王文方, 甄子丹$>, <$甄子丹, 王文方$>, <$甄子丹, 甄子丹$>\}$ 而 $D^3 = \{<$王文方, 王文方, 王文方$>, <$王文方, 王文方, 甄子丹$>, <$王文方, 甄子丹, 王文方$>, <$甄子丹, 王文方, 王文方$>, <$王文方, 甄子丹, 甄子丹$>, <$甄子丹, 王文方, 甄子丹$>, <$甄子丹, 甄子丹, 王文方$>, <$甄子丹, 甄子丹, 甄子丹$>\}$。一般而言，如果 $D = D^1$ 中有 n 個事物的話，那麼，D^n 中就會有 2^n 個 n 位有序序列。

有了這些特殊符號的說明之後，我們就可以開始說明 QL 的語義模型了。在說明之前，讓我們還是再提醒一件我們在第六章第一節中已經說明過的事情：諸如「每一個」和「至少有一個」這樣的量化詞，在使用上通常暗示了一個這些詞所涵蓋的範圍或「論域」，也就是它們所遍及的事物的範圍；而這個範圍到底有多大這件事，則往往隨著說話的脈絡而改變。因此，為了要對 QL 中的量化詞給出一個明確的語義說明，一個模型將不只需要說明常元和謂詞的語義值為何，還需要說明這個隱含的範圍或論域為何。

為此，我們說，一個 QL 的語義模型 M 是由任意一對滿足了以下條件的 D_M（論域）和 v_M（解釋函數）所構成的序對，符號上寫作「$M = <D_M, v_M>$」：(1) D_M 是由至少一個事物所構成的任意非空集合（換言之，$D_M \neq \varnothing$）；(2) 對於 QL 中的每一個常元來說，v_M 都以 D_M 中的某個事物來作為它的語義值（換

言之，對於每一個 QL 中的常元 $\mathbf{c}$[①]，$v_M(\mathbf{c}) \in D_M$）；(3) 對於 QL 中的每一個 n 位謂詞 ϕ^n 來說，v 都以 $D_M{}^n$ 中的某個子集來作為它的語義值（換言之，對於每一個 QL 中的 n 位謂詞 ϕ^n，$v_M(\phi^n) \subseteq D_M{}^n$）。任意一對滿足了上述三條件的序對 D_M 和 v_M 都是 QL 的一個模型。（為了表示上簡潔起見，以下在表示模型 M 的這兩個部分時，我們將不加上下標而分別寫成「D」和「v」。不過，如果我們一次談論兩個或多個模型 M、M' 等時，為了清楚區分這兩個模型的論域和解釋函數，我們則還是會加上下標，如 M = <D_M, v_M> 和 M' = <$D_{M'}$, $v_{M'}$>。）

　　直覺上，一個模型 M 中的論域 D 說明了 QL 中的存在量化詞和全稱量化詞所遍及（range over）的範圍並因而指定了這些量化詞的意義，而一個**解釋函數 v 則說明了 QL 中每一個常元的指稱（reference）和每一個謂詞的外延（extension）**。在本書所教的經典邏輯中，論域的範圍內至少要有一個事物，此外並無任何限制可言。[②]因此，一個模型的論域可以包含任意有限多個事物；比方說，它可以是由所有的原子所形成的集合（此時，每個全稱量化詞的意義被解釋為「每一個原子」，而存在量化詞的意義則被解釋為「至少一個原子」），也可以是由所有的生物所形成的集合（此時，每個全稱量化詞的意義被解釋為「每一個生物」，而存在量化詞的意義則被解釋為「至少一個生物」；以下以此類推）。一個模型的論域甚至可以包含任意無限多個事物；比方說，它可以是由所有的自然數所形成的集合，也可以是由所有的實數所形成的集合等。單從論域大小的任意性來看，我們知道 QL 有無窮多個模型，而其模型論域的大小也可以是任意有限或無限的大小。

　　直覺上，一個常元 $\mathbf{c}$ 在一個模型中的指稱，也就是該常元在該模型中所命名的事物。當我們說「v 說明了 QL 中每一個常元的指稱」時，我們其實是在對模型 v 說明常元的方式做出了以下的三點規定：(i) 每一個常元所命名的

---

① 注意，這裡的符號「$\mathbf{c}$」是一個我們在前一章第二節中所謂的「後設變元」，用來代表 QL 中的任意一個常元。為了避免和 QL 中的常元「c」相混淆，我們以粗體顯示這個後設變元。

② 但有些非經典的邏輯，如免於存在預設的邏輯（free logic），則允許一個模型可以有空的論域。

事物都必須是論域中的一個事物（直覺上，「$v(\mathbf{c}) \in D$」說的是：$\mathbf{c}$ 這個常元的指稱必須是 D 中的某個事物）；(ii) 每一個常元都必須指稱論域中的某個事物；換言之，不可以存在任何的常元是沒有指稱的常元（這個規定隱含在「v 說明了 QL 中**每一個常元**的指稱」一語中）。這一點十分不同於自然語言，因為自然語言中包含了許多像「福爾摩斯」或「盤古」這種不命名任何事物的空名（empty name）；(iii) 儘管不同的常元可以是同一個事物的專名（比方來說，如果 D = { 王文方 , 甄子丹 }，那麼，由於前述的規定 (ii) 和 QL 中為數眾多的常元的緣故，v 就必須讓 QL 中的許多常元共同指稱王文方，或共同指稱甄子丹 ③ ），但每一個常元最多只能是論域中一個事物的名稱。換言之，一個常元不能是多個事物共享的名稱（這個規定隱含在 v 是一個「函數」的規定中），而這一點也十分不同於自然語言中的專名，因為自然語言中有許多的專名是不同的人或物共享的專名。在這三點的規定下，一個模型中的一些事物有可能會沒有任何專名去指稱它 ④，但絕對不會有任何的專名會缺乏指稱。

　　直覺上，一個一位謂詞在一個模型中的外延，也就是該謂詞在該模型中所適用的那些事物的集合，而一個 n 位謂詞在一個模型中的外延，也就是該 n 位謂詞在該模型中所適用的那些 n 位有序序列的集合。當我們說「v 說明了 QL 中每一個謂詞的外延」時，我們其實也對於 v 賦予謂詞外延的方式做出了以下的三點規定：(i) 每個一位謂詞的外延必須是 D 的一個子集合（「$v(\phi^1) \subseteq D^1$」說的是：ϕ^1 這個一位謂詞的外延必須是 D 的某個子集合；注意，空集合也是 D 的一個子集合）；(ii) 每個 n 位謂詞的外延必須是 D^n 的一個子集合（「$v(\phi^n) \subseteq D^n$」說的是：ϕ^n 這個 n 位謂詞的外延必須是 D^n 的某個子集合；注意，空集合也是 D^n 的一個子集合）；換言之，每個 n 位謂詞的外延必須是由零或多個 n 位有序的序列所構成的集合；(iii) 每個謂詞都必須有一個精確的外延：每個

---

③ 這一點與理論 AI 中所謂的「資料庫語義論」（database semantics）的規定不同。在 AI 中所謂的「資料庫語義論」中，不同的專名必須命名論域中不同的事物。相關的說明請參考本書第十四章。

④ 這一點也與理論 AI 中所謂的「資料庫語義論」的規定不同。在 AI 中所謂的「資料庫語義論」中，論域中不可以有沒有專名命名的事物。相關的說明請參考本書第十四章。

事物或每個由事物所形成的有序序列要嘛屬於一個謂詞的外延，要嘛不屬於。這一點十分不同於自然語言中像「是一個禿頭」或「是高個子」這樣的模糊謂詞（vague predicate）；對日常語言的模糊謂詞來說（比方說，「是禿頭」），我們經常可以發現一些不容易（甚至不可能）斷定它是否屬於該謂詞外延的例子。

　　在繼續說明之前，讓我們先說明一個重要的概念：替代例（substitutional instance）。如果你將一個量化語句（也就是任何一個全稱語句「$\forall v\ \alpha$」或特稱語句「$\exists v\ \alpha$」，其中的 α 是一個簡單或任意複雜的合式公式）中範圍最大的量化詞「$\forall v$」或「$\exists v$」去除，並將 α 中原本被該量化詞拘束（如果有的話）、但因為去除該量化詞而變成自由出現的變元 v「統一替換為」某個常元 **c**，那麼，這樣替換後所得到的語句（符號上表示為「$\alpha[\mathbf{c}/v]$」）就稱為原來量化語句的一個替代例。但如果你去除一個量化語句中範圍最大的量化詞後，並沒有任何變元 v 是原本被該量化詞拘束、但卻因為去除量化詞而變成自由出現，那麼，去除量化詞後的 α 就是原來量化語句的一個替代例。舉例來說，「Fa → Gaa」就是「$\forall y$(Fy → Gyy)」的一個替代例。一個語句可以是多個量化語句的替代例，舉例來說，「Fa → Gaa」就是「$\forall y$(Fy → Gyy)」、「$\forall y$(Fy → Gay)」、「$\forall y$(Fa → Gyy)」、「$\forall y$(Fa → Gay)」、「$\exists x$(Fx → Gxx)」、「$\exists x$(Fa → Gxx)」以及「$\forall y$(Fa → Gaa)」的一個共同替代例。

　　最後，讓我們說明一個介於兩個 QL 語義模型 M 和 M' 之間的關係。給我們任意兩個（不必然是不同的）QL 的語義模型 M = <D_M, v_M> 和 M' = <$D_{M'}$, $v_{M'}$>，如果我們發現 (i) 它們的論域相同（$D_M = D_{M'}$），而且 (ii) 它們的解釋函數 v_M 和 $v_{M'}$ 之間除了在某個特定常元 **c** 的解釋上「可能」（但不需要）不同之外，其餘都相同，那麼，我們就稱後者是前者的一個「**c**- 變化」（c-variant，我們也可以說前者是後者的一個「**c**- 變化」，因為「……是……的一個 **c**- 變化」關係是一個對稱的關係）。以這個定義來說，任何的模型對於任何的變元 **c** 來說都是自己的一個 **c**- 變化（因為，對於任何一個模型 M 和它自己來說，(i) 它們的論域一定相同，而且 (ii) 它們對 **c** 之外的非邏輯符號的解釋也一定相同）。但對於任何一個變元 **c** 來說，一個模型 M 只要有多於一個事物在其論域中，那麼，除了 M 自己之外，M 就還會有一或多個「**c**- 變化」。

　　現在，我們可以進一步說明一個 QL 語義模型如何賦予邏輯詞意義，並藉此賦予任何一個 QL 語句一定的真假值了。與 PL 的語義模型不同，QL 的任何一個語義模型本身都沒有告訴我們任何一個語句（簡單句或複合句）的真假值，但給定任何一個 QL 的模型 $M = <D_M, v_M>$，我們還是可以依據下述的方式去決定各種類型的語句在該模型 M 中的真假值，並因而擴充了原來函數 v_M 的賦值範圍，使得它不僅對常元和謂詞賦予語義值（指稱及外延），也對任何語句賦予一定的真假值（在以下的規則中，c 或 c_i 泛指 QL 中的任意常元，ϕ^n 則泛指等同符號「=」之外的任意一個 n 位謂詞）：⑤⑥

---

⑤ 注意，在以下的賦值規定中，我們只對語句（封閉的合式公式）賦予真假值，而不對開放公式賦予真假值；這部分是因為：如同我們在第六章第三節中所說的，開放公式中存在著一些缺乏確定指稱的變元，因而在直覺上沒有確定的真假值可言；而部分則是為了簡化對 QL 語義論的說明。這種只對 QL「語句」賦予真假值的語義論並非唯一的一種語義論：在邏輯學家 Tarski 的影響下，邏輯學長久以來的一個傳統是先對所有的合式公式（包括開放公式和語句）賦予一個相對於模型 M 和相對於某個對變元賦值的指派函數（value-assignment function）g 的「滿足值」，然後利用這個滿足值去定義所有的合式公式（包括開放公式和語句）在一個模型中的真假值。由於這樣的定義方式較為複雜，所以我們採取以下這種較為簡單的賦值規定。我們對 QL 所給出的語義論（特別是以下的 $(R_\forall)$ 和 $(R_\exists)$）部分受到 G. Priest: *An Introduction to Non-Classical Logic – from If to Is*, Cambridge University, 2008, pp. 264-266 的啟發，但與之略有不同。

⑥ 我們在此將賦予真假值的任務交給模型中的賦值函數 v；許多書則直接定義一個語句在一個模型 M 中的真假值並採取以下的記號法（「$M \vDash \alpha$」）去表示我們在這裡所寫的「$v_M(\alpha) = 1$」，但這樣的記號法與我們的記號法其實並沒有實質上的差別：

$M \vDash \phi^n c_1, \cdots, c_n$，若且唯若，$<v_M(c_1), \cdots, v_M(c_n)> \in v_M(\phi^n)$

$M \vDash c_1 = c_2$，若且唯若，$v_M(c_1) = v_M(c_2)$

$M \vDash \neg\alpha$，若且唯若，並非 $M \vDash \alpha$

$M \vDash \alpha \wedge \beta$，若且唯若，$M \vDash \alpha$ 且 $M \vDash \beta$

$M \vDash \alpha \vee \beta$，若且唯若，$M \vDash \alpha$ 或者 $M \vDash \beta$

$M \vDash \alpha \rightarrow \beta$，若且唯若，或者並非 $M \vDash \alpha$ 或者 $M \vDash \beta$

$M \vDash \alpha \leftrightarrow \beta$，若且唯若，（$M \vDash \alpha$ 且 $M \vDash \beta$）或者（並非 $M \vDash \alpha$ 且並非 $M \vDash \beta$）

$M \vDash \forall v\, \alpha$，若且唯若，對於 M 的**每一個** c- 變化 M' 來說，我們都有 $M' \vDash \alpha[c/v]$。

$M \vDash \exists v\, \alpha$，若且唯若，對於 M 的**至少一個** c- 變化 M' 來說，我們有 $M' \vDash \alpha[c/v]$。

(R_{at})　如果 $<v_M(\mathbf{c}_1), \cdots, v_M(\mathbf{c}_n)> \in v_M(\phi^n)$，則 $v_M(\phi^n\mathbf{c}_1, \cdots, \mathbf{c}_n) = 1$；否則，$v_M(\phi^n\mathbf{c}_1, \cdots, \mathbf{c}_n)) = 0$。

$(R_=)$　如果 $v_M(\mathbf{c}_1) = v_M(\mathbf{c}_2)$，則 $v_M(\mathbf{c}_1 = \mathbf{c}_2) = 1$；否則，$v_M(\mathbf{c}_1 = \mathbf{c}_2) = 0$。

$(R_\neg)$　如果 $v_M(\alpha) = 1$，則 $v_M(\neg\alpha) = 0$；否則，$v_M(\neg\alpha) = 1$。

$(R_\wedge)$　如果 $v_M(\alpha) = v_M(\beta) = 1$，則 $v_M(\alpha \wedge \beta) = 1$；否則，$v_M(\alpha \wedge \beta) = 0$。

$(R_\vee)$　如果 $v_M(\alpha) = v_M(\beta) = 0$，則 $v_M(\alpha \vee \beta) = 0$；否則，$v_M(\alpha \vee \beta) = 1$。

$(R_\rightarrow)$　如果 $v_M(\alpha) = 1$ 而 $v_M(\beta) = 0$，則 $v_M(\alpha \rightarrow \beta) = 0$；否則，$v_M(\alpha \rightarrow \beta) = 1$。

$(R_\leftrightarrow)$　如果 $v_M(\alpha) = v_M(\beta)$，則 $v_M(\alpha \leftrightarrow \beta) = 1$；否則，$v_M(\alpha \leftrightarrow \beta) = 0$。

$(R_\forall)$　如果對於 M 的**每一個 c**- 變化 M' 來說，我們都有 $v_{M'}(\alpha[\mathbf{c}/v]) = 1$（此處，$\alpha[\mathbf{c}/v]$ 是「$\forall v\,\alpha$」的一個替代例，而 **c** 是任意一個未出現在「$\forall v\,\alpha$」中的常元），則 $v_M(\forall v\,\alpha) = 1$；否則，$v_M(\forall v\,\alpha) = 0$。

$(R_\exists)$　如果對於 M 的**至少一個 c**- 變化 M' 來說，我們有 $v_{M'}(\alpha[\mathbf{c}/v]) = 1$（此處，$\alpha[\mathbf{c}/v]$ 是「$\exists v\,\alpha$」的一個替代例，而 **c** 是任意一個未出現在「$\exists v\,\alpha$」中的常元），則 $v_M(\exists v\,\alpha) = 1$；否則，$v_M(\exists v\,\alpha) = 0$。

　　我們在第三章中已經說明過上述 $(R_\neg)$、$(R_\wedge)$、$(R_\vee)$、$(R_\rightarrow)$、$(R_\leftrightarrow)$ 這五個規則，此處不再贅述。此處的 (R_{at}) 規則說的是：在一個簡單的但不是等同的語句中，如果（根據該模型 M）其中謂詞之後所連接的數個常元（在 v 中）所指稱的事物所形成的序列屬於該謂詞（在 v 中）的外延，那麼，該簡單語句（在 v 中）為真；否則，該簡單語句便（在 v 中）為假。更直覺地說，該規則說的是：如果一個簡單語句（在 v 中）所提到的事物序列屬於該語句中謂詞（在 v 中）的外延，則該簡單語句（在 v 中）為真；否則，則該簡單語句（在 v 中）為假。$(R_=)$ 規則說的是：在一個等同語句中，如果（根據 v）該等同符號所連接的兩個常元指稱了同一個事物，那麼，該等同語句（在 v 中）為真；否則，該等同語句（在 v 中）便為假。$(R_\forall)$ 和 $(R_\exists)$ 相對要複雜得多，但它們的直覺意義則可以理解如下。$(R_\forall)$ 規則說的是：要決定一個全稱語句「$\forall v\,\alpha$」在一個模型 M 中的真假，你應該先用一個沒出現在 α 中的**新常元 c** 去取代 α 中原本被全稱量化詞「$\forall v$」拘束的變元（如果有的話），並因而形成該全稱語句的某個替代例 $\alpha[\mathbf{c}/v]$，如果這時你發現無論你將 $\alpha[\mathbf{c}/v]$ 中的 **c** 解釋成該模型 M 論域裡的哪一個事物的名字（但不改變對其它非邏輯符號的解釋，這

樣重新解釋 **c** 的結果就是 M 的一個 **c**- 變化），該替代例都會為真，那麼，這個全稱語句在這個模型 M 中便是真的；否則，該全稱語句在這個模型 M 中便是假的。類似地，($R_\exists$) 規則說的是：要決定一個存在語句「$\exists v\ \alpha$」在一個模型 M 中的真假，你應該先用一個沒出現在 α 中的新常元 **c** 去取代 α 中原本被存在量化詞「$\exists v$」拘束的變元（如果有的話），並因而形成該存在語句的某個替代例 $\alpha[\mathbf{c}/v]$，如果這時你發現將 **c** 解釋成該模型 M 論域裡的某一個事物（同樣不改變對其它非邏輯符號的解釋，這樣重新解釋 **c** 的結果會是 M 的一個 **c**-變化）會讓該替代例為真，那麼，這個存在語句在該模型 M 中便是真的；否則，該存在語句在該模型 M 中便是假的。（如同本章注釋 5 中所說，當（不論簡單或複合語句）在一個模型 M 的解釋 v_M 當中得到的真假值為 1 時，符號上我們不但可以寫成「$v_M(\alpha) = 1$」，還經常寫成「$M \models \alpha$」。當一個語句 α（不論簡單或複合）在一個模型 M 的解釋 v_M 當中得到的真假值為 0 時，符號上我們不但可以寫成「$v_M(\alpha) = 0$」，還經常寫成「$M \not\models \alpha$」。）

　　為了要能夠更清楚看出這些規則如何讓我們決定一個語句在一個模型中的真假值，讓我們看一個較為具體的例子（在這個例子中，我們在謂詞的後方加上上標數字，以標示其位數）。假設我們的模型 M = <D, v> 是這樣的模型：其中，D ={ 王文方, 甄子丹 }，而 v 讓所有的常元都是甄子丹的名字（換言之，對於所有的常元 **c** 來說，$v(\mathbf{c})$ = 甄子丹；想像該模型中的王文方是個「無名小子」，而甄子丹則有各式各樣的名字），$v(F^1)$ = { 王文方, 甄子丹 }（想像：v 將「F^1」這個謂詞解釋成「是一個男人」），$v(G^1)$ = { 甄子丹 }（想像：v 將「G^1」這個謂詞解釋成「是一名出色的動作演員」），$v(H^1)$ = { 王文方 }（想像：v 將「H^1」這個謂詞解釋成「是一名大學教授」），$v(F^2)$ ={< 王文方, 甄子丹 >, < 甄子丹, 甄子丹 >}（想像：v 將「F^2」這個謂詞解釋成「……崇拜＿＿」），而 $v(G^2)$ = {< 甄子丹, 王文方 >}（想像：v 將「F^2」這個謂詞解釋成「……沒聽過＿＿＿」）。那麼，根據前述的語義規則，我們可以得到以下的結果（我們將它們為真或為假的理由寫在它們的賦值之後）：

1. $v(F^1a) = v(F^1b) = v(F^1c) = \cdots = 1$（因為，在 v 的解釋下，這些常元的指稱〔也就是甄子丹〕是一個男人。）

2. $v(\forall xF^1x) = v(\forall yF^1y) = v(\forall zF^1z) = \cdots = 1$（因為，不論你將「$F^1a$」〔注

意，「F^1a」是「$\forall xF^1x$」的一個替代例，而「a」在「$\forall xF^1x$」中並未出現〕中的「a」解釋成論域中任何人的名字，但不改變對其它常元和謂詞的解釋〔注意，這樣的任意解釋不見得會是 M 中的 v 所作的解釋，但它會是 M 的某個 a- 變化的解釋〕，這樣的解釋都會使得「F^1a」爲真。）

3. $v(G^1a) = v(G^1b) = v(G^1c) = \cdots = 1$（因爲，在 v 的解釋下，這些常元的指稱〔也就是甄子丹〕是一名出色的動作演員。）

4. $v(\forall xG^1x) = v(\forall yG^1y) = v(\forall zG^1z) = \cdots = 0$（因爲，如果你將「$G^1a$」中的「$a$」解釋成王文方的名字，但不改變對其它常元和謂詞的解釋〔注意，這樣的解釋不是 M 中的 v 所作的解釋，但它是 M 的一個 a- 變化的解釋〕，這樣的解釋會使得「G^1a」爲假。）

5. $v(H^1a) = v(H^1b) = v(H^1c) = \cdots = 0$（因爲，在 v 的解釋下，這些常元的指稱〔也就是甄子丹〕都不是一名大學教授。）

6. $v(\exists xH^1x) = v(\exists yH^1y) = v(\exists zH^1z) = \cdots = 1$（因爲，如果你將「$H^1a$」中的「$a$」解釋成王文方的名字，但不改變對其它常元和謂詞的解釋〔注意，這樣的解釋不是 M 中的 v 所作的解釋，但它是 M 的某個 a- 變化 M' 的解釋〕，這會使得「H^1a」爲真。）

7. $v(\forall xH^1x) = v(\forall yH^1y) = v(\forall zH^1z) = \cdots = 0$（因爲，如果你將「$H^1a$」中的「$a$」解釋成甄子丹的名字時，而且不改變對其它常元和謂詞的解釋〔注意，這樣的解釋會是 M 中的 v 所作的解釋，但每個模型都是自己的一個 a- 變化解釋〕，這會使得「H^1a」爲假。）

8. $v(F^2ab) = v(F^2bc) = v(F^2ac) = \cdots = 1$（因爲，在 v 的解釋下，這些常元所指稱的事物序列〔也就是 < 甄子丹 , 甄子丹 >〕具有前者崇拜後者的關係。）

9. $v(\forall xF^2xb) = v(\forall yF^2yb) = v(\forall zF^2zb) = \cdots = 1$（因爲，不論你將「$F^2ab$」〔注意，「$F^2ab$」是「$\forall xF^2xb$」的一個替代例，且「$a$」在「$\forall xF^2xb$」中並未出現〕中的「$a$」解釋成論域中任何人的名字，但不改變對其它常元和謂詞的解釋〔注意，這樣的任意解釋不見得會是 M 中的 v 所作的解釋，但它會是 M 的某個 a- 變化的解釋〕，這樣的解釋都會使得「F^2ab」爲真。）

10. $v(\exists x(F^2xc \wedge \neg x = c)) = v(\exists y(F^2yc \wedge \neg y = c)) = v(\exists z(F^2zc \wedge \neg z = c)) = \cdots$ = 1（因為，如果你將「$F^2ac \wedge \neg a = c$」中的「a」解釋成王文方的名字，但不改變對其它常元和謂詞的解釋〔注意，這樣的解釋不是 M 中的 v 所作的解釋，但是它會是 M 的某個 a- 變化的解釋〕，這樣的解釋會使得「$F^2ac \wedge \neg a = c$」為真。）

11. $v(\forall xF^2bx) = v(\forall yF^2by) = v(\forall zF^2bz) = \cdots = 0$（因為，如果你將「$F^2ba$」中的「a」解釋成王文方的名字，但不改變對其它常元和謂詞的解釋〔注意，這樣的解釋不是 M 中的 v 所作的解釋，但它會是 M 的某個 a- 變化的解釋〕，這樣的解釋會使得「F^2ba」為假。）

12. $v(G^2ab) = v(G^2bc) = v(G^2ac) = \cdots = 0$（因為，在 v 的解釋下，這些常元所指稱的事物序列〔也就是＜甄子丹, 甄子丹＞〕不具有前者沒聽過後者的關係。）

13. $v(\exists xG^2ax) = v(\exists yG^2ay) = v(\exists zG^2az) = \cdots = 1$（因為，如果你將「$G^2ab$」〔注意，「$G^2ab$」是「$\exists xG^2ax$」的一個替代例，且「b」在「$\exists xG^2ax$」中並未出現〕中的「b」解釋成王文方的名字時，但不改變對其它常元和謂詞的解釋〔注意，這樣的解釋不是 M 中的 v 所作的解釋，但它是 M 的某個 b- 變化 M' 的解釋〕，這會使得「G^2ab」為真。）

14. $v(\exists x\exists yG^2xy) = v(\exists y\exists xG^2yx) = v(\exists x\exists zG^2xz) = \cdots = 1$（因為，如果你將「$G^2ab$」中的「a」和「b」分別解釋成甄子丹和王文方的名字時，但不改變對其它常元和謂詞的解釋〔注意，這樣的解釋不是 M 中的 v 所作的解釋，但是它是 M 的某個 a- 變化解釋 M' 的 b- 變化解釋 M*〕，這會使得「G^2ab」為真，並因而使得「$\exists yG^2ay$」在 M' 中為真，從而使得「$\exists x\exists yG^2xy$」在 M 中為真。）

15. $v(a = a) = v(a = b) = v(a = c) = \cdots = 1$（因為，在 v 的解釋下，這些常元所指稱的事物都是同一個事物〔也就是甄子丹〕。）

16. $v(\forall x\ x = a) = v(\forall y\ y = a) = v(\forall z\ z = a) = \cdots = 0$（因為，如果你將「$b = a$」中的「b」解釋成王文方的名字，但不改變對其它常元和謂詞的解釋〔注意，這樣的解釋不是 M 中的 v 所作的解釋，但是它會是 M 的某個 b- 變化的解釋〕，這樣的解釋會使得「$b = a$」為假。）

　　在了解了 QL 的語義模型之後，我們就可以利用語義模型的概念去對我們在第一章第二節中所談論的幾個邏輯概念給出更為精確的定義。對於 QL 來說，以下是這些更為精確的定義（讀者們可以比較第三章第二節中對 PL 的相關定義）：

1. $\{\alpha_1, \cdots, \alpha_n\} \vDash \beta$（換言之，「$\alpha_1, \cdots, \alpha_n / \therefore \beta$」是一個 QL 的演繹有效論證），若且唯若，不存在任何一個 QL 的語義模型 M = <D, v> 能使得 $\{\alpha_1, \cdots, \alpha_n\}$ 中每個語句（前提）的真假值都為 1，但使得（結論）β 的真假值為 0。（或者，$\{\alpha_1, \cdots, \alpha_n\} \vDash \beta$，若且唯若，不存在任何一個這樣的 QL 語義模型 M = <D, v>：對 $1 \leq i \leq n$，$v(\alpha_i) = 1$，但 $v(\beta) = 0$。）

2. $\{\alpha_1, \cdots, \alpha_n\} \nvDash \beta$（換言之，「$\alpha_1, \cdots, \alpha_n / \therefore \beta$」是一個 QL 的演繹無效論證），若且唯若，存在一個 QL 的語義模型 M = <D, v> 能使得 $\{\alpha_1, \cdots, \alpha_n\}$ 中每個語句（前提）的真假值都為 1，但使得（結論）β 的真假值為 0。（或者，$\{\alpha_1, \cdots, \alpha_n\} \nvDash \beta$，若且唯若，存在一個這樣的 QL 語義模型 M = <D, v>：對 $1 \leq i \leq n$，$v(\alpha_i) = 1$，但 $v(\beta) = 0$。）

3. α 是一個 QL 恆真句，若且唯若，不存在任何一個 QL 的語義模型 M = <D, v> 能使得 α 的真假值為 0。（換言之，α 是一個 QL 恆真句，若且唯若，任何的 QL 語義模型 M = <D, v> 都使得 $v(\alpha) = 1$。）

4. α 是一個 QL 恆假句，若且唯若，不存在任何一個 QL 的語義模型 M = <D, v> 能使得 α 的真假值為 1。（換言之，α 是一個 QL 恆假句，若且唯若，任何的 QL 語義模型 M = <D, v> 都使得 $v(\alpha) = 0$。）

5. α 是一個 QL 偶然句，若且唯若，存在著兩個這樣的 QL 語義模型 M = <D_M, v_M> 和 M' = <$D_{M'}$, $v_{M'}$>：$v_M(\alpha) = 1$ 但 $v_{M'}(\alpha) = 0$。

6. QL 語句 α 邏輯上蘊涵 β（亦即，$\alpha \vDash \beta$），若且唯若，不存在任何一個 QL 的語義模型 M = <D, v> 能使得 α 的真假值為 1 但卻使得 β 的真假值為 0。（或者，$\alpha \vDash \beta$，若且唯若，任何使得 $v(\alpha) = 1$ 的 QL 語義模型 M = <D, v> 都使得 $v(\beta) = 1$。）

7. QL 語句 α 和 β 是邏輯上等價的（亦即，$\alpha \mathrel{=\!\!\vDash} \beta$），若且唯若，不存在任何一個 QL 的語義模型 M = <D, v> 能使得 α 的真假值和 β 的真假值不同。（或者，$\alpha \mathrel{=\!\!\vDash} \beta$，若且唯若，對於所有 QL 的語義模型 M = <D,

$v>$ 來説，$v(\alpha) = v(\beta)$。）

8. QL 語句集 $\{\alpha_1, \cdots, \alpha_n\}$ 是邏輯上共同一致的，若且唯若，存在一個 QL 的語義模型 M = $<$D, $v>$ 能使得 $\{\alpha_1, \cdots, \alpha_n\}$ 中的每個語句都爲眞。（或者，$\{\alpha_1, \cdots, \alpha_n\}$ 是邏輯上共同一致的，若且唯若，存在一個這樣的 QL 語義模型 M = $<$D, $v>$：對 $1 \leq i \leq n$，$v(\alpha_i) = 1$。）

第二節　QL後設證明

我們在這一節中簡單舉例說明如何使用 QL 的語義模型去作出所謂的後設證明，如證明一個由 QL 的語句所形成的論證是否演繹上有效、一個 QL 語句屬於何種類型、兩個 QL 語句間的邏輯關係為何、以及一個 QL 語句集合是否是邏輯上一致的集合等等。

請注意，如同我們在前一節末所看到的，這些邏輯概念的定義分屬於「存在一個 QL 的語義模型 M = $<$D, $v>$ 能使得……」或「不存在一個 QL 的語義模型 M = $<$D, $v>$ 能使得……」這兩類定義當中的一種。因而，後設證明的關鍵就在於證明的確存在或的確不存在一個這樣的 QL 語義模型 M = $<$D, $v>$。證明「存在一個 QL 的語義模型 M = $<$D, $v>$ 能使得……」最常用的方法是建構一個滿足了「能使得……」中所說的事情的 QL 語義模型 M，而證明「不存在一個 QL 的模型 M = $<$D, $v>$ 能使得……」最常用的方法則是先假設存在一個滿足了「能使得……」中所說的事情的 QL 語義模型 M，然後試圖從這個假設中推論出矛盾；但有時候，直接的證明也能夠達到同樣的結果。以下我們分別說明這幾種方法。

一、建構式證明

舉例來說，要證明一個 QL 論證，比方說，「有些男人是中年人；因此，有些男人不是中年人」是演繹上無效的論證（或「$\exists x(Fx \wedge Gx) / \therefore \exists x(Fx \wedge \neg Gx)$」是演繹上無效的論證），也就是要去證明存在一個 QL 語義模型 M = $<$D, $v>$ 能使得前提「$\exists x(Fx \wedge Gx)$」的真假值為 1（或 $v(\exists x(Fx \wedge Gx)) = 1$），但使得（結論）「$\exists x(Fx \wedge \neg Gx)$」的真假值為 0（或 $v(\exists x(Fx \wedge \neg Gx)) = 0$）。所

以，只要我們能夠「想出」一個這樣的 QL 語義模型 M = <D, v> 並詳細說明它，我們的證明也就完成了。（問題在於我們要如何「想出」這樣的一個 QL 語義模型呢？我們得依靠我們的想像力天賦嗎？我們將在第八章第三節中介紹一種建構 QL 語義模型的簡易方法。）比方來說，詳細描述出以下的這個 QL 語義模型 M_1 = <D_{M1}, v_{M1}>，並證明「$v_{M1}(\exists x(Fx \wedge Gx)) = 1$」但「$v_{M1}(\exists x(Fx \wedge \neg Gx)) = 0$」就可以達到上述的目的：其中，$D_{M1} = \{\delta_a\}$，$v_{M1}(F) = v_{M1}(G) = \{\delta_a\}$，而 v_{M1} 對於其它的非邏輯符號（常元和謂詞）則任意指派（但須滿足前一節中所說的各項規定）。我們很容易計算出：在這樣的模型 M_1 中，$v_{M1}(\exists x(Fx \wedge Gx)) = 1$；因為，如果你將「Fa $\wedge$ Ga」中的「a」解釋成 δ_a（論域中的唯一事物）的名字，但不改變對其它常元和謂詞的解釋（注意，這樣的解釋會是 M 中的 v_{M1} 所作的解釋，但同時也是 M 的一個「a- 變化」解釋），這會使得「Fa $\wedge$ Ga」為真並因而使得 $v_{M1}(\exists x(Fx \wedge Gx)) = 1$，但會使得「Fa $\wedge$ $\neg$Ga」為假（因為它使得「$\neg$Ga」為假）並因而使得 $v_{M1}(\exists x(Fx \wedge \neg Gx)) = 0$。因而，**論證「$\exists x(Fx \wedge Gx)$ / $\therefore$ $\exists x(Fx \wedge Gx)$」的前提都為真但結論卻為假**這件事是有可能的，所以它是一個演繹上無效的論證。（證明一個語句 α 在邏輯上不蘊涵另一個語句 β 的方式與此雷同，我們只需要描述一個能使得 α 為真但卻使得 β 為假的模型 M = <D, v> 就可以了。）

　　再舉一個例子，我們在前一段落中已經知道 $v_{M1}(\exists x(Fx \wedge \neg Gx)) = 0$。因而，如果我們還能「想出」一個能夠使得該語句的真假值為 1 的模型，我們也就證明了該語句是一個偶然語句，而以下這個模型 M_2 = <D_{M2}, v_{M2}> 就可以達到這個目的：其中，$D_{M2} = \{\delta_a\}$，$v_{M2}(F) = \{\delta_a\}$，$v_{M2}(G) = \varnothing$，而 v_{M2} 對於其它的非邏輯符號（常元和謂詞）則任意指派（但須滿足前一節中所說的各項規定）。我們很容易計算出：$v_{M2}(\exists x(Fx \wedge \neg Gx)) = 1$，因為，如果你將「Fa $\wedge$ $\neg$Ga」中的「a」解釋成 δ_a 的名字，但不改變對其它常元和謂詞的解釋（注意，這樣的解釋會是 M_2 中的 v_{M2} 所作的解釋，但它同時也是 M_2 的某個「a- 變化」解釋），這會使得「Fa $\wedge$ $\neg$Ga」為真並因而使得 $v_{M2}(\exists x(Fx \wedge \neg Gx)) = 1$，因而，「$\exists x(Fx \wedge \neg Gx)$」這個語句既有可能為真也有可能為假，所以它是一個偶然語句。

　　最後，讓我們看一下如何證明 {$\forall xFxa$, $\forall xFxb$, $\neg a = b$} 是一個邏輯上共同一致的（或共同可滿足的）集合。要證明這件事，我們只需要想出一個讓其

中三個語句的真假值都為 1 的模型就可以了，而以下這個模型 $M_3 = <D_{M3}, v_{M3}>$ 就可以達到這個目的：其中，$D_{M3} = \{\delta_a, \delta_b\}$，$v_{M3}(a) = \delta_a$，$v_{M3}(b) = \delta_b$，$v_{M3}(F) = \{<\delta_a, \delta_a>, <\delta_b, \delta_a>, <\delta_a, \delta_b>, <\delta_b, \delta_b>\}$，而 v_{M3} 對於其它的非邏輯符號（常元和謂詞）則任意指派（但須滿足前一節中所說的各項規定）。讀者們應該可以很容易計算出：$v_{M3}(\forall xFxa)) = v_{M3}(\forall xFxb) = v_{M3}(\neg a = b) =1$。因而，這個語句集合中的語句有可能都為真，所以是一個邏輯上一致的（或共同可滿足的）集合。

二、歸謬式證明（reduction to absurdity; reductio ad absurdum）

　　比較棘手的事情是如何證明「不存在一個 QL 的語義模型 $M = <D, v>$ 能使得……」；因為，QL 有無窮多個模型，而我們（或任何軟體）無法一一檢視這無窮多個模型，以確定不會有任何一個 QL 的語義模型 $M = <D, v>$ 滿足「能使得……」所說的條件。幸運的是，我們在第四章所見過的歸謬法帶給我們一個簡單證明上述宣稱的方法。要證明一個論證，比方說，「$\{Fa, \forall x\ x = b\}$ /∴ Fb」，是演繹上有效的，我們可以先假設「存在一個 QL 的語義模型 $M = <D, v>$ 能使得 $\{Fa, \forall x\ x = b\}$ 中的每個語句（前提）的真假值都為 1，但使得（結論）『Fb』的真假值為 0」。如果我們可以從這個假設推論出某個矛盾，我們就知道這個假設是不可能為真的；因為：只有矛盾（因而不可能為真）的語句或假設才會在邏輯上蘊涵矛盾。以本例來說，如果我們先假設存在一個 QL 的語義模型 $M = <D_M, v_M>$ 能使得 $v_M(Fa) = v_M(\forall x\ x = b) = 1$ 但 $v_M(Fb) = 0$，那麼，我們可以接著推論說：(1) 由於 $v_M(Fa) = 1$ 而 $v_M(Fb) =0$，因而 $v_M(a) \in v_M(F)$ 但 $v_M(b) \notin v(F)$，並因而 $v_M(a) \neq v_M(b)$；(2) 由於 $v_M(\forall x\ x = b) = 1$，因而，無論 M 的任何一個 c- 變化如何解釋「c = b」中的「c」，在該 c- 變化解釋中的「c」和「b」都將指稱同一個事物；但 (3)M 有一個特殊的 c- 變化 $M' = <D_{M'}, v_{M'}>$，其中，「c」被解釋成與 $v(a)$ 為同一個個體，我們因而得到 $v_{M'}(c) = v_M(a) = v_{M'}(b) = v_M(b)$ 的結果（$v_{M'}(b)$ 之所以等同於 $v_M(b)$，那是因為 M 和 M' 之間的差別最多只可能在對於「c」的解釋不同罷了）。但如此一來，(3) 中「$v_M(a) = v_M(b)$」的這個結果便和 (1) 中「$v_M(a) \neq v_M(b)$」的結果是互相矛盾的。由於我們從一開始的假設推論出了此處所指出的矛盾，因而我們知道不會

存在任何一個使該論證的前提都為真但讓該論證的結論為假的 QL 語義模型 M = <D_M, v_M>。

　　再舉一個例子。如果我們想要證明某兩個 QL 語句，比方說，「¬∀xFx」和「∃x¬Fx」，是邏輯上等價的語句。由於邏輯上等價的語句是不存在任何一個能讓它們有不同真假值的模型的兩個語句，因而我們可以先假設存在一個讓該兩語句真假值不同的模型 M = <D_M, v_M>，然後試著從該假設推論出矛盾來。現在，假設存在著這樣的一個模型 M = <D_M, v_M> 使得 v_M(¬∀xFx) ≠ v_M(∃x¬Fx)，那麼，以下 (a) 和 (b) 兩種情形當中就至少有一種會成立：(a) v_M(¬∀xFx) = 1 而 v_M(∃x¬Fx) = 0，或 (b) v_M(¬∀xFx) = 0 而 v_M(∃x¬Fx) = 1。如果我們能夠證明 (a) 和 (b) 這兩種情形都會導致矛盾，我們也就證明了我們的假設不可能成立，並因而證明了「¬∀xFx」和「∃x¬Fx」是邏輯上等價的語句。以下，我們只證明 (a) 的情況會導致矛盾，並把 (b) 也會導致矛盾的證明留給讀者作為練習。假設 v_M(¬∀xFx) = 1 而 v_M(∃x¬Fx) = 0，那麼，根據 ($R_¬$)，我們就會有 v_M(∀xFx) = 0；而根據 v_M(∀xFx) = 0 和 ($R_∀$)，我們就會有：M 至少有一個 a- 變化 M' = <$D_{M'}$, $v_{M'}$> 使得 $v_{M'}$(Fa) = 0 並因而使得 $v_{M'}$(¬Fa) = 1。但如此一來，從 $v_{M'}$(¬Fa) = 1 我們知道，M 至少有一個 a- 變化都使得「¬Fa」的值為 1，因而根據 ($R_∃$) 我們就有 v_M(∃x¬Fx) = 1。如此一來，v_M(∃x¬Fx) = 0 而且 v_M(x¬Fx) = 1。但一個模型不可能給一個語句兩個不同的真假值，因而我們知道 (a) 的情況會導致不可能的矛盾發生。

三、直接證明（direct proof）

　　說「不存在一個 QL 的語義模型 M = <D, v> 能使得……」相當於在說「所有 QL 的語義模型 M = <D, v> 都不能使得……」。因而，要證明「不存在一個 QL 的語義模型 M = <D, v> 能使得……」，我們也可以直接去證明「所有 QL 的語義模型 M = <D, v> 都不能使得……」。一種證明後者的做法是：我們直接假設 M = <D, v> 是**任意的**一個模型，然後證明 M 會滿足「不能使得……」所說的事情。我們稱這種方法為「直接證明」。舉例來說，要證明前例中的「¬∀xFx」和「∃x¬Fx」是邏輯上等價的語句，我們不僅可以使用歸謬法去證明它們不會有使得它們的真假值不同的 QL 語義模型，也可以直接假設 M

= <D_M, v_M> 是**任意的**一個 QL 語義模型，然後證明 M 不能讓這兩個語句有不同的真假值，或證明 M 一定會讓兩者有相同的真假值。現在，假設 M = <D_M, v_M> 是任意的一個 QL 語義模型，那麼，以下 (a) 和 (b) 兩種情形當中就至少會有一個成立：(a) $v_M(\neg \forall xFx) = 1$，或 (b) $v_M(\neg \forall xFx) = 0$。如果我們能證明：在 (a) 和 (b) 這兩種不同的情形下，「∃x¬Fx」都會有相同的真假值，那麼，我們也就證明了「¬∀xFx」和「∃x¬Fx」是邏輯上等價的語句。以下，我們只證明「在 (b) 的情況下『∃x¬Fx』也會為假」，並把「在 (a) 的情況下『∃x¬Fx』也會為真」的證明留給讀者作為練習。現在，如果 $v_M(\neg \forall xFx) = 0$，那麼，根據 ($R_\neg$)，$v_M(\forall xFx) = 1$ 而根據 ($R_\forall$)，M 的每一個 a- 變化 M' = <$D_{M'}$, $v_{M'}$> 都會使得 $v_{M'}(Fa) = 1$，並因而都會使得 $v_{M'}(\neg Fa) = 0$。但如此一來，根據 ($R_\exists$)，我們就會有 $v_M(\exists x\neg Fx) = 0$ 的結果。

再舉一個例子，要證明前例中的論證「{Fa, ∀x x = b} / ∴ Fb」是一個演繹上有效的論證，我們不僅可以使用歸謬法去證明它不可能有一個讓其前提都為真但讓其結論為假的 QL 語義模型，我們也可以直接假設 M = <D_M, v_M> 是**任意的**一個 QL 語義模型，然後證明：如果 M 也讓這個論證的前提都為真，那麼，M 就會讓這個論證的結論也為真。現在，令 <D_M, v_M> 是**任意**一個使得這個論證的前提都為真的 QL 語義模型，換言之，假定 M 是任意一個 QL 語義模型且 $v_M(Fa) = v_M(\forall x\ x = b) = 1$。如果在這個假定下我們還能證明 $v_M(Fb) = 1$，那麼，我們也就證明了每個讓其前提都為真的 QL 語義模型也會讓其結論為真，並因而證明了這個論證是一個演繹上有效的論證。但這樣的證明是容易的：(1) 由於 $v_M(Fa) = 1$，因而 $v_M(a) \in v_M(F)$；(2) 由於 $v_M(\forall x\ x = b) = 1$，因而，無論 M 的任何一個 c- 變化如何解釋「c = b」中的「c」，該 c- 變化解釋中的「c」和「b」都將指稱同一個事物；但 (3) M 有一個特殊的 c- 變化 M' = <$D_{M'}$, $v_{M'}$>，其中，「c」被解釋成與 $v_M(a)$ 為同一個事物，因而我們得到 $v_{M'}(c) = v_M(a) = v_{M'}(b) = v_M(b)$ 的結果（$v_{M'}(b)$ 之所以等同於 $v_M(b)$，那是因為 M 和 M' 之間的差別最多只能在對於「c」的解釋不同罷了）；(4) 既然根據 (3)「$v_M(a) = v_M(b)$」而根據 (1) $v_M(a) \in v(F)$，所以我們知道：$v_M(b) \in v(F)$，因而，根據 (R_{at})，$v_M(Fb) = 1$。

一、假設我們的模型 M = <D, ν> 是這樣的模型：其中，D = { 王文方 , 甄子丹 , 神秘客 } ，而 ν 讓「a」指稱王文方，讓「a」之外的所有常元都指稱甄子丹（換言之，ν(a) = 王文方，對於所有的常元 **c** 來說，如果 **c** ≠「a」，則 ν(**c**) = 甄子丹，而神秘客則是一個無名人物），ν(F¹) = { 王文方 , 甄子丹 }（想像：ν 將「F¹」這個謂詞解釋成「是一個男人」），ν(G¹) = { 甄子丹 }（想像：ν 將「G¹」這個謂詞解釋成「是一名出色的動作演員」），ν(H¹) = { 王文方 , 神秘客 }（想像：ν 將「H¹」這個謂詞解釋成「是一名大學教授」），ν(F²) = {< 王文方 , 甄子丹 >, < 神秘客 , 甄子丹 >, < 甄子丹 , 甄子丹 >}（想像：ν 將「F²」這個謂詞解釋成「……崇拜＿＿＿」），而 ν(G²) = {< 甄子丹 , 王文方 >, < 甄子丹 , 神秘客 >, < 王文方 , 神秘客 >}（想像：ν 將「F²」這個謂詞解釋成「……沒聽過＿＿＿」）。試判斷以下各 QL 語句在 M 中的真假值：

1. F¹a

2. G¹a

3. H¹a

4. a = b

5. b = c

6. ∃y¬F¹y

7. ∃y¬G¹y

8. ∃y¬H¹y

9. ∀xF¹x

10. ∀xG¹x

11. ∀xH¹x

12. ∀xF²xa

13. ∀xF²xb

14. ∀x(G²ax → H¹x)

15. ∀x(G²bx → H¹x)

16. ¬∃x(F¹x ∧ G¹y)

17. ¬∀x(F¹x → H¹x)

二、試完成第二節 2 中未完成的後設證明。亦即，假設 M = <D_M, v_M> 使得 $v_M(\neg\forall xFx) \neq$ $v_M(\exists x\neg Fx)$，而且 $v_M(\neg\forall xFx) = 0$ 而 $v_M(\exists x\neg Fx) = 1$，試證明這樣的假設會導致矛盾。

三、試完成第二節 3 中未完成的後設證明。亦即，假設 M = <D_M, v_M> 是任意的一個 QL 模型且 $v_M(\neg\forall xFx) = 1$，試證明：在這樣的假設下，$v_M(\exists x\neg Fx) = 1$。

四、試模擬第二節 2 中的歸謬法或 3 中的直接證明而去證明：「$\neg\exists xFx$」和「$\forall x\neg Fx$」也是邏輯上等價的兩個語句。

五、試使用後設證明的方式去證明以下表格中雙箭號「⇔」兩邊的語架是邏輯上等價的語架：

等值式	$\neg\forall v\,\alpha \Leftrightarrow \exists v\,\neg\alpha$
	$\neg\exists v\,\alpha \Leftrightarrow \forall v\,\neg\alpha$
	$\forall v\,\alpha \Leftrightarrow \neg\exists v\,\neg\alpha$
	$\exists v\,\alpha \Leftrightarrow \neg\forall v\,\neg\alpha$
縮寫（名稱）	QN. (Quantificational Negation)

Chapter **8**

QL的語義樹枝法

第一節　QL語義樹的擴展規則

在說明 QL 語義樹枝法的「灌溉」規則之前，讓我們先簡單複習一下語義樹枝法的操作程序和基本原理。語義樹枝法的操作程序讓你能夠由上至下逐步「畫出」一棵根部在上、樹葉在下的「反轉樹」，並從這棵樹是否封閉這件事去判斷一個論證是否有證明、一個語句是否是定理等。從原理上說，語義樹枝法是一般所謂歸謬法和建構法的一個綜合應用。一開始寫下的一或多個語句是我們試圖建立或試圖歸謬的假設，寫下後我們使用「灌溉」規則去擴展該樹，以證明一開始的假設可能或不可能成立。在一棵完成的樹中，每一根枝子代表根據邏輯詞（如真值函數式的連接詞）的語義而試圖讓一開始的假設能夠成立的一種嘗試：封閉的枝子代表失敗的嘗試，因為其中包含了矛盾並因而不可能，開放的枝子（如果有的話）則代表一種能夠讓一開始的假設成立的可能。封閉樹由於缺乏任何開放的枝子，代表一開始的假設毫無可能成立。完成的開放樹則代表一開始的假設有可能成立，而每一個開放的枝子則提供該假設如何能夠成立的訊息。

在樹的一開始，我們寫下一或多個語句，然後，我們使用樹的「灌溉」規則去灌溉那棵樹。樹的「灌溉」規則分為起始規則、封閉枝子規則、完成規則和擴展規則，而其中最重要的是擴展規則。我們在第四章中已經看過 PL 語義樹的各種「灌溉」規則，而 QL 的起始規則、封閉枝子規則 [1] 和完成規則與 PL 大致相同（但我們將增加兩個完成規則，詳見以下第三節），所以我們在這一節中將只說明 QL 語義樹的擴展規則。QL 的邏輯詞除了真值函數式的連接詞之外，還包含兩種的量化詞和一個等同符號。QL 中關於真值函數式連接詞的擴展規則與 PL 中的相關擴展規則相同，我們在此將不再重複說明這些與真值函數式連接詞有關的擴展規則。所以，我們只需要再說明與這兩種量化詞和一個等同符號有關的擴展規則就可以了。

---

[1] 對於 QL 的語義樹枝法，有些書或軟體（如 ProofTools 軟體）比我們在這本書中所給出的封閉規則多出了以下這一個規則：當你看到「$c \neq c$」（或「$\neg c = c$」）出現在一個枝子上時，你應該直接在其葉子的下方打個「*」號，因而封閉該枝子。這樣的規定與我們在本書中所做的規定在本質上並無不同。為了簡單起見，我們將不增加這個封閉枝子的規則。

在說明之前，讓我們先複習一個相關的概念：「替代例」。如果你將一個量化語句（也就是任何一個全稱語句「∀ν α」或特稱語句「∃ν α」，其中的 α 是一個簡單的或任意複雜的合式公式）中範圍最大的量化詞「∀ν」或「∃ν」去除，並將 α 中原本被該量化詞拘束（如果有的話）、但因為去除該量化詞而變成自由出現的變元 ν「統一替換」為某個常元 **c**，那麼，這樣替換後所得到的語句（符號表示為「α[**c**/ν]」）就稱為原來量化語句的一個替代例。（如果你去除一個量化語句中範圍最大的量化詞後，並沒有任何變元 ν 是原本被該量化詞拘束、但卻因為去除量化詞而變成自由出現，那麼，去除量化詞後的 α 就是原來量化語句的一個替代例。）舉例來說，「Fa → Gaa」就是「∀y(Fy → Gyy)」、「∀y(Fy → Gay)」、「∀y(Fa → Gyy)」、「∀y(Fa → Gay)」、「∃x(Fx → Gxx)」、「∃x(Fa → Gxx)」以及「∀y(Fa → Gaa)」的一個共同替代例（注意，一個語句可以是許多不同語句的共同替代例，而其中的「∀y(Fa → Gaa)」不僅是個合式公式，而且是個封閉的合式公式或語句）。因為，如果你將上述這些量化語句中範圍最大的量化詞去除，並將因此而自由出現的變元「x」或「y」統一替換成常元「a」，那麼，這樣更換後所得到的語句就是「Fa → Gaa」。類似地，「Fb → Gbb」是「∀y(Fy → Gyy)」和「∃x(Fx → Gxx)」的一個共同替代例。反過來說，「Fa → Gb」則不是以下任何一個語句的替代例（我們將前者之所以不是這些語句的替代例的理由寫在每個語句之後，注意，其中的「∀yFa → Gb」和「∃xFx → Gb」不僅是個合式公式，而且是個封閉的合式公式或語句）：

1. ∀yFy → Gb（不是全稱語句，而是條件句；只有量化語句才有替代例）

2. ∃xFx → Gb（不是存在語句，而是條件句；只有量化語句才有替代例）

3. ∀yFa → Gb（不是全稱語句，而是條件句；只有量化語句才有替代例）

4. Fa → ∃xGx（不是存在語句，而是條件句；只有量化語句才有替代例）

5. ∀y(Fy → Gy)（替換必須是「統一替換」，也就是將去除量化詞後每次自由出現的變元「都」統一替換成相同的常元，如「Fa → Ga」或「Fb → Gb」）

6. ∃x(Fx → Gx)（替換必須是「統一替換」，也就是將去除量化詞後每次自由出現的變元「都」統一替換成相同的常元，如「Fa → Ga」或「Fb → Gb」）

　　現在，我們可以開始說明 QL 語義樹增加的擴展規則了。首先，讓我們看與全稱量化語句有關的兩個規則 ($T_\forall$)，見下方的「圖 8-1(a)」及「圖 8-1(b)」（其中的「…」代表任意零或多個在同一根枝子上的語句）：

$$\forall v\,\alpha \qquad\qquad \neg\forall v\,\alpha\ \surd$$
$$\cdots \qquad\qquad\qquad \cdots$$
$$\alpha[\mathbf{c}/v] \qquad\qquad \exists v\,\neg\alpha$$

圖 8-1(a) 　　　　　　圖 8-1(b)

左邊「圖 8-1(a)」的規則告訴我們，當你看見樹上有一個旁邊沒有打勾「√」的全稱語句「$\forall v\,\alpha$」時（注意，這裡的 α 可能包含有自由出現的 v，也可能沒有），那麼，**你可以只做一件事情**（注意，**只做一件事情**喔）：在**包含該語句的每一根開放枝子**（不用管任何封閉的枝子，也不要管那些**不包含**該語句在內的開放枝子）的葉子下方寫下該全稱語句的任何一個替代例，而這個寫下的替代例應該是一個 (i) 之前在那根枝子中沒出現過的替代例（在別的枝子中出現過無妨），而且 (ii) 其中用來替代 v 的常元應該是目前該枝子中出現過的常元（如果有的話），但如果該枝子中當時沒有任何常元出現，你就可以使用任何一個常元去替代 v 以形成一個替代例。舉例來說，如果在某個時間，你的樹如以下的「圖 8-2(a)」，那麼，該規則告訴你，你可以把包含了「$\forall x(Fx \to Gx)$」的每一根（圖中只有一根）開放枝子下方寫下「$Fa \to Ga$」這個語句（而這是因為：(i)「$Fa \to Ga$」是一個在該樹唯一的枝子上目前還沒出現過的替代例，而且 (ii)「a」是目前該枝子上「唯一」出現過的一個常元），結果如「圖 8-2(b)」。（注意一件緊要的事情：**不要在「$\forall x(Fx \to Gx)$」的旁邊打勾「√」！**）右邊「圖 8-1(b)」中的規則告訴我們，當你看見樹上有一個旁邊沒有打勾「√」而且是個全稱語句的否定「$\neg\forall v\,\alpha$」時，那麼，你可以做兩件事情（順序不重要）：(1) 在該語句旁邊打個勾「√」；(2) 把**包含該語句在內的每一根開放枝子**（不用管任何封閉的枝子，也不要管那些**不包含**該語句在內的開放枝子）的葉子下方寫下「$\exists v\,\neg\alpha$」這個存在語句。舉例來說，如果在某個時間，你的樹如下方的「圖 8-2(c)」，那麼，該規則告訴你，你可以把包含了「$\neg\forall z(Fz \to Gz)$」的每一根（該圖中只有一根）開放枝子的葉子下方寫下「$\exists z\neg(Fz \to Gz)$」這個存在語句，同時在「$\neg\forall z(Fz \to Gz)$」的旁邊打個勾

「√」，結果如「圖 8-2(d)」：

$\forall x(Fx \rightarrow Gx)$	$\forall x(Fx \rightarrow Gx)$	$\forall x(Fx \rightarrow Gx)$	$\forall x(Fx \rightarrow Gx)$
Fa	Fa	$\forall y(Gy \rightarrow Hy)$	$\forall y(Gy \rightarrow Hy)$
$\neg$Ga	$\neg$Ga	$\neg\forall z(Fz \rightarrow Hz)$	$\neg\forall z(Fz \rightarrow Hz)$ √
	Fa $\rightarrow$ Ga		$\exists z\neg(Fz \rightarrow Hz)$
圖 8-2(a)	圖 8-2(b)	圖 8-2(c)	圖 8-2(d)

記得，每當你應用一個擴展規則後，你應該檢查樹上是否有某根枝子是根封閉的枝子。以這兩個例子來說，當應用完前述規則 ($T_\forall$) 而形成「圖 8-2(b)」和「圖 8-2(d)」後，這兩棵語義樹上都沒有出現封閉的枝子。注意，規則「圖 8-1(a)」要求你不要在一個全稱語句的旁邊打勾「√」，這意味著該規則允許你將該規則多次應用在同一個全稱語句上。我們以後還會看到兩個不要求你在語句旁邊打勾的規則，也會說明為何可以多次應用同一個規則在同一個或同一組語句上。

規則「圖 8-1(a)」背後的涵義可以這樣理解：為了要使「$\forall \nu\ \alpha$」在一個可能情況或模型 M 中的真假值為 1，M 的論域中的每一個事物 o 都必須「滿足」或符合 α 所說的事情（因而該規則允許你多次將該規則應用在同一個全稱語句上），因而你可以寫下「$\forall \nu\ \alpha$」的任何一個替代例；而規則「圖 8-1(b)」背後的涵義則可以這樣理解：為了要使「$\forall \nu\ \alpha$」在一個可能情況或模型 M 中的真假值為 0（或使得「$\neg\forall \nu\ \alpha$」在模型 M 中的真假值為 1），M 的論域中至少要有一個事物不滿足或不符合 α 所說的事情，因而 M 會賦予「$\exists \nu\ \neg\alpha$」為 1 的真假值。（但我們在第四章中一再強調過，語義樹枝法是一種語法的方法；因而，要正確使用這個規則，你只需要能夠辨識語句的類別和形狀就可以了，無須了解其背後的涵義。以後我們將不再強調這段括弧內所說的話。）

接著，讓我們看與存在或特稱量化語句有關的兩個規則 ($T_\exists$)，見下方的「圖 8-3(a)」及「圖 8-3(b)」（其中的「…」代表任意零或多個在同一根枝子上的語句）：

$$\exists v\,\alpha\,\surd$$
$$\cdots$$
$$\alpha[\mathbf{c}/v]$$

（**c**必須是目前該樹枝上沒出現過的新常元）

圖 8-3(a)

$$\neg\exists v\,\alpha\,\surd$$
$$\cdots$$
$$\forall v\,\neg\alpha$$

圖 8-3(b)

左邊「圖 8-3(a)」的規則告訴我們，當你看見樹上有一個旁邊沒有打勾「$\surd$」的存在語句「$\exists v\,\alpha$」時（注意，這裡的 α 獨立來看，可能包含有自由出現的 v，也可能沒有），那麼，你可以做兩件事情（順序不重要）：(1) 在該語句的旁邊打個勾「$\surd$」；(2) 在**包含該語句的每一根開放枝子**（不用管任何封閉的枝子，也不要管那些**不包含**該語句在內的開放枝子）的葉子下方寫下該存在語句的一個替代例，**但該替代例中用來替代 v 的常元必須是目前該樹枝上從未出現過的常元（在別的樹枝上出現過無妨）**。[2]舉例來說，如果在某個時間，你的樹如之前的「圖 8-2(d)」，那麼，該規則告訴你，你可以把包含了「$\exists z\neg(Fz \to Gz)$」的每一根開放枝子（圖中只有一根）下方寫下這個語句的一個替代例，而且用來取代「z」的常元必須是一個目前該樹枝上沒有出現過的新常元，如「$\neg(Fa \to Ga)$（注意，目前該樹枝上並未出現過任何一個常元），並在「$\exists z\neg(Fz \to Gz)$」的旁邊打個勾「$\surd$」，結果如「圖 8-4(a)」。右邊「圖 8-3(b)」中的規則告訴我們，當你看見樹上有一個旁邊沒有打勾「$\surd$」的存在語句的否定「$\neg\exists v\,\alpha$」時，那麼，你可以做兩件事情（順序不重要）：(1) 在該語句旁邊打個勾「$\surd$」；(2) 把**包含該語句的每一根開放枝子**（不用管任何封閉的枝子，也不要管那些**不包含**該語句在內的開放枝子）的葉子下方寫下「$\forall v\,\neg\alpha$」這個全稱語句。舉例來說，如果在某個時間，你的樹如下方的「圖 8-4(b)」，那麼，該規則告訴你，你可以把包含「$\neg\exists yFy$」在內的每一根開放枝子（該圖中只有一根）的葉子下方寫下「$\forall y\neg Fy$」這個全稱語句，同時在「$\neg\exists yFy$」的旁邊打個勾「$\surd$」，結果如「圖 8-4(c)」：

---

[2] 這個新常元 **c** 又被稱為斯柯倫常元（Skolem constant），而這個寫下 $\alpha[\mathbf{c}/v]$ 的過程則被稱為斯柯倫化（skolemization）。

$$\forall x(Fx \to Gx)$$
$$\forall y(Gy \to Hy)$$
$$\neg\forall z(Fz \to Hz) \checkmark$$
$$\exists z\neg(Fz \to Hz) \checkmark$$
$$\neg(Fa \to Ha)$$

　　　　　　圖 8-4(a)

$$\forall xFx$$
$$\neg\exists yFy$$

　　　　　圖 8-4(b)

$$\forall xFx$$
$$\neg\exists yFy \checkmark$$
$$\forall y\neg Fy$$

　　　　　圖 8-4(c)

　　記得，每當你應用一個擴展規則後，你應該檢查樹上是否有某根枝子是根封閉的枝子。以這兩個例子來說，當應用完前述規則 (T∃) 而形成「圖 8-4(a)」和「圖 8-4(c)」後，這兩棵語義樹上都沒有出現封閉的枝子。

　　規則「圖 8-3(a)」背後的涵義可以這樣理解：為了要使「∃v α」在一個可能情況或模型 M 中的真假值為 1，M 的論域中必須有某個事物 o 滿足或符合 α 所說的事情。但由於該事物 o 可能在 M 中沒有名字，所以我們略為變動了 M 這個模型並使用一個之前沒出現過的常元去命名它，並因此寫下以該常元取代「∃v α」中的 v 後的一個替代例。規則「圖 8-3(b)」背後的涵義則可以這樣理解：為了要使「∃v α」在一個可能情況或模型 M 中的真假值為 0（或使得「¬∃v α」在模型 M 中的真假值為 1），M 論域中的每個事物都不能滿足或符合 α 所說的事情，或者說，M 論域中的每個事物都會滿足或符合「α」所說的事情，因而 M 會賦予「∀v ¬α」為 1 的真假值。

　　最後，讓我們看兩個與等同有關的規則 (T₌)。在說明前，讓我們先說明一個符號。如果「α(a)」是一個常元「a」在其中出現了一或多次的簡單句或簡單句的否定，（換言之，α(a) 是所謂的「文字」），如「Faaa」（其中「F」是一個三位謂詞），那麼，「α(b//a)」就代表**任何一個**用常元「b」去取代其中**某次或任意幾次**出現的「a」之後的結果，如「Fbaa」、「Faba」、「Faab」、「Fbba」、「Fbab」、「Fabb」或「Fbbb」。更一般性地說，當 α(**c**) 是一個常元 **c** 在其中出現一或多次的文字時，那麼，「α(**c'**//**c**)」便指稱**任何一個**將 α 中某次或任意多次出現的 **c** 更換為 **c'** 的結果。讓我們稱任何一個像 α(**c'**//**c**) 這樣的語句為 α(**c**) 的一個「更換式」；那麼，與等同有關的兩個規則 (T₌) 便可以表示為下方的「圖 8-5(a)」和「圖 8-5(b)」（其中的「…」代表任意零或多個在同一根枝子上的語句）：

$$\vdots$$
$$\mathbf{c} = \mathbf{c}$$

（其中，**c**是任何出現在該樹枝上的常元）

$$\mathbf{c} = \mathbf{c'}$$
$$\vdots$$
$$\alpha(\mathbf{c})$$
$$\vdots$$
$$\alpha(\mathbf{c'}//\mathbf{c})$$

（其中，α(**c**)是一個「文字」）

圖 8-5(a)　　　　　　　　　　　　　　　圖 8-5(b)[③]

左邊「圖 8-5(a)」的規則告訴我們，只要一根開放枝子中出現了 **c** 這個常元，並且該枝子中並沒有出現「**c** = **c**」這個語句，那麼，你隨時可以在該樹枝的葉子下方寫下「**c** = **c**」這個語句，並且不用在任何的語句旁邊打勾「√」（因而該規則也允許你應用多次）。舉例來說，如果在某個時間，你的樹如以下的「圖 8-6(a)」，那麼，該規則告訴你，你可以把任何一根包含了常元「a」（或「b」）的開放枝子（圖中只有一根）下方寫下「a = a」（或「b = b」）這個語句，並且不用在任何的語句旁邊打勾「√」，結果如「圖 8-6(b)」。右邊「圖 8-5(b)」中的規則告訴我們，當你在樹上先後看到一個等同語句「**c** = **c'**」和一個「文字」α(**c**) 時（它們出現的先後順序並不重要），那麼，你應該把**包含這兩個語句的每一根開放枝子**（不用管任何封閉的枝子，也不要管那些**不包含**該語句在內的開放枝子）的葉子下方寫下該文字的一個更換式「α(**c'**//**c**)」，並且不要在任何的語句旁邊打勾「√」（因而該規則同樣允許你將該規則多次應用在同一組語句上）。舉例來說，如果在某個時間，你的樹如下方的「圖 8-6(c)」，那麼，該規則告訴你，你可以把包含了「a = b」和「Fa」的每一根開放枝子（該圖中只有一根）的葉子下方寫下「Fb」這個語句，同時不要在任何的語句旁邊打勾「√」，結果如「圖 8-6(d)」：

a = b	a = b	a = b	a = b
¬b = a	¬b = a	Fa	Fa
	a = a	¬Fb	¬Fb
			Fb
			*

圖 8-6(a)　　　　圖 8-6(b)　　　　圖 8-6(c)　　　　圖 8-6(d)

---

③ 有些書或軟體只允許你將這個規則應用在簡單句上，而不允許你將之應用在簡單句的否定上；從效果上來看，這樣的規定與本書中的規定並無不同。

注意，「圖 8-6(a)」和「圖 8-6(b)」中的「¬b = a」並不是「a = b」的否定，就好像「¬b > a」並不是「a > b」的否定一樣。同樣的，「圖 8-6(c)」中的「¬Fb」並不是「Fa」的否定。記得，每當你應用一個擴展規則後，你應該檢查樹上是否有某根枝子是根封閉的枝子。以這兩個例子來說，當應用完前述規則 (T=) 而形成「圖 8-6(b)」和「圖 8-6(d)」後，「圖 8-6(d)」中的樹枝成了封閉的枝子（所以我們在它的下方打了一個「*」號），但「圖 8-6(b)」中的枝子則不然。

規則「圖 8-5(a)」背後的涵義可以這樣理解：由於任何一個「**c = c**」這樣的語句都是一個恆真句，④因而，任何使得你一開始的假設能夠成立的可能情況或模型 M 都會（也必須）使得「**c = c**」的真假值也為 1。規則「圖 8-5(b)」背後的涵義則可以這樣理解：任何一個使得「**c = c'**」和「文字」α(**c**) 的真假值都為 1 的可能情況或模型 M 也必然使得 α(**c**) 的任何一個更換式 α(**c'**) 的真假值也都為 1。規則「圖 8-5(b)」一般又稱為「萊布尼茲定律」（Leibniz's Law，簡寫為 LL），是為了紀念哲學家萊布尼茲而命名的邏輯規則，而其背後的直覺涵義是：如果專名 **c** 和 **c'** 命名了同一個事物，那麼，任何對 **c** 所指稱的事物來說為真的事情也一定會對 **c'** 所指稱的事物為真。

與 PL 的語義樹枝法不同之處在於：由於「圖 8-1(a)」規則允許你將同一個規則可以無限多次地應用在同一個全稱語句上，因而 QL 語義樹枝法的規則並不保證你會在有限多個步驟後完成一棵樹。這一點可能會讓你感到驚訝，甚至難以看出，但我們將在本章的最後一節舉例說明這種情形。

第二節　QL語義樹枝法的應用

我們在第四章中說過，在使用語義樹枝法去決定一個論證「$α_1$, …, $α_n$ / ∴ β」是否有證明（並進而決定該論證是否為演繹上有效的論證）時，我們先寫下該論證的每一個前提 $α_1$、…、$α_n$ 和結論的否定「¬β」作為一開始的

---

④ 這個事實的簡單證明如下：令 M 是任意一個 QL 模型，由於 v_M(**c**) = v_M(**c**)，因此，根據 (R=)，v_M(**c = c**) = 1。因此，「**c = c**」在每一個模型 M 中都為真，所以是一個恆真句。Q.E.D.

樹枝，然後「灌溉」那棵樹。如果我們最終得到一棵封閉的樹 ⑤（符號上記作「$\{\alpha_1, \cdots, \alpha_n\} \vdash_T \beta$」）⑥，我們也就得到了一個關於該論證的「證明」，並進而知道該論證是個演繹上有效的論證。⑦而如果我們最終得到一棵開放的完成樹（符號上記作「$\{\alpha_1, \cdots, \alpha_n\} \nvdash_T \beta$」），我們也就知道該論證在語義樹枝法上沒有「證明」，並進而知道該論證是個無效的論證。

　　舉例來說，前一節中的的樹「圖 8-2(c)」、「圖 8-2(d)」、「圖 8-4(a)」和以下的樹「圖 8-7(a) 至 (e)」逐步證明了：「$\forall x(Fx \rightarrow Gx), \forall y(Gy \rightarrow Hy) / \therefore \forall z(Fz \rightarrow Hz)$」在語義樹枝法中有一個證明（並因而是演繹上有效的論證；在「圖 8-7(b)」、「圖 8-7(d)」以及以後的例子中，我們將以粗體字標示被擴展規則 $(T_\forall)$ 應用的全稱語句）；之前的樹「圖 8-2(a)」、「圖 8-2(b)」和以下的樹「圖 8-7(f)」逐步證明了：「$\forall x(Fx \rightarrow Gx), Fa / \therefore Ga$」在語義樹枝法中

---

⑤ 而這樣的封閉樹可能會因為應用規則的順序不同而不只有一棵，但這不重要：重要的是該論證至少有一棵封閉樹。

⑥ 「$\vdash_T$」符號中下標的「T」，意在表明這裡所使用的證明方法是語義樹枝法，而非其它的語法方法，如我們在下一章中將說明的自然演繹法。

⑦ 如同在第四章所說，嚴格說起來，當我們得到一棵封閉的樹時，我們直接知道的只是該論證有個 QL 語義樹枝法上的證明，亦即，$\{\alpha_1, \cdots, \alpha_n\} \vdash_T \beta$，但由於我們可以證明以下這個被稱為 QL 語義樹枝法的「強健全性」（strong soundness）的結果：
　　強健全性：如果 $\{\alpha_1, \cdots, \alpha_n\} \vdash_T \beta$，則 $\{\alpha_1, \cdots, \alpha_n\} \vDash \beta$
所以，我們可以進一步推論出該論證也是演繹上有效的，亦即，$\{\alpha_1, \cdots, \alpha_n\} \vDash \beta$。不過，QL 語義樹枝法的「強健全性」證明比較複雜，因而不在本書說明的範圍內。有關於 QL 語義樹枝法的強（弱）健全性的證明，以及以下將提到的強（弱）完全性的證明，有興趣的讀者請參閱 G. Priest: *An Introduction to Non-Classical Logic – from If to Is*, Cambridge University Press, 2008, pp. 278-285。

⑧ 如同在第四章所說，嚴格說起來，當我們得到一棵開放的樹時，我們直接知道的只是該論證沒有 QL 語義樹枝法上的證明，亦即，並非 $\{\alpha_1, \cdots, \alpha_n\} \vdash \beta$，但由於我們可以證明以下這個被稱為 QL 語義樹枝法的「強完備性」（strong completeness）的結果：
　　強完備性：如果 $\{\alpha_1, \cdots, \alpha_n\} \vDash \beta$，則 $\{\alpha_1, \cdots, \alpha_n\} \vdash_T \beta$
所以，我們可以進一步推論出該論證也是演繹上無效的，亦即，並非 $\{\alpha_1, \cdots, \alpha_n\} \vDash \beta$。不過，QL 語義樹枝法的「強完備性」證明比較複雜，因而也不在本書說明的範圍內。

有一個證明；之前的樹「圖 8-6(a)」、「圖 8-6(b)」和以下的樹「圖 8-7(g)」
逐步證明了：「a＝b／∴ b＝a」在語義樹枝法中有一個證明（在「圖 8-7(g)」
以及以後的例子中，我們將以粗體字標示被萊布尼茲定律 LL 應用的兩個語
句；在「圖 8-7(g)」中，「b＝a」是用第一句中的「b」去替代第三句中第一
次出現的「a」的結果）；以下的樹「圖 8-7(h) 至 (i)」則逐步證明了：「a＝b,
b＝c／∴ a＝c」在語義樹枝法中也有一個證明（在「圖 8-7(i)」中，我們以粗
體字標示了被 LL 應用的兩個語句，其中「¬b＝c」是用第一句中的「b」去替
代第三句中的「a」的結果；我們將在下一節中給出無效推論的例子）。

$\forall x(Fx \to Gx)$	$\mathbf{\forall x(Fx \to Gx)}$	$\forall x(Fx \to Gx)$	$\forall x(Fx \to Gx)$
$\forall y(Gy \to Hy)$	$\forall y(Gy \to Hy)$	$\forall y(Gy \to Hy)$	$\mathbf{\forall y(Gy \to Hy)}$
$\neg\forall z(Fz \to Hz)$ √	$\neg\forall z(Fz \to Hz)$ √	$\neg\forall z(Fz \to Hz)$ √	$\neg\forall z(Fz \to Hz)$ √
$\exists z\neg(Fz \to Hz)$ √	$\exists z\neg(Fz \to Gz)$ √	$\exists z\neg(Fz \to Gz)$ √	$\exists z\neg(Fz \to Gz)$ √
$\neg(Fa \to Ha)$ √	$\neg(Fa \to Ha)$ √	$\neg(Fa \to Ha)$ √	$\neg(Fa \to Ha)$ √
Fa	Fa	Fa	Fa
¬Ha	¬Ha	¬Ha	¬Ha
	$Fa \to Ga$	$Fa \to Ga$ √	$Fa \to Ga$ √

圖 8-7(a)　　　圖 8-7(b)　　　圖 8-7(c)　　　圖 8-7(d)

在「圖 8-7(c)」：
¬Fa　　Ga
　*

在「圖 8-7(d)」：
¬Fa　　Ga
　*　　$Ga \to Ha$

圖 8-7(e)：
$\forall x(Fx \to Gx)$
$\forall y(Gy \to Hy)$
$\neg\forall z(Fz \to Hz)$ √
$\exists z\neg(Fz \to Gz)$ √
$\neg(Fa \to Ha)$ √
Fa
¬Ha
$Fa \to Ga$ √
　　¬Fa　　Ga
　　　*　　$Ga \to Ha$ √
　　　　　¬Ga　　Ha
　　　　　　*　　　*

圖 8-7(f)：
$\forall x(Fx \to Gx)$
Fa
¬Ga
$Fa \to Ga$ √
　¬Fa　　Ga
　　*　　　*

圖 8-7(g)：
$\mathbf{a = b}$
¬b＝a
$\mathbf{a = a}$
b＝a
*

圖 8-7(h)：
a＝b
b＝c
¬a＝c

圖 8-7(i)：
$\mathbf{a = b}$
b＝c
$\mathbf{\neg a = c}$
¬b＝c

圖 8-7(e)　　　圖 8-7(f)　　　圖 8-7(g)　　　圖 8-7(h)　　　圖 8-7(i)

　　我們在第四章中也曾經說過，在使用語義樹枝法去決定一個語句 α 是否有證明（並進而決定 α 是否是個恆真句）時，我們先寫下 α 的否定「¬α」（直覺上，我們假設 α 為假）作為樹的開始。如果我們在一開始寫下「¬α」後，最終得到一棵封閉的樹（代表該假設不可能成立），我們也就知道 α 在語義樹枝法中有一個證明（符號上記作「⊢_T α」，讀作「α 在語義樹枝法中有一個證明」或「α 是語義樹枝法中的一個定理」），並進而知道 α 不可能為假，所以是一個恆真句。[9]而如果我們在一開始寫下「¬α」後，最終得到一棵開放的樹（代表該假設有可能成立），我們也就知道 α 在語義樹枝法中沒有證明（符號上記作「⊬_T α」，讀作「α 在語義樹枝法中沒有證明」或「α 不是語義樹枝法中的一個定理」），並進而知道 α 不是一個恆真句。[10]類似地，在使用樹枝法去決定一個語句 α 是否是恆假句時，我們先寫下 α 本身（直覺上，我們假設 α 為真）作為樹的開始。如果我們在一開始寫下 α 後，最終得到一棵封閉的樹（代表該假設不可能成立），我們也就進而知道 α 不可能為真，所以是一個恆假句。而如果我們在一開始寫下 α 後，最終得到一棵開放的樹（代表該假設有可能成立），我們也就因而知道 α 有可能為真，所以不是一個恆假句。最後，如果無論你以「¬α」或 α 開始都得到一顆開放的樹，這表示 α 既可能為真也可能為假，因而是一個偶然句。

　　舉例來說，以下的「圖 8-8(a) 至 (d)」、「圖 8-8(e) 至 (f)」和「圖 8-8(g)

---

⑨ 如同在第四章所說，嚴格說起來，當得到一棵封閉的樹時，我們直接知道的只是該語句有個 QL 語義樹枝法上的證明，亦即，⊢_T α，但由於我們可以證明以下這個被稱為 QL 語義樹枝法的「弱健全性」（weak soundness）的結果：

　　弱健全性：如果 ⊢_T α，則 ⊨ α

所以，我們可以進一步推論出 α 是一個恆真句，亦即，⊨ α。不過，QL 語義樹枝法的「弱健全性」的證明比較複雜，因而不在本書說明的範圍內。

⑩ 如同在第四章所說，嚴格說起來，當得到一棵開放的樹時，我們直接知道的只是該語句沒有 QL 語義樹枝法上的證明，亦即，並非 ⊢_T α，但由於我們可以證明以下這個被稱為 QL 語義樹枝法的「弱完備性」（weak completeness）的結果：

　　弱完備性：如果 ⊨ α，則 ⊢_T α

所以，我們可以進一步推論出 α 不是一個恆真句，亦即，並非 ⊨ α。不過，QL 語義樹枝法「弱完備性」的證明比較複雜，因而也不在本書說明的範圍內。

至 (j)」分別證明了「$\forall x \forall y Fxy \rightarrow Fba$」、「$a = a$」和「$\forall x \ x = x$」是恆真句（我們在「圖 8-8(a)」、「圖 8-8(e)」和「圖 8-8(g)」中一開始便假設這三個語句為假）；而「圖 8-8(k) 至 (n)」和「圖 8-8(o) 至 (r)」則分別證明了「$\forall x Fax \wedge \exists y \neg Fay$」和「$(Fa \wedge a = b) \wedge \neg Fb$」是兩個恆假句（我們在「圖 8-8(k)」和「圖 8-8(o)」中一開始假設該兩個語句為真）。⑪我們將在下一節中給出偶然句的例子。

$\neg(\forall x \forall y Fxy \rightarrow Fba)$	$\neg(\forall x \forall y Fxy \rightarrow Fba)\ \surd$	$\neg(\forall x \forall y Fxy \rightarrow Fba)\ \surd$	$\neg(\forall x \forall y Fxy \rightarrow Fba)\ \surd$
	$\forall x \forall y Fxy$	**$\forall x \forall y Fxy$**	$\forall x \forall y Fxy$
	$\neg Fba$	$\neg Fba$	$\neg Fba$
		$\forall y Fay$	$\forall y Fay$
		$\forall y Fby$	**$\forall y Fby$**
			Fba
			*
圖 8-8(a)	圖 8-8(b)	圖 8-8(c)	圖 8-8(d)

$\neg a = a$	$\neg a = a$	$\neg \forall x \ x = x$	$\neg \forall x \ x = x\ \surd$	$\neg \forall x \ x = x\ \surd$	$\neg \forall x \ x = x\ \surd$
	$a = a$		$\exists x \ \neg x = x$	$\exists x \ \neg x = x\ \surd$	$\exists x \ \neg x = x\ \surd$
	*			$\neg a = a$	$\neg a = a$
					$a = a$
					*
圖 8-8(e)	圖 8-8(f)	圖 8-8(g)	圖 8-8(h)	圖 8-8(i)	圖 8-8(j)

$\forall x Fax \wedge \exists y \neg Fay$	$\forall x Fax \wedge \exists y \neg Fay\ \surd$	$\forall x Fax \wedge \exists y \neg Fay\ \surd$	$\forall x Fax \wedge \exists y \neg Fay\ \surd$
	$\forall x Fax$	$\forall x Fax$	**$\forall x Fax$**
	$\exists y \neg Fay$	$\exists y \neg Fay\ \surd$	$\exists y \neg Fay\ \surd$
		$\neg Fab$	$\neg Fab$
			Fab
			*
圖 8-8(k)	圖 8-8(l)	圖 8-8(m)	圖 8-8(n)

---

⑪ 如同我們在第四章中所說的，這裡自然有個問題產生：當決定一個語句屬於哪一類時，我們要先假設它為真呢？還是先假設它為假呢？這個問題其實不重要，而直覺（特別是學過邏輯後所培養出來的直覺）大概是你唯一的依靠：如果你直覺上認為某個語句是恆真句，先假設它為假；而如果你直覺上認為某個語句是恆假句，就先假設它為真。

$$(Fa \land a = b) \land \neg Fb$$

$$(Fa \land a = b) \land \neg Fb \; \checkmark$$
$$(Fa \land a = b)$$
$$\neg Fb$$

$$(Fa \land a = b) \land \neg Fb \; \checkmark$$
$$(Fa \land a = b) \; \checkmark$$
$$\neg Fb$$
$$Fa$$
$$a = b$$

$$(Fa \land a = b) \land \neg Fb \; \checkmark$$
$$(Fa \land a = b) \; \checkmark$$
$$\neg Fb$$
$$\mathbf{Fa}$$
$$\mathbf{a = b}$$
$$Fb$$
$$*$$

圖 8-8(o)　　　　　圖 8-8(p)　　　　　圖 8-8(q)　　　　　圖 8-8(r)

　　如同我們在第四章中說過的,在使用語義樹枝法去決定一個語句 α 是否能夠推論出另一個語句 β（並進而決定 α 是否在邏輯上蘊涵 β）時,我們先寫下 α 和「¬β」作為一開始的樹枝（直覺上,我們假設 α 為真而 β 為假,然後看看這個假設是否有可能成立）。如果我們最終得到一棵封閉的樹（這代表該假設不可能成立）,我們也就知道語義樹枝法中有一個從 α 推論出 β 的證明（符號上記作「α ⊢_T β」,讀作「從 α 到 β 的推論在語義樹枝法中有一個證明」）,並進而知道 ⑫**α 為真但 β 為假這件事**是不可能的,所以「α 邏輯上蘊涵 β」。但如果我們最終得到的是一棵開放的完成樹（代表該假設有可能成立）,我們也就知道語義樹枝法中並沒有任何從 α 推論出 β 的證明（符號上記作「α ⊬_T β」,讀作「從 α 到 β 的推論在語義樹枝法中沒有證明」）,並進而知道 ⑬α 邏輯上不蘊涵 β,因為,**α 為真而 β 為假這件事**是有可能的。

　　舉例來說,以下的「圖 8-9(a) 至 (d)」和「圖 8-9(e) 至 (g)」分別證明「∀xFxa ∧ a = b ⊢ Fbb」和「Fa ⊢ ∃zFz」;而「圖 8-9(h) 至 (k)」和「圖 8-9(l) 至 (m)」則分別證明了「∀xFx ⊢ ¬∃x¬Fx」而且「¬∃x¬Fx ⊢ ∀xFx」（注意,在「圖 8-9(m)」中,由於「¬∃x¬Fx」是「∃x¬Fx」的否定,因而我們封閉了該樹枝）;因而,「圖 8-9(h) 至 (k)」和「圖 8-9(l) 至 (m)」共同證明了「∀xFx」和「¬∃x¬Fx」是邏輯上等價的語句。我們將在下一節中給出邏輯蘊涵關係不成立的語句的例子。

---

⑫ 這個推論同樣需要訴諸語義樹枝法的強健全性。

⑬ 這個推論同樣需要訴諸語義樹枝法的強完備性。

$\forall xFxa \land a = b$	$\forall xFxa \land a = b\checkmark$	$\forall xFxa \land a = b\checkmark$	$\forall xFxa \land a = b\checkmark$	Fa	Fa	Fa
$\neg Fbb$	$\neg Fbb$	$\neg Fbb$	$\neg Fbb$	$\neg\exists zFz$	$\neg\exists zFz\;\checkmark$	$\neg\exists zFz\;\checkmark$
	$\forall xFxa$	$\mathbf{\forall xFxa}$	$\forall xFxa$		$\forall z\neg Fz$	$\mathbf{\forall z\neg Fz}$
	$a = b$	$a = b$	$\mathbf{a = b}$			$\neg Fa$
		Fba	$\mathbf{Fba}$			$*$
			Fbb			
			$*$			

| 圖 8-9(a) | 圖 8-9(b) | 圖 8-9(c) | 圖 8-9(d) | 圖 8-9(e) | 圖 8-9(f) | 圖 8-9(g) |

$\forall xFx$	$\forall xFx$	$\forall xFx$	$\mathbf{\forall xFx}$	$\neg\exists x\neg Fx$	$\neg\exists x\neg Fx$
$\neg\neg\exists x\neg Fx$	$\neg\neg\exists x\neg Fx\;\checkmark$	$\neg\neg\exists x\neg Fx\;\checkmark$	$\neg\neg\exists x\neg Fx\;\checkmark$	$\neg\forall xFx$	$\mathbf{\neg\forall xFx}$
		$\exists x\neg Fx\;\checkmark$	$\exists x\neg Fx\;\checkmark$		$\exists x\neg Fx$
		$\neg Fa$	$\neg Fa$		$*$
			Fa		
			$*$		

| 圖 8-9(h) | 圖 8-9(i) | 圖 8-9(j) | 圖 8-9(k) | 圖 8-9(l) | 圖 8-9(m) |

　　最後，如同我們在第四章已經說過的，在使用語義樹枝法去決定 $\{\alpha_1, \cdots, \alpha_n\}$ 這些語句是否能夠共同推出矛盾（並進而是否是邏輯上共同一致或共同可滿足的集合）時，我們直接寫下 $\{\alpha_1, \cdots, \alpha_n\}$ 這些語句，作為一開始的樹枝。直覺上，我們先假設 $\{\alpha_1, \cdots, \alpha_n\}$ 同時為真，然後看看這個假設是否有可能成立。如果我們最終得到一棵封閉的樹（代表該假設不可能成立），我們就知道語義樹枝法中有一個從 $\{\alpha_1, \cdots, \alpha_n\}$ 推出矛盾的證明（符號上記作「$\{\alpha_1, \cdots, \alpha_n\}$ $\vdash_T \bot$」，其中「$\bot$」代表任意的恆假句或矛盾，讀作「$\{\alpha_1, \cdots, \alpha_n\}$ 的語法不一致性在語義樹枝法上有一個證明」），並進而知道 [14]$\{\alpha_1, \cdots, \alpha_n\}$ 不可能同時為真，所以 $\{\alpha_1, \cdots, \alpha_n\}$ 是一個邏輯上不一致的（或非共同可滿足的）語句集合。但如果我們最終得到的是一棵開放的完成樹（代表該假設有可能成立），我們也就知道語義樹枝法中並沒有任何從 $\{\alpha_1, \cdots, \alpha_n\}$ 推出矛盾的證明（符號上記作「$\{\alpha_1, \cdots, \alpha_n\}$ $\nvdash_T \bot$」，讀作「$\{\alpha_1, \cdots, \alpha_n\}$ 的語法不一致性在語義樹枝法上沒有證明」），並進而知道 [15]$\{\alpha_1, \cdots, \alpha_n\}$ 有可能同時為真，所以 $\{\alpha_1, \cdots, \alpha_n\}$ 是一個邏輯上一致的（或共同可滿足的）語句集合。

---

[14] 這個推論同樣需要訴諸語義樹枝法的強健全性。

[15] 這個推論同樣需要訴諸語義樹枝法的強完備性。

　　舉例來說，以下的「圖 8-10(a) 至 (e)」逐步證明了：$\{\forall x(Fx \to Gx), \exists yFy, \neg \exists zGz\}$ 是一個邏輯上共同不一致的 (或非共同可滿足的) 集合 (注意，在「圖 8-10(d)」中，我們應用了兩次 $(T_\forall)$ 規則)，而「圖 8-10(f) 至 (i)」則逐步證明了：$\{\forall x(Fxa \to x = b), Fc_1a, Fc_2a, \neg c_1 = c_2\}$ 是一個邏輯上共同不一致的集合（注意，在「圖 8-10(g)」和「圖 8-10(h)」中，我們每圖應用了兩個規則：一個 $(T_\forall)$ 規則和一個 $(T_\to)$ 規則 ）。我們將在下一節中給出邏輯上互相不蘊涵的語句的例子。

$\forall x(Fx \to Gx)$	$\forall x(Fx \to Gx)$	$\forall x(Fx \to Gx)$	$\mathbf{\forall x(Fx \to Gx)}$	$\forall x(Fx \to Gx)$
$\exists yFy$	$\exists yFy$	$\exists yFy\checkmark$	$\exists yFy\checkmark$	$\exists yFy\checkmark$
$\neg\exists zGz$	$\neg\exists zGz\checkmark$	$\neg\exists zGz\checkmark$	$\neg\exists zGz\checkmark$	$\neg\exists zGz\checkmark$
	$\forall z\neg Gz$	$\forall z\neg Gz$	$\mathbf{\forall z\neg Gz}$	$\forall z\neg Gz$
		Fa	Fa	Fa
			$\neg Ga$	$\neg Ga$
			$Fa \to Ga$	$Fa \to Ga$

圖 8-10(a)　圖 8-10(b)　圖 8-10(c)　圖 8-10(d)　圖 8-10(e)

在圖 8-10(e) 中，$Fa \to Ga$ 分支為 $\neg Fa$（＊）和 Ga（＊）。

$\forall x(Fxa \to x = b)$	$\mathbf{\forall x(Fxa \to x = b)}$	$\mathbf{\forall x(Fxa \to x = b)}$	$\forall x(Fxa \to x = b)$
Fc_1a	Fc_1a	Fc_1a	Fc_1a
Fc_2a	Fc_2a	Fc_2a	Fc_2a
$\neg c_1 = c_2$	$\neg c_1 = c_2$	$\neg c_1 = c_2$	$\mathbf{\neg c_1 = c_2}$
	$Fc_1a \to c_1 = b\;\checkmark$	$Fc_1a \to c_1 = b\;\checkmark$	$Fc_1a \to c_1 = b\;\checkmark$

圖 8-10(f)　圖 8-10(g)　圖 8-10(h)　圖 8-10(j)

在圖 8-10(g) 中，分支為 $\neg Fc_1a$（＊）和 $c_1 = b$。

在圖 8-10(h) 中，$c_1 = b$ 下接 $Fc_2a \to c_2 = b\;\checkmark$，分支為 $\neg Fc_2a$（＊）和 $c_2 = b$。

在圖 8-10(j) 中，$c_1 = b$ 下接 $Fc_2a \to c_2 = b\;\checkmark$，分支為 $\neg Fc_2a$（＊）和 $\mathbf{c_2 = b}$，後接 $\neg c_1 = b$（＊）。

　　看過前面的例子後，讀者們應該已經開始熟悉了 QL 的語義樹枝法了，但這裡我們還是要提醒幾件使用 QL 語義樹枝法時應該注意的事情（前三項是我們在第四章已經提示過的）：

1. 應用擴展規則時，你不需要總是由上而下地將相關規則應用在第一個未打勾的語句上；你可以從任意一個未打勾語句開始使用相關的擴展規則。雖然不同的應用次序會產生不同形狀的語義樹，但只要其中的一棵最終是封閉的（或開放的），其它的各棵最終也會是封閉的（或開放的）。

2. 雖然，原則上，在樹還沒有完成前，你可以將相關的擴展規則應用在任何一個未打勾的語句上，但你最好先將相關的擴展規則應用在那些不會讓你把樹分成更多枝子的語句上，這樣才會讓你的樹在形態上更簡單些。

3. 如果你發現，在語義樹還沒有完成時，任何相關擴展規則的應用都會將樹分成更多的枝子，那麼，你應該優先考慮將相關的擴展規則應用在那些能夠儘快產生一根封閉枝子的語句上（但要能看出這件事，你需要一點經驗和心算的能力）。

4. 為了讓你的樹更簡單些，原則上你應該先應用那些會要求你在某個語句旁邊打勾的規則。（不要求你在語句旁邊打勾的規則有 (T∀) 的第一個規則和 (T=) 的兩個規則。）

5. (T∀) 的左半部規則（「圖 8-1(a)」）應該儘可能在其它規則都用完時再使用；特別是，它應該儘可能在使用完 (T∃) 的左半部規則（「圖 8-3(a)」）後再使用，以簡化樹枝圖。

最後，為了讓讀者熟練 QL 語義樹枝法，建議讀者多利用第四章末所推薦的可免費下載軟體 ProofTools。使用 ProofTools 時，把你要假設為真的語句輸入（或利用右方按鍵點選）到「Add premise」輸入框內，每輸入一個語句後按下一次輸入框旁的「enter」鍵；然後，把你要假設為假的語句（如果有的話）輸入（或利用右方按鍵點選）到「Set conclusion」輸入框內，並按下輸入框旁的「enter」鍵。當你輸入完成後，你可以按下右上方的「Show proof」鍵一次看整個完成的語義樹，或者連續按右上方的「Step by: 1」鍵數次，一步一步地看語義樹的擴展與完成。（注意，當 ProofTools 應用擴展規則時，它不會在該規則所應用的語句旁邊打勾「√」，但當你將滑鼠指到一個新產生的語句上時，它會用深綠色標示出該規則所應用的語句。）如果你一開始輸入的假設是不可能成立的，那麼，當樹完成時你會看到一棵封閉的樹，其中的每個枝子下方都有一個「*」號（但請注意本章注釋 1 中所說的，ProofTools 中對於

等同的封閉規則與本章所說的略有不同），如「圖 8-11(a)」和「圖 8-11(b)」所示（「圖 8-11(a)」證明了：「{∃x(∀y(Fy ↔ x = y) ∧ Gx), Fa} ⊢ Ga」，「圖 8-11(b)」則證明了：「{∃x∀y(Fy ↔ x = y), Fa, Fb} ⊢ a =b」）。而如果妳一開始輸入的假設是有可能成立的，那麼，當樹完成時你會看到一棵開放的樹，其中的每個開放枝子下方都有一個「o」號。如果你將鼠標移到「o」號之上，該軟體就會在鼠標處顯示該開放枝子所抽繹出來的模型（有關於如何從一個開放枝子抽繹出一個 QL 模型的方法，詳見下一節中的說明）。

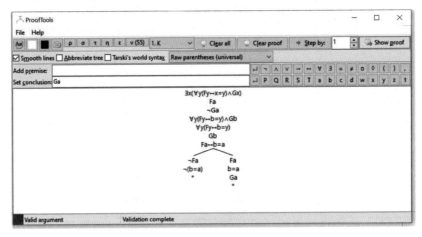

圖 8-11(a)

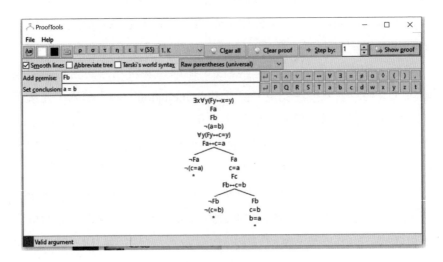

圖 8-11(b)

除了 ProofTools 之外，我們也在第四章介紹過網路上另外一個叫「Tree Proof Generator」的方便網站（https://www.umsu.de/trees/），可供讀者熟悉和練習語義樹枝法。登入該網站後，讀者們會看到如「圖 8-12」的網頁，要判斷一個 QL 語句所形成的論證是否有證明或兩個 QL 語句間是否有推出關係，讀者只需要輸入各前提（以逗號分開）或第一個語句，然後輸入「⊨」和結論；而要判斷一個 QL 語句是否是定理，讀者就只需要輸入該語句的否定就行了。如果你的輸入會導致一棵封閉的樹，該網站會展示給你完成的樹。但如果你的輸入不會導致一棵封閉的樹，該網站就只會顯示能讓你一開始的輸入不成立的反模型（countermodel）。

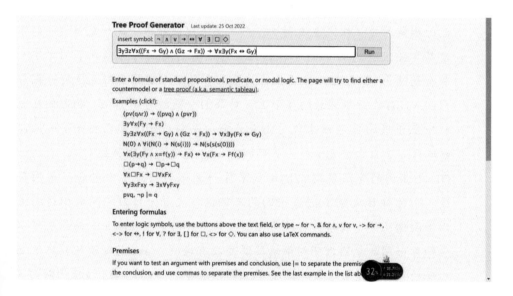

圖 8-12

第三節　QL語義樹的完成問題

到目前為止，我們看過的 QL 語義樹都是封閉的樹。根據我們在第四章所說的樹的完成規則，一棵封閉的樹當然是一棵完成的樹；因而我們有：

QL 語義樹的完成規則 (1)：當你的樹是一棵封閉的樹時，該樹就完成了。

問題是，由於 QL 的擴展規則允許你（無窮）多次應用同一個規則在同一個全稱語句上，並因而可以在樹上不停地寫下新語句，因此，我們需要一個額外的規則去告訴我們：什麼時候一棵開放的 QL 語義樹算是一棵完成的樹，或者說，什麼時候我們可以確知對於試圖證明的事情來說其實並沒有證明。以下這兩個規則就是我們所需要的：

1. QL 語義樹的完成規則 (2a)：如果你一開始的假設當中並不包含等同符號，但你卻發現目前的開放樹已經滿足了以下三個條件，這時，這棵開放的樹就算是一棵完成的樹了，而你也可以確知你一開始試圖證明的事情其實並沒有證明：(i) 整棵樹上旁邊沒有打勾的語句只剩下「文字」和全稱語句，(ii) 在每根開放的枝子上，每個全稱語句都至少有一個替代例，(iii) 在每根開放的枝子上，對每個全稱語句「$\forall v\ \alpha$」和每個在該枝子上出現的常元 **c** 來說，該全稱語句在該枝子上都已經有了一個以 **c** 取代 α 中自由變元 v 後的替代例 $\alpha[\mathbf{c}/v]$ 出現在該枝子上。

2. QL 語義樹的完成規則 (2b)：如果你一開始的假設當中包含了等同符號，但你卻發現除了 (2a) 中的的三個條件之外，目前的開放樹還滿足以下兩個條件，這時，這棵開放樹也算是一棵完成的樹了，而你也可以確知你一開始試圖證明的事情其實並沒有證明：(iv) 對每根開放枝子上出現的個體常元 **c** 來說，該枝子上都已經有一個「**c = c**」這樣的語句，(v) 有關於 ($T_=$) 的第二個規則 LL（見「圖 8-5(b)」）已經無可再進一步應用了。

讓我們從 QL 語義樹的完成規則 (2a) 開始，去看一些已經完成的開放樹的例子。以下的「圖 8-13(a)」一開始試圖證明「{∃xFx, ∃xGx} / ∴ ∃x(Fx ∧ Gx)」是一個有效的論證，但該樹發展到「圖 8-13(e)」時卻沒能得到一棵封閉的樹（注意，我們在「圖 8-13(c) 至 (e)」中應用了兩次規則在相同或不同的語句上，同時，「圖 8-13(c)」中的「Gb」不可改為「Ga」，否則會違反 ($T_∃$) 中的限制）。儘管如此，由於「圖 8-13(e)」已經滿足了 QL 語義樹的完成規則

(2a) 中的三個條件（讀者可以自己檢查，檢查時，讀者只要注意看該樹中開放的枝子就可以了），因而是一棵已經完成的開放樹（具有至少一根開放的枝子），而我們也就進而知道：「{∃xFx, ∃xGx} / ∴ ∃x(Fx ∧ Gx)」在語義樹枝法上沒有證明，因而不是一個演繹上有效的論證：

∃xFx	∃xFx	∃xFx √	∃xFx √	∃xFx √
∃yGx	∃yGx	∃xGx √	∃xGx √	∃xGx √
¬∃x(Fx ∧ Gx)	¬∃x(Fx ∧ Gx) √	¬∃x(Fx ∧ Gx) √	¬∃x(Fx ∧ Gx) √	¬∃x(Fx ∧ Gx) √
	∀x¬(Fx ∧ Gx)	∀x¬(Fx ∧ Gx)	**∀x¬(Fx ∧ Gx)**	∀x¬(Fx ∧ Gx)
		Fa	Fa	Fa
		Gb	Gb	Gb
			¬(Fa ∧ Ga)	¬(Fa ∧ Ga) √
			¬(Fb ∧ Gb)	¬(Fb ∧ Gb) √

圖 8-13(a)　　　圖 8-13(b)　　　圖 8-13(c)　　　圖 8-13(d)　　　圖 8-13(e)

在圖 8-13(e) 中：

¬(Fa ∧ Ga) 分支為 ¬Fa（*）與 ¬Ga，¬Ga 再分支為 ¬Fb 與 ¬Gb（*）

讓我們再舉一個例子說明規則 (2a)。以下的「圖 8-14(a)」一開始試圖證明「∀x(Fx → Gx)」（所有的 F 都是 G）邏輯上蘊涵「∃x(Fx ∧ Gx)」（有些 F 是 G）[16]，但該樹發展到「圖 8-14(d)」時卻沒能得到一棵封閉的樹（注意，我們在「圖 8-14(c) 至 (d)」中應用了兩次規則在相同或不同的語句上）。儘管如此，由於「圖 8-14(d)」已經滿足了樹的完成規則 (2a) 中的三個條件（讀者可以自己檢查），因而是一棵已經完成的開放樹（具有三個開放的枝子），而我們也就進一步知道：「∀x(Fx → Gx)」到「∃x(Fx ∧ Gx)」的推論在語義樹枝法上沒有證明，因此，「∀x(Fx → Gx)」並非邏輯上蘊涵「∃x(Fx ∧ Gx)」：

---

[16] 這個從 A 類語句到 I 類語句的邏輯蘊涵關係在亞里斯多德邏輯中是成立的（因為該邏輯中的全稱語句有所謂的存在預設〔existence presuppsition〕使然），但在當代的邏輯分析中，這個邏輯蘊涵關係則並不成立。

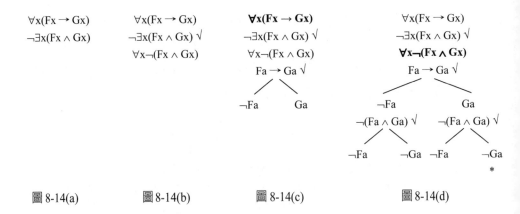

図 8-14(a)　　　　　図 8-14(b)　　　　　図 8-14(c)　　　　　図 8-14(d)

　　現在，讓我們舉例說明 QL 語義樹的完成規則 (2b)。以下的「圖 8-15(a)」一開始試圖證明「Fab → ¬a = b」是一個恆真句（我們在「圖 8-15(a)」中假設該語句為假），但該樹發展到「圖 8-15(d)」時卻沒能得到一棵封閉的樹（注意，我們在「圖 8-15(c)」中應用了兩次 (T₌) 的第一個規則，而在「圖 8-15(d)」中應用了兩次 (T₌) 的第二個規則 LL，第一次應用在「Fab」和「a = b」之上而得到「Fbb」，第二次則應用在「a = b」和「a = a」之上而得到「b = a」）。儘管如此，由於「圖 8-15(d)」已經滿足了 QL 語義樹的完成規則 (2a) 中的三個條件和完成規則 (2b) 中的兩個額外條件（讀者可以自己檢查），因而是一棵已經完成的開放樹（具有一根開放的枝子），而我們也就因而知道：「Fab → ¬a = b」並不是 QL 語義樹枝法上的一個定理，因而不是一個恆真句：

¬(Fab → ¬a = b)	¬(Fab → ¬a = b) √	¬(Fab → ¬a = b) √	¬(Fab → ¬a = b) √
	Fab	Fab	**Fab**
	¬¬a = b √	¬¬a = b √	¬¬a = b √
	a = b	a = b	**a = b**
		a = a	**a = a**
		b = b	b = b
			Fbb
			b = a

図 8-15(a)　　　　　図 8-15(b)　　　　　図 8-15(c)　　　　　図 8-15(d)

　　以下的「圖 8-16(a)」試圖證明 {Fa, ∀x(Fx → x = a), Ga, ¬a = b, ¬Gb} 是一個語法與邏輯上共同一致的集合（我們在「圖 8-15(a)」中假設了該集合中的每個語句都為真），但該樹發展到「圖 8-16(e)」時卻沒能得到一棵封閉的

樹（注意，我們在「圖 8-16(b)」中應用了兩次 (T∀) 規則，在「圖 8-16(c)」中應用了兩次 (T→) 規則，而在「圖 8-16(d)」中應用了兩次 (T=) 的第一個規則）。儘管如此，由於「圖 8-16(e)」已經滿足 QL 語義樹的完成規則 (2a) 中的三個條件和完成規則 (2b) 中的兩個額外條件（讀者可以自己檢查），因而是一棵已經完成的開放樹（具有一根開放的枝子），而我們也就進而知道：{Fa, ∀x(Fx → x = a), Ga, ¬a = b, ¬Gb} 不能推論出矛盾，也進一步知道這個集合因此是一個邏輯上共同一致的集合：

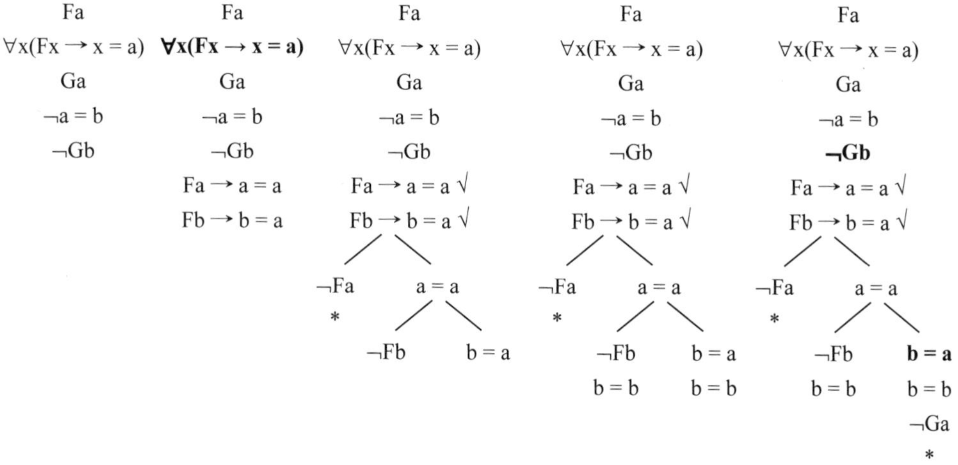

圖 8-16(a)　　　圖 8-16(b)　　　圖 8-16(c)　　　圖 8-16(d)　　　圖 8-16(e)

現在，讓我們看一下如何從完成的 QL 開放樹抽繹出 QL 語義模型的方法。我們說過，完成的 QL 開放樹不僅代表一開始的假設是有可能成立的，其中每一個開放枝子還提供我們有關於該假設如何可能成立的情況或語義模型 M 的訊息。事實上，從完成的開放樹中的任何一根開放枝子，你都可以抽繹出（induce）一個讓你一開始的假設成立的可能情況或語義模型 M，而抽繹這個情況或語義模型的方法如下：

1. 令該枝子上出現的每一個常元 **c**（如「a」、「b」、「c」等）都命名一個事物 δ**c**（如 δ_a、δ_b、δ_c 等），不同的常元命名不同的事物；但如果該枝子上出現如「**c = c'**」這樣的語句，則讓 **c** 和 **c'** 命名相同的事物，至於這個相同的事物是 δ**c** 或 δ**c'** 都無所謂，隨你的喜好。換言之，對

於任何枝子上出現的任何常元 **c**，我們讓 $v($**c**$) = \delta$**c**，但如果「**c** = **c'**」出現在枝子上，我們讓 $v($**c**$) = v($**c'**$)$。

2. 將該開放枝子中所有這些常元所指稱的事物 δ**c** 所形成的集合當作是模型 M 的論域 D。

3. 如果一個簡單句獨立地出現在該開放枝子上，我們令其中謂詞的外延包含（而且只包含）其後的常元序列所指稱的事物序列；換言之，如果「ϕ**c**$_1$⋯**c**$_n$」出現在該枝子上，我們讓 $\langle v($**c**$_1), \cdots, v($**c**$_n)\rangle \in v(\phi)$。

4. 如果一個簡單句的否定獨立地出現在該開放枝子上，我們讓其中謂詞的外延不包含其後的常元序列所指稱的事物序列；換言之，如果「$\neg\phi$**c**$_1$⋯**c**$_n$」出現在該枝子上，我們讓 $\langle v($**c**$_1), \cdots, v($**c**$_n)\rangle \notin v(\phi)$。

5. 如果一個出現在假設中的謂詞並未出現在該開放枝子中某個獨立的簡單句或其否定中，我們則可以任意規定該謂詞的外延。

這樣做後，我們可以很容易證明（但我們不會在此證明）：不但所有獨立地出現在該開放枝子上的「文字」都會在該可能情況或語義模型 M 中為真，所有出現在該開放枝子上的語句（包括一開始的假設，不論是不是文字）也都會在該可能情況或語義模型 M 中為真。舉例來說，從「圖 8-13(e)」中的開放枝子 $\langle\exists xFx, \exists xGx, \neg\exists x(Fx \wedge Gx), \forall x\neg(Fx \wedge Gx), Fa, Gb, \neg(Fa \wedge Ga), \neg(Fb \wedge Gb), \neg Ga, \neg Fb\rangle$，我們可以抽繹出以下這個能讓該開放枝子中的所有語句（包括一開始的假設）都為真（請讀者驗證）的可能情況或語義模型 M = $\langle$D, $v\rangle$，其中，D = $\{\delta_a, \delta_b\}$，而 $v(a) = \delta_a$、$v(b) = \delta_b$、$v(F) = \{\delta_a\}$ 而 $v(G) = \{\delta_b\}$（如以下「圖 8-17」所示），而 v 對其它的常元和謂詞則可以任意賦值，該可能情況或語義模型因而是一個讓「$\{\exists xFx, xGx\} / \therefore \exists x(Fx \wedge Gx)$」中的前提都為真但卻讓其結論為假的可能情況或語義模型。再舉例來說，從「圖 8-15(d)」中的開放枝子 $\langle\neg(Fab \rightarrow \neg a = b), Fab, \neg\neg a = b, a = b, a = a, b = b, Fbb, b=a\rangle$，我們可以抽繹出以下這個能讓該開放枝子中的所有語句都為真（請讀者驗證）的可能情況或語義模型 M = $\langle$D, $v\rangle$，其中，D = $\{\delta_a\}$，而 $v(a) = v(b) = \delta_a$ 而 $v(F) = \{\langle\delta_a, \delta_a\rangle\}$（如以下「圖 8-18」所示），而 v 對其它的常元和謂詞則可以任意賦值，該可能情況或語義模型因而是一個讓「$\neg(Fab \rightarrow \neg a = b)$」為真並讓「$Fab \rightarrow \neg a = b$」為假的可能情況或語義模型。

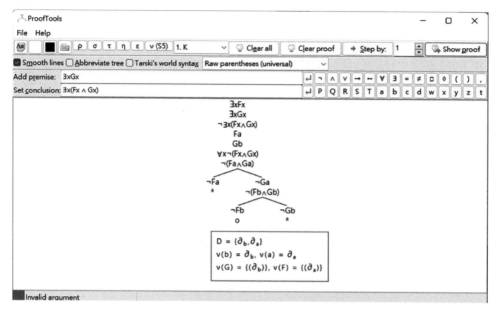

圖 8-17

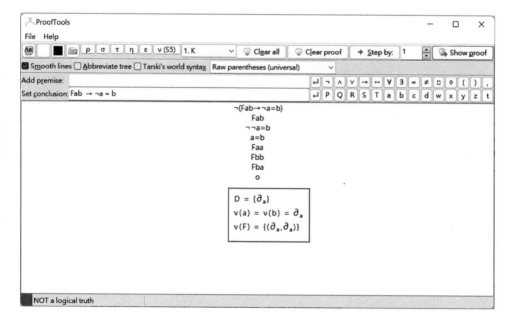

圖 8-18

　　注意，QL 的語義樹枝法與 PL 的語義樹枝法有一個絕大的不同之處：QL 的語義樹未部必然會在有限多個步驟後滿足某一個完成規則；換言之，有些 QL 的語義樹可能在**任何**有限多個步驟之後都既不會成為封閉的樹，也不會同時滿足前述的完成規則 (2a) 或 (2b)，並因而永遠無法停止而完成。舉例來說，如果你想利用以下的「圖 8-19(a)」開始，試著去證明「∃x∀yFxy」是一個恆真句（因而你寫下它的否定），那麼，你將會發現，你會歷經「圖 8-19(a) 至 (g)」等過程，但始終無法獲得一棵完成的樹（注意，在「圖 8-19(c)」、「圖 8-19(e)」和「圖 8-19(g)」中，我們一次應用了兩個擴展規則），而這是因為：當你進行到「圖 8-19(c)」、「圖 8-19(e)」、「圖 8-19(g)」等步驟時，依據 (T∃) 的規則，你必須利用一個目前樹枝上沒有出現過的新常元去寫下某個稍早出現的存在語句的替代例，但一旦你寫下這樣的替代例後，為了要滿足完成規則 (2a) 中的條件 (iii)，你就得利用該新常元再去在下一個步驟中寫下之前某個全稱語句（也就是「∀x¬∀yFxy」）的一個新替代例；不幸的是，這個全稱語句的新替代例又讓你產生一個新的存在語句，而這個新的存在語句又會要求你去利用一個樹枝上沒有出現過的新常元去寫下它的替代例，但如此一來，為了要滿足完成規則 (2a) 中的條件 (iii)，你又得利用該新常元再去在下一個步驟中寫下之前某個全稱語句（也就是「∀x¬∀yFxy」）的一個新替代例，…，因而你也就一直在這個壞的循環中不停地環繞著。如此一來，前述 (2a) 中的三個條件就永遠也不可能同時被滿足了，更別說 (2b) 中的條件了（我希望讀者能

圖 8-19(a)	圖 8-19(b)	圖 8-19(c)	圖 8-19(d)	圖 8-19(e)	圖 8-19(f)	圖 8-19(g)
¬∃x∀yFxy	¬∃x∀yFxy √	¬∃x∀yFxy √	¬∃x∀yFxy √	¬∃x∀yFxy √	¬∃x∀yFxy √	¬∃x∀yFxy √
	∀x¬∀yFxy	∀x¬∀yFxy	**∀x¬∀yFxy**	∀x¬∀yFxy	**∀x¬∀yFxy**	∀x¬∀yFxy
	¬∀yFay	¬∀yFay	¬∀yFay √	¬∀yFay √	¬∀yFay √	¬∀yFay √
		∃y¬Fay √	∃y¬Fay √	∃y¬Fay √	∃y¬Fay √	∃y¬Fay √
		¬Fab	¬Fab	¬Fab	¬Fab	¬Fab
			¬∀yFby	¬∀yFby √	¬∀yFby √	¬∀yFby √
				∃y¬Fby √	∃y¬Fby √	∃y¬Fby √
				¬Fbc	¬Fbc	¬Fbc
					¬∀yFcy	¬∀yFcy √
						∃y¬Fcy √
						¬Fcd
						……

夠清楚看出這一點；如果不然，你可以使用 ProofTools 去檢驗這一點。當你輸入（或利用右方按鍵點選）「∃x∀yFxy」到「Set conclusion」輸入框內，並按下輸入框旁的「enter」鍵後，你會看到該程式永不停止地運行著，如以下「圖 8-20」所示）：

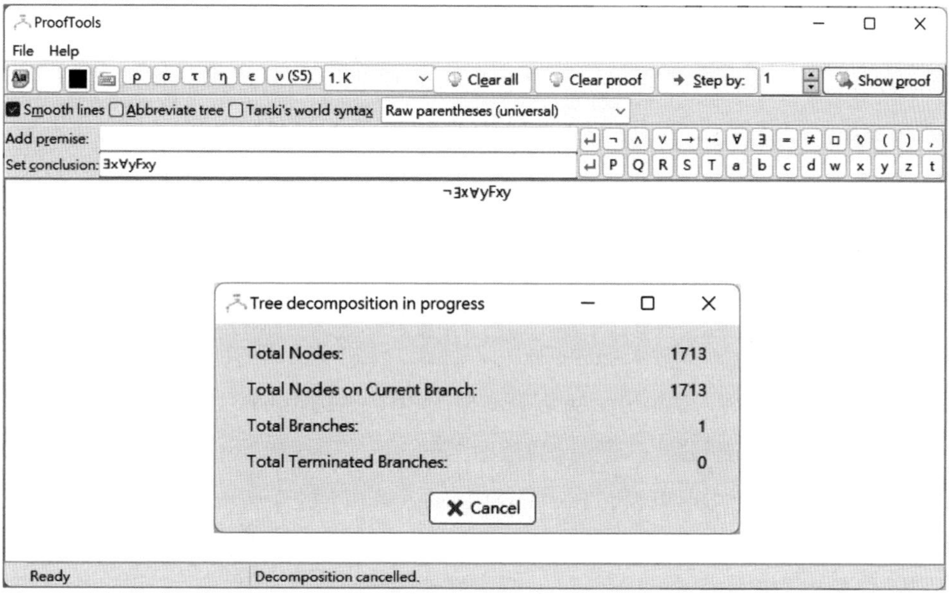

圖 8-20

　　在結束本章之前，讓我簡單解答兩個重要的問題。首先，我們有什麼方法可以知道一棵 QL 的語義樹既不會封閉又無法同時滿足完成規則 (2a) 或 (2b) 呢？答案是：沒有任何一種電腦能夠學會的方法可以告訴你這一點，因而你需要訴諸你的聰明才智。這個問題是所謂的「可決定性問題」（decidable problem）：命題邏輯是可決定的邏輯，但量化帶等同邏輯則不是可決定的邏輯。不過，由於對「量化帶等同邏輯是不可決定的邏輯」的證明太過於複雜，我們將不會在本書中仔細說明這一點（但有興趣的讀者可以參考本書第十四章第二節中的說明）。其次，當我們「看出」一棵 QL 的語義樹既不會封閉又不可能同時滿足完成規則 (2a) 或 (2b) 時，我們要如何抽繹出它的相關語義模型 M 呢？答案可以很簡單：你仍然可以依照我們在這一節中稍早時所說的方

法去抽繹出該語義模型，但這會讓你的語義模型 M 的論域當中有無限多個事物，而你對各個謂詞的解釋也將相對十分複雜。另外一個答案是：仍然應用你的聰明才智，看是否能夠找到更為簡單的模型。比方來說，如果你使用本節所教的方法試著去從「圖 8-19(g)」抽繹出一個相關的模型 M，你可能得讓其論域 D 包含 $\{\delta_a, \delta_b, \cdots\}$ 這無限多個東西，而 v 對 F 的解釋也不能包含 $<\delta_a, \delta_b>$、$<\delta_b, \delta_c>$…這無限多個序對中的任何一個（但可以包含像 $<\delta_a, \delta_a>$、$<\delta_b, \delta_b>$ 這樣的序對）。但如果你稍微想一下，你可能會發現以下這個簡單許多的模型 M 就已經能夠達成我們的目的了：其中 D = $\{\delta_a, \delta_b\}$ 而 v(F) = $\varnothing$。

練習題

一、（一）試著自行在紙上繪製語義樹，以判斷以下論證是否在 QL 的語義樹枝法中有一個證明，如果一個論證在 QL 的語義樹枝法中沒有證明，試從其完成的開放語義樹中抽繹出一個能讓其前提都為真但結論卻為假的語義模型 M。（二）使用本章中介紹的 ProofTools 軟體或 Tree Proof Generator 網頁去檢查你的答案：

1. $\{\forall x(Fx \rightarrow Gx), \exists x \neg Fx\} \vdash_T \forall x \neg Gx$

2. $\{\exists xFx, \forall x \forall y((Fx \wedge Fy) \rightarrow x = y)\} \vdash_T \exists x(Fx \wedge \forall y(Fy \rightarrow x = y))$

3. $\{\forall x((x = a \vee x = b) \rightarrow Fx), a = b \vee b = c \vee c = a, \neg Fc\} \vdash_T a = b$

二、（一）試著自行在紙上繪製語義樹，以判斷以下從左到右的推論是否在 QL 的語義樹枝法上有一個證明，如果一個推論在 QL 的語義樹枝法中沒有證明，試從其完成的開放語義樹中抽繹出讓左邊句子為真但右邊句子為假的語義模型 M。（二）使用本章中介紹的 ProofTools 軟體或 Tree Proof Generator 網頁去檢查你的答案：

1. $\forall x(Fx \rightarrow \exists yGxy) \vdash_T \forall x \exists y(Fx \rightarrow Gxy)$

2. $\forall xFx \rightarrow \forall yHy \vdash_T \forall x(Fx \rightarrow \forall yHy)$

3. $\exists x(\forall zGxz \wedge \forall y(\forall zGyz \rightarrow x = y)) \vdash_T \exists x \exists y(\neg Gxy \wedge \neg Gyx)$

4. $\exists x \forall y(Fy \leftrightarrow x = y) \vdash_T \exists xFx \wedge \forall x \forall y((Fx \wedge Fy) \rightarrow x = y)$

5. $\exists x \exists yHxy \vdash_T \exists y \exists xHxy$

三、（一）試著自行在紙上繪製語義樹，以判斷以下語句是否是 QL 語義樹枝法中的一個定理。（二）使用本章中介紹的 ProofTools 軟體或 Tree Proof Generator 網頁去檢

查你的答案：

1. ⊢$_T$ ∀x∃yHxy → ∃xHxx

2. ⊢$_T$ ∀xFx → ∀yFy

3. ⊢$_T$ ∃x¬∃yFxy → ∃x∀y¬Fxy

四、（一）試著自行在紙上繪製語義樹，以判斷以下的 QL 語句集合的語法一致性是否在 PL 的語義樹枝法上有一個證明。（二）使用本章中介紹的 ProofTools 軟體或 Tree Proof Generator 網頁去檢查你的答案（使用 Tree Proof Generator 時，輸入各集合中的語句作為前提，然後寫下「⊨ P ∧ ¬P」）：

1. {∃x(Fx → ∀yGy), ∃xFx, ∃y¬Gy}

2. {∃x∃x∀y(Gy → x = y), Ga, a = b, ¬Fb}

Chapter **9**

QL的自然演繹法

第一節　QL自然演繹法的基本推論規則

　　我們在第五章中介紹了 PL 的自然演繹法，在這一章中我們將繼續介紹 QL 的自然演繹法，特別是 QL 自然演繹法的基本推論規則。但在說明之前，讓我們再簡單提示一下自然演繹法的特性。

　　作為一種純粹語法的方法，自然演繹法的操作程序讓你能夠根據一些語法規則有順序的寫下一序列語句，並從而判定邏輯對象的特性。自然演繹法的「起始規則」允許你寫下任意零個或多個語句作為證明一開始的前提；其「開啟子證明的規則」允許你在證明的任何階段寫下任意一個語句作為暫時性的假設去開啟一個子證明；「基本推論規則」允許你根據目前寫下的語句和一定的規則繼續寫下一些新的語句；而其「完成規則」則讓你在結束了所有的子證明後宣告證明的完成。

　　「基本推論規則」是自然演繹法的核心規則，也是我們在這一節說明的重點。我們在第五章中介紹了 13 個 PL 自然演繹法的基本推論規則，其中，除了 3 個是有關於 ITER 和「⊥」的規則外，其餘的規則都是和真值函數式連接詞有關的規則。在 QL 的邏輯符號中，我們除了有 PL 中的真值函數式連接詞之外，還有兩類量化詞及一個等同符號。QL 的自然演繹法中關於 ITER、「⊥」與真值函數式連接詞的基本推論規則與 PL 自然演繹法中有關於它們的基本推論規則完全相同，我們因此不再重複介紹這些規則。以下，我們只說明有關於兩類量化語句與等同語句的基本推論規則。

　　在說明量化語句的基本推論規則之前，讓我們先複習一個第八章中說明過的概念：「替代例」。如果你將一個量化語句（全稱語句「$\forall v\ \alpha$」或特稱語句「$\exists v\ \alpha$」）中範圍最大的量化詞「$\forall v$」或「$\exists v$」去除，並將 α 中原本被該量化詞拘束 (如果有的話)、但因為去除該量化詞而變成自由出現的變元 v「統一替換」為某個常元 **c**，那麼，這樣替換後所得到的語句（符號表示為 $\alpha[\textbf{c}/v]$）就稱為原來量化語句的一個替代例。(但如果你去除量化語句中範圍最大的量化詞後，並沒有任何變元 v 是原本被該量化詞拘束、但卻因為去除量化詞而變成自由出現，那麼，去除量化詞後的 α 就是原來量化語句的一個替代例。) 舉例來說，「$Fa \to Gaa$」就是「$\forall y(Fy \to Gyy)$」、「$\forall y(Fy \to Gay)$」、「$\forall y(Fa \to Gyy)$」、「$\forall y(Fa \to Gay)$」、「$\exists x(Fx \to Gxx)$」、「$\exists x(Fa \to Gxx)$」以及

「∀y(Fa → Gaa)」的一個共同替代例。

現在，我們可以開始說明 QL 中與全稱量化詞和全稱語句有關的兩個自然演繹法的基本推論規則：

如果 **c** (i) 既未出現在「∀ν α」中，

(ii) 亦未出現在前提中，

(iii) 亦未出現在未結束的假設中，

那麼：

i. | ∀ν α   i. | α[**c**/ν]
... | ...   ... | ...
j. | α[**c**/ν]   ∀E, i   j. | ∀ν α   ∀I, i

圖 9-1(a)   圖 9-1(b)

「圖 9-1(a)」說得相當簡單：當你看到證明中的第 i 行中已經出現了「∀ν α」這個全稱語句（不管它後面的註記是什麼），並且第 i 行並不包含在一個已經結束的子證明中時，那麼，你總是可以在該證明的第 j 行寫下它的任何一個替代例 α[**c**/ν]，並在其後方註記「∀E, i」。∀E 規則通常又被稱為「Universal Instantiation」（全稱例化；UI）。注意，如果「∀ν α」只出現在已經結束的子證明中，那麼，這個規則並沒有允許你在該證明的第 j 行寫下它的任何替代例。相對來說，「圖 9-1(b)」說得較為複雜；它說的是：當你看到證明中的第 i 行中已經出現了「∀ν α」這個全稱語句的一個替代例 α[**c**/ν]（不管它後面的註記是什麼），而且第 i 行並不包含在一個已經結束的子證明中，並且，如果以下 (i) 至 (iii) 三個條件也都滿足了，那麼，你就可以在該證明的第 j 行寫下該全稱語句「∀ν α」本身，並在其後方註記「∀I, i」。∀I 規則通常又被稱為「Universal Generalization」（全稱通則化；UG）；而這三個條件分別是：(i) **c** 這個常元並未出現在「∀ν α」中，(ii) **c** 這個常元並未出現在前提中，以及 (iii) **c** 這個常元並未出現在任何未結束的假設中。注意，如果 α[**c**/ν] 只出現在已經結束的子證明中，或 **c** 違反了 (i) 至 (iii) 中的任何一點，那麼，這個規則就沒有允許你在該證明的第 j 行寫下該全稱語句。

為了進一步了解 ∀I 規則中的三個限制，讀者們可以參考下方的「圖 9-2(a)

至 (c)」。「圖 9-2(a)」中的第 3 行是錯誤應用了 ∀I 的結果，而它之所以錯誤，是因為：雖然「a = a」是推論出的第 3 行「∀y y = a」的一個替代例，但替換「y」的常元「a」卻出現在後者當中。由於這個錯誤的推論步驟，該推論錯誤地從「每一個東西都等於它自己」（「∀x x = x」）推論出「每一個東西都等於每一個東西」（「∀x∀y y = x」）這個結論。「圖 9-2(b)」中的第 2 行是錯誤應用了 ∀I 的結果，而它之所以錯誤，是因為：雖然「Fa」是推論出的第 2 行「∀xFx」的一個替代例，但替換「x」的常元「a」卻出現在第 1 行的前提「Fa」中。由於這個錯誤的推論步驟，該推論錯誤地從「a 是 F」（「Fa」）推論出「每一個東西都是 F」（「∀xFx」）這個結論。「圖 9-2(c)」中第 3 行也是錯誤應用了 ∀I 的結果，而它之所以錯誤，是因為：雖然「Fa」是推論出的第 3 行「∀xFx」的一個替代例，但替換「x」的常元「a」卻出現在（寫下第 3 行時）第 2 行這個尚未結束的假設中。由於這個錯誤的推論步驟，該推論錯誤地從「至少有一個東西是 F」（「∃xFx」）推論出「如果 a 是 F 則每一個東西都會是 F」（「Fa → ∀xFx」）這個結論。

1.	∀x x = x	Premise		1.	Fa	Premise		1.	∃xFx	Premise
2.	a = a	∀E, 1		2.	∀xFx	∀I, 1		2.	Fa	Assumption
3.	∀y y = a	∀I, 2						3.	∀xFx	∀I, 2
4.	∀x∀y y = x	∀I, 3						4.	Fa → ∀xFx	→I, 2-3

圖 9-2(a)　　　　　　　　圖 9-2(b)　　　　　　　　圖 9-2(c)

直覺上，∀E 規則允許你從一個任何一個全稱語句「∀ν α」演繹上有效地推論出它的任何一個替代例 α[**c**/ν]，這個推論的演繹有效性可以簡單地從第七章第一節中有關於 (R$_\forall$) 的語義規定而推論出來，我們因而知道：「{∀ν α} ⊨ α[**c**/ν]」。[①]另一方面來說，∀I 這個規則允許你在一定條件滿足的情況下，

---

① 我們將該論證演繹有效性的證明直接寫在這裡：令 **c'** 是某個未出現在 α 中的常元，而 M = <D$_M$, ν_M> 是**任意**一個模型且 ν_M(∀ν α) = 1。首先，讓我們注意，M 有一個特殊的 **c'**- 變化 M* = <D$_{M*}$, ν_M>，其中，**c'** 被解釋成與 ν_M(**c**) 為同一個事物。現在，由於 ν_M(∀ν α) = 1，因而，根據 (R$_\forall$)，對於 M 的每一個 **c'**- 變化 M'（包括 M* 本身）來說，我們都有 M'(α[**c**/ν]) = 1。因而我們知道：ν_{M*}(α[**c'**/ν]) = ν_M(α[**c**/ν]) = 1。Q.E.D.

從一個全稱語句的替代例演繹上有效地推論出該全稱語句來，而這些條件是 (i) **c** 這個常元並未出現在「∀*ν* α」中，(ii) **c** 這個常元並未出現在前提中，以及 (iii) **c** 這個常元並未出現在任何未結束的假設中。∀I 規則的有效性並非那麼明顯，而這是因為：直覺上，我們不能從一個全稱語句的某個替代例為真，便去推論出該全稱語句也為真。但如果上述三個條件滿足了，我們也就知道：由於 (i) 和 (ii)，這個常元並非任何特定已知事物的名稱，而由於 (iii)，這個常元也不是任何我們在假定中對某個存在的事物賦予的新名稱（請參考以下「圖 9-3(c)」和之後介紹的 ∃E 規則）；換言之，滿足了條件 (i) 至 (iii) 條件中的 **c** 一定會是一個「代表了」論域中**任意個體**的常元，而實際上，該常元一定是從某個全稱語句推論出的任意替代例中的常元。直覺上，如果**任意的個體 c** 都使得 α[**c**/*ν*] 為真，那麼，我們當然也就可以推論說「∀*ν* α」也為真。

　　以下「圖 9-3(a) 至 (c)」是三個應用了 ∀I 和 ∀E 規則（以及之前教過的規則）所作出的自然演繹推論；讀者可以自己檢查一下，其中的語句序列各自構成了完成的證明（請讀者自行檢查一下：在這三個證明中，每次我們使用 ∀I 規則時，我們都沒有違反該規則的三個條件）：

1.	∀xFxa	Premise
2.	Fba	∀E, 1
3.	∀yFya	∀I, 2

圖 9-3(a)

1.	∀x(Fx ∧ Gx)	Premise
2.	Fb ∧ Gb	∀E, 1
3.	Gb	∧E, 2
4.	∀xGx	∀I, 3

圖 9-3(b)

1.	∀x(Fx → Gx)	Premise
2.	∀x(Gx → Hx)	Premise
3.	Fa → Ga	∀E, 1
4.	Ga → Ha	∀E, 2
5.	Fa	Assumption
6.	Ga	→E, 3, 5
7.	Ha	→E, 4, 6
8.	Fa → Ha	→I, 5-7
9.	∀x(Fx → Hx)	∀I, 8

圖 9-3(c)

接著，讓我們介紹兩個與存在語句有關的基本推論規則：

<table>
<tr><td>i.</td><td>α[**c**/ν]</td><td></td></tr>
<tr><td>…</td><td>…</td><td></td></tr>
<tr><td>j.</td><td>∃ν α</td><td>∃I, i</td></tr>
</table>

圖 9-4(a)

<table>
<tr><td>i.</td><td>∃ν α</td><td></td></tr>
<tr><td>…</td><td>…</td><td></td></tr>
<tr><td>j.</td><td>α[**c**/ν]</td><td>Assumption</td></tr>
<tr><td>…</td><td>…</td><td></td></tr>
<tr><td>k.</td><td>β</td><td></td></tr>
<tr><td>k+1.</td><td>β</td><td>i, j-k, ∃E</td></tr>
</table>

如果 **c** (i)並未出現在β中，
　　　　(ii)亦未出現在j之前的任意一行中。

圖 9-4(b)

「圖 9-4(a)」說得相當簡單：當你看到證明中的第 i 行中已經出現了「∃ν α」這個存在語句的某個替代例 α[**c**/ν](不管它後面的註記是什麼)，並且第 i 行並不包含在一個已經結束的子證明中時，那麼，你總是可以在該證明的第 j 行寫下該存在語句「∃ν α」本身，並在其後方註記「∃I, i」。∃I 規則通常又被稱為「Existential Generalization」（存在通則化；EG）。注意，如果 α[**c**/ν] 只出現在已經結束的子證明中，那麼，這個規則並沒有允許你在該證明的第 j 行寫下一個存在語句。同樣應該注意的是：由於一個語句可以是多個存在語句的替代例（比方說，「Faa」就同時是「∃xFxx」、「∃xFxa」、「∃xFax」甚至「∃xFaa」的替代例，而「∃xFxa」也同時是「∃y∃xFxy」、「∃y∃xFxa」的替代例），因而，你可以多次利用 ∃I 規則從同一個語句寫下多個存在語句；比方來說，利用 ∃I 規則，你既可以利用「Faa」寫下「∃xFxx」，也可以接下來寫下「∃xFxa」等。相對來說，「圖 9-4(b)」說得較為複雜；它說的是：當你看到證明中的第 i 行中已經出現了一個存在語句「∃ν α」（不管它後面的註記是什麼），而第 i 行並不包含在一個已經結束的子證明中時，那麼，你可以在該證明的第 j 行寫下該存在語句的一個替代例 α[**c**/ν] 作為假設。[2]如果 (i) 該假設中的常元 **c** 是在 j 行之前從未出現過的一個常元，而你又 (ii) 成功地藉著該假設（加上前提和其它尚未結束的假設）依據基本推論規則順利在第 k 行寫下一個 **c** 未在其中出現的語句 β，那麼，你就可以在第 k+1 行結束該子證明並

---

[2] 如同我們在前一章中說過的，這個新常元 **c** 又被稱為斯柯倫常元（Skolem constant），而這個寫下 α[**c**/ν] 的過程則被稱為斯柯倫化（skolemization）。

以向左縮排的方式去小結說：**就算不使用 α[c/ν] 作為假設，你也可以從「∃ν α」**（和前提及之前父證明中的其它假設）推論出 β 來；並在其後註記「∃E, i, j-k」。∃E 規則通常又被稱為「Existential Instantiation」（存在例化；EI）。

為了進一步了解∃E 規則中的兩個限制，讀者們可以參考下方的「圖 9-5(a) 至 (b)」。「圖 9-5(a)」中的第 6 行是錯誤應用了∃E 的結果，而它之所以錯誤，是因為：雖然第 3 行中的假設「Fa」是第 1 行「∃xFx」的一個替代例，但其中替換「x」的常元「a」卻已經出現在之前的第 2 行中，並不是一個在第 3 行之前從未出現過的常元。由於這個錯誤的推論步驟，該推論錯誤地從「至少有一個東西是 F」和「a 是 G」（「∃xFx」和「Ga」）推論出「至少有一個東西既是 F 又是 G」（「∃x(Fx ∧ Gx)」）這個結論。「圖 9-5(b)」中的第 4 行也是錯誤應用了∃E 的結果，而它之所以錯誤，是因為：雖然第 2 行中的假設「Faa」是第 1 行「∃xFxx」的一個替代例（而且「a」在第 2 行之前並未出現過），但結束該假設時所推出的語句 3 中卻包含該常元「a」。由於這個錯誤的推論步驟，該推論錯誤地從「至少有一個東西和它自己有 F 的關係」（「∃xFxx」）推論出「所有的東西都至少有某個東西和前者有 F 的關係」（「∀y∃xFxy」）這個結論。

1.	∃xFx	Premise
2.	Ga	Premise
3.	Fa	Assumption
4.	Fa ∧ Ga	∧I, 2, 3
5.	∃x(Fx ∧ Gx)	∃I, 4
6.	∃x(Fx ∧ Gx)	∃E, 1, 3-5

圖 9-5(a)

1.	∃xFxx	Premise
2.	Faa	Assumption
3.	∃xFxa	∃I, 2
4.	∃xFxa	∃E, 1, 2-3
5.	∀y∃xFxy	∀I, 4

圖 9-5(b)

直覺上，∃I 這條規則讓你從一個存在語句「∃ν α」的某個替代例 α[c/ν] 有效地推論出該存在語句來，而這個推論的有效性可以很簡單地從第七章第一節中有關於 (R∃) 的語義規定推論而得，因而我們知道：{α[c/ν]} ⊨ ∃ν α。[3]

---

[3] 我們將該論證有效性的證明直接寫在這裡：令 α[c/ν] 是「∃ν α」的一個替代例，而 M=<D_M, ν_M> 是**任意**一個使得 ν_M(α[c/ν]) = 1 的模型。由於 M 本身就是自己的一個 c-變化，因而我們知道 M 至少有一個 c- 變化 M'（也就是 M 本身）能得使 M'(α[c/ν]) = 1。因而，根據 (R∃)，我們知道 ν_M(∃ν α) = 1。Q.E.D.

另一方面來說，∃E 這個規則允許你在一定條件下從一個存在語句「∃ν α」推論出「β」這個語句來，而這個條件是：如果你可以在假設該存在語句的某一個包含了**新名稱 c** 的替代例為真的情況下，推論出一個不包含 **c** 在內的語句。更進一步地說，∃E 背後的直覺是這樣的：一個形如「∃ν α」的存在語句所說的事情是：「至少有個東西 ν 滿足了 α」；因而，為了要證明這個語句能夠推出一個語句 β，我們可以先賦予該存在語句所說的事物 ν 一個全新的「化名」，然後看看是否能藉此而推論出一個不包含該化名的語句 β。如果我們成功地推論出 β，那麼，由於該化名 **c** 純粹只是一個方便的稱呼而 β 中又不包含該名稱，因而我們便知道：β 之所以為真純粹就只是因為「∃ν α」為真的緣故。

　　以下「圖 9-6(a)」至「圖 9-6(b)」是兩個應用了 ∃I 和 ∃E 規則（以及之前教過的規則）所作出的自然演繹推論；讀者可以自己檢查一下，其中的語句序列各自構成了完成的證明（請讀者自行檢查一下：在這「圖 9-6(b)」的證明中，當我們使用 ∃E 規則時，我們並沒有違反應用該規則的兩個限制條件）：

1.	$\forall xFx$	Premise
2.	Fa	$\forall E, 1$
3.	$\exists xFx$	$\exists I, 2$

圖 9-6(a)

1.	$\forall x(Fx \rightarrow Gx)$	Premise
2.	$\exists xFx$	Premise
3.	Fa	Assumption
4.	$Fa \rightarrow Ga$	$\forall E, 1$
5.	Ga	$\rightarrow E, 3, 4$
6.	$\exists xGx$	$\exists I, 5$
7.	$\exists xGx$	$\exists E, 2, 3\text{-}6$

圖 9-6(b)

　　在接下來介紹與等同符號及等同語句有關的基本推論規則之前，讓我們再複習一個我們在前一章中已經說明過的符號。如果「α(a)」是一個包含了常元「a」在其中出現了一或多次的**任意語句**，如「Faa → Ga」，那麼，「α(b//a)」就代表**任何一個**用常元「b」去取代其中**某次或任意幾次**出現的「a」之後的結果，如「Fba → Ga」、「Fab → Ga」、「Faa → Gb」、「Fbb → Ga」、「Fba → Gb」、「Fab → Gb」或「Fbb → Gb」。更一般性地說，當 α(**c**) 是一個包含了常元 **c** 在其中出現一或多次的語句時，那麼，「α(**c'**//**c**)」便指稱**任何一個**將「α」中某次或任意多次出現的 **c** 更換為 **c'** 的結果。讓我們稱任何一個 α(**c'**//**c**) 為 α(**c**) 的一個「更換式」；有了這個符號之後，我們就可以介

紹兩個與等同符號及等同語句有關的基本推論規則了：

			i.	$\mathbf{c} = \mathbf{c'}$	
…			…	…	
j.	$\mathbf{c} = \mathbf{c}$	=I	j.	$\alpha(\mathbf{c})$ (或$\alpha(\mathbf{c'})$)	
			…	…	
			k.	$\alpha(\mathbf{c'}//\mathbf{c})$ (或$\alpha(\mathbf{c}//\mathbf{c'})$)	=E, i, j

圖 9-7(a)　　　　　　　　　　　圖 9-7(b)

「圖 9-7(a)」這個規則說得很簡單：不論你之前寫下過什麼樣的語句，你總是可以在第 j 行寫下一個「$\mathbf{c} = \mathbf{c}$」這樣的等同語句，其中，「$\mathbf{c}$」是任意的一個常元，並在其後方註記「=I」。注意，你寫下的等同語句兩邊必須有相同的常元。同樣值得注意的是，這個規則允許你寫下多個等同語句。「圖 9-7(b)」所說的也不複雜；它說的是：當你在證明的第 i 行和第 j 行中分別看到一個等同語句「$\mathbf{c} = \mathbf{c'}$」（其中的 $\mathbf{c}$ 和 $\mathbf{c'}$ 是兩個不同的常元）和一個包含了 $\mathbf{c}$（或包含 $\mathbf{c'}$）的語句（不管它們後面的註記是什麼，而它們出現的先後順序也不重要），而且這兩行都不包含在一個已經結束的子證明中時，那麼，你便可以在該證明的第 k 行寫下將第 j 行中任意一或多個 $\mathbf{c}$ 替換為 $\mathbf{c'}$（或將 $\mathbf{c'}$ 替換為 $\mathbf{c}$）之後的「更換式」，並在其後註記「=E, i, j」。=E 規則通常又被稱為「Leibniz's Law」（萊布尼茲定律；LL）。

　　直覺上，=I 這條規則讓你在任何時候能夠寫下任何一個「$\mathbf{c} = \mathbf{c}$」這種形狀的等同語句作為推論中額外的「前提」。該規則背後的依據有兩點：首先，任何一個形如「$\mathbf{c} = \mathbf{c}$」的等同語句都是一個恆真句（換言之，$\vDash \mathbf{c} = \mathbf{c}$，我們在第八章第二節的注釋 4 中已經證明過這個事實）；其次，如果 α 是一個恆真句，那麼，「$\alpha_1, \cdots, \alpha_n / \therefore \beta$」是一個演繹上有效的論證，若且唯若，「$\alpha_1, \cdots, \alpha_n, \alpha / \therefore \beta$」也是一個演繹上有效的論證；[4]換言之，增加一個恆真句作為前

---

④ 我們在此證明這個雙條件句從右到左的方向（另一個方向留給讀者作為練習）。假設 $\{\alpha_1, \cdots, \alpha_n, \alpha\} \vDash \beta$；換言之，假設所有讓 $\{\alpha_1, \cdots, \alpha_n, \alpha\}$ 中每個語句真假值都為 1 的模型 M 也都讓 β 的真假值為 1。由於 α 在每個模型中的真假值都為 1，因而，所有讓 $\{\alpha_1, \cdots, \alpha_n, \alpha\}$ 中每個語句真假值都為 1 的模型其實等同於所有讓 $\{\alpha_1, \cdots, \alpha_n\}$ 中每個語句真假值都為 1 的模型。因而，我們也就有：所有讓 $\{\alpha_1, \cdots, \alpha_n\}$ 中每個語句真假值都為 1 的模型 M 也都讓 β 的真假值為 1；亦即，$\{\alpha_1, \cdots, \alpha_n\} \vDash \beta$。

提，並不會改變一個論證在演繹上的有效性與否。而 =E 規則背後的依據也不複雜，我們在前一章中說過：任何一個使得「**c** = **c'**」和任何語句 α(**c**) 的真假值都為 1 的模型 M 也必然使得 α(**c**) 的任何一個更換式的真假值為 1。

　　以下「圖 9-8(a)」至「圖 9-8(c)」是三個應用了 =I 和 =E 規則（以及之前教過的規則）所作出的自然演繹法推論；讀者可以自己檢查一下，其中的語句序列各自構成了完成的證明（「圖 9-8(a)」中的步驟 3 是將第 2 行「a = a」中第一次出現的「a」根據 1 和 =E 換成「b」的結果；「圖 9-8(b)」中的步驟 3 是將第 2 行「b = c」中的「b」根據 1 和 =E 換成「a」的結果）：

1.	$a = b$	Premise
2.	$a = a$	=I
3.	$b = a$	=E, 1, 2

圖 9-8(a)

1.	$a = b$	Premise
2.	$b = c$	Premise
3.	$a = c$	=E, 1, 2

圖 9-8(b)

1.	$\forall x(Fx \leftrightarrow x = a)$	Premise
2.	$Fa \leftrightarrow a = a$	$\forall$E, 1
3.	$(Fa \rightarrow a = a) \wedge (a = a \rightarrow Fa)$	$\leftrightarrow$E, 2
4.	$a = a \rightarrow Fa$	$\wedge$E
5.	$a = a$	=I
6.	Fa	$\rightarrow$E, 4, 5

圖 9-8(c)

第二節　QL自然演繹法的應用與限制

　　我們在這一節中說明如何使用自然演繹法去證明一個 QL 中的論證的確有證明（並進而知道該論證是個演繹上有效的論證）、以及如何使用自然演繹法去證明一個 QL 語句是一個定理（並進而知道該語句是個恆真句）等等。基本上，這些證明的方法與在 PL 時相同。在舉例說明之後，我們接著提醒讀者們使用自然演繹法去判斷上述邏輯特性的一個限制。

　　在使用自然演繹法去證明一個 QL 論證「$\alpha_1, \cdots, \alpha_n$ / ∴ β」的確有證明（並因而是個演繹上有效的論證）時，我們先依序寫下該論證的每一個前提（其後註記為「Premise」），然後試著依據 QL 的基本規則逐步寫下一序列的其它語句。如果我們最後成功地依據規則和前提**在主證明中**寫下該論證的結論 β，我們也就知道該論證在自然演繹法中有個證明（符號上記作「$\{\alpha_1, \cdots, \alpha_n\}$ $\vdash_{ND} \beta$」，讀作「『$\alpha_1, \cdots, \alpha_n$ / ∴ β』在自然演繹法中有一個證明」），並進而

知道該論證是個演繹上有效的論證。⑤在前一節中，我們其實已經看過不少有證明（並因而是演繹上有效）的論證的例子；比方來說，「圖 9-3(c)」證明了「∀x(Fx → Gx), ∀x(Gx → Hx) / ∴ ∀x(Fx → Hx)」在自然演繹法中有一個證明，而「圖 9-8(b)」則證明了「a = b, b = c / ∴ a = c」在自然演繹法中也有一個證明，讀者們可以自己回頭檢視一下這些演繹上有效論證的證明。但我們在此要再次提醒讀者們注意的事情是：在使用自然演繹法去對「α₁, ⋯, αₙ / ∴ β」給出一個證明時，由於你的目標是從 {α₁, ⋯, αₙ} 這些前提推論出結論 β 來，而非從這些前提加上一些額外的假設去推論出結論 β 來，因而，在推論的過程中，雖然你可以使用前提之外的其它語句作為輔助的假設，但這些假設最終都必須根據「開啟子證明的規則」的第二部分而結束其所引進的子證明，否則，你便沒能夠成功地證明結論 β 可以只從 {α₁, ⋯, αₙ} 這些前提而推論出來。舉例來說，以下的「圖 9-9(a)」由於未能結束證明過程中所做出的假設（儘管它的最後一個語句是「a = b」），因而未能成功證明「∃x∀y(Fx ↔ x = y), Fa, Fb / ∴ a = b」在自然演繹法中有一個證明，但「圖 9-9(b)」則成功證明了該論證在自然演繹法中有一個證明，並因而是一個有效的論證。

　　利用自然演繹法去證明一個 PL 語句 α 可以推論出另一個語句 β（並進而知道前者邏輯上蘊涵後者）的方法，與證明一個 PL 論證在自然演繹法中有證明的方法雷同。要證明 α 可以推論出 β，我們先寫下 α 作為「Premise」，然後試著依據第五章和前一節中所介紹的基本規則逐步寫下一序列的其它語句。如果我們最後成功地依據規則和 α 而**在主證明中**寫出 β，我們也就在自然演繹法中得到一個從 α 推論出 β 的「證明」（符號上記作「α ⊢_ND β」，讀

---

⑤ 嚴格說起來，當得到一個完成的自然演繹法的證明時，我們直接知道的只是該論證有個 QL 自然演繹法上的證明，亦即，{α₁, ⋯, αₙ} ⊢_ND β，但由於我們可以證明以下這個被稱為 QL 自然演繹法的「強健全性」（strong soundness）的結果：

　　強健全性：如果 {α₁, ⋯, αₙ} ⊢_ND β，則 {α₁, ⋯, αₙ} ⊨ β

所以，我們可以進一步推論出該論證也是演繹上有效的，亦即，{α₁, ⋯, αₙ} ⊨ β。不過，QL 自然演繹法的「強健全性」證明稍嫌複雜，因而不在本書說明的範圍內。對自然演繹法的強弱健全性（以及以下所謂的強弱完備性）證明有興趣的讀者，可以參考 Merrie Bergmann, James Moor, Jack Nelson 所著的 *The Logic Book 6/e*, New York: McGraw-Hill, 2014, pp. 244-261。

1.	$\exists x \forall y(Fy \to x = y)$	Premise
2.	Fa	Premise
3.	Fb	Premise
4.	$\forall y(Fy \to c = y)$	Assumption
5.	$Fa \to c = a$	$\forall$E, 4
6.	$Fb \to c = b$	$\forall$E, 4
7.	$c = a$	$\to$E, 2, 5
8.	$c = b$	$\to$E, 3, 6
9.	$a = b$	=E, 7, 8

圖 9-9(a)

1.	$\exists x \forall y(Fy \to x = y)$	Premise
2.	Fa	Premise
3.	Fb	Premise
4.	$\forall y(Fy \to c = y)$	Assumption
5.	$Fa \to c = a$	$\forall$E, 4
6.	$Fb \to c = b$	$\forall$E, 4
7.	$c = a$	$\to$E, 2, 5
8.	$c = b$	$\to$E, 3, 6
9.	$a = b$	=E, 7, 8
10.	$a = b$	$\exists$E, 1, 4-9

圖 9-9(b)

作「從 α 到 β 的推論在自然演繹法中有一個證明」），並進而知道⑥α **為真但 β 為假這件事**是不可能的，所以「α 邏輯上蘊涵 β」。如果我們不僅能以 α 作為「Premise」依據基本推論規則最終在主證明中寫出 β，還能以 β 作為「Premise」依據基本推論規則最終在主證明中寫出 α，那麼，我們也就在自然演繹法中得到「從 α 推論出 β」和「從 β 推論出 α」的雙重證明，並進而知道兩者在邏輯上是等價的。舉例來說，前一節中的「圖 9-3(a)」和「圖 9-8(a)」分別證明了「$\forall xFxa$」可以推論出（並因而邏輯上蘊涵）「$\forall yFya$」而「$a = b$」也可以推論出（並因而邏輯上蘊涵）「$b = a$」（且反之亦然，但我們將這個反之亦然的部分留給讀者作為練習），而「圖 9-6(a)」和「圖 9-8(c)」則分別證明了「$\forall xFx$」可以推論出（並因而邏輯上蘊涵）「$\exists xFx$」(但反之不然) 和「$\forall x(Fx \leftrightarrow x = a)$」可以論推出（並因而邏輯上蘊涵）「$Fa$」（但反之不然）等，讀者可以自己回頭檢視一下這些邏輯蘊涵關係的證明。以下「圖 9-10(a)」證明「$\exists x\forall yFxy$」可以推論出（並因而邏輯上蘊涵）「$\forall y\exists xFxy$」（但反之不然），「圖 9-10(b)」則證明「$\exists x\forall y(Fy \to x = y)$」可以推論出（並因而邏輯上蘊涵）「$(Fa \land Fb) \to a = b$」（但反之不然）。

　　在使用自然演繹法去證明 PL 的語句集 $\{\alpha_1, \cdots, \alpha_n\}$ 能夠推論出矛盾 (並進而知道該集合是邏輯上共同不一致或非共同可滿足的集合) 時，我們則直接寫下 $\{\alpha_1, \cdots, \alpha_n\}$ 這些語句，將它們列為「Premise」並作為證明的開始。然後我們試著依據第五章和前一節中的基本規則去逐步寫下一序列的其它語句，看是

---

⑥ 仍需訴諸自然演繹法的強健全性。

1.	∃x∀yFxy	Premise
2.	∀yFay	Assumption
3.	Fab	∀E, 2
4.	∃xFxb	∃I, 3
5.	∀y∃xFxy	∀I, 4
6.	∀y∃xFxy	∃E, 1, 2-5

圖 9-10(a)

1.	∃x∀y(Fy → x = y)	Premise
2.	Fa ∧ Fb	Assumption
3.	Fa	∧E, 2
4.	Fb	∧E, 3
5.	∀y(Fy → c = y)	Assumption
6.	Fa → c = a	∀E, 5
7.	Fb → c = b	∀E, 5
8.	c = a	→E, 3, 6
9.	c = b	→E, 4, 7
10.	a = b	=E, 8, 9
11.	a = b	∃E, 1, 5-10
12.	(Fa ∧ Fb) → a = b	→I, 2-11

圖 9-10(b)

否能夠最終**在主證明中**寫下「⊥」。如果我們最後成功地依據基本推論規則和 {α₁、…、αₙ} 而在主證明中寫下「⊥」，我們也就在自然演繹法中得到了 {α₁, …, αₙ} 能共同推論出矛盾的證明，並進而知道 ⑦{α₁, …, αₙ} 不可能都為真。作為例子，以下的「圖 9-11(a)」和「圖 9-11(b)」分別證明了 {∀y(Fy → Gy), ∃xFx, ¬∃zGz} 和 {∃x∀y(Fy → x = y), Fa, Fb, ¬a = b} 都是邏輯上共同不一致的（或非共同可滿足的）集合。

1.	∀y(Fy → Gy)	Premise
2.	∃xFx	Premise
3.	¬∃zGz	Premise
4.	Fa	Assumption
5.	Gb	Assumption
6.	∃zGz	∃I, 5
7.	⊥	⊥I, 3, 6
8.	Gb → ⊥	→I, 5-7
9.	¬Gb	¬I, 8
10.	∀x¬Gx	∀I, 9
11.	Fa → Ga	∀E, 1
12.	Ga	→E, 4, 11
13.	¬Ga	∀E, 10
14.	⊥	⊥I, 12, 13
15.	⊥	∃E, 2, 4-14

圖 9-11(a)

1.	∃x∀y(Fy → x = y)	Premise
2.	Fa	Premise
3.	Fb	Premise
4.	¬a = b	Premise
5.	∀y(Fy → c = y)	Assumption
6.	Fa → c = a	∀E, 5
7.	Fb → c = b	∀E, 5
8.	c = a	→E, 3, 6
9.	c = b	→E, 4, 7
10.	a = b	=E, 8, 9
11.	⊥	⊥I, 4, 10
12.	⊥	∃E, 1, 5-11

圖 9-11(b)

---

⑦ 仍需訴諸自然演繹法的強健全性。

　　最後，在使用自然演繹法去證明一個 QL 語句 α 是自然演繹法中的一個定理（符號上記作「⊢$_{ND}$ α」，並進而證明是個恆真句[8]）時，我們不使用任何的語句作為前提，而是以某一個語句作為假設和推論的出發點，然後試著從該假設出發依據基本推論規去**在主證明中**推論出 α。一般而言，使用自然演繹法去證明一個語句 α 是一個定理常見的策略如下：[9](1) 如果 α 是一個連言句「β ∧ γ」，我們在主證明中先分別證明 β 和 γ 都是定理，然後利用 ∧I 規則在主證明中證明「β ∧ γ」也是定理；(2) 如果 α 是一個雙條件句「β ↔ γ」，我們在主證明中先分別證明「β → γ」和「γ → β」都是定理，然後利用 ↔I 規則在主證明中證明「β ↔ γ」也是定理；(3) 如果 α 是一個條件句「β → γ」，那麼，我們就在主證明中一開始就先假設它的前件 β 作為推論的開始，然後試著利用該假設和基本推論規則逐步在該子證明中去寫出其後件 γ。一旦成功了，我們就利用 →I 規則而在主證明中結論說：「β → γ」也是一個自然演繹法中的定理；(4) 如果 α 是一個全稱語句，我們就試著在主證明中推論出該全稱語句的一個替代例，而該替代例中的常元 **c** 既不出現在前提中，也不出現 α 中，然後利用 ∀I 規則在主證明中證明該全稱語句也是一個定理；(5) 如果 α 是一個存在語句，我們就試著在主證明中推論出該存在語句的一個替代例，然後利用 ∃I 規則去在主證明中證明該存在語句也是一個定理；(6) 如果上述的方法都不奏效，那麼，我們在主證明的一開始就先假設 α 的否定「¬α」作為推論的開始（而如果 α 本身是個否定句「¬β」，我們則以假設 β 作為推論的開始），然後試著利用該假設和基本推論規則逐步去在該子證明中寫下 ⊥。如果我們成功了，我們就可以利用 →I 和 ⊥E（或 →I 和 ⊥I）規則而在主證明中結論說：「¬α → ⊥」和 α（或「α → ⊥」和「¬α」）也都是自然演繹法中的定理。舉例來說，

---

[8] 嚴格說起來，當我們使用自然演繹法去作出一個沒有任何前提的證明時，我們直接知道的只是某個語句 α 是自然演繹法中的一個定理，即 ⊢$_{ND}$ α；但由於我們可以證明以下這個被稱為自然演繹法的「弱健全性」（weak soundness）的結果：

　　弱健全性：如果 ⊢$_{ND}$ α，則 ⊨ α

　　所以，我們可以進一步推論出 α 是一個恆真句，亦即，⊨ α。不過，自然演繹法「弱健全性」的證明稍嫌複雜，因而不在本書說明的範圍內。

[9] 這個策略也是證明一個論證有證明的策略：我們依據該論證的結論的類型來擬訂證明的中間步驟。

以下的「圖 9-12(a)」和「圖 9-12(b)」分別利用了這裡的策略 (3) 和 (6) 而證明了「$\forall xFx \rightarrow \exists zFz$」和「$\forall x\ x = x$」都是 QL 自然演繹法中的定理，而以下的「圖 9-12(c)」則利用了這裡的策略 (3) 和 (4) 而證明了「$\forall xx = a \rightarrow \forall x\forall y\ x = y$」也是 QL 自然演繹法中的定理。

1.	$\forall xFx$	Assumption
2.	Fa	$\forall E, 1$
3.	$\exists zFz$	$\exists I, 2$
4.	$\forall xFx \rightarrow \exists zFz$	$\rightarrow I, 1\text{-}3$

圖 9-12(a)

1.	$\neg\forall x\ x = x$	Assumption
2.	$a = a$	$=I$
3.	$\forall x\ x = x$	$\forall I, 2$
4.	$\perp$	$\perp I, 1, 3$
5.	$\neg\forall x\ x = x \rightarrow \perp$	$\rightarrow I, 1\text{-}4$
6.	$\forall x\ x = x$	$\neg E, 5$

圖 9-12(b)

1.	$\forall xx = a$	Assumption
2.	$b = a$	$\forall E, 1$
3.	$c = a$	$\forall E, 1$
4.	$b = c$	$=E, 2, 3$
5.	$\forall y\ b = y$	$\forall I, 4$
6.	$\forall x\forall y\ x = y$	$\forall I, 5$
7.	$\forall xx = a \rightarrow \forall x\forall y\ x = y$	$\rightarrow I, 1\text{-}6$

圖 9-12(c)

　　看過這麼多例子，讀者們應該已經開始熟悉 QL 的自然演繹法了；照例，讓我們在此提醒讀者們幾件使用自然演繹法時應該注意的事項。

　　首先，我們在本章以及第五章中強調過許多次：當一個語句出現在一個已經結束的子證明中時，你就不能在之後的推論中引用該語句去進行推論；因為，該語句可能會是 [⑩]只能靠著該假設才能推論出來的語句，而我們在結束一個子證明後想看的事情卻是：還有其它什麼樣的語句是可以不必透過該假設便能夠推論出來的語句。但嚴格說起來，「不能引用已經結束的子證明中的任何語句」這個規則並非絕對。如果包含在一個已經結束的子證明中的某個語句其實可以不必靠該子證明一開始的假設就推論出來，那麼，在該子證明結束之

---

⑩ 可能是，但不必然是（換言之，也可能不是）。請參考以下的説明。

後，「原則上」你仍然可以繼續使用這個語句進行推論。但為了要讓這個「原則」得以順利進行，你得嚴格標誌一個語句所據以推出的前提和假設為何（並因而看出一個出現在子證明中的語句是否需要依賴該子證明的假設才能被推出）。為此之故，有些自然演繹法的教材會在每一個語句的編號前再加上一個集合，其中標誌了該語句所賴以推出的前提和假設的編號，如以下的「圖9-13」的例子所示。[11]但為了簡單起見，本書不採取這樣的標誌法，也因而採取了「不能引用已經結束的子證明中的任何語句」這個較為簡單的規定。但這樣的規定並不會妨礙我們證明出應該能夠證明的事情；因為，如果一個在子證明中的語句是可以不依賴開啟該子證明的假設而被推出，那麼，在結束該子證明後（或開啟該子證明之前），你當然能夠不依賴該假設而從前提（或許還加上其它已經做出的假設）而推論出該語句，並據以進行推論。舉例來說，要證明出「圖9-13」中的語句8，雖然（依據本書的規定）你不能引用包含在已經結束的子證明中的語句4（「Faa → Ga」），但你當然可以在結束該子證明的步驟6之後繼續由1推出「Faa → Ga」，然後再將之與7共同推論出我們應該要能夠推論出的結論「(Faa → (Fa ∧ Ha)) ∧ (Faa → Ga)」。

{1}	1.	$\forall y(Fya \rightarrow Gy)$	Premise
{2}	2.	Ha	Premise
{3}	3.	Faa	Assumption
{1}	4.	Faa → Ga	$\forall$E, 1
{1, 3}	5.	Ga	→E, 3, 4
{1, 2, 3}	6.	Ga ∧ Ha	∧I, 2, 5
{1, 2}	7.	Faa → (Fa ∧ Ha)	→I, 2-6
{1, 2}	8.	(Faa → (Fa ∧ Ha)) ∧ (Faa → Ga)	∧I, 4, 7

圖 9-13

　　其次，讀者們一定要切記：使用 QL 的自然演繹法去證明一件事情時，過程中所作出的任何假設（以及因此而引入的子證明）一定要在證明完成前被結束，否則，你就不是單從前提依據基本推論規則而推論出最後一個語句。這件

---

[11] 在「圖9-13」中，語句1成立所依據的前提是{1}中的1，語句2成立所依據的假設是{2}中的2，以此類推。在該證明中，語句4成立所依據的前提和假設不包括第3行的假設，所以在該子證明結束後仍能繼續引用，但語句5和語句6則不然。

事我們強調過許多次，其重要性不言可喻。另一個相當重要的事情是，當你在證明的過程中作出了多個假設時，順序上你應該先結束**最後那一個**尚未結束的假設。但嚴格地說起來，「應該先結束**最後那一個**尚未結束的假設」的規則亦非絕對。假如 $\{\alpha_1, \cdots, \alpha_n\}$ 是你的前提，α_{n+1} 和 α_{n+2} 是你先後作出的兩個假設，並且假定你從這些前提和假設依據基本推論規則而寫下 β，這時，無論你先結束 α_{n+2} 這個假設而小結說：「從前提和 α_{n+1} 可以推出『$\alpha_{n+2} \rightarrow \beta$』」或先結束 α_{n+1} 這個假設而小結說「從前提和 α_{n+2} 可以推出『$\alpha_{n+1} \rightarrow \beta$』」，你都沒有犯下任何邏輯錯誤。問題在於作了這個小結之後，你還能繼續引用什麼樣的語句去進行推論？結束一個假設意味著你不應該再繼續引用依賴該假設才能推論出的語句；而如果你在做了多個假設後先結束稍早做出的假設，你就得標誌結束該假設之前的哪些語句依賴於稍早的假設，而哪一些則否，但這會讓我們對於語句的標誌又變得複雜起來。為了要避免前一個段落中所提到的標誌上的複雜問題，我們因而在這本書採取一個較為簡單的規定：當你在證明的過程中作出了多個假設時，你應該先結束**最後那一個**尚未結束的假設，並不再引用該子證明中所提到的任何語句。

最後，一件非常重要的事情。在使用自然演繹法去證明一個 QL 論證有證明（或一個 QL 語句能推論出另一個 QL 語句，或一個 QL 語句是一個定理）時，我們說，我們應該先寫下一或多個被註記為「Premise」（或「Assumption」）的語句 $\{\alpha_1, \cdots, \alpha_n\}$，然後試著從這些前提（或假設）依據基本推論規則去推出某個語句 β（或從寫下的 β 依據其它規則進行進一步的推論）。但如果我們在寫下了這些前提（或假設）後最終沒能寫出想要推出的語句 β 呢？這有兩種可能，一是因為該論證（或該語句）本來就無法讓你利用這些一開始就寫下的前提（或假設）加上自然演繹法中的基本推論規則而去推論出 β 來（符號上記作「$\{\alpha_1, \cdots, \alpha_n\} \nvdash_{ND} \beta$」或「$\alpha \nvdash_{ND} \beta$」或「$\nvdash_{ND} \beta$」），因而 $\{\alpha_1, \cdots, \alpha_n\}$ 和 β 之間的邏輯關聯（演繹有效論證關係、邏輯蘊涵關係等）其實並不成立，[12]但也有可能是因為這些前提或假設在自然演繹法中可以推論出 β，只

---

[12] 嚴格說起來，在第一種情況下，我們直接知道的只是「並非 $\{\alpha_1, \cdots, \alpha_n\} \vdash_{ND} \beta$」或「並非 $\vdash_{ND} \beta$」，但由於我們可以證明以下這個被稱為自然演繹法的「強完備性」和「弱完備性」的結果：

是我們沒能想出應該如何作出相關的推論所致。我們有沒有辦法決定這個問題的答案倒底是哪一個呢？雖然在簡單的 PL 語言論證中，我們可以設計出一個十分複雜且繁瑣的方法去幫助我們決定哪一個答案才是正確的，但在 QL 這樣的語言中，這種方法是不可能存在的，而這也就是我們在第八章末所說的 QL 的不可決定性問題；但這個不可決定性的證明十分繁瑣，所以我們將不在此說明（但有興趣的讀者可以參考本書第十四章第二節中的說明）。

第三節　自然演繹法的相關軟體及網站

　　我們在第五章末向讀者推薦了一套自然演繹法的軟體 Natural Deduction（包括證明產生器和檢查器）；該套軟體不但可以免費下載，還可以自動產生自然演繹法證明。不幸的是，該軟體目前只能應用在 PL 之上，而不能應用在 QL 之上 ⑬。為此，我們在此向讀者介紹另一個既能夠應用在 PL 上又能夠應用在 QL 上、但功能上沒有 Natural Deduction 那麼強大（因為它沒有能夠自動產生證明的證明產生器）的自然演繹法網頁軟體，⑭希望能夠加深讀者們對於自然演繹法的興趣與了解。這一網站的軟體名稱叫做「Natural deduction proof editor and checker」，為了簡短起見，我們將稱之為「NDPEC」。⑮

　　強完備性：如果 $\{\alpha_1, \cdots, \alpha_n\} \vDash \beta$，則 $\{\alpha_1, \cdots, \alpha_n\} \vdash_{ND} \beta$
　　弱健全性：如果 $\vDash \beta$，則 $\vdash_{ND} \beta$

所以，我們可以進一步推論出該論證也是演繹上無效的或非恆真句，亦即，並非 $\{\alpha_1, \cdots, \alpha_n\} \vDash \beta$ 或，並非 $\vDash \beta$。不過，自然演繹法的「強完備性」和「弱完備性」證明比較複雜，因而不在本書說明的範圍內。

⑬ 儘管它還可以應用在 S5 的模態 PL 上；但要應用在 S5 的模態 PL 時，讀者必須先點選「include modal logic」下的「off」鈕，將之轉變為「on」。

⑭ 喜歡複雜且功能強大軟體的讀者可以試著下載 AproS（https://www.phil.cmu.edu/projects/apros/）這一套軟體；但小心，你可能需要相當長的一段時間去熟悉這套軟體的應用。

⑮ NDPEC 的另一個好處是，它和網路上可免費下載的一本邏輯教材（*for all x: Calgary – An Introduction to Formal Logic*, https://forallx.openlogicproject.org/）使用完全相同的規則，以至於可以做為後者的練習軟體之用。

要使用 NDPEC，讀者只需要登錄 https://proofs.openlogicproject.org/ 這個網址，就會看到如「圖 9-14」的頁面。該頁面右側「Rules」下方羅列了該網站所使用的所有自然演繹法推論規則（包括 PL 和 QL 的基本推論規則和衍生規則），左側「Instructions」下方陳述了該網站允許輸入的符號和使用該網站的說明，而網頁左側上方的「Create a new problem」部分則是需要讀者在練習時分別輸入前提與結論之處（前提可以一次輸入零或多個，但需以逗號分開各個前提）。但注意，你必須點選其中的「TFL」（truth-functional language；真值函數式語言）的文法鍵以便使用 PL 的自然演繹法，而且，你必須點選「FOL」（first-order language；初階語言）的文法鍵以便使用 QL 的自然演繹法；否則，該網頁的軟體可能會無法識別你所輸入的前提和結論。

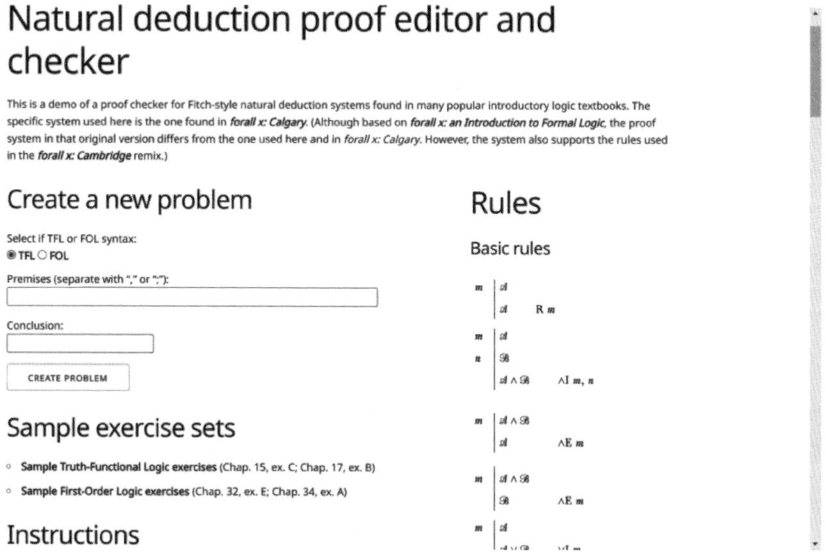

圖 9-14

NDPEC 的一個優點是輸入的方式相當自由，有多種選擇，軟體會幫你自動轉換為標準的邏輯符號。以下「表 9-1」顯示該軟體允許的輸入方式：

PL 簡單句：A, B, X 等	QL 簡單句：Pa, Fcdc, a = d 等	falsum：⊥. XX, #
否定符號：¬, ~, ～, -, –	連言符號：∧, ^, &, ., ‧, *	選言符號：∨, v
雙條件符號：↔, ≡, <->, ◇	條件符號：→, ⇒, ⊃, ->, >	
全稱量化詞：∀x, (∀x), Ax, (Ax), (x), Λx	存在量化詞：∃x, (∃x), Ex, (Ex), Vx	

表 9-1

NDPEC 的另一個優點是：它所使用的 QL 自然演繹法的六個基本規則與本章所介紹的完全一樣。

我們之所以沒有在第五章中介紹 NDPEC，一個主要的原因是因為它缺乏自動的證明產生器，以至於無法自動產生證明。另外一個主要的原因則是因為它所使用的 PL 自然演繹法基本推論規則的名稱（甚至內容）都和我們在第五章中所介紹的基本推論規則有相當程度的不同。以下「表 9-2」顯示 NDPEC 所使用的 PL 自然演繹法的基本推論規則，請讀者們自己拿來和我們在第五章中所介紹的基本推論規則互相比較（在下表中，我們以粗體標示 NDPEC 規則與第五章所介紹的基本推論規則不同之處）：

i. α ⋯ ⋯ j. α i, R	i. ¬α ⋯ ⋯ j. ⊥ k. α IP, i, j	i. ⊥ ⋯ ⋯ j. α X, i
i. α ⋯ ⋯ j. β ⋯ ⋯ k. α∧β (或 β∧α) ∧I, i, j		i. α∧β ⋯ ⋯ j. α (或 β) ∧E, i
i. ⎡ α Assumption ⋯ ⎢ ⋯ j. ⎣ β j+1. α→β →I, i-j		i. α→β ⋯ ⋯ j. α ⋯ ⋯ k. β →E, i,

i.	α			i.	α ∨ β	
…	…			j.	α	
j.	α ∨ β (或 β ∨ α)	∨I, I		…	…	
				k.	γ	
				l	β	
				…	…	
				m	γ	
				n.	γ	∨E, i, j-k, l-m

i.	α			i.	α ↔ β	
…	…			…	…	
j.	β			j.	α (或 β)	
k.	β			…	…	
…	…			k.	β (或 α)	↔E, i, j
l.	α					
m.	α ↔ β (或 β ↔ α)	↔I, i-j, k-l				

i.	α			i.	¬α	
…	…			…	…	
j.	⊥			j.	α	
k.	¬α	¬I, i		k.	⊥	¬E, i, j

表 9-2

我們將不會在此仔細說明「表 9-2」中的規則，但會強調兩件事情。首先，NDPEC 的自然演繹法允許你在開啟兩次子證明之後再做出小結（如「表 9-2」中的 ∨E 規則和 ↔I 規則所示），這與我們第五章中介紹的自然演繹法相當不同。其次，雖然 NDPEC 的 PL 自然演繹法基本推論規則與第五章所介紹者不同，但這兩個規則系統所能夠證明的事情其實是一樣的（不過，我們不會在此證明這一點）。

　　理解了 NDPEC 能夠辨識的符號和其基本推論規則之後，[16]讀者們就可以開始練習使用該網站軟體了。使用時，只要在該網頁「Create a new problem」下

---

[16] 除了「表 9-2」所介紹的 13 個規則外，ND 還允許使用者使用一些衍生的規則。使用這些衍生規則可以縮減只使用 13 個規則的證明的長度，並因而加快證明的速度；但從完備性的角度來看，這些衍生的規則都可以從原來的 13 個規則中推出，因而原則上並無必要性。相關細節可參考本章作業的五題。

的兩個框框內分別輸入前提和結論，點選的「TFL」或者「FOL」，然後按下的「CREATE PROBLEM」鍵，讀者就會在網頁上看到如下「圖9-15」的自然演繹法證明一開始的部分了（該證明的開始寫在左邊「Proof」這個大字的下方）。給了你這樣的開頭，接下來究竟要推出一個新行（NEW LINE）或開啟一個子證明（NEW SUBPROOF）就變成你的選擇和必需完成的任務了。你可以在每進行一個輸入步驟後按一次檢查鍵（CHECK PROOF）檢查是否錯誤，或一次完成整個證明後再進行檢查；檢查時，軟體會提示你它發現的錯誤，或告訴你雖然沒錯誤但證明尚未完成，或恭喜你已經完成了證明，如「圖9-16」所示。我們希望讀者能從這樣的練習中更加熟練 QL 的自然演繹法。⑰

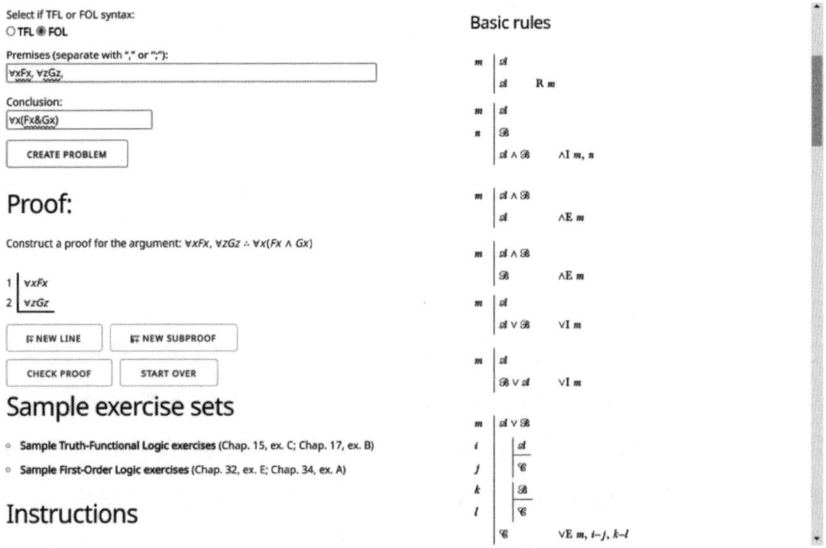

圖 9-15

---

⑰ 另一個只有證明檢查器但沒有自動證明生成器的網路軟體為 LOGIC DAEMON（https://logic.tamu.edu/daemon.html），除了只使用縮排而不使用長短橫豎線標示子證明之外，該軟體還在每一行之前標誌其產生的依據（如「圖9-13」）。有興趣的讀者也可以參考該網站。

Select if TFL or FOL syntax:
○ TFL ● FOL

Premises (separate with "," or ";"):
∀xFx, ∀zGz,

Conclusion:
∀x(Fx&Gx)

CREATE PROBLEM

Proof:

Construct a proof for the argument: ∀xFx, ∀zGz ∴ ∀x(Fx ∧ Gx)

1	∀xFx	
2	∀zGz	
3	Fa	∀E, 1
4	Ga	∀E, 2
5	Fa ∧ Ga	∧I, 3, 4
6	∀x(Fx ∧ Gx)	∀I, 5

⊨ NEW LINE   ⊨ NEW SUBPROOF

☺ Congratulations! This proof is correct.

CHECK PROOF   START OVER

Sample exercise sets

Basic rules

m	𝒜	
	𝒜	R m

m	𝒜	
n	ℬ	
	𝒜 ∧ ℬ	∧I m, n

m	𝒜 ∧ ℬ	
	𝒜	∧E m

m	𝒜 ∧ ℬ	
	ℬ	∧E m

m	𝒜	
	𝒜 ∨ ℬ	∨I m

m	𝒜	
	ℬ ∨ 𝒜	∨I m

m	𝒜 ∨ ℬ	
i	𝒜	
j	𝒞	
k	ℬ	
l	𝒞	
	𝒞	∨E m, i–j, k–l

圖 9-16

練習題

一、（一）試著自行在紙上寫出以下各論證在自然演繹法上的證明。（二）使用本章中
介紹的 NDPEC 網頁去檢查你的答案：

1. {∃xFx, ∀x∀y((Fx ∧ Fy) → x = y)} ⊢ND ∃x(Fx ∧ ∀y(Fy → x = y))

2. {∃x(Fx ∧ ∀y(Fy → x = y))} ⊢ND ∃xFx ∧ ∀x∀y((Fx ∧ Fy) → x = y)

3. {∀x(Fx ↔ (x = a ∨ x = b)), b = c ∨ c = a} ⊢ND Fc

二、（一）試著自行在紙上寫出以下各題中從左到右的推論在自然演繹法上的證明。

（二）使用本章中介紹的 NDPEC 網頁去檢查你的答案：

1. ∀x(Fx → ∀yHy) ⊢ND ∃xFx → ∀yHy

2. ∃x∀y(Fy ↔ x = y) ⊢ND ∃xFx ∧ ∀x∀y((Fx ∧ Fy) → x = y)

3. ∃x∃yHxy ⊢ND ∃y∃xHxy

三、（一）試著自行在紙上寫出以下各語句在自然演繹法上的證明。（二）使用本章中
介紹的 NDPEC 網頁去檢查你的答案：

1. ⊢ND ∀x(∀yFy → Fx)

2. ⊢$_{ND}$ ∀xFx → ∀yFy

3. ⊢$_{ND}$ ∃x¬∃yFxy → ¬∀x¬∀y¬Fxy

四、（一）試著自行在紙上寫下以下各 PL 語句集合推論到「⊥」在自然演繹法上的證明。（二）使用本章中介紹的 NDPEC 網頁去檢查你的答案：

1. {∃xFx → ∀yGy, ∃xFx, ∃y¬Gy}

2. {∃x∀y(Gy → x = y), Ga, ¬a = b, Gb}

五、以下是 NDPEC 和一些其它教科書中允許你使用的一些 QL 衍生推論規則，試自行在紙上證明：每一個這樣的衍生推論規則其實都可以只使用本章和第五章所教的 19 個基本推論規則推論出來：

1. ∀ν ¬α ⊢$_{ND}$ ∃ν ¬α

2. ¬∃ν α ⊢$_{ND}$ ∀ν ¬α

3. ∃ν ¬α ⊢$_{ND}$ ¬∀ν α

4. ∀ν ¬α ⊢$_{ND}$ ∃ν ¬α

5. ¬∀ν ¬α ⊢$_{ND}$ ∃ν α

6. ∃ν α ⊢$_{ND}$ ¬∀ν ¬α

7. ¬∃ν ¬α ⊢$_{ND}$ ∀ν α

8. ∀ν α ⊢$_{ND}$ ¬∃ν ¬α

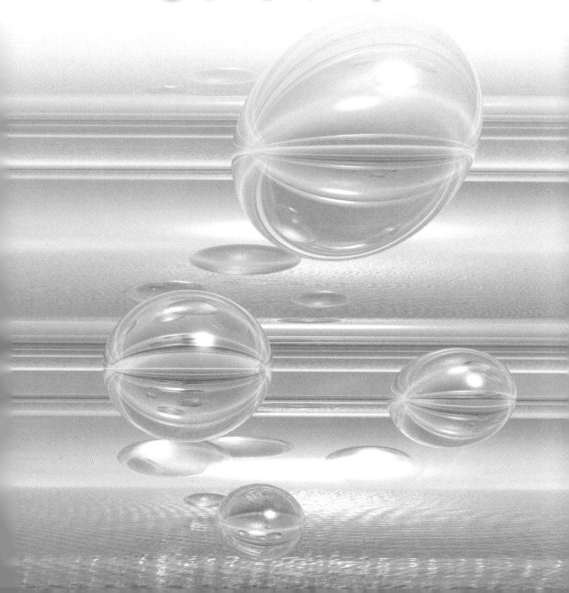

Chapter **10**

選言標準式與
連言標準式

第一節　PL選言標準式與功能完備性

我們在第二章第三節中問到，日常語言中，除了「並非……」、「……而且……」、「……或者……」、「如果……則……」和「……若且唯若……」這五個真值函數式的連接詞之外，還有許多其它的真值函數式連接詞，為什麼我們的 PL 語言當中沒有代表其它這些真值函數式連接詞的符號呢？而且，說不定有些日常語言當中還包括了一些一次可以連接三或四個語句的真值函數式連接詞，為什麼我們的 PL 語言當中也沒有代表這些可能的三位或四位真值函數式連接詞的符號呢？對於這個問題，我們當時簡單地說：事實上，可能的一位真值函數式連接詞一共有四個[1]，可能的二位真值函數式連接詞一共有十六個，可能的三位真值函數式連接詞一共有二百五十六個，……，可能的 n 位真值函數式連接詞一共有 2 的 2^n 次方個，所以，PL 中的五個真值函數式連接詞符號似乎不但嫌少了，而且少了很多。但慶幸的是，儘管稀少，PL 中的五個真值函數式連接詞本身已經是所謂「功能完備的」的一組真值函數式連接詞了：它們可以被用來定義和表達任何可能的真值函數式連接詞，不管是幾位的真值函數式連接詞。我們將在這一節中說明為什麼 PL 中的這一組真值函數式連接詞是功能完備的。

但在說明之前，在讓我們先說明一個概念：我們稱呼一個 PL 的合式公式為一個「選言標準式」（disjunctive normal form, DNF）[2]，若且唯若，(i) 它是由一或多個選言項所形成的「選言句」，而且 (ii) 它的每一個選言項都是由一或多個「文字」（亦即，簡單句或簡單句的否定；其中，簡單句又稱為「正

---

[1] 任何一個一位真值函數式連接詞的基本真值表一定有兩行，每一行的最後一個真假值可以是 1 或 0 這兩個值當中的一個，因而可能的一位真值函數式連接詞一共有 $2 \times 2 = 4$ 個。類似地，任何一個二位真值函數式連接詞的基本真值表一定有四行，每一行的最後一個真假值可以是 1 或 0 這兩個值當中的一個，因而可能的一位真值函數式連接詞一共有 $2 \times 2 \times 2 \times 2 = 16$ 個。其它可能的 n 位真值函數式連接詞的數目以此類推。

[2] 選言標準式在電子工程學中又被稱為「積之和」（sum of product, SOP），取義於將「文字」的連續連言當作是算術中的乘法關係，而將各選言項的選言當作是算術中的加法關係。

的〔positive〕文字」，而簡單句的否定則稱為「負的〔negative〕文字」）所形成的「連言句」。注意，在這個定義中，我們允許一個選言標準式中只有一個選言項（因而，像「P」、「¬P」、「P ∧ Q」、「P ∧ ¬Q」和「P ∧ Q ∧ ¬R」這樣的語句都算只有一個選言項的「選言句」），這一點與我們在第二章中所作的文法規定不同；類似地，我們也允許一個選言標準式中作為一個選言項的「連言句」中只有一個文字作為連言項（如「P」和「¬P」），這一點也與我們在第二章中所作的文法規定不同。當一個選言標準式中的每個選言項都出現了相同的簡單命題符號時，我們便說該選言標準式是一個典型的選言標準式（canonical DNF）。以下是一些選言標準式的例子：

1. (P ∧ ¬Q ∧ R) ∨ (¬P ∧ Q ∧ ¬R) ∨ (¬P ∧ ¬Q ∧ ¬R)（這是一個典型的選言標準式）。

2. (P ∧ ¬Q ∧ R) ∨ (¬P ∧ Q) ∨ (¬P ∧ P_1)（這是一個非典型的選言標準式）。

3. (P ∧ ¬Q ∧ R) ∨ (¬P ∧ Q) ∨ ¬P（這是一個非典型的選言標準式，其中第三個選言項「¬P」是一個只包含一個文字的「連言句」）。

4. R ∨ (¬P ∧ Q) ∨ ¬P（這是一個非典型的選言標準式，其中的「R」和最後的「¬P」是只包含一個文字的「連言句」）。

5. Q ∨ ¬P（這是一個非典型的選言標準式，其中的「Q」和「¬P」是只包含一個文字的「連言句」）。

6. P ∨ ¬P（這是一個典型的選言標準式，其中的「P」和「¬P」是只包含一個文字的「連言句」）。

7. P ∧ ¬Q ∧ R（這是一個典型的選言標準式，這個連言句本身是只有一個選言項的「選言句」，因此，它的每個選言項都出現了相同的簡單命題符號）。

8. ¬Q（這是一個典型的選言標準式，這個語句本身是只有一個選言項的「選言句」，而其中那唯一的一個選言項是只包含一個文字的「連言句」）。

9. P（這是一個典型的選言標準式，這個語句本身是只有一個選言項的「選言句」，而其中那唯一的一個選言項是只包含一個文字的「連言句」）。

　　有關於 PL 合式公式與 PL 選言標準式之間一件非常重要的事情是：每一個 PL 合式公式 α 都與無窮多個典型的 PL 選言標準式在邏輯上是等價的 ③，也與無數多個非典型的選言標準式在邏輯上是等價的 ④。但對我們的目的來說，對於任何一個 PL 合式公式 α，我們真正關心的是某個在邏輯上與之等價的特定典型選言標準式，讓我們稱之為「α 的主要選言標準式」（major disjunctive normal form）。在說明為什麼 PL 的真值函數式連接詞是功能完備的一組真值函數式連接詞之前，讓我們先說明如何替任何一個 PL 合式公式 α 找到其主要選言標準式的一種方法，⑤而該方法利用了我們在第二章中所教過的完整真值表方法。對於任何一個 PL 合式公式 α，利用真值表找出其主要選言標準式的具體程序如下：

1. 利用第二章第四節中所教的方法寫下 α 的完整真值表。
2. 如果 α 的主要連接詞下方沒有任何一行的真假值為 1，這表示 α 是一個恆假句，那麼，我們就寫下「P ∧ ¬P」這個恆假句作為其主要選言標準式（請讀者們注意，「P ∧ ¬P」是只包含了一個選言項的「選言句」；並請注意，任何兩個恆假句之間都是邏輯上等價的）。
3. 如果 α 的主要連接詞下方每一行的真假值都為 1，這表示 α 是一個恆真句，那麼，我們就寫下「P ∨ ¬P」這個恆真句作為其主要選言標準式（請讀者們注意，「P ∨ ¬P」有兩個選言項，但每一個選言項都是只有一個連言項的「連言句」；並請注意，任何兩個恆真句之間也都是邏輯上等價的）。
4. 如果 α 既不是恆真句也不是恆假句，那麼，(1) 找出 α 的主要連接詞下

---

③ 舉例來說，「P」這個語句就和「P」、「P ∨ P」、「P ∨ P ∨ P」、「P ∨ P ∨ P ∨ P」……等這些典型的 PL 選言標準式在邏輯上是等價的。

④ 舉例來說，「P」這個語句就和「P」、「P ∨ (Q ∧ ¬Q)」、「P ∨ (R ∧ ¬R)」、「P ∨ (P₁ ∧ ¬P₁)」……等這些非典型的 PL 選言標準式在邏輯上是等價的。

⑤ 另一種方法是利用邏輯等價式之間的轉換，但這個等價轉換的方法比較適合用來找出與該合式公式等價的非典型選言標準式（詳見以下的說明）。雖然由該非典型的選言標準式轉換成主要選言標準式仍有一定的規則可循，但說明該規則卻有些複雜，因而我們將不在此說明。

方真假值為 1 的那幾行；(2) 對於 α 主要連接詞下方真假值為 1 的每一行，我們都根據該行左方欄中簡單語句的真假值，以下述的方法去寫下一個與該行相應的「相應連言句」：如果一個簡單句 β 在該行中為 1，那麼，我們就寫下 β，而如果一個簡單句 β 在該行中為 0，我們就寫下「¬β」，然後我們將所有這些寫下的「文字」以連言符號「∧」將它們形成一個連續的連言句。(3) 寫完 α 主要連接詞下方真假值為 1 的每一行的「相應連言句」後，我們將所有這些寫下的相應連言句以選言符號「∨」將它們形成一個連續的選言句。讀者們應該很容易看出，這樣寫下的選言句會是一個典型的選言標準式。不僅如此，讀者們也應該很容易證明，這樣寫下的選言句也會與 α 在邏輯上是等價的。⑥

　　以下是利用完整真值表為一個語句找出其主要選言標準式的一些例子。在「表 10-1(a)」中，由於「Q ↔ ¬Q」是一個恆假句，我們依前述方法中的第 2 點規定，將「P ∧ ¬P」作為其主要選言標準式，儘管「Q ↔ ¬Q」中並沒出現「P」這個命題符號。類似地，在「表 10-1(b)」中，由於「R → (Q → R)」是一個恆真句，我們依前述方法中的第 3 點規定，將「P ∨ ¬P」作為其主要選言標準式，儘管「R → (Q → R)」中並沒出現「P」這個命題符號。在「表 10-1(c)」中，「P ∨ (¬P ∧ Q)」的主要連接詞之下有三行是 1（分別為該表的第一、二、三行）；因此，我們分別為每一行寫下該行的「相應連言句」：第一行左邊簡單句的下方為 <1, 1>，因而其「相應連言句」為「P ∧ Q」；第二行左邊簡單句的下方為 <1, 0>，因而其「相應連言句」為「P ∧ ¬Q」；第三行左邊簡單句的下方為 <0, 1>，因而其「相應連言句」為「¬P ∧ Q」。最後，我們將這三個寫下的相應連言句以選言符號「∨」將它們形成一個連續的選言句「(P ∧ Q) ∨ (P ∧ ¬Q) ∨ (¬P ∧ Q)」，而這個最後寫下的語句就是「P ∨ (¬P ∧ Q)」

---

⑥ 我們在這裡簡單說明它們何以在邏輯上等價的理由：讀者們應該不難看出，每一個根據某一行所寫下的「相應連言句」都在該行簡單句的真假組合情況下為真，而在簡單句的其它真假組合情況下為假。因而，這些「相應連言句」的連續選言會在這些行所顯示的簡單句真假組合情況下為真，而在其它行的簡單句真假組合情況下為假。利用我們在第三章中所教過的完整真值表方法，這表示原來的語句 α 和這個標準的選言標準式之間是邏輯上等價的。

的主要選言標準式。類似地，在「表10-1(d)」中，「((P → Q) ∧ (Q → R)) ↔ (P → R)」的主要連接詞之下有六行是 1（分別為該表的第一、二、四、五、七、八行），因此，我們分別為它們寫下它們的相應的連言句：第一行左邊簡單句的下方為 <1, 1, 1>，因而其「相應連言句」為「P ∧ Q ∧ R」；第二行左邊簡單句的下方為 <1, 1, 0>，因而其「相應連言句」為「P ∧ Q ∧ ¬R」；第四行左邊簡單句的下方為 <1, 0, 0>，因而其「相應連言句」為「P ∧ ¬Q ∧ ¬R」；第五行左邊簡單句的下方為 <0, 1, 1>，因而其「相應連言句」為「¬P ∧ Q ∧ R」；第七行左邊簡單句的下方為 <0, 0, 1>，因而其「相應連言句」為「¬P ∧ ¬Q ∧ R」；第八行左邊簡單句的下方為 <0, 0, 0>，因而其「相應連言句」為「¬P ∧ ¬Q ∧ ¬R」。最後，我們將這六個寫下的相應連言句以選言符號「∨」將它們形成一個連續的選言句「(P ∧ Q ∧ R) ∨ (P ∧ Q ∧ ¬R) ∨ (P ∧ ¬Q ∧ ¬R) ∨ (¬P ∧ Q ∧ R) ∨ (¬P ∧ ¬Q ∧ R) ∨ (¬P ∧ ¬Q ∧ ¬R)」，而這個最後寫下的語句就是「((P → Q) ∧ (Q → R)) ↔ (P → R)」的主要選言標準式。[⑦]

Q	Q ↔ ¬Q
1	0　0
0	0　1

表 10-1(a)

R Q	R → (Q → R)
1 1	1　　1
1 0	1　　1
0 1	1　　0
0 0	1　　1

表 10-1(b)

P Q	P ∨ (¬P ∧ Q)
1 1	1　0　0
1 0	1　0　0
0 1	1　1　1
0 0	0　1　0

表 10-1(c)

⑦ 當然，這個標準選言標準式十分冗長，記憶和書寫上都極為不便，但我們可以將它化約成更為精簡的選言標準式，這樣的化約在邏輯電路設計上十分重要。有關於如何化約選言標準式的說明，詳見一般邏輯電路教科書中的說明或 Jen Davoren and Greg Restall, *Logic, Language & Information Volume 1*, Melbourne: The University of Melbourne Press, 2015, chapter 3。

P Q R	((P → Q) ∧ (Q → R))	↔	(P → R)
1 1 1	1 1 1	**1**	1
1 1 0	1 0 0	**1**	0
1 0 1	0 0 1	**0**	1
1 0 0	0 0 1	**1**	0
0 1 1	1 1 1	**1**	1
0 1 0	1 0 0	**0**	1
0 0 1	1 1 1	**1**	1
0 0 0	1 1 1	**1**	1

表 10-1(d)

現在我們就可以來說明為什麼 PL 中的五個真值函數式連接詞是功能完備的了。從以上的幾個例子中，我們可以看出一件重要的事情：對於任何一個「可能的」真值函數式連接詞來說，不論它是一位、二位、三位……或 n 位的真值函數式連接詞，由它所形成的語句都在邏輯上等價於一個只使用了「¬」、「∧」和「∨」的主要選言標準式；因而，任何一個「可能的」n 位的真值函數式連接詞其實都可以透過後者而被定義。舉例來說，有些邏輯學家認為自然語言中有一個所謂的排斥性「或者 *」（參見第二章注釋 2）這樣的真值函數式連接詞：「α 或者 *β」只在連接一真一假的語句時為真，在連接兩個真語句或連接兩個假語句時為假。但應用剛剛教過的方法，你可以很快發現「α 或者 *β」其實在邏輯上等價於「(α ∧ ¬β) ∨ (α ∧ ¬β)」，因而我們也就可以以後者去定義前者，亦即，「α 或者 *β =df (α ∧ ¬β) ∨ (α ∧ ¬β)」。同理，如果我們的自然語言中還包含如下「表 10-2」中「⊕」和「⊗」的這兩個三位真值函數式的連接詞，我們也可以利用同樣的方法將「⊕ (α, β, γ)」定義為「(α ∧ β ∧ ¬γ) ∨ (α ∧ ¬β ∧ γ) ∨ (¬α ∧ β ∧ γ)」，並將「⊗(α, β, γ)」定義為「(α ∧ β ∧ γ) ∨ (¬α ∧ ¬β ∧ ¬)」。讀者應該可以從這幾個例子看出：任何一個可能的真值函數式連接詞都可以只使用「¬」、「∧」和「∨」而去定義；在這個意義上，{¬, ∧, ∨} 這一組連接詞就已經是功能完備的了，更何況是 {¬, ∧, ∨, →, ↔}。由於 PL 中的五個真值函數式連接詞已經是功能完備的，PL 其實足以用來表達任何可能的真值函數式連接詞所能夠表達的語句。

α β γ	⊕ (α, β, γ)	⊗(α, β, γ)
T T T	F	T
T T F	T	F
T F T	T	F
T F F	F	F
F T T	T	F
F T F	F	F
F F T	F	F
F F F	F	T

表 10-2

　　不僅如此，我們還可以繼續發現：即便是 {¬, ∧}、{¬, ∨} 或 {¬, → } 也各別是一組功能完備的真值函數式連接詞。因為，「α ∨ β」可以被定義為「¬(¬α ∧ ¬β)」(因為這兩者是邏輯上等價的)，因而每一個主要選言標準式其實都在邏輯上等價於一個只使用「¬」和「∧」的語句。比方來說，利用「α ∨ β =df ¬(¬α ∧ ¬β)」的定義，我們可以輕易地將「(α ∧ β ∧ γ) ∨ (¬α ∧ ¬β ∧ ¬γ)」這樣的主要選言標準式看作是以下這個只使用「¬」和「∧」的語句「¬(¬(α ∧ β ∧ γ) ∧ ¬(¬α ∧ ¬β ∧ ¬γ))」的縮寫。[8]類似地，「α ∧ β」可以被定也義為「¬(¬α ∨ ¬β)」(因為這兩者是邏輯上等價的)，因而每一個主要選言標準式其實都在邏輯上等價於一個只使用「¬」和「∨」的語句。比方來說，利用「α ∧ β =df ¬(¬α ∨ ¬β)」的定義，我們可以輕易地將「(α ∧ β ∧ γ) ∨ (¬α ∧ ¬β ∧ ¬γ)」這樣的主要選言標準式看作是以下這個只使用「¬」和「∨」的語句「¬(¬α ∨ ¬β ∨ ¬γ) ∨ ¬(α ∨ β ∨ γ)」的縮寫。[9]最後，「α ∨ β」和「α ∧ β」還可以被分別定義為「¬α → β」和「¬(α → ¬β)」(讀者可以自檢查：「α ∨ β」和「¬α → β」是邏輯上等價的，而「α ∧ β」和「¬(α → ¬β)」也是邏輯上等價的)；因而，利用「α ∨ β =df ¬α → β」和「α ∧ β =df ¬(α → ¬β)」這兩個定義，

---

⑧ 因為，根據「α ∨ β =df ¬(¬α ∧ ¬β)」的定義，「¬(¬(α ∧ β ∧ γ) ∧ ¬(¬α ∧ ¬β ∧ ¬γ))」邏輯上等價於「¬¬(α ∧ β ∧ γ) ∨ ¬¬(¬α ∧ ¬β ∧ ¬γ)」；而根據雙重否定律 (任何一個語句等價於其雙重否定)，後者又邏輯上等價於「(α ∧ β ∧ γ) ∨ (¬α ∧ ¬β ∧ ¬γ)」。

⑨ 因為，根據「α ∧ β =df ¬(¬α ∨ ¬β)」的定義，「¬(¬α ∨ ¬β ∨ ¬γ) ∨ ¬(α ∨ β ∨ γ)」邏輯上等價於「(¬¬α ∧ ¬¬β ∧ ¬¬γ) ∨ (¬α ∧ ¬β ∧ ¬γ)」；而根據雙重否定律 (任何一個語句等價於其雙重否定)，後者又邏輯上等價於「(α ∧ β ∧ γ) ∨ (¬α ∧ ¬β ∧ ¬γ)」。

我們可以輕易地將「$((\alpha \wedge \beta) \wedge \gamma) \vee ((\neg\alpha \wedge \neg\beta) \wedge \neg\gamma)$」這樣的選言標準式看作是以下這個只使用「$\neg$」和「$\rightarrow$」的語句「$\neg\neg(\neg(\alpha \rightarrow \neg\beta) \rightarrow \neg\gamma) \rightarrow \neg(\neg(\neg\alpha \rightarrow \beta) \rightarrow \neg\neg\gamma)$」的縮寫。⑩上述這些事實顯示：$\{\neg, \wedge\}$、$\{\neg, \vee\}$ 或 $\{\neg, \rightarrow\}$ 都是功能完備的真值函數式連接詞組。⑪

　　其實，如果我們並不在乎替一個語句 α 找到與之在邏輯上等價的**主要選言標準式**，甚至不在乎替它找到與之在邏輯上等價的**典型的**選言標準式，而只是想到為它找到一個與之在邏輯上等價但可能較主要或典型選言標準式更為簡單的選言標準式，那麼，以下的方法會是一個實用上更為簡單的方法（但不見得每一個步驟都有必要）：

1. 先利用以下兩個邏輯等值關係去除所有的條件和雙條件連接詞：(i)「$\alpha \leftrightarrow \beta$」邏輯上等價於「$(\alpha \rightarrow \beta) \wedge (\beta \rightarrow \alpha)$」；而 (ii)「$\alpha \rightarrow \beta$」也邏輯上也等價於「$\neg\alpha \vee \beta$」。

2. 連續利用以下這幾個俗稱為「笛摩根定律」（De Morgan's Laws）和「雙重否定律」的等價關係，使得否定詞最多只連接在一個簡單語句之前：(i) 雙重否定律：「$\neg\neg\alpha$」等值於 α；(ii) 笛摩根定律：「$\neg(\alpha \wedge$

---

⑩ 因為，根據「$\alpha \vee \beta =_{df} \neg\alpha \rightarrow \beta$」的定義，「$\neg\neg(\neg(\alpha \rightarrow \neg\beta) \rightarrow \neg\gamma) \rightarrow \neg(\neg(\neg\alpha \rightarrow \beta) \rightarrow \neg\neg\gamma)$」邏輯上等價於「$\neg(\neg(\alpha \rightarrow \neg\beta) \rightarrow \neg\gamma) \vee \neg(\neg(\neg\alpha \rightarrow \beta) \rightarrow \neg\neg\gamma)$」；而根據「$\alpha \wedge \beta =_{df} \neg(\alpha \rightarrow \neg\beta)$」的定義，後者又邏輯上等價於「$(\neg(\alpha \rightarrow \neg\beta) \wedge \gamma) \vee (\neg(\neg\alpha \rightarrow \beta) \wedge \neg\gamma)$」，並進一步再度根據「$\alpha \wedge \beta =_{df} \neg(\alpha \rightarrow \neg\beta)$」的定義而等價於「$((\alpha \wedge \beta) \wedge \gamma) \vee ((\neg\alpha \wedge \neg\beta) \wedge \neg\gamma)$」。

⑪ 事實上，我們也可以只使用一個二位的真值函數式連接詞「$\alpha \mid \beta$」（電路設計上稱為「NAND 閘」，而一般則稱為「雪佛之撇」[Sheffer's stroke] 的真值函數式連接詞「|」）或「$\alpha \downarrow \beta$」（電路設計上稱為「NOR 閘」，而一般則稱為「皮爾士箭頭」[Peirce's arrow] 的真值函數式連接詞「↓」）而去定義所有的真值函數連接詞，但我們不會在此證明這件事。有關於這兩者的語義說明，詳見以下的基本真值表：

α β	α ↓ β	α ∣ β
1 1	F	F
1 0	F	T
0 1	F	T
0 0	T	T

β）」邏輯上等價於「$\neg\alpha \lor \neg\beta$」，而「$\neg(\alpha \lor \beta)$」也邏輯上等價於「$\neg\alpha \land \neg\beta$」；更一般性地說，「$\neg(\alpha_1 \land \cdots \land \alpha_n)$」邏輯上等價於「$\neg\alpha_1 \lor \cdots \lor \neg\alpha_n$」，而「$\neg(\alpha_1 \lor \cdots \lor \alpha_n)$」也邏輯上等價於「$\neg\alpha_1 \land \cdots \land \neg\alpha_n$」。

完成了前兩項工作後，整個語句 α 將會在邏輯上等價於一個只剩下否定符號、連言符號和選言符號在內的語句，但未必見得是一個選言標準式。為了要得到一個與 α 在邏輯上等價的選言標準式，你還要反覆進行以下 3 和 4 兩個步驟（第 4 個步驟並非為獲得選言標準式所必須，只是為了去除冗餘的連言項或選言項而已）：

3. 重複應用以下這兩個俗稱為「分配律」（Distribution Rule）的等價關係，將前述步驟 2 之後的語句轉變為邏輯上等值的選言標準式：(i) 連言對選言的分配律：「$\alpha \land (\beta \lor \gamma)$」和「$(\beta \lor \gamma) \land \alpha$」都邏輯上等價於「$(\alpha \land \beta) \lor (\alpha \land \gamma)$」；(ii) 選言對連言的分配律：「$\alpha \lor (\beta \land \gamma)$」和「$(\beta \land \gamma) \lor \alpha$」也都邏輯上等價於「$(\alpha \lor \beta) \land (\alpha \lor \gamma)$」。

4. 利用以下多個等價關係刪除多餘的選言項或連言項：(i)α 邏輯上等價於「$\alpha \lor \alpha$」，也等價於「$\alpha \land \alpha$」；(ii)「$\alpha \lor \beta$」邏輯上等價於「$\beta \lor \alpha$」，而「$\alpha \land \beta$」邏輯上也等價於「$\beta \land \alpha$」；(iii)「$(\alpha \lor \beta) \lor \gamma$」邏輯上等價於「$\beta \lor (\alpha \lor \gamma)$」，而「$(\alpha \land \beta) \land \gamma$」邏輯上也等價於「$\beta \land (\alpha \lor \gamma)$」；(iv)「$\alpha \lor \cdots \lor (\cdots \land \beta \land \cdots \land \neg\beta \land \cdots) \lor \cdots \lor \gamma$」邏輯上等價於「$\alpha \lor \cdots \lor \cdots \lor \gamma$」。（應用 (i) 至 (iii) 的目的在於去除重複的選言項和重複的連言項，而應用 (iv) 的目的則在於去除恆假的選言項：去除這些恆假選言項的結果仍然與原來的選言標準式在邏輯上等值。）

作為前述四個步驟應用的一個例子，讓我們首先看如何將「$(P \leftrightarrow \neg Q) \to (P \land Q)$」利用這四個步驟轉換為一個（典型且主要的）選言標準式（其中，第 3 個步驟沒有應用之處）：

$(P \leftrightarrow \neg Q) \rightarrow (P \wedge Q)$

$\models\models ((P \rightarrow \neg Q) \wedge (\neg Q \rightarrow P)) \rightarrow (P \wedge Q)$ 　　　　（第 1 個步驟）

$\models\models ((\neg P \vee \neg Q) \wedge (\neg\neg Q \vee P)) \rightarrow (P \wedge Q)$ 　　　　（第 1 個步驟）

$\models\models \neg((\neg P \vee \neg Q) \wedge (\neg\neg Q \vee P)) \vee (P \wedge Q)$ 　　　　（第 1 個步驟）

$\models\models (\neg(\neg P \vee \neg Q) \vee \neg(Q \vee P)) \vee (P \wedge Q)$ 　　　　（第 2 個步驟）

$\models\models ((\neg\neg P \wedge \neg\neg Q) \vee (\neg Q \wedge \neg P)) \vee (P \wedge Q)$ 　　　　（第 2 個步驟）

$\models\models ((P \wedge Q) \vee (\neg Q \wedge \neg P)) \vee (P \wedge Q)$ 　　　　（第 2 個步驟）

$\models\models (P \wedge Q) \vee ((\neg Q \wedge \neg P) \vee (P \wedge Q))$ 　　　　（第 4 個步驟）

$\models\models (P \wedge Q) \vee ((P \wedge Q) \vee (\neg Q \wedge \neg P))$ 　　　　（第 4 個步驟）

$\models\models ((P \wedge Q) \vee (P \wedge Q)) \vee (\neg Q \wedge \neg P)$ 　　　　（第 4 個步驟）

$\models\models (P \wedge Q) \vee (\neg Q \wedge \neg P)$ 　　　　（第 4 個步驟）

在結束本節前，讓我們再舉一個例子，看如何利用前述的四個步驟去將「$((P \vee \neg Q) \wedge R) \rightarrow ((Q \vee P_1) \wedge \neg P)$」轉換為一個（非典型且非主要的）選言標準式：

$((P \vee \neg Q) \wedge R) \rightarrow ((Q \vee P_1) \wedge \neg P)$

$\models\models \neg((P \vee \neg Q) \wedge R) \vee ((Q \vee P_1) \wedge \neg P)$ 　　　　（第 1 個步驟）

$\models\models (\neg(P \vee \neg Q) \vee \neg R) \vee ((Q \vee P_1) \wedge \neg P)$ 　　　　（第 2 個步驟）

$\models\models ((\neg P \wedge \neg\neg Q) \vee \neg R) \vee ((Q \vee P_1) \wedge \neg P)$ 　　　　（第 2 個步驟）

$\models\models ((\neg P \wedge Q) \vee \neg R) \vee ((Q \vee P_1) \wedge \neg P)$ 　　　　（第 2 個步驟）

$\models\models ((\neg P \wedge Q) \vee \neg R) \vee ((\neg P \wedge Q) \vee (\neg P \wedge P_1))$ 　　　　（第 3 個步驟）

$\models\models (\neg P \wedge Q) \vee (\neg R \vee ((\neg P \wedge Q) \vee (\neg P \wedge P_1)))$ 　　　　（第 4 個步驟）

$\models\models (\neg P \wedge Q) \vee ((\neg R \vee (\neg P \wedge Q)) \vee (\neg P \wedge P_1))$ 　　　　（第 4 個步驟）

$\models\models (\neg P \wedge Q) \vee (((\neg P \wedge Q) \vee \neg R) \vee (\neg P \wedge P_1))$ 　　　　（第 4 個步驟）

$\models\models (\neg P \wedge Q) \vee ((\neg P \wedge Q) \vee (\neg R \vee (\neg P \wedge P_1)))$ 　　　　（第 4 個步驟）

$\models\models ((\neg P \wedge Q) \vee (\neg P \wedge Q)) \vee (\neg R \vee (\neg P \wedge P_1))$ 　　　　（第 4 個步驟）

$\models\models (\neg P \wedge Q) \vee \neg R \vee (\neg P \wedge P_1)$ 　　　　（第 4 個步驟）

第二節　PL連言標準式

　　PL 中的每一個合式公式不僅在邏輯上等價於無窮多個選言標準式，還等價於無窮多個連言標準式。一個PL的合式公式是一個連言標準式（conjunctive normal form, CNF）[⑫]，若且唯若，(i) 它是由一個或多個連言項所形成的「連言句」，而且 (ii) 它的每一個連言項都是由一個或多個「文字」（亦即，簡單句或簡單句的否定）所形成的「選言句」。注意，在這樣的定義中，我們允許一個連言標準式裡只有一個連言項（所以，像「P」、「¬P」、「P ∨ Q」、「P ∨ ¬Q」和「P ∨ Q ∨ ¬R」這樣的語句也都算是只有一個連言項的「連言句」），這一點與我們在第二章中所作的文法規定不同；類似地，我們也允許一個「選言句」中只有一個文字作為其選言項（如「P」和「¬P」），這一點也與我們在第二章中所作的文法規定不同。當一個連言標準式的每一個連言項都包含相同的簡單命題符號時，我們便說該連言標準式是一個典型的連言標準式（canonical CNF）。一個連言標準式中的任何一個連言項又被稱為一個「子句」（clause）。當一個子句中只有零或一個肯定文字時，我們稱該子句為一個「角子句」（horn clause），而當一個子句中剛好有一個肯定文字時，我們則稱該子句為一個「確定子句」（definite clause）。我們將在第十四章第二和第三節中看到角子句和確定子句（以及連言標準式）的重要性。以下是一些連言標準式的例子：

1. $(P \lor \neg Q \lor R) \land (\neg P \lor Q \lor \neg R) \land (\neg P \lor \neg Q \lor \neg R)$（這是一個典型的連言標準式，其中第二和第三個子句是角子句，而第二個子句也是確定子句）。

2. $(P \lor \neg Q \lor \neg R) \land (\neg P \lor Q) \land (\neg P \lor P_1)$（這是一個非典型的連言標準式，其中的三個子句都是角子句，也都是確定子句）。

3. $(P \lor \neg Q \lor \neg R) \land (\neg P \lor Q) \land \neg P$（這是一個非典型的連言標準式，其中第三個子句「¬P」是一個只包含一個文字的「選言句」，三個子句都

[⑫] 連言標準式在電子工程學中又被稱為「合之積」（products-of-sums, POS），取義於將「文字」的連續選言當作是算術中的加法關係，而將各連言項的連言當作是算術中的乘法關係。

是角子句，但只有前兩個子句是確定子句）。

4. R ∧ (¬P ∨ Q) ∧ ¬P（這是一個非典型的連言標準式，其中的「R」和最後的「¬P」是只包含一個文字的「選言句」，三個子句都是角子句，但只有前兩個子句是確定子句）。

5. Q ∧ ¬P（這是一個非典型的連言標準式，其中的「Q」和「¬P」都是只包含一個文字的「選言句」，兩個子句都是角子句，而第一個子句是確定子句）。

6. P ∨ ¬P（這是一個典型的連言標準式，其中只包含一個子句，而該子句是一個角子句，也是一個確定子句）。

7. P ∨ ¬Q ∨ R（這是一個典型的連言標準式，這個範式只有一個子句，該子句既不是角子句也不是確定子句）。

8. ¬Q（這是一個典型的連言標準式，這個語句本身是只包含一個連言項的「連言句」，而其中的連言項是只有一個選言項的「選言句」，它也是一個角子句）。

9. P（這是一個典型的連言標準式，這個語句本身是只有一個連言項的「連言句」，而其中的連言項是只有一個選言項的「選言句」，它也是一個角子句和確定子句）。

我們剛才說過：每一個 PL 合式公式 α 都與無窮多個連言標準式在邏輯上是等價的，甚至與無窮多個典型的連言標準式在邏輯上是等價的。但對我們的目的來說，對於任何一個 PL 合式公式 α，我們特別關心的只是某個與之在邏輯上等價的特定連言標準式，讓我們稱之為「α 的主要連言標準式」。以下我們說明如何為任何一個 PL 合式公式 α 找到其主要連言標準式的一種方法。⑬該方法利用了我們在第二章中所教過的完整真值表方法和前一節中所教過的尋找主要選言標準式的方法。對於任何一個 PL 合式公式 α，利用此方法找出 α 的

---

⑬ 另一種方法同樣是利用邏輯等價式之間的轉換，但這個等價轉換方法比較適合用來找出與該合式公式等價的非典型連言標準式（詳見以下的說明）。雖然由該非典型連言標準式轉換成主要連言標準式仍有一定的規則可循，但說明該規則卻有些複雜，因而我們將不在此說明。

主要連言標準式的具體程序如下：

1. 利用第二章第四節中所教的方法寫下「¬α」的完整眞值表。
2. 利用前一節中所教的方法寫下「¬α」的主要選言標準式。
3. 在「¬α」的主要選言標準式的最外面加上一個否定符號。
4. 根據以下這幾個俗稱爲「笛摩根定律」和「雙重否定律」的等價關係，將 3 中加上否定符號的語句轉換成邏輯上等價的主要連言標準式：(i) 雙重否定律：「¬¬α」等值於 α；(ii) 笛摩根定律：「¬(α ∧ β)」邏輯上等價於「¬α ∨ ¬β」，而「¬(α ∨ β)」也邏輯上等價於「¬α ∧ ¬β」；更一般性地說，「¬(α₁ ∧ ⋯ ∧ αₙ)」邏輯上等價於「¬α₁ ∨ ⋯ ∨ ¬αₙ」，而「¬(α₁ ∨ ⋯ ∨ αₙ)」也邏輯上等價於「¬α₁ ∧ ⋯ ∧ ¬αₙ」。

讀者們應該很容易看出（或從以下的例子中看出），這樣寫下的最後一個語句會是一個典型的連言標準式。不僅如此，讀者們也應該很容易證明，這樣寫下的典型連言標準式會與 α 在邏輯上是等價的，因為：2 中的選言標準式與「¬α」（根據前一節中的說明）是邏輯上等價的，而 4 中的連言標準式與「¬α」的否定（也就是「¬¬α」，並因而與 α 本身）則是邏輯上等價的。

　　以下是利用前述方法爲上一節中的幾個語句找出它們的主要連言標準式的例子。我們先看「Q ↔ ¬Q」這個語句：由於「Q ↔ ¬Q」是一個恆假句，因而其否定是一個恆真句；因此，我們依據上一段落方法中第 2 點的規定將「P ∨ ¬P」作爲其否定的主要選言標準式。然後，我們依據該段落第 3 點規定，在「P ∨ ¬P」之前加上否定符號以形成「¬(P ∨ ¬P)」。最後，利用該段落第 4 點中所說的等價關係，我們知道「¬(P ∨ ¬P)」邏輯上等價於「¬P ∧ ¬¬P」而後者在邏輯上又等價於「¬P ∧ P」，而最後這個語句「¬P ∧ P」也就是「Q ↔ ¬Q」的主要連言標準式。類似地，對於「R → (Q → R)」這個語句，由於它是一個恆真句，因而其否定是一個恆假句；因此，我們依據上一段落方法中第 2 點的規定將「P ∧ ¬P」作爲其否定的主要選言標準式。然後，我們依據該段落第 3 點規定，在「P ∧ ¬P」之前加上否定符號以形成「¬(P ∧ ¬P)」。最後，利用該段落第 4 點中所說的等價關係，我們知道「¬(P ∧ ¬P)」邏輯上等價於「¬P ∨ ¬¬P」而後者在邏輯上又等價於「¬P ∨ P」，而最後這個語句「¬P

∨ P」也就是「R → (Q → R)」的主要連言標準式。至於「P ∨ (¬P ∧ Q)」，我們先依據前一段落方法中的第 1 點寫下「¬(P ∨ (¬P ∧ Q))」的完整真值表（如以下「表 10-3(a)」），並依據該表和該段落中的第 2 點寫下「¬(P ∨ (¬P ∧ Q))」的主要選言標準式「¬P ∧ ¬Q」。然後，我們依據該段落第 3 點的規定，在「¬P ∧ ¬Q」之前加上否定符號以形成「¬(¬P ∧ ¬Q)」。最後，利用第 4 點中所說的等價關係，我們知道「¬(¬P ∧ ¬Q)」邏輯上等價於「¬¬P ∨ ¬¬Q」而後者在邏輯上又等價於「P ∨ Q」，而最後這個語句「P ∨ Q」也就是「P ∨ (¬P ∧ Q)」的主要連言標準式。類似地，對於「((P → Q) ∧ (Q → R)) ↔ (P → R)」這個語句，我們先依據上述的第 1 點寫下「¬(((P → Q) ∧ (Q → R)) ↔ (P → R))」的完整真值表（如以下「表 10-3(b)」），並依據該表和上述的第 2 點寫下「¬(((P → Q) ∧ (Q → R)) ↔ (P → R))」的主要選言標準式「(P ∧ ¬Q ∧ R) ∨ (¬P ∧ Q ∧ ¬R)」。然後，我們依據第 3 點規定，在「(P ∧ ¬Q ∧ R) ∨ (¬P ∧ Q ∧ ¬R)」之前加上否定符號以形成「¬((P ∧ ¬Q ∧ R) ∨ (¬P ∧ Q ∧ ¬R))」。最後，利用第 4 點中所說的等價關係，我們知道「¬((P ∧ ¬Q ∧ R) ∨ (¬P ∧ Q ∧ ¬R))」邏輯上等價於「¬(P ∧ ¬Q ∧ R) ∧ ¬(¬P ∧ Q ∧ ¬R)」、「(¬P ∨ ¬¬Q ∨ ¬R) ∧ (¬¬P ∨ ¬Q ∨ ¬¬R)」和「(¬P ∨ Q ∨ ¬R) ∧ (P ∨ ¬Q ∨ R)」，而最後這個語句「(¬P ∨ Q ∨ ¬R) ∧ (P ∨ ¬Q ∨ R)」也就是「((P → Q) ∧ (Q → R)) ↔ (P → R)」的主要連言標準式。

P Q	¬	(P ∨ (¬P ∧ Q))		
1 1	0	1	0	0
1 0	0	1	0	0
0 1	0	1	1	1
0 0	1	0	1	0

表 10-3(a)

P Q R	¬	(((P → Q) ∧ (Q → R)) ↔ (P → R))				
1 1 1	0	1	1	1	1	1
1 1 0	0	1	0	0	1	0
1 0 1	1	0	0	1	0	1
1 0 0	0	0	0	1	1	0
0 1 1	0	1	1	1	1	1
0 1 0	1	1	0	0	0	1
0 0 1	0	1	1	1	1	1
0 0 0	0	1	1	1	1	1

表 10-3(b)

其實，如果我們並不在乎替一個語句 α 找到與之在邏輯上等價的**主要連言標準式**，甚至不在乎替它找到與之在邏輯上等價的**典型的**連言標準式，而只是想到為它找到一個與之在邏輯上等價但可能較主要或典型連言標準式更為簡單的連言標準式，那麼，以下的方法會是一個實用上更為簡單的方法（但不見得每一個步驟都有必要）：

1. 先利用以下兩個邏輯等值關係去除所有的條件和雙條件連接詞：(i)「α ↔ β」邏輯上等價於「(α → β) ∧ (β → α)」；而 (ii)「α → β」也邏輯上也等價於「¬α ∨ β」。

2. 連續利用以下這幾個俗稱為「笛摩根定律」和「雙重否定律」的等價關係，使得否定詞最多只連接在一個簡單語句之前：(i) 雙重否定律：「¬¬α」等值於 α；(ii) 笛摩根定律：「¬(α ∧ β)」邏輯上等價於「¬α ∨ ¬β」，而「¬(α ∨ β)」也邏輯上等價於「¬α ∧ ¬β」；更一般性地說，「¬($α_1$ ∧ ⋯ ∧ $α_n$)」邏輯上等價於「¬$α_1$ ∨ ⋯ ∨ ¬$α_n$」，而「¬($α_1$ ∨ ⋯ ∨ $α_n$)」也邏輯上等價於「¬$α_1$ ∧ ⋯ ∧ ¬$α_n$」。

完成了前兩項工作後，整個語句 α 將會在邏輯上等價於一個只剩下否定符號、連言符號和選言符號在內的語句，但未必見得是一個連言標準式。為了要得到一個與 α 在邏輯上等價的連言標準式，你還要反覆進行以下 3 和 4 兩個步驟（第 4 個步驟並非為了獲得連言標準式所必須，只是為了去除冗餘的連言項或選言項而已）：

3. 重複應用以下這兩個俗稱為「分配律」（Distribution Rule）的等價關係，將前述步驟 2 之後的語句轉變為邏輯上等值的選言標準式：(i) 連言對選言的分配律：「α ∧ (β ∨ γ)」和「(β ∨ γ) ∧ α」都邏輯上等價於「(α ∧ β) ∨ (α ∧ γ)」；(ii) 選言對連言的分配律：「α ∨ (β ∧ γ)」和「(β ∧ γ) ∨ α」也都邏輯上等價於「(α ∨ β) ∧ (α ∨ γ)」。

4. 利用以下多個等價關係刪除多餘的選言項或連言項：(i) α 邏輯上等價於「α ∨ α」，也等價於「α ∧ α」；(ii)「α ∨ β」邏輯上等價於「β ∨ α」，而「α ∧ β」邏輯上也等價於「β ∧ α」；(iii)「(α ∨ β) ∨ γ」邏輯上等價於「β

∨ (α ∧ γ)」，而「(α ∧ β) ∧ γ」邏輯上也等價於「β ∧ (α ∧ γ)」；(iv)「α ∧ ⋯ ∧ (⋯ ∨ β ∨ ⋯ ∨ ¬β ∨ ⋯) ∧ ⋯ ∧ γ」邏輯上等價於「α ∧ ⋯ ∧ ⋯ ∧ γ」。（應用 (i) 至 (iii) 的目的在於去除重複的選言項和重複的連言項，而應用 (iv) 的目的在於去除恆真的連言項：去除這些恆真連言項的結果仍然與原來的連言標準式在邏輯上等值。）

作為前述四個步驟應用的一個例子，讓我們首先看如何將「(P ↔ ¬Q) → (P ∧ Q)」利用這四個步驟轉換為一個（典型且主要的）選言標準式：

$(P \leftrightarrow \neg Q) \to (P \wedge Q)$

⫤⊨ $((P \to \neg Q) \wedge (\neg Q \to P)) \to (P \wedge Q)$ （第 1 個步驟）

⫤⊨ $((\neg P \vee \neg Q) \wedge (\neg\neg Q \vee P)) \to (P \wedge Q)$ （第 1 個步驟）

⫤⊨ $\neg((\neg P \vee \neg Q) \wedge (\neg\neg Q \vee P)) \vee (P \wedge Q)$ （第 1 個步驟）

⫤⊨ $(\neg(\neg P \vee \neg Q) \vee \neg(Q \vee P)) \vee (P \wedge Q)$ （第 2 個步驟）

⫤⊨ $((\neg\neg P \wedge \neg\neg Q) \vee (\neg Q \wedge \neg P)) \vee (P \wedge Q)$ （第 2 個步驟）

⫤⊨ $((P \wedge Q) \vee (\neg Q \wedge \neg P)) \vee (P \wedge Q)$ （第 2 個步驟）

⫤⊨ $(P \wedge Q) \vee ((\neg Q \wedge \neg P) \vee (P \wedge Q))$ （第 4 個步驟）

⫤⊨ $(P \wedge Q) \vee ((P \wedge Q) \vee (\neg Q \wedge \neg P))$ （第 4 個步驟）

⫤⊨ $((P \wedge Q) \vee (P \wedge Q)) \vee (\neg Q \wedge \neg P))$ （第 4 個步驟）

⫤⊨ $(P \wedge Q) \vee (\neg Q \wedge \neg P)$ （第 4 個步驟）

⫤⊨ $((P \wedge Q) \vee \neg Q) \wedge ((P \wedge Q) \vee \neg P)$ （第 3 個步驟）

⫤⊨ $((\neg Q \vee P) \wedge (\neg Q \vee Q)) \wedge ((\neg P \vee P) \wedge (\neg P \vee Q))$ （第 3 個步驟）

⫤⊨ $(\neg Q \vee P) \wedge (\neg P \vee Q)$ （第 4 個步驟）

在結束本節前，讓我們再舉一個例子，看如何利用前述的四個步驟去將「$((P \vee \neg Q) \wedge R) \to ((R \vee P_1) \wedge P)$」轉換為一個 (非典型且非主要的) 選言標準式：

$((P \vee \neg Q) \wedge R) \to ((R \vee P_1) \wedge P)$

⫤⊨ $\neg((P \vee \neg Q) \wedge R) \vee ((R \vee P_1) \wedge P)$ （第 1 個步驟）

$\dashv\vDash (\neg(P \vee \neg Q) \vee \neg R) \vee ((R \vee P_1) \wedge P)$　　　　（第 2 個步驟）

$\dashv\vDash ((\neg P \wedge \neg\neg Q) \vee \neg R) \vee ((R \vee P_1) \wedge P)$　　　（第 2 個步驟）

$\dashv\vDash ((\neg P \wedge Q) \vee \neg R) \vee ((R \vee P_1) \wedge P)$　　　　（第 2 個步驟）

$\dashv\vDash ((\neg R \vee \neg P) \wedge (\neg R \vee Q)) \vee ((R \vee P_1) \wedge P)$　（第 3 個步驟）

$\dashv\vDash ((\neg R \vee \neg P) \wedge (\neg R \vee Q)) \vee (P \wedge (R \vee P_1))$　（第 4 個步驟）

$\dashv\vDash (((\neg R \vee \neg P) \wedge (\neg R \vee Q)) \vee P)$

$\wedge (((\neg R \vee \neg P) \wedge (\neg R \vee Q)) \vee (R \vee P_1))$　（第 3 個步驟）

$\dashv\vDash ((P \vee \neg R \vee \neg P) \wedge (P \vee \neg R \vee Q))$

$\wedge ((R \vee P_1 \vee \neg R \vee \neg P) \wedge (R \vee P_1 \vee \neg R \vee Q))$　（第 3 個步驟）

$\dashv\vDash (P \vee \neg R \vee Q)$　　　　　　　　　　　　（第 4 個步驟）

　　為了讓讀者們更熟悉這一節及前一節中所介紹的主要選言標準式和主要連言標準式，我們在此向讀者介紹一個可以透過 Google Play 在手機上下載的軟體 Logic Calculator。Google Play 中同名的軟體有兩三套，為了避免混淆，讀者們下載時請注意它的圖示應如右圖。下載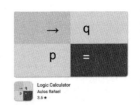
後，打開該軟體就會看到如「圖 10-1」的介面。按下下方的符號鍵輸入 PL 的合式公式後，再按下等同鍵，讀者們就會看到如下「圖 10-2」的結果，而其中的倒數第三欄和倒數第二欄則分別計算了你輸入的語句（我們的例子是「((A ↔ B) ∧ (C → P)) ∧ ¬(A ∨ Q)」）的主要選言標準式和主要連言標準式。

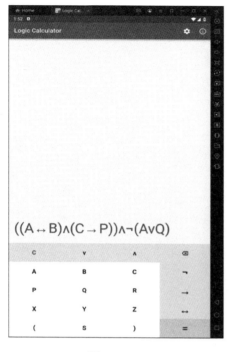

圖 10-1

圖 10-2

一、試著使用本章所教的任何方法，證明「$(\neg P \wedge Q) \vee \neg R \vee (P \wedge R) \vee (P \wedge S)$」邏輯上等價於「$P \vee \neg R \vee Q$」。

二、試著用本章所教的任何方法為「$(P \to Q) \leftrightarrow (\neg P \to \neg Q)$」找到一個邏輯上等價的選言標準式。

三、試著用本章所教的任何方法為「$(P \to Q) \leftrightarrow (\neg P \to \neg Q)$」找到一個邏輯上等價的連言標準式。

第三部分

當代邏輯學的應用

Chapter 11

邏輯學在哲學之應用

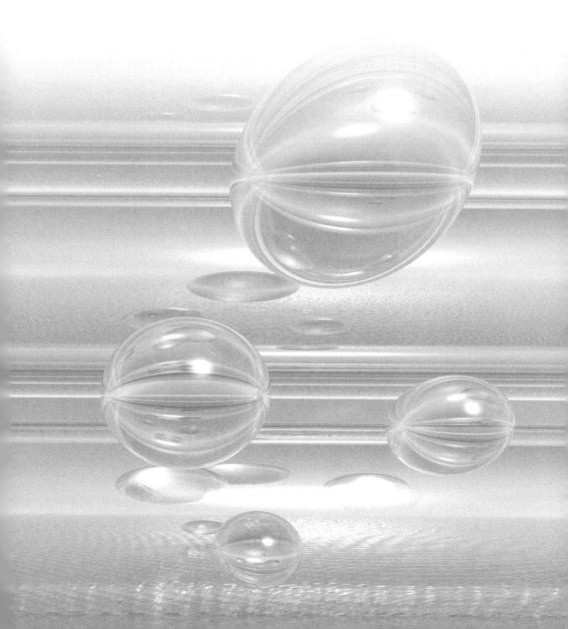

　　在接下來的四章中，我們將舉例說明當代邏輯學在哲學、數學、語言學和AI上的應用。當代邏輯學的應用領域並不僅止於上述的四個學科，還至少包括法學、經濟學、因果科學、刑事偵查學等等。而且，當代邏輯學在哲學、數學、語言學和 AI 上的應用也不僅止於以下四章中我們將談論的問題；這些問題只是邏輯學在其中獲得應用的一些簡單例子而已。

第一節　　羅素的確定描述詞理論

　　QL 中的符號包括模擬日常語言專名的個體常元和模擬日常語言代名詞的個體變元，但我們在第六章注釋 2 中還說到，日常語言中談論單一特定事物的詞似乎還有所謂的確定描述詞（definite descriptions）；我們將在這一章中說明邏輯在這一類語詞上的應用，以及這個應用所「解決」[1]的哲學問題。這一個應用主要來自於著名英國哲學家羅素（Bertrand Arthur William Russell，公元 1872-1970）在 1905 年時所發表的〈論指稱〉（"On Denoting"）一文以及他在 1910 年時和懷海德（Alfred North Whitehead，公元 1861-1947）合寫的《數學原理》（*Principia of Mathematica*）一書，該理論被英國哲學家雷姆濟（Frank Plumpton Ramsey，公元 1903-1930）於 1929 年時推崇為「哲學的典範」（paradigm of philosophy）[2]，而該文發表後的 100 年，也就是 2005 年時，國際上還特別為它舉辦了數個哲學研討會，以討論這一理論所帶來的影響，因而它特別值得我們在此為之進行說明。

---

[1] 但有些哲學家會認為，沒有任何的實質哲學問題曾經被任何的哲學看法（包括羅素的確定描述詞理論）所「解決」。這個觀點一般被稱為「哲學懷疑論」（philosophical skepticism），持此觀點的一個當代代表性人物是英國哲學家海倫・畢比（Helen Beebee），但我將忽略這個觀點。

[2] 羅素 1905 年時所發表的〈論指稱〉見 *Mind*, new series, vol 14, no. 56, pp. 479-493；有關於雷姆濟的評論，見 F. Ramsey: "Philosophy," 1929, in F. P. Ramsey, *Philosophical Papers*, D. H. Mellor (ed.), Cambridge: Cambridge University Press, 1990, pp. 1-7。羅素的〈論指稱〉一文其實不光討論確定描述詞，還討論各種量化詞，但我們在此將專注於前者。

　　確定描述詞（也翻譯作「摹狀詞」）是英文中具有「the so-and-so」或「the φ」形式（其中 φ 是一個簡單的通名或複雜的名詞片語）的片語、且其通常的用法是用來談論某個特定的事物或個體 ③，如「當今的英國國王」（the present king of England）以及「柏拉圖的老師」（the teacher of Plato）等等。英文中的確定描述詞往往可以被表述為所有格的形式，而這在中文的翻譯中尤為明顯；比方來說，「the present king of England」就可以被表述為「England's present king」，而「the teacher of Plato」則可以被表述為「Plato's teacher」。就像專名一樣，確定描述詞似乎是所謂「單稱詞」中的一種，而且它們在文法上的表現幾乎和專名一樣：從文法上來說，任何句子中可以放專名的位置也都是可以放確定描述詞的位置。因而一個自然而然會產生的問題便是：為什麼我們不在 QL 中使用一組類似於個體常元的符號，去代表這些日常語言中的確定描述詞呢？

　　這個問題的答案與三件事情有關。首先，我們在第七章第一節中說過，從語義上來看，QL 的每一個常元都必須指稱論域中的某個事物，但顯然有些確定描述詞並不指稱任何存在的事物。比方來說，儘管「當今的英國國王」指稱甫就英國王位的查爾斯三世，但「當今的法國國王」、「我院子中的金山」（the golden mountain in my yard）和「倫敦市中那個既方又圓的塔」（the round and square tower in London）就不指稱任何存在的東西。其次，一般來說，由於結構簡單，一個專名的意義似乎也就是它的指稱或它所命名的事物，但確定描述詞卻有一定的內部結構，因而除了具有指稱之外，似乎還有較為豐富的涵義。舉例來說，儘管「亞里斯多德的老師」和「《理想國》的作者」都指稱柏拉圖這個人，因而有著相同的指稱，但直覺上這兩個確定描述詞的涵義卻十分不同。最後，如同我們在第六章第一節末所說的：雖然量化詞和專名在文法上的表現十分相似，都可以和謂詞結合起來形成完整的語句，但這兩者在邏輯上的表現其實大相逕庭，以至於邏輯學家們將它們看作是兩種非常不同的詞類。雖然我們在該處談的是量化詞而非確定描述詞，但同樣的說法也許也適

---

③ 英文裡有些具有「the F」形式的片語通常並不被用來指涉某個特定的東西或個體，如「The whale is a mammal」（「鯨魚是哺乳動物」）中的「the whale」（「鯨魚」）；該詞並不用來指涉某個特定的鯨魚，而是泛指一般的鯨魚。

用後者：也許，確定描述詞和專名在文法上的相似性也只是表象而已，也許它們在邏輯上也應該被看作是兩類不同的語詞—而這個去除了「也許」二字的看法，正是羅素在〈論指稱〉一文和《數學原理》一書中所主張的看法。

有鑑於前一個段落中所說的三件事情，羅素認為我們應該小心區分一個語句的表面形式（或表面結構）和它的邏輯形式（或深層結構）；前者是一個語句的文法形式，而後者才是它真正的內容或它所表達的內容；誤將前者當作後者很容易發生邏輯（甚至哲學）的錯誤。對於羅素來說，一個在文法上具有「The φ is ψ」或「The φ exists」（其中，「the φ」是一個確定描述詞，而「is ψ」是一個簡單或複雜的謂詞：簡單的謂詞如「is a male」，複雜的謂詞如「is a male if it is a human」）這種形式的語句雖然看起來像是一個具有主 - 謂詞形式的語句，但其實不然。④事實是：「the φ」在其中的角色並非是去標示或揀選某個個體的詞，而是一個「不完整的符號」（incomplete symbols）。這種不完整的符號本身並沒有完整的意義，但當它與「⋯ is ψ」或「⋯ exists」（這些對於羅素來說同樣是不完整的符號）結合在一塊後就能夠形成一個完整而複雜的判斷；而這就像「nobody」（「沒有人」，或「everyone」「所有人」）也是一個不完整的符號一樣：「nobody」（或「everyone」）本身並不代表任何的東西，也沒有完整獨立的內容，但它與某個謂詞結合後所形成的語句則有完整的一定內容。因此，對於確定描述詞「the φ」（以及對於任何像「nobody」或「everyone」這樣的不完整符號），我們都不能獨立地去定義它的意義或內容，我們只能夠藉著它出現的語句脈絡（如「The φ is ψ」）而去定義整個語句的內容，並藉以說明該確定描述詞對整個內容所做出的貢獻。羅素稱這樣的定義和說明的方式為「脈絡式的定義」（contextual definition）。

但如何對「The φ is ψ」或「The φ exists」給出一個脈絡式的定義呢？在

---

④ 如同本章注釋 2 中所說，同樣的說法適用於「Everything is ψ」和「Nothing is ψ」。但請讀者們注意，羅素的看法並不是對確定描述詞的唯一看法：有些哲學家傾向於把「The φ is ψ」和「The φ exists」都當作是語法上簡單的主 - 謂詞句或簡單句，並對包含了確定描述詞的語句的語義論採取一種略為不同於羅素確定描述詞理論的處理方式。對於這種不同於羅素理論的處理方式，有興趣的讀者可以參考 T. Sider: *Logic for Philosophy*, Oxford: Oxford University Press, 2007, pp. 146-153 或本章第四節中的說明。

說明之前，讓我們先介紹一種符號並暫時考慮（只是暫時考慮，見以下的說明）將之加入到 QL 的基本符號中；當 φ 是 QL 中任意一個只有 v（不論 v 是哪一個變元）在其中自由出現的（簡單或複雜）開放公式時，我們便稱任何一個形如「$(\iota v)φ$」的符號串為一個確定描述詞。直覺上，符號「ι」可以讀作「the」，而整串符號則可以讀成「那一個滿足了 φ 所描述的事情的東西 v」（the thing v that satisfies the description of "φ"），或更簡單地讀成「那一個是 φ 的 v」（the thing v that is φ）。比方來說，「$(\iota x)Fx$」（那一個是 F 的 x）、「$(\iota y)(Fy \wedge Gy)$」（那一個既是 F 又是 G 的 y）、「$(\iota z)(Fz \rightarrow Ga)$」（那一個如果是 F 就會使 a 是 G 的東西 z）都是這裡所說的確定描述詞。有了確定描述詞這一類的符號，我們就可以用以下的方式去表示我們之前所看過的幾個日常語言中的確定描述詞了：讓「Fx」代表「x 是當今的一個國王」、「a」代表「英國」、「b」代表「法國」、「c」代表「柏拉圖」、「Gxy」代表「x 統治 y」、而「Hxy」代表「x 是 y 的老師」，那麼，「當今的英國國王」（the present king of England）、「當今的法國國王」（the present king of France）和「柏拉圖的老師」（the teacher of Plato）就可以分別表示成「$(\iota x)(Fx \wedge Gxa)$」、「$(\iota x)(Fx \wedge Gxb)$」和「$(\iota x)Hxc$」。顯然，「$(\iota v)φ$」這種符號的目的在於模擬日常語言中的確定描述詞。

　　問題在於：我們是否要將「$(\iota v)φ$」這樣的確定描述詞符號當作是基本的符號而加入到我們的語言 QL 中呢？如果要，又要如何加入呢？一個直覺的想法是將「$(\iota v)φ$」這樣的符號當作是和 QL 中的常元一樣的東西，文法上可以與任意的一元謂詞形成一個簡單句，而語義上則在每一個模型 M 中都指稱論域中的某個事物。但我們稍早看過，這個想法有些難以克服的問題，因而不是羅素能夠同意的想法。[5] 羅素認為，為了要表達或模擬日常語言中包含了「the φ」這種確定描述詞的語言部分，我們其實無須特別介紹像「$(\iota v)φ$」這樣的符號，而這是因為：日常語言中包含著「the φ」的語句其實只是一個複雜的量化語句的縮寫而已；因而，其真正的邏輯結構已經是第六章介紹的 QL 語言的語句就

---

[5] 不過，有些邏輯學家，如弗雷格，仍建議採取這個直覺的做法。對於那些沒有指稱的確定描述詞，弗雷格建議在模型中指派一個任意的事物，如數目 0，作為它們的指稱。詳見本章第四節的說明。

能夠表達的結構。所以，羅素認為，就算我們最後決定將「(ɪx)φ」這樣的符號加入 QL 中，並讓它們在文法上能夠出現在常元能夠出現的位置上，這樣的做法最多也應該（像自然語言一樣）只是一個方便的縮寫罷了，其真正的邏輯結構仍需透過脈絡式的定義來加以分析和說明。

　　但是，我們要如何「脈絡式地」定義或分析一個具有「The φ is ψ」或「The φ exists」這種形式的語句呢？讓我們先從前者開始。憑著對日常語句內容的理解，羅素認為一個具有「The φ is ψ」這種形式的語句（其中的 ψ 是英文中任意一個簡單或複雜的謂詞，而這個語句可以暫時寫成「ψ(ɪx)φ」）至少斷說了三件事情：(a) 至少有一個東西是 φ；(b) 最多只有一個東西是 φ；(c) 每一個是 φ 的東西也都是 ψ；換言之，羅素認為，任何可以寫成「The φ is ψ」或「ψ(ɪx)φ」這樣的語句，都不過是以下這個較長的語句的縮寫罷了（請參考第六章第四節中的說明）：」

(R_1) $\exists x \phi x \land \forall x \forall y((\phi x \land \phi y) \to x = y) \land \forall x(\phi x \to \psi x)$。

或者說，「The φ is ψ」說的其實只是：「剛好只有一個是 φ 的東西，而且它也是個 ψ」。」由於 (R_1)（亦即「$\exists x \phi x \land \forall x \forall y((\phi x \land \phi y) \to x = y) \land \forall x(\phi x \to \psi x)$」）在邏輯上等價於以下這兩個更為簡單的 (R_2) 和 (R_3)：

(R_2) $\exists x(\phi x \land \forall y(\phi y \to y = x) \land \psi x)$，
(R_3) $\exists x(\forall y(\phi y \leftrightarrow y = x) \land \psi x)$，

因而我們可以自由地以 (R_1)、(R_2) 或 (R_3) 當中的任何一個作為「The φ is ψ」或「ψ(ɪx)φ」的脈絡性定義或分析。事實上，羅素（1910）年的《數學原理》一書當中是以 (R_3) 作為「The φ is ψ」或「ψ(ɪx)φ」的正式定義，因此，以下我們也將採取這個脈絡式的定義並稱之為「(D_1)」（(D_1) 在《數學原理》一書中的正式編號為（*14.01））：

(D_1) $\psi(\iota x)\phi =_{df} \exists x(\forall y(\phi y \leftrightarrow y = x) \land \psi x)$。

根據羅素的這個分析，由於一個具有「The φ is ψ」或「ψ(ιν)φ」這種形式的語句縮寫並斷說了 (D$_1$) 定義符號「=$_{df}$」右邊所說的事情，因而它只在一個模型 M 的論域 D 中剛好存在一個東西是 φ 並且它同時也是 ψ 時，才會在該模型 M 中為真。或者說，「The φ is ψ」或「ψ(ιν)φ」這種形式的語句會在以下的三種模型中為假：(i) 該模型的論域中不存在任何一個東西是 φ；(ii) 該模型的論域中不只存在一個東西是 φ；以及 (iii) 該模型的論域中雖然剛好存在一個東西是 φ，但它卻不是 ψ。至於「The φ exists」這個語句（這個語句可以暫時形式化為「E!(ιν φν)」），羅素則認為它的邏輯結構就更簡單了；因為，直覺上，它似乎只是斷說了「剛好有一個東西是是 φ」而已，因而，羅素採取以下的脈絡式定義 (D$_2$) 作為「The φ exists」的脈絡式分析（(D$_2$) 在《數學原理》一書中的正式編號為「*14.02」）：

(D$_2$) E!(ιν)φ =$_{df}$ ∃x∀y(φy ↔ y = x)。

根據羅素的這個分析，由於一個具有「The φ exist」或「E!(ιν)φ」這種形式的語句縮寫並斷說了 (D$_2$) 定義符號「=$_{df}$」右邊所說的事情，因而它只在一個模型 M 的論域 D 中剛好存在著一個東西是 φ 時為真。或者說，「The φ exists」這種形式的語句在以下的兩種模型中為假：(i) 該模型的論域裡不存在任何一個東西是 φ；(ii) 該模型的論域裡不只存在一個東西是 φ。

但這兩個定義並非羅素的「確定描述詞理論」的全部；除了 (D$_1$) 和 (D$_2$) 這兩個脈絡式的定義之外，羅素的確定描述詞理論當中還包括一個重要的「範圍指示詞」（scope indicator）。為了要理解羅素為何需要範圍指示詞，我們可以從一個例子來說明。試考慮「當今的法國國王不是禿頭」（或「以下並不為真：當今的法國國王是禿頭」；「It is not the case that the present king of France is bald」）這個語句。如果我們以「Fx」代表「x 是當今的一個國王」、「b」代表「法國」、「Gxy」代表「x 統治 y」、「Hx」去表示「x 是禿頭」，那麼，乍看之下，這個語句可以被形式化為「¬H(ιx)(Fx ∧ Gxb)」。但當我們使用 (D$_1$) 去分析這個語句時，我們碰到一個困難：該語句有兩個分析方式，端賴於我們將它的哪個部分當作是 (D$_1$) 中的 ψ 而定（記得，ψ 是英文中任意一個**簡單或複雜的**謂詞），因而這個語句是一個歧義的語句。如果我們將**整個**

語句但剔除了確定描述詞後的部分（也就是「¬H⋯」或「⋯⋯不是禿頭」或「以下並不為真：⋯⋯是禿頭」或「It is not the case that ⋯ is bald」）當作是 (D_1) 裡的 ψ，那麼，該語句的正確分析將會是以下的語句 (1a)[⑥]：

(1a) $\exists x(\forall y((Fy \land Gyb) \leftrightarrow y = x) \land \neg Hx)$，

但如果我們將「H⋯」或「⋯⋯是禿頭」當作是 (D_1) 裡的 ψ，並將否定詞看成是在否定用 (D_1) 去分析「H(ιx)(Fx ∧ Gxb)」之後的結果，那麼，該語句的正確分析就會是以下的語句 (1b)：

(1b) $\neg\exists x(\forall y((Fy \land Gya) \leftrightarrow y = x) \land Hx)$。

為了區分類似於上述這個語句的各種分析方式與意義，羅素建議我們在含有確定描述詞的複雜語句的適當地方加入範圍指示詞「[(ιx)φ]」，以標示該語句的哪一個部分才對應於 (D_1) 裡的「ψ」，或者說，哪一個部分才是該確定描述詞中潛在的存在量化詞的範圍。在這個約定下，前述的 (1a) 可以簡寫成 (1a')：「[(ιx)(Fx ∧ Gxa)]¬H(ιx)(Fx ∧ Gxa)」，以表示該確定描述詞中潛在的存在量化詞的範圍是「¬H」，而前述的 (1b) 則可以簡寫成 (1b')：「¬[(ιx)(Fx ∧ Gxa)]H(ιx Fx ∧ Gxa)」，以表示該確定描述詞中潛在的存在量化詞的範圍只是「H」。

　　為了讓讀者們更加熟悉羅素對確定描述詞所給的脈絡性定義和範圍指示詞的用法，讓我們在這裡多看幾個例子。如果我們以「Fx」代表「x 是當今的一個國王」、「a」代表「金庸」、「b」代表「法國」、「a_1」代表「《神鵰俠

---

⑥ 羅素在 1905 年時稱該確定描述詞在 (1a) 中的出現方式為「主要的出現」（primary occurrence），而稱該確定描述詞在 (1b) 中的出現方式為「次要的出現」（secondary occurrence），但他後來了解，這個區分其實只是一個有關於量化詞的範圍的區分：包含了確定描述詞的複雜語句通常有多於兩種以上的分析方式，端賴於我們將該語句中的哪一部分當作是 (D_1) 裡（量化詞範圍中）的 ψ 而定（詳見以下的例子）。因此，羅素後來了解，他不能只將確定描述詞的出現方式區分為主要出現與次要出現兩種，並因而在其後來的著作中採取了範圍指示詞這樣的設計。

侶》」「b_1」代表「《天龍八部》」、「Gxy」代表「x 統治 y」、「G_1xy」代表「x 寫了 y 這本書」、而「Hx」代表「x 是禿頭」，那麼，如我們已經說明過的，「當今的法國國王」（the present king of France）、「《神鵰俠侶》的作者」（the author of《神鵰俠侶》）和「《天龍八部》的作者」（the author of《天龍八部》）就可以分別被表示為「(ιx)(Fx ∧ Gxb)」、「(ιx)G_1xa_1」和「(ιx)G_1xb_1」，而以下的語句則可以分別被脈絡性地分析為：

(2a)《神鵰俠侶》的作者是金庸（亦即，([(ιx)G_1xa_1](ιx)G_1xa_1 = a) $=_{df}$ ∃x(∀y(G_1ya_1 ↔ y = x) ∧ x = a），

(2b)《天龍八部》的作者是金庸（亦即，([(ιx)G_1xb_1](ιx)G_1xb_1 = a) $=_{df}$ ∃x(∀y(G_1yb_1 ↔ y = x) ∧ x = a）。

而「所有等於當今法國國王的事物都是禿頭」，亦即，「∀y(y = (ιx)(Fx ∧ Gxb) → Hy)」則會是歧義的；根據其中確定描述詞的範圍，該語句有以下的三種解讀：

(3a) 確定描述詞的範圍只是「y = (ιx)(Fx ∧ Gxb)」，亦即，∀y([(ιx)(Fx ∧ Gxb)]y = (ιx)(Fx ∧ Gxb) → Hy) $=_{df}$ ∀y(∃x(∀z((Fz ∧ Gzb) ↔ z = x) ∧ y = x) → Hy)，

(3b) 確定描述詞的範圍為「(y = (ιx)(Fx ∧ Gxb) → Hy)」，亦即，∀y[(ιx)(Fx ∧ Gxb)](y = (ιx)(Fx ∧ Gxb) → Hy) $=_{df}$ ∀y∃x(∀z((Fz ∧ Gzb) ↔ z = x) ∧ (y = x → Hy))，

(3c) 確定描述詞的範圍為「∀y(y = (ιx)(Fx ∧ Gxb) → Hy)」，亦即，[(ιx)(Fx ∧ Gxb)]∀y(y = (ιx)(Fx ∧ Gxb) → Hy) $=_{df}$ ∃x(∀z((Fz ∧ Gzb) ↔ z = x) ∧ ∀y(y = x → Hy))。

在進入確定描述詞的哲學應用之前，讓我們最後考慮一個羅素沒有仔細說明過的問題。在之前的例子中，我們所看過的語句都是其中只包含了一個確定描述詞在其中出現一次的語句。但如果一個語句包含了兩個或更多個確定描述詞，或包含了同一個確定描述詞的多次出現呢？這時候，我們該如何標示每

一次出現的確定描述詞的範圍呢？比方來說，「《神鵰俠侶》的作者是《天龍八部》的作者」（亦即，$(\iota x)G_1xa_1 = (\iota x)\ G_1xb_1$）中包含了兩個確定描述詞，而我們要如何標誌每一個確定描述詞的範圍呢？雖然羅素沒有明確說明這個問題，但對這個問題的答覆應該並不困難：我們只需要在語句的適當地方加入每一個確定描述詞的範圍指示詞就可以了，而並列的兩個或多個範圍指示詞中以「越左邊的範圍越大」為原則就可以了。比方來說，對於「$(\iota x)G_1xa_1 = (\iota x)G_1xb_1$」這個語句來說，如果我們想要表示的是「$(\iota x)G_1xa_1$」的範圍大於「$(\iota x)G_1xb_1$」，我們可以將之寫成：

(4a) $[(\iota x)G_1xa_1][(\iota x)G_1xb_1](\iota x)G_1xa_1 = (\iota x)G_1xb_1 =_{df} \exists x(\forall y(G_1ya_1 \leftrightarrow y = x) \wedge$
$\exists z(\forall y(G_1yb_1 \leftrightarrow y = z) \wedge x = z))$，

但如果我們想要表示的是「$(\iota x)G_1xb_1$」的範圍大於「$(\iota x)G_1xa_1$」，我們則可以將之寫成：

(4b) $[(\iota x)G_1xb_1][(\iota x)G_1xa_1](\iota x)G_1xa_1 = (\iota x)G_1xb_1 =_{df} \exists x(\forall y(G_1yb_1 \leftrightarrow y = x) \wedge$
$\exists z(\forall y(G_1ya_1 \leftrightarrow y = z) \wedge x = z))$。

以這一個例子來說，無論「$(\iota x)G_1xa_1$」和「$(\iota x)G_1xb_1$」這兩個確定描述詞的範圍誰大誰小，其實都不重要，而這是因為 (4a) 和 (4b) 是邏輯上等價的語句的緣故。但這兩個例子的情況不能視為理所當然而推廣到所有的語句上。比方來說，「如果當今的法國國王是禿頭，則當今的英國國王是禿頭」（亦即，$H(\iota x)(Fx \wedge Gxb) \rightarrow H(\iota x)(Fx \wedge Gxa)$；其中，我們以「$Fx$」代表「x 是當今的一個國王」、「$Gxy$」代表「x 統治 y」、「$Hx$」代表「x 是一個禿頭」、「a」代表「英國」、「b」代表「法國」）便有以下不同的幾種解讀，而在這些不同的解讀方式中，未必任何兩個都是邏輯上等價的：

(5a) $[(\iota x)(Fx \wedge Gxb)]H(\iota x)(Fx \wedge Gxb) \rightarrow [(\iota x)(Fx \wedge Gxa)]H(\iota x)(Fx \wedge Gxa)$
$=_{df} \exists x(\forall y((Fy \wedge Gyb) \leftrightarrow y = x) \wedge Hx) \rightarrow \exists x_1(\forall y_1((Fy_1 \wedge Gy_1a) \leftrightarrow y_1 = x_1)$
$\wedge Hx_1)$，

(5b) $[(\iota x)(Fx \wedge Gxb)](H(\iota x)(Fx \wedge Gxb) \rightarrow [(\iota x)(Fx \wedge Gxa)]H(\iota x)(Fx \wedge Gxa))$
$=_{df} \exists x(\forall y((Fy \wedge Gyb) \leftrightarrow y = x) \wedge (Hx \rightarrow \exists x_1(\forall y_1((Fy_1 \wedge Gy_1a) \leftrightarrow y_1 = x)$
$\wedge Hx_1)))$，

(5c) $[(\iota x)(Fx \wedge Gxa)]([(\iota x)(Fx \wedge Gxb)]H(\iota x)(Fx \wedge Gxb) \rightarrow H(\iota x)(Fx \wedge Gxa))$
$=_{df} \exists x(\forall y((Fy \wedge Gya) \leftrightarrow y = x) \wedge (\exists x_1(\forall y_1((Fy_1 \wedge Gy_1a) \leftrightarrow y_1 = x) \wedge$
$Hx_1) \rightarrow Hx))$，

(5d) $[(\iota x)(Fx \wedge Gxb)][(\iota x)(Fx \wedge Gxa)](H(\iota x)(Fx \wedge Gxb) \rightarrow H(\iota x)(Fx \wedge Gxa))$
$=_{df} \exists x(\forall y((Fy \wedge Gyb) \leftrightarrow y = x) \wedge \exists x_1(\forall y_1((Fy_1 \wedge Gy_1a) \leftrightarrow y_1 = x) \wedge (Hx$
$\rightarrow Hx_1)))$，

(5e) $[(\iota x)(Fx \wedge Gxa)][(\iota x)(Fx \wedge Gxb)](H(\iota x)(Fx \wedge Gxb) \rightarrow H(\iota x)(Fx \wedge Gxa))$
$=_{df} \exists x(\forall y((Fy \wedge Gya) \leftrightarrow y = x) \wedge \exists x_1(\forall y_1((Fy_1 \wedge Gy_1b) \leftrightarrow y_1 = x) \wedge (Hx$
$\rightarrow Hx_1)))$。

第二節　羅素確定描述詞理論在哲學問題上的應用之一

羅素的確定描述詞理論究竟解決了什麼哲學問題，以至於我們如此花篇幅地說明該理論？簡單的說：首先，它解答了當時一些哲學家感覺到困惑的哲學問題。其次，它駁斥了一個在當時（但現在依然）吸引了一些哲學家、但直覺上卻相當弔詭的哲學理論。我在這一節中先說明前者，下一節中則說明後者。

羅素的確定描述詞理論所解答的困惑主要有以下四個。[①]首先，當 α 和 β 是兩個指稱了同一個事物的確定描述詞（如「《神鵰俠侶》的作者」以及「《天龍八部》的作者」）時，為什麼「α 等於 β」與「α 等於 α」這兩個語句會有以下的差別呢：前者可以擴充我們的知識，後者則不然？它們所說的事情難道不是同一件事嗎？這個問題是我們在第一章末所提到的著名數學家與哲學家弗

---

① 在以下這四個困惑中，如果你將其中所談的「確定描述詞」換成「專名」，困惑一樣會發生。因此，這四個困惑不只是有關於確定描述詞的困惑，還同樣是關於專名的困惑。羅素對專名困惑的解決方案在於主張「每一個專名其實都是一個確定描述詞的縮寫」，但這個主張引起了不少的攻擊，因而我們未在此特別說明。有興趣的讀者請參考拙著王文方：《語言哲學》，臺北：三民，2011，第三章。

雷格於 1892 年時所提出的問題。⑧其次，當 α 和 β 是兩個指稱了同一個事物的確定描述詞（如「《神鵰俠侶》的作者」以及「《天龍八部》的作者」）時，「小毛知道（或相信）α 就是金庸」與「小毛知道（或相信）β 就是金庸」為何可能會有不同的真假值呢？（因為小毛可能只知道（或相信）α 是金庸，卻不知道（或相信）β 是金庸。）這個現象難道不違反我們在第八和九章中所提到的萊布尼茲定律嗎？這是羅素本人在他 1905 年的論文中所提出的一個問題。第三，當 α 是一個不指稱任何事物的確定描述詞（如「當今的法國國王」）時，「α 是 F」與「α 不是 F」都沒有談論任何的事物，因而直覺上都不會為真；但這個結果難道不違反邏輯中所謂的排中律嗎？⑨這個問題也是羅素本人在他 1905 年的論文中所提出的一個問題。最後，在對話錄《辯士篇》（Sophist）中，柏拉圖紀錄了希臘詭辯派哲學家巴曼尼底斯（Parmenides，公元前 515-445）在當時所提出的「不存在的悖論」（the paradox of non-being）。根據這個悖論，任何「α 不存在」（其中，α 是一個確定描述詞）這樣的語句都一定是一個自我矛盾的恆假句。因為，如果任何人想要去否認任何東西的存在，他必須先使用一個確定描述詞去談論那個東西。但除非那個東西已經存在了，否則的話，他根本就不可能使用任何的確定描述詞去談論它。因此，如果任何人想要否認任何東西的存在，那個東西必然已經存在了，因而，「α 不存在」（其中的 α 是一個確定描述詞）這類的語句必然總是自我矛盾的恆假句，而任何的確定描述詞 α 也一定指稱某個存在的東西。但這個所謂「不存在悖論」的結論是相當讓人感到困惑的：當 α 是一個不指稱任何存在事物的確定描述詞（如「當今的法國國王」）時，「α 不存在」這樣的語句當然為真，不是嗎？

　　在了解了前一節中所說的羅素的確定描述詞理論之後，我們現在就可以來看看，羅素如何回答我們在這裡所提到的這四個困惑。首先，為什麼像「《神鵰俠侶》的作者是《天龍八部》的作者」（亦即，「$(\iota x)G_1xa_1 = (\iota x)G_1xb_1$」）這樣的語句常常會、而像「《神鵰俠侶》的作者是《神鵰俠侶》的作者」（亦

---

⑧ 見 G. Frege, "On Sense and Reference," reprinted in A. W. Moore (ed.) *Meaning and Reference*, Oxford: Oxford University Press, 1993, pp. 23-42。

⑨ 排中律（the law of excluded middle）說的是：任何具有「α 或者非 α」的語句（其中的 α 是一個語句）都是邏輯上必然為真的恆真句。

即，「$(\iota x)G_1xa_1 = (\iota x)G_1xa_1$」）這樣的語句卻不會帶給我們適當的知識？羅素的答覆是：前者告訴我們「某個獨一無二寫下了《神鵰俠侶》的人和某個獨一無二寫下了《天龍八部》的人實際上是同一個人」，而這也就是前一節中的 (4a) 或 (4b)；而後者所告訴我們的卻只是「某個獨一無二寫下了《神鵰俠侶》的人和他自己是同一個人」，亦即以下的 (6)：[⑩]

(6) $\exists x(\forall y(G_1ya_1 \leftrightarrow y = x) \wedge x = x)$。

顯然，前者的內容較後者更為豐富（(4a) 或 (4b) 邏輯上都蘊涵 (6)，但反之不然），因而更能夠擴充我們的知識。

其次，為什麼我們不能將「小毛知道（或相信）《神鵰俠侶》的作者就是金庸」中的「《神鵰俠侶》的作者」替換成「《天龍八部》的作者」而不改變句子的真假值呢？這個現象難道不會違反萊布尼茲定律嗎？羅素的答覆：就像「法國的當今國王不是禿頭」一樣，語句 (7)

(7) 小毛知道（或相信）《神鵰俠侶》的作者是金庸。

也是一個歧義的語句，而它的兩個分析方式分別是：

(7a) 確定描述詞的範圍是整個語句，亦即，$\exists x(\forall y(G_1ya_1 \leftrightarrow y = x) \wedge$ 小毛知道（或相信）$x = a)$。

(7b) 確定描述詞的範圍是「《神鵰俠侶》的作者是金庸」，亦即，小毛知道（或相信）$\exists x(\forall y(G_1ya_1 \leftrightarrow y = x) \wedge x = a)$。

---

⑩ 注意，「$(\iota x)G_1xa_1 = (\iota x)G_1xa_1$」中同一個確定描述詞出現兩次，因而在分析時需要使用兩次 (D_1)，但其分析後的結果（也就是 $\exists x(\forall y(G_1ya_1 \leftrightarrow y = x) \wedge \exists z(\forall y(G_1ya_1 \leftrightarrow y = z) \wedge x = z))$）邏輯上等價於 (6)，因此我們在此寫下 (6) 這個較為簡短的分析。

⑪ 由於羅素認為日常語言中的專名—如「金庸」—其實只是某個確定描述詞的縮寫，因而，對於羅素來說，(7) 中其實有兩個不同的確定描述詞，並因而至少有四種邏輯上不等值的分析方式。但為了簡單起見，我將忽略這個複雜的部分。有關於羅素的專名理論，請參考拙著王文方：《語言哲學》，臺北：三民，2011，第三章中的說明。

當 (7) 被分析成 (7a) 時，我們可以邏輯地從 (7a) 與「《神鵰俠侶》的作者就是《天龍八部》的作者」（也就是 (4a) 或 (4b)）推論出以下的 (8a) 來：

(8a) $[(\iota x)G_1xa_1]$ 小毛知道（或相信）《天龍八部》的作者就是金庸；或：
$\exists x(\forall y(G_1yb_1 \leftrightarrow y = x) \wedge$ 小毛知道（或相信）$x = a)$。

但當 (7) 被分析成 (7b) 時，任何合理的邏輯都不應該讓我們從 (7b) 與「《神鵰俠侶》的作者就是《天龍八部》的作者」推論出以下的 (8b) 來：

(8b) 小毛知道（或相信）$[(\iota x)G_1xa_1]$《天龍八部》的作者就是金庸；或：
小毛知道（或相信）$\exists x(\forall y(G_1ya_1 \leftrightarrow y = x) \wedge x = a)$。

羅素認為，上述這些結果在直覺上是恰當的；因為，直覺上，(7) 是一個歧義的語句，有「有關於事物」（*de re*；也就是 (7a)）與「有關於命題」（*de dicto*；也就是 (7b)）的兩種解讀方式。[12]如果我們將之當作是有關於事物的語句 (7a)，那麼，(7a) 與 (8a) 中歸屬給小毛的知識（或信念）是相同的知識（或信念）（也就是「他是金庸」或「x = a」這個知識〔或信念〕），並且該知識的對象是相同的一個事物，因而從 (7a) 到 (8a) 的推論應該是一個正確的推論；但如果我們將 (7) 當作有關於命題的語句 (7b)，那麼，(7b) 與 (8b) 中所歸給小毛的知識（或信念）便會是非常不同的知識（或信念）（前者是「存在而且只存在一個東西寫了《神鵰俠侶》，而且他就是金庸」；而後者則是「存在而且只存在一個東西寫了《天龍八部》，而且他就是金庸」），因而從 (7b) 到 (8b) 的推論便不應該是一個正確的推論。當然，更重要的事情是：從 (7b) 到 (8b) 的替換其實並不是萊布尼茲定律的一個應用（因為《神鵰俠侶》並不等於《天龍八部》），因而這裡並沒有違反萊布尼茲定律的問題。

　　第三，儘管「當今的法國國王」這樣的確定描述詞並不指稱任何東西，但

---

[12] 有關於這兩種解讀的差異，請參考王文方：《形上學》，臺北：三民，2008，頁 56-59。

「當今的法國國王是禿頭」與「當今的法國國王不是禿頭」仍然是有意義而且有真假的語句。其中，依據 (D$_1$) 的分析，「當今的法國國王是禿頭」所斷說的是：

(1c) $\exists x(\forall y((Fy \wedge Gya) \leftrightarrow y = x) \wedge Hx)$

而「當今的法國國王不是禿頭」，如我們已經看到過的，則是一個歧義的語句，因而有前一節中 (1a) 和 (1b) 兩種分析方式。但不論我們如何分析「當今的法國國王不是禿頭」，這兩種分析的結果都不會違反排中律。因為，如果我們將之分析為 (1a)，那麼，由於法國當今並沒有國王，因而「當今的法國國王是禿頭」與「當今的法國國王不是禿頭」都為假。這個結果之所以沒有違反排中律，那是因為 (1a) 並不是 (1c) 的否定的緣故。自另一方面來說，如果我們將該語句分析成 (1b)（而 (1b) 是 (1c) 的否定），那麼，第二個語句 (1b) 將在這個分析下為真，而第一個語句 (1c) 則將繼續為假；但這樣的結果同樣沒有違反排中律。

　　最後，羅素認為，確定描述詞並非真正的專名，使用一個確定描述詞的目的因而並不在於談論某個特定的事物，而在否定存在的語句當中使用確定描述詞的目的更不在於否定某個特定既存的東西的存在。如同我們已經看到過的，在 (D$_2$) 的分析下，「當今的法國國王不存在」所斷說的乃是：「以下並不為真：這個世界（或論域）當中存在一個而且只存在一個東西是當今統治了法國的國王」。亦即，$\neg\exists x\forall y((Fy \wedge Gyb) \leftrightarrow x=y)$。這個語句的量化詞討論整個論域，斷說整個論域當中**缺少某種類型的事物**，亦即，統治了現在法國的國王這類的事物。由於實際上當今的法國的確沒有統治她的國王，因此該語句所斷說的事項為真，而非為假。而它之所以為真的緣故乃是因為當今的世界上缺了某類人（統治了法國的國王）的緣故，而不是因為它談論了某個特定既存事物的緣故。類似的分析可以用來分析其它否定的存在語句。

第三節　羅素確定描述詞理論在哲學問題上的應用之二

　　我將在這一節中簡單說明一個哲學看法，並說明羅素的理論如何駁斥了這個看法。這個理論的名稱叫做「麥農主義」（Meinongianism），而它也是羅素 1905 年論文中的主要批評對象之一。

　　麥農主義是奧地利哲學家麥農（Alexius Meinong，公元 1853-1920）所提出的主張，這個主義主張「有些東西是不存在的東西」。[13]麥農本人對於這個主張所提供的理由主要有兩點：心理活動的意向性與關於語言與心理活動內容的真假的一些直覺。關於前者，麥農受到德國哲學家布倫塔諾（Franz Clemens Honoratus Hermann Brentano，公元 1838-1917）的影響，並因而主張心理活動（思考、知識、信念、希望、愛、恨等）之所以有別於物理活動，就在於前者是具有「意向性」（intentionality）的活動。而所謂心理活動的意向性，布倫塔諾和麥農指的是：心理活動總是指向於（direct towards）或有關於（about）某些事物的活動。舉例來說，愛慕總是對某些事物的愛慕，而知識（信念或希望）也總是對某些事態的知識（信念或希望）等。這個看法很自然導致一個問題：有些心理活動的對象（比方說，秦始皇所追求的長生不老藥）並不存在，而不存在的東西如何可能成為心理活動的對象呢？對於這個問題，布倫塔諾的看法是：心理活動所指向的事物並不是外在於心靈的存在物，而是內在於心靈的觀念。這一個理論後來被稱為「AC 理論」，其中，「A」指心理活動（act），而「C」指作為心理活動指向對象的思想內容（content）。但麥農無法接受布倫塔諾對於心理活動對象是內在的觀念的看法，他認為心理活動所指向的對象總是在心靈之外的事物。麥農的這一個理論後來被稱為「ACO 理論」，其中，「A」指心靈活動，「C」指思想內容，而「O」則指心理活動藉著思想內容所指向的客觀對象（object）。麥農這一看法的結果是：對於麥農來說，有些心理活動的外在對象並不存在。羅素在 1905 年之前其實頗受到麥農對心理活動看法的影響，但他在 1905 年的論文中決定反對這個理論。

　　麥農對麥農主義提出的第二個主要理由是他對於語言或思想內容的真假所

---

[13] A. Meinong: "The Theory of Objects," 1904, collected in *Classics of Analytical Metaphysics*, edited by L. L. Blackman, N.Y.: University Press of America, 1984, pp. 5-17.

具有的一些直覺。麥農認為，就像「當今的英國國王是一個國王」和「我院子中的桂花樹是棵桂花樹」當然為真一樣，「當今的法國國王是一個國王」和「我院子中的金山是座金山」也當然為真。但就像前兩個語句（或思想內容）的真必須「有」使其為真的使真者（truth-maker，也就是當今的英國國王和我院子中的桂花樹）一樣，後兩個語句（或思想內容）的真也同樣必須「有」使其為真的使真者，只是使得後兩者為真的使真者顯然只能是那些不存在的事物罷了，也就是當今的法國國王和我院子中的金山。由於前述對於心理活動特性（意向性）的看法及對於一些心理活動的內容顯然為真的直覺使然，麥農認為，作為心理活動對象的外在事物，除了有一部分是存在的事物（如我院子中的桂花樹）之外，還有一部分是不存在的事物（如我院子中的金山）。

　　羅素的理論如何駁斥了麥農的看法呢？讓我們先從麥農的第二個理由說明起。麥農認為，像「當今的法國國王是當今的一個國王」和「我院子中的金山是座金山」這樣的句子都是些在直覺上為真的語句。但羅素認為，這個直覺本身其實有著一些極為不好的結果，因而這些「直覺」最多只是個錯覺。羅素認為，這個直覺背後的一個原則性想法是：任何具有「The φ is φ」形式的語句都應該為真，[14]但羅素在（1919）[15]的一篇論文中批評說，如果任何具有「The φ is φ」形式的語句都為真，那麼，我們就得說「那個既圓又不圓的方（the round and not round square）既是圓的又不是圓的」也應該為真。但最後這一個語句顯然是個矛盾的恆假句，不可能為真。因而，羅素結論說，這個麥農主義背後的直覺想法其實很容易導致矛盾，而這是這個理論的主要問題之一。

　　如果我們使用第一節中的 (D₁) 去分析前一段落中的三個語句，我們將更容易看出羅素的批評。如果我們以「Fx」代表「x 是當今的一個國王」、「Gxy」代表「x 統治 y」、「G₁x」代表「x 是一座黃金打造的山」、「Hx」代表「x 是圓的」、「H₁x」代表「x 是方的」、而「b」代表「法國」，那麼，

---

⑭ 這個原則在當代又被稱為「刻劃性原則」（characterization principle）。注意，當代一位著名的麥農主義學者（G. Priest）雖然接受麥農主義，卻不接受這個刻劃性原則。

⑮ B. Russell: "Description," collected in *The Philosophy of Language*, edited by A. P. Martinich, N.Y.: Oxford University Press, 1919. pp. 212-218.

如同我們已經解釋過的，「當今的法國國王是一個國王」、「我院子中的金山是座金山」和「那個既圓又不圓的方是既圓又不圓」應該分別被分析為以下三個語句：

(9a) $\exists x(\forall y((Fy \wedge Gya) \leftrightarrow y = x) \wedge Fx)$

(9b) $\exists x(y(G_1y \leftrightarrow y = x) \wedge G_1x)$

(9c) $\exists x(\forall y((Hy \wedge \neg Hy \wedge H_1y) \leftrightarrow y = x) \wedge Hx \wedge \neg Hx)$

其中，(9c) 邏輯上蘊涵了「$\exists x(Hx \wedge \neg Hy)$」這個必然為假的恆假句，因而其本身也一定是必然為假的恆假句（因為只有恆假句才會邏輯上蘊涵恆假句）。由此可見，並非所有具有「The φ is φ」形式的語句都為真：像 (9c) 這樣的語句就根本不可能為真。類似的，(9a) 和 (9b) 實際上也並不為真（儘管它們不是恆假句），而這是因為這個世界當中並沒有任何符合 (9a) 和 (9b) 中的確定描述詞所描述的東西所致。因此，任何覺得這些語句為真的直覺最多只能說是個錯覺罷了。

回到麥農的第一個理由，反對麥農主義的人未必要反對「心理活動具有意向性」的看法，因為他可以主張這些心理活動的意向性對象都是一些存在的東西，沒有任何麥農認為的「不存在的東西」。但要如何辦到這一點呢？反對麥農主義的人或許可以簡單地像布倫塔諾一樣，主張這些對象其實都是內在於心靈而且實際上存在的觀念，或者他可以像羅素一樣更直接地說：正如 (9a) 至 (9c) 以及我們在這一章中所看到的其它語句所示，這些對象其實就是這整個的論域（而這整個的論域當然是個存在的東西）和其中存在的事物，因為這些語句斷說了該論域中存在（或不存在）著一個滿足了一定特性的事物。由於羅素對於麥農主義的這些有力批評，當今的西方哲學界中已經越來越少麥農主義者了。[16]

以上關於羅素的確定描述詞理論及其在哲學上的應用的說明，目的只在於指出邏輯學在哲學上有所應用的眾多例子當中的一個而已。在上個世

---

[16] 但不幸仍然沒有絕跡。有關於其他當代麥農主義者的主張、理由以及他們的理論的問題，有興趣的讀者請參考王文方：《形上學》，臺北：三民，2008，第三章。

紀中，在哲學家和邏輯學家的共同努力下，有一大群被稱為「哲學邏輯」
（philosophical logics）的邏輯系統被大量地開發出來，如各種的多值邏輯
（many-value logics）、模態邏輯（modal logics）、相干邏輯（relevance
logic）、認知邏輯（epistemic logics）、道義邏輯（deontic logics）、時態邏
輯（temporal logics）、直覺邏輯（intuitionist logic）和高階邏輯（higher-order
logic）等。這些哲學邏輯的共同特性是：它們都是受到某個或某些哲學問題
驅動或為了解決某個哲學困惑（如悖論）而提出的邏輯系統，因而都是在哲學
上有重要應用的邏輯系統。但因為這些邏輯系統大多涉及了較為複雜的模型論
與證明論，因而我們將不在此繼續說明。

第四節　把確定描述詞當作基本符號的非羅素式作法

我們在本章的第一節中說，如果我們將「$(\iota x)\phi$」這樣的確定描述詞符號加
入到我們的語言 QL 中，一個簡單的作法是將像「$(\iota x)\phi$」這樣的符號當作是和
QL 中的常元一樣的基本符號（而非縮寫），文法上可以與任何的謂詞（或許
再加上其它的詞項）共同形成一個**簡單句**，而語義上則在每一個模型 M 中都
指稱論域中的某個事物。雖然羅素並沒有採取這樣的作法，但在當代的哲學家
和邏輯學家當中，仍有不少人認為這可能是一個不錯的主意。我將在這一節中
簡單說明和評論這一作法。

如果我們決定將「$(\iota x)\phi$」這樣的符號（其中的 ϕ 是 QL 中的任意一個合
式公式）當作是和 QL 中的常元一樣基本的單稱符號（而且當作是非邏輯符
號），那麼，文法上來說，我們只需要將第六章第二節中有關於「詞項」的
定義加以擴充，使之不僅包括 QL 中的常元和變元，還包括像「$(\iota x)\phi$」這樣的
確定描述詞就可以了。如此一來，在第六章第二節所說的文法規則下，不僅
「Fx」、「Gxa」和「a = b」會是 QL 中的簡單公式，即使形如「F(ιx)(Fx ∧
Gxb)」、「G(ιx)Gxb(ιx)Gxa」和「(ιx)Gxa = (ιx)(Fx ∧ Gxb)」的符號串也會是
QL 中的簡單公式（注意，在這種非羅素式的作法下，最後這三個語句並不是
任何複雜公式的縮寫，而是簡單公式）。

語義上來說，一個 QL 模型 M = <D_M, v_M> 中的解釋函數 v_M 必需對每一個

QL 中的非邏輯符號都作出解釋；問題是：如果我們決定採取上一個段落所說的作法，我們該如何決定一個確定描述詞在一個模型 M 中的指稱呢？在這個問題上，Frege 晚年的建議是這樣的：如果 D_M 中有一個獨一無二的事物 d 滿足「$(\iota v)\phi$」中的 ϕ，那麼，我們就令 $v_M((\iota v)\phi) = d$；否則的話（換言之，如果 D_M 中沒有或有多於一個事物滿足「$(\iota v)\phi$」中的 ϕ），我們就令 $v_M((\iota v)\phi) = o$，而 o 是 D_M 中任意指定的一個事物。[17]舉例來說，如果 M = $<D_M, v_M>$ 中的 D_M = { 王文方，甄子丹，歐陽娜娜、自然數 0}、$v_M(F)$ = { 王文方，甄子丹 }、$v_M(G)$ = { 甄子丹，歐陽娜娜 }、$v_M(H)$ = { 歐陽娜娜 } 而 $v_M(F_1)$ = { 王文方，歐陽娜娜 }，那麼，$v_M((\iota x)(Fx \wedge Gx))$ = 甄子丹（因為在該模型中只有甄子丹剛好滿足「$Fx \wedge Gx$」）、$v_M((\iota x)(Gx \wedge F_1 x)) = v_M((\iota x)Hx) = v_M((\iota x)(Gx \rightarrow Hx))$ = 歐陽娜娜（因為在該模型中只有歐陽娜娜剛好滿足「Hx」、「$Gx \wedge F_1 x$」和「$Gx \rightarrow Hx$」）、$v_M((\iota x)\neg Gx)$ = 王文方（因為在該模型中只有王文方剛好滿足「$\neg Gx$」），而 $v_M((\iota x)Fx) = v_M((\iota x)Gx) = v_M((\iota x)F_1 x) = v_M((\iota x)(Gx \vee Hx)) = v_M((\iota x)(Fx \wedge Gx \wedge Hx))$ = 自然數 0（因為 (i) 該模型中有多於一個事物滿足「Fx」、「Gx」、「$F_1 x$」或「$Gx \vee Hx$」但沒有任何事物滿足「$Fx \wedge Gx \wedge Hx$」，而 (ii) 0 是該模型指定給這些沒有單一事物滿足 ϕ 的確定描述詞「$(\iota v)\phi$」的事物）。而一旦我們知道如何去決定一個確定描述詞在一個 QL 模型 M 中的指稱，我們就可以繼續依照第七章中 QL 語義論的規定，進一步去決定一個包含了確定描述詞在內的語句在一個 QL 模型 M 中的真假了。比方來說，在本段落的模型中，$v_M(F(\iota v)(Gx \rightarrow Hx)) = 0$ 而 $v_M(G(\iota v)(Gx \rightarrow Hx)) = 1$（因為歐陽娜娜不屬於 $v_M(F)$ 但屬於 $v_M(G)$）。

但上述這個作法的一個問題是：任何一個說「The ϕ 存在」的語句（亦即「$\exists x(x = (\iota v)\phi$」）都會在任何一個 QL 模型當中為真（只要 ϕ 是 QL 中的一個合式公式），因而任何一個說「The ϕ 不存在」的語句（亦即「$\neg \exists x(x = (\iota v)\phi$」）就會在任何一個 QL 模型當中為假。所以，接受這個作法的一個結果將會是：我們再度陷入希臘詭辯派哲學家巴曼尼底斯所提出的「不存在的悖論」中而無

---

[17] 這個建議亦見於 M. Fitting, R. Mendelsohn: *First-order modal logic*, Dordrecht: Kluwer Academic, 1998, pp. 253-55。

法掙脫。有鑑於此，有些哲學家 [18] 因而建議：當一個 QL 模型 M 中不存在任何一個或存在多個事物滿足「(ιν)φ」中的 φ 時，我們應該讓 $v_M((ιν)φ)$ 沒有指稱（而非任意指定一個值作為其指稱），並讓任何一個談論 (ιν)φ 的簡單語句也都因為「(ιν)φ」沒有指稱的緣故而沒有真假可言。但這樣的作法有幾個問題存在：首先，一個 QL 語義模型 M 中的解釋函數 v_M 將成為數學中所謂的「部分函數」（partial function），而這會使得我們對於 QL 語義模型的說明變得相對複雜起來。其次，另一件與前者相關的事情是：這樣的作法也會使得有些語句在一個 QL 的語義模型中並無真假可言，因而會使得整個語義論變得比本書第七章所說的語義論來得複雜一些。最後，在這樣的作法下，當「(ιν)φ」在一個 QL 的語義模型中缺乏指稱時，說「The φ 存在」和說「The φ 不存在」的語句也都沒有真假可言，而這顯然並不符合我們的語言直覺。基於本節中所說的各種問題，我們認為，對模擬和分析日常語言中包含了確定描述詞的語言部分來說，本章第一至第三節裡所介紹的羅素確定描述詞理論似乎比本節所介紹的其它兩種作法都來得更為理想和自然一些。

練習題

一、（一）試著使用第七章的語義模型、第八章的語義樹枝法或第九章的自然演繹法去證明 (R₁)、(R₂) 和 (R₃) 這三個語句是邏輯上等價的。（二）使用 ProofTools 軟體或 NDPEC 網頁軟體去檢查你的證明。

二、（一）試著使用第七章的語義模型或第八章的語義樹枝法去證明 (1a) 和 (1b) 不是邏輯上等價的語句。（二）使用 ProofTools 軟體去檢查你的證明。

三、（一）試著使用第七章的語義模型、第八章的語義樹枝法或第九章的自然演繹法去證明 (4a) 和 (4b) 這兩個語句是邏輯上等價的。（二）使用 ProofTools 軟體或 NDPEC 網頁軟體去檢查你的證明。

四、（一）試著使用第七章的語義模型、第八章的語義樹枝法或第九章的自然演繹法去證明「∃x(Hx ∧ ¬Hy)」這個語句是個恆假句。（二）使用 ProofTools 軟體或 NDPEC 網頁軟體去檢查你的證明。

---

[18] 見 T. Sider: *Logic for Philosophy*, Oxford: Oxford University Press, 2007, p. 146-52 。

邏輯學在數學之應用

第一節　函數及函數符號

　　19世紀末在弗雷格、笛摩根（Augustus De Morgan，公元1806-1871）、裴爾士（Charles Sanders Santiago Peirce，公元1839-1914）和皮亞諾（Giuseppe Peano，公元1858-1932）等數學家改革下，當代邏輯學獲得了重大的突破與進步，大幅地超越了之前流行甚久的亞理斯多德邏輯。數學無疑是一門十分重視推理與證明的學科，因而邏輯學在數學上的應用便顯得十分自然。事實上，當代邏輯學的創始人弗雷格發明符號邏輯的目的之一，便在於提供當時的數學家一個更為嚴謹和更為有用的證明工具。[①]

　　數學當中有一類極為重要的研究對象，也就是各式各樣的數學函數（functions），如以下這些極為常見的函數（在以下加法和乘法函數的寫法中，等號左邊的函數符號寫法稱為「前綴符號法」（prefix notation），如「$f^+(x_1, x_2)$」，而等號右邊的函數符號寫法則稱為「中綴符號法」（infix notation），如「$x_1 + x_2$」。但平方函數和後續函數符號還有一種特殊的寫法，如「x'」、「x^2」和「x + 1」，其中 x 後方的一撇、「2」和「+1」即為該函數符號，稱為「後綴符號法」（postfix notation））：

　　1. 後續函數（successor function）：$s(x) = x + 1$；
　　2. 平方函數：$f^2(x) = x^2$；
　　3. 加法函數 $f^+(x_1, x_2) = x_1 + x_2$；
　　4. 乘法函數 $f^\times(x_1, x_2) = x_1 \times x_2$；
　　5. 取大值函數 $max(x_1, x_2)$ $\begin{cases} = x_1 & \text{如果 } x_1 \geq x_2 \text{，否則，} \\ = x_2 \text{。} \end{cases}$

以及更為複雜的微分和積分等各種函數。數學上的函數是這樣的一種操作：當

---

① 弗雷格另一個更重要的目的則在於試圖證明「數學的本質就是邏輯」或「數學的真理其實可以被化約為（廣義的）邏輯真理」（所謂廣義的邏輯真理，指的是邏輯學和集合論），也就是後來數學哲學中所謂的「邏輯主義」（logicism）思想。數學上的邏輯主義也可以被看作是邏輯學在數學上的一個應用，但由於其說明較為複雜，該應用也有相當大的爭議，我因而不會在這本書中對之進行說明。

你以任意一或多個數（又稱為該函數的「論元」〔arguments〕）去取代函數中的一或多個變元時，該函數就會為你計算出一個數作為該函數應用在這些論元後所得到的值（value）。比方來說，當你以 3 和 5 作為論元分別去取代加法函數、乘法函數和取大值函數中的 x_1 和 x_2 後，你就會分別得到 8、15 和 5 作為這些函數應用在這兩個論元上所得到的值。在數學當中，函數是非常常見的運算模式，但我們在本書第一部分的 PL 和第二部分的 QL 語言中似乎都沒有看到相應的符號出現在其中[②]，這會不會妨礙了邏輯學在數學上的應用呢？

事實上，任何一個 n 元的函數 $f(x_1, \cdots, x_n)$（也就是一次應用在 n 個論元上而能得到它們的值的函數）只是一種「特殊的」n + 1 位關係而已[③]：一個一元函數（也就是一次應用在一個論元上就能得到其值的函數，如之前看到的後續函數和平方函數）只是一種特殊的二位關係，而一個二元函數（也就是一次應用在兩個論元上而能得到其值的函數，如之前看到的加法函數、乘法函數和取大值函數）則是一種特殊的三位關係等。直覺上，一個一元函數指定了一個論元與其值（亦即，該函數應用在該論元後所得到的值）之間的一個二位關係，而一個二元函數則指定了兩個論元與其值（亦即，該函數應用在該兩個論元後所得到的值）之間的一個三位關係；其餘的 n 元函數怎可以依此設想為指定了 n 個論元與其值（亦即，該函數應用在這 n 個論元後所得到的值）之間的一個 n + 1 位關係。因而，QL 中表達各種關係的多元謂詞其實本身已經足以用來表達數學中的各種函數關係，只是由於數學中函數的特性使然，這樣的表達會較為複雜而已。

為何說數學中的 n 元函數是一種「特殊的」n + 1 位關係呢？這個特殊性何在？又為何使用 n + 1 位謂詞去表達 n 元函數會「較為複雜」呢？這個理由主要是這樣的。數學中的 n 元函數 $f(x_1, \cdots, x_n)$ 通常在歸類上屬於（雖然並不

[②] 儘管 PL 的模型 v 和 QL 模型中的解釋函數 v_M 都是一種函數，但它們並不是 PL 或 QL 語言中的符號。

[③] 當代集合論中便明白地將一個 n 元函數定義為一個 n + 1 位關係。在當代的集合論中，一個 n 位關係被看作是一個由零或多個 n 位有序序列所形成的集合（就像我們在第七章中 QL 模型論對 2 位或 2 位以上的謂詞所作的解釋一樣），而一個 n 元的函數則被當作是一個由零或多個 n+1 位有序序列所形成的「特殊」關係。

總是屬於④）n+1 位的「全函數」（total function）關係，而一個 n+1 位的全函數關係 F^{n+1} 必然具有以下兩個特性⑤：(i) 對於任何 n 個數 m_1, …, m_n 來說，都**至少會有一個**數 k 和這 n 個數之間具有該全函數所表達的 F^{n+1} 關係，或者說，這 n 個數會至少與一個數 k 有 $f(m_1, …, m_n) = k$ 的關係；以及 (ii) 對於任何 n 個數 m_1, …, m_n 來說，**最多也只會有一個**數 k 和這 n 個數之間具有該全函數所表達的 F^{n+1} 關係。舉例來說，前述的後續函數 $s(x)$ 是一個一元函數，因此是一個二位的全函數關係；因為，(i) 對於任何一個數 m 來說，都至少會有一個數 k 使得 m 和 k 之間具有 $s(m) = m + 1 = k$ 的二位關係，並且 (ii) 對於任何一個數 m 來說，最多也只會有一個數 k 使得 m 和 k 之間具有 $s(m) = m+1 = k$ 的二位關係。再舉例來說，加法函數 $f^+(x_1, x_2)$ 是一個二元函數，因此是一個三位的全函數關係；因為，(i) 對於任何兩個數 m_1 和 m_2 來說，都至少會有一個數 k 與前兩者之間具有 $f^+(m_1, m_2) = k$ 的三位關係，並且 (ii) 對於任何兩個數 m_1 和 m_2 來說，最多也只會有一個數 k 與前兩者之間具有 $f^+(m_1, m_2) = k$ 的三位關係。但並非這個世界中的所有關係都是全函數關係；許多這個世界中的關係就不具有全函數關係所具備的這兩個特性之一。比方來說，兄弟（或姊妹）關係就不必然具有以上的特性 (i) 或特性 (ii)；因為：並非每個人都至少有一個人是他或她的兄弟（或姊妹），而有些人則不只有一個人是他或她的兄弟（或姊妹）。簡單地說，全函數關係是所有關係當中特殊的一種關係。

　　由於數學中的 n 元函數幾乎都是具有上述特性 (i) 和 (ii) 的 n + 1 位關係，因而，如果你試圖用一個 n + 1 位謂詞（比方說「F^{n+1}」）去表達一個數學中的 n 元函數 $f(x_1, …, x_n)$，那麼，為了正確捕捉該函數的特性，除了使用該 n +

---

④ 比方來説，除法函數就不是全函數關係，因為任何數除以 0 都不會得到任何一個數作為它們在除法函數上的值。

⑤ 相對於全函數關係的是偏函數或部分函數（partial function）關係。如果 $f(x_1, …, x_n)$ 是一個全函數，那麼，無論你以什麼樣的數去取代 x_1、…、x_n，你都會得到一個值（value）y 使得 $f(x_1, …, x_n) = y$。但偏函數或部分函數則是這樣的函數，對於某些數 x_1、…、x_n 來說，$f(x_1, …, x_n)$ 並不會有任何的值可言。換言之，偏函數或部分函數關係是只滿足以下條件 (ii) 但不滿足條件 (i) 的關係。本章注釋 4 中的除法關係就是一個偏函數關係。

1 位謂詞的符號之外，你還得補充以下的兩個斷言以便正確地描述該全函數關係：⑥

(1) $\forall x_1 \forall x_2 \cdots \forall x_{n-1} \forall x_n \exists x_{n+1}\ F^{n+1} x_1 x_2 \cdots x_{n-1} x_n x_{n+1}$；和

(2) $\forall x_1 \forall x_2 \cdots \forall x_{n-1} \forall x_n \forall x_{n+1} \forall x_{n+2}((F^{n+1} x_1 x_2 \cdots x_{n-1} x_n x_{n+1} \wedge F^{n+1} x_1 x_2 \cdots x_{n-1} x_n x_{n+2})$
$\to x_{n+1} = x_{n+2})$。

而這將會在表述上顯得十分笨重⑦。為此之故，當代的邏輯學家們有另外一種較為直接的替代方案：直接引入函數符號到 QL 中，並將 (1) 和 (2) 所表達的內容「嵌入」到模型中對於函數符號的解釋函數 v 內。以下我們說明這個常見的作法。

　　具體地說，當我們直接將函數符號引介到 QL 的語言中時，除了在第六章第一節中所看到的各類非邏輯符號之外，我們另外在 QL 的基本字彙中加入以下各種的 n 元函數符號（這些 n 元函數符號也都屬於非邏輯符號，因而需要進一步在模型的解釋函數中加以解釋）：

1. 一元函數符號：「f^1」、「g^1」、「h^1」、「f^1_1」、「g^1_1」、「h^1_1」、「f^1_2」、「g^1_2」、「h^1_2」、…等

2. 二元函數符號：「f^2」、「g^2」、「h^2」、「f^2_1」、「g^2_1」、「h^2_1」、「f^2_2」、「g^2_2」、「h^2_2」、…等

3. 三元函數符號：「f^3」、「g^3」、「h^3」、「f^3_1」、「g^3_1」、「h^3_1」、「f^3_2」、「g^3_2」、「h^3_2」、…等。

4. ……

5. n 元函數符號：「f^n」、「g^n」、「h^n」、「f^n_1」、「g^n_1」、「h^n_1」、

---

⑥ 或者，補充以下這個稍微簡短但與 (1) 和 (2) 的連言邏輯上等價的語句：

　　$\forall x_1 \forall x_2 \cdots \forall x_{n-1} \forall x_n \exists x_{n+1} \forall x_{n+2}((F^{n+1} x_1 x_2 \cdots x_{n-1} x_n\ x_{n+1} \wedge F^{n+1} x_1 x_2 \cdots x_{n-1} x_n x_{n+2}) \leftrightarrow x_{n+2} = x_{n+1})$

⑦ 如果我們的語言中已經有前一章所談的確定描述詞縮寫符號，那麼，我們就可以較為方便地使用「$(\iota v\ F^{n+1} d_1 d_2 \cdots d_{n-1} d_n v) = d$」去表達數學中「$f^n(d_1 d_2 \cdots d_{n-1} d_n) = d$」這種說法。但記住，前者仍然只是一個複雜的語句的縮寫而已：$\forall x_1 \forall x_2 \cdots \forall x_{n-1} \forall x_n \exists x_{n+1}(\forall x_{n+2}(F^{n+1} x_1 x_2 \cdots x_{n-1} x_n\ x_{n+2} \leftrightarrow x_{n+2} = x_{n+1}) \wedge x_{n+1} = d)$。

「f_2^n」、「g_2^n」、「h_2^n」、…等。

引介這麼多函數符號的目的和想法基本上和引介各種的謂詞是一樣的：為了讓 QL 語言的表達力豐富起見，對於任何的數字 n 來說，我們都在 QL 裡增加無限多個用來模擬數學中各種 n 元函數的符號，以有或無數字下標的「f^n」、「g^n」、「h^n」去表示這些不同的 n 元函數符號，上標的「n」指出它們是 n 元函數符號，而不同的下標數字（如「f^2」和「f_1^2」）則用來表示它們是不同的 n 元函數符號。

　　在語法上，除了容納各種的函數符號之外，我們還擴充第六章第一節中對「詞項」（terms）的定義：現在，除了變元符號和常元符號外，我們也將任何一個具有「$f^n(t_1, \cdots, t_n)$」這種形式的符號串當作是一個詞項（其中的 f^n 是任意的一個 n 元函數符號，而 $t_1, \cdots, t_n$ 等則是任意的 n 個詞項）。因而，不僅「$f^2(a, b)$」、「$f^2(x, y)$」和「$f^2(x, a)$」是詞項，即便「$f^2(g^1(a), b)$」、「$f^2(h^1(x), g^3(y, z, a))$」、和「$f^1(g^2(b, h^1(a)))$」等也都是詞項（為了容易閱讀起見，在以下的說明中，我們將不會寫下任何的非詞項符號串，因而可以省略函數符號後方的上標數字）。詞項可以進一步分為兩種：不含有變元符號在內的詞項稱為「封閉詞項」（closed terms），如「a」、「b」、「$f^2(a, b)$」、「$f^2(g^1(a), b)$」、和「$f^1(g^2(b, h^1(a)))$」等，而含有變元符號在內的詞項則稱為「開放詞項」（open terms），如「$f^2(x, y)$」和「$f^2(x, a)$」和「$f^2(h^1(x), g^3(y, z, a))$」等。此外，當一個開放詞項中的變元 v 的某次出現是出現在某個（不排除不只一個）包含了 v 在內的量化詞「$\forall v$」或「$\exists v$」的範圍內時（注意，這個量化詞的變元必須是 v，不能是其它不同於 v 的變元），我們也說 v 的該次出現是拘束的（或非自由的）出現；否則，v 的該次出現就是自由的出現。文法規則上，我們不在 QL 的文法規則中增加任何新的合式公式規定，但由於詞項範圍擴寬的緣故，完構式的種類也就因此增加了。在所有合乎文法的合式公式中，我們仍然依據「是否有任何變元的任何一次出現是自由的？」這件事，而將所有的完構式區分為開放合式公式（open wff）和封閉合式公式（closed wff，又稱為「語句」）。舉例來說，以下的符號串都是 QL 增加函數符號後的合式公式（以下前兩個例子中的謂詞「F」是二位謂詞，其它的謂詞是一位謂詞，而每個例子中的函數符號則都是一元函數符號；但我們按照之前的約定，省略了每

個謂詞以及每個函數符號後方上標的數字。我們在每一個合式公式後方的括號
內說明其類別）：

1. Ff(a)g(b)（語句）

2. Faf(x)（開放合式公式：「x」的出現是自由的）

3. g(x) = a（開放合式公式：「x」的出現是自由的）

4. $\exists$x(f(g(x)) = h(a))（語句）

5. $\forall$x(Ff(x) → Hg(x))（語句：「x」在「g(x)」中的出現落入「$\forall$x」的範
圍中）

6. $\forall$xFh(x) → Hg(x)（開放合式公式：「x」在「g(x)」中的出現並不在
「$\forall$x」的範圍中，因而該次出現是自由的）

7. $\forall$x(Fx → Hg(y))（開放合式公式：「y」在「g(y)」中的出現是自由的，
因爲「$\forall$x」中的變元並不是「y」）

8. $\forall$x$\forall$y(Ff(x) → Hg(y))（語句）

9. $\forall$xFf(x) → $\exists$xHf(g(x))（語句）

10. $\forall$x(Ff(x) → $\exists$xHf(g(y)))（開放合式公式：「y」在「f(g(y))」中的出
現是自由的，因爲「$\forall$x」和「$\exists$x」中的變元都不是「y」）

11. $\forall$y$\forall$x(Ff(x) → $\exists$xHf(g(y)))（語句：「y」在「g(y)」中的出現落入「$\forall$y」
的範圍中，而「x」在「f(x)」中的出現落入「$\forall$x」的範圍中）

　　在語義論上，我們依舊將一個 QL 模型 M 當作是一個序對 <D, v>，但序
對中的解釋函數 v 除了必須對個體常元和各種的謂詞作出解釋外，還得對各式
各樣的函數符號也作出解釋：對於 QL 中的每一個 n 元函數符號 f^n 來說，v 都
以 D^{n+1} 中的某個子集，而且**是全函數關係的**子集，來作為它的語義值；換言
之，對於每一個 QL 中的 n 元函數符號 f^n 來說，我們不僅要求 $v(f^n) \subseteq D^{n+1}$，
而且，對於 D 中的任何 n 位有序序列 < d_1, $\cdots$, d_n> 來說，我們還都要求：(i) 至
少要有一個 $d \in D$，使得 < d_1, $\cdots$, d_n, d> $\in v(f^n)$，而且 (ii) 最多也只能有一個
$d \in D$，使得 < d_1, $\cdots$, d_n, d> $\in v(f^n)$。給了我們任意的一個模型 M = <D, v>，
我們便可以使用下述的方式去擴充 v 對於任意一個封閉詞項 f^n(t_1, $\cdots$, t_n) 的解釋
（如果 f^n(t_1, $\cdots$, t_n) 是一個封閉的詞項，那麼，其中的 t_1, $\cdots$, t_n 也都會是封閉的

詞項）：

(R_{fun}) $v(f^n(t_1, \cdots, t_n)) =$ 那一個獨一無二能使得「$<v(t_1), \cdots, v(t_n), d> \in v(f^n)$」為真的 d。（直覺上，$v(f^n(t_1, \cdots, t_n))$ 指稱那個將函數 f^n 應用在 $<v(t_1), \cdots, v(t_n)>$ 這些論元後所得到的值 d。）

比方來說，如果 M = <D, v> 中的 D 是自然數 {0, 1, 2, …} 所形成的集合，$v(a)$ = 0，$v(b)$ = 1，$v(f)$ = {<0, 1>, <1, 2>, <2, 3>, …, <n, n+1>, …}（在集合論中，我們會將這個集合正式地寫成 {<x, y>| y = x+1}，其中，直槓符號「|」之前的「<x, y>」表明這個集合的元素都是序對，直槓符號「|」之後的算術公式則表明這個集合這些序對中的元素必須滿足的關係；以下其它集合符號的理解可以以此類推），$v(g)$ = {<0, 0>, <1, 1>, <2, 4>, …, <n, n^2>, …}（在集合論中，我們會將這個集合正式地寫成 {<x, y>| y = x^2}），$v(f_1)$ = {<0, 0, 0>, <0, 1, 1>, <0, 2, 2>,…, <1, 0, 1>, <1, 1, 2>, <1, 2, 3>, …, <n, m, n+m>, …}（在集合論中，我們會將這個集合正式地寫成 {<x, y, z>| z = x+y}），$v(g_1)$ = {<0, 0, 0>, <0, 1, 0>, <0, 2, 0>,…, <1, 0, 0>, <1, 1, 1>, <1, 2, 2>, …, <n, m, n×m>, …}（在集合論中，我們會正式地將這個集合寫成 {<x, y, z>| z = x×y}），那麼，根據 (R_{fun})，我們就可以計算以下各個封閉詞項在 M 中的值如下：

1. $v(f(a)) = 1$
2. $v(f(f(a))) = 2$
3. $v(f(f(f(a)))) = 3$
4. $v(g(b)) = 1$
5. $v(g(f(f(a)))) = 4$
6. $v(g(f(f(f(a))))) = 9$
7. $v(g(g(f(f(a))))) = 16$
8. $v(f_1(a, b)) = 1$
9. $v(f_1(f(a), b)) = 2$
10. $v(f_1(f(a), g(f(b)))) = 5$
11. $v(g(f_1(f(a), g(f(b))))) = 25$

12. $v(g_1(a, b)) = 0$

13. $v(g_1(f(a), b)) = 1$

14. $v(g_1(f(f(a)), g(f(b)))) = 8$

一旦我們懂得如何計算一個封閉詞項在一個模型中的值之後，我們就可以根據第七章第一節中的 (R_{at}) 和 $(R_=)$ 進一步去計算包含了封閉詞項在內的語句在一個模型 M 中的真假了（但我們將該處的 $\mathbf{c}_1, \cdots, \mathbf{c}_n$ 理解為任意的 n 個封閉詞項）：

(R_{at}) 如果 $<v_M(\mathbf{c}_1), \cdots, v_M(\mathbf{c}_n)> \in v_M(\Phi^n)$，則 $v_M(\varphi^n\mathbf{c}_1, \cdots, \mathbf{c}_n) = 1$；否則，$v_M(\varphi^n\mathbf{c}_1, \cdots, \mathbf{c}_n)) = 0$。

$(R_=)$ 如果 $v_M(\mathbf{c}_1) = v_M(\mathbf{c}_2)$，則 $v_M(\mathbf{c}_1 = \mathbf{c}_2) = 1$；否則，$v_M(\mathbf{c}_1 = \mathbf{c}_2) = 0$。

比方來說，如果前述模型 M = <D, v> 中的解釋函數 v 還進一步使得 $v(F) = \{0, 2, 4, 6, \cdots\}$（也就是所有偶數的集合；在集合論中，我們會將這個集合正式地寫成 $\{x| \exists y(x = 2 \times y)\}$），$v(G) = \{1, 3, 5, 7, \cdots\}$（也就是所有奇數的集合；在集合論中，我們會將這個集合正式地寫成 $\{x| \exists y(x = 2 \times y+1 \}$），那麼，我們就可以根據第七章第一節中所說的各種語義規則而去決定以下這些語句在 M 中的真假值：

1. $v(Ff(a)) = 0$（因為 $v(f(a)) = 1$ 而 1 不屬於 $v(F)$。）

2. $v(Gf(a)) = 1$（因為 $v(f(a)) = 1$ 而 1 屬於 $v(G)$。）

3. $v(Ff_1(a, b)) = 0$（因為 $v(f_1(a, b)) = 1$ 而 1 不屬於 $v(F)$。）

4. $v(Ff_1(f(a), b)) = 1$（因為 $v(f_1(f(a), b)) = 2$ 而 2 屬於 $v(F)$。）

5. $v(g(f(f(a))) = g_1(f(a), g(f(b)))) = 1$（因為 $v(g(f(f(a)))) = v(g_1(f(a), g(f(b)))) = 4$。）

在證明論的方法上，無論是語義樹枝法或自然演繹法，在引進函數符號之後，我們都不增加任何新的規則，也不改變既有的規則，但我們允許帶有封閉詞項（不論其中是否有函數符號）的語句作為全稱語句的替代例，

並將有關於等同語句規則中的 **c** 和 **c'** 理解為任意的封閉詞項。如此一來，不但「Fa → Gaa」是「∀y(Fy → Gay)」的一個替代例，即便是「F*f*(a) → Ga*f*(a)」、「F*f*(b) → Ga*f*(b)」、「F*g*(c) → Ga*g*(c)」、「F*g*(*f*(a)) → Ga*g*(*f*(a))」和「F*g*(*f*(b)) → Ga*g*(*f*(b))」也都是「∀y(Fy → Gay)」的替代例。因而，以下的兩個證明就會分別是 QL 語義樹枝法和 QL 自然演繹法中對「∀x(Fx → Gx), F*f*(a), *f*(a) = g(b) / ∴ Gg(b)」的證明：

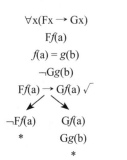

1.	∀x(Fx → Gx)	Premise
2.	F*f*(a)	Premise
3.	*f*(a) = g(b)	Premise
4.	F*f*(a) → G*f*(a)	∀E, 1
5.	G*f*(a)	→E, 2, 4
6.	Gg(b)	=E, 3, 5

第二節　公理化算術系統

有了前一節中關於引入函數符號作法的基本認識之後，我們就可以在此舉兩個簡單的例子來說明邏輯在數學中的應用了。

許多數學中著名的理論都是以所謂「公理化」（axiomatization）的方式來加以呈現的理論，[8]古希臘數學家歐基里德（Euclid，公元前 325-265）關於點線面的幾何學理論、十九世紀義大利數學家皮亞諾關於自然數的算術演算系統，以及當代數學中的集合論（set theory）如 ZFC（Zermelo-Fraenkel set

---

[8] 其實從十九世紀末開始迄今，在弗雷格的影響下，邏輯學家們也經常使用公理化的方法去研究邏輯本身。因而我們有關於命題邏輯的公理化系統、關於謂詞邏輯的公理化系統、以及各式各樣的模態邏輯公理化系統等。在邏輯中，公理化方法的基本作法是先挑出一些（PL、QL 或模態語言中的）恆真句作為公理，然後使用少數幾個規則，以便從這些公理和規則推演出所有的恆真句。但這個方法並不是本書介紹的方法。對邏輯的公理化方法與系統有興趣的讀者可以參考 G. Hunter: *Metalogic – An Introduction to the Metatheory of Standard First Order Logic*, Los Angeles: University of California Press, 1971。

theory）等，都是使用公理化方法所立起的數學理論；而利用公理化方法建立起的理論體系，一般便稱為「公理化系統」（axiomatic system）。在當代，一個嚴格的公理化系統通常需要包含兩個部分：首先，該系統必須包含一或多個公理（axioms），作為一切與該理論有關的推理的起點；其次，該系統還應該包括一或多個推論規則（inferential rules），以便讓我們從公理進一步推出其它的語句。為了簡單起見，讓我們假設任何一個數學公理化系統的推論規則也就是本書第九章所介紹的那一些自然演繹法規則，因而我們無需在此另加說明。[9]一個數學系統中的「公理」，通常被認為是那些「自明的」（self-evident，也就是在直覺上十分確定的）、無須被證明但可以作為相關數學證明或推論起點的數學真句[10]，而可以從公理和推論規則推論而得的語句則被稱為該公理系統的「定理」（theorems）。比方來說，以下這個公理化系統就是著名的皮亞諾算術公理化系統（一般簡稱為「PA」，在以下的寫法中，我們對函數符號的寫法採取數學中習慣的中綴和後綴寫法[11]，並在 QL 中增加一個個體常元符號「0」，用來指稱自然數 0）[12]：

---

[9] 事實上，大多數的公理化系統都只有極少數的幾個規則，但這並不重要：重要的是，這些規則必須是個別健全而又整體完備的。

[10] 但也有一些公理化系統（如非歐幾何學系統）中的公理並不被系統的建立者當作是「自明的」真語句，而被當作任意的一個假設。此外，從理想上說，一個公理化系統中的任何一個公理最好是邏輯上獨立的，亦即，該公理無法被其它的公理利用系統的推論規則而推論出來。

[11] 如果我們要採取前綴寫法，並以「f」、「g」和「h」分別去代表一元的後續函數、二元的加法函數和二元的乘法函數，那麼，以下的 A1 至 A7 可以寫成：

A1: $\forall x \forall y (f(x) = f(y) \rightarrow x = y)$
A2: $\forall x \neg f(x) = 0$
A3: $\forall x\, g(x, 0) = x$
A4: $\forall x \forall y\, g(x, f(y)) = f(g(x, y))$
A5: $\forall x\, h(x, 0) = 0$
A6: $\forall x \forall y\, h(x, f(y)) = g(h(x, y), x)$
A7: $(\varphi(0) \wedge \forall x(\varphi(x) \rightarrow \varphi(f(x)))) \rightarrow \forall x \varphi(x)$

[12] 但我們也可以隨便指定一個個體常元，比方說「a」，來作為指稱 0 的常元。

A1: $\forall x \forall y (x' = y' \rightarrow x = y)$

A2: $\forall x \neg x' = 0$

A3: $\forall x \ x+0 = x$

A4: $\forall x \forall y \ x+y' = (x+y)'$

A5: $\forall x \ x \times 0 = 0$

A6: $\forall x \forall \ x \times y' = (x \times y)+x$

A7: $(\varphi(0) \wedge \forall x(\varphi(x) \rightarrow \varphi(x'))) \rightarrow \forall x \varphi(x)$

以上 A1 至 A7 各公理的直覺涵義應該非常容易理解。直覺上，A1 說的是：如果 x 的後續數（下一個數）和 y 的後續數是同一個數，那麼，x 和 y 就是同一個數。A2 說的是：沒有任何數的後續數會是 0。A3 說的是：任何的數加上 0 都等於該數本身。A4 說的是：任何數 x 和任何數 y 的後續數之和都等於 x 與 y 之和的後續數。A5 說的是：任何數乘以 0 都等於 0。A6 說的是：任何數 x 和 y 的後續數之積都等於 x 和 y 之積再加上 x 的和。A7 這個通常被稱為「數學歸納法」（mathematical induction）的符號串其實不是一個單一的語句，而是壓縮了無窮多個形態類似的語句而得到的一串符號，而這種一次壓縮無窮多個語句的表達法一般便稱為「公理語架」（axiom schema）。A7 這個公理語架說的是：無論你以 QL 語言中哪一個只包含了一個自由變數 x 的合式公式（如「x = 0」、「x = 0 ∨ ∃y x = 0+y'」或「¬x' = 0 → ∃yx = y'」等）去取代 A7 中的「$\phi(x)$」，其結果都會是一個公理。而 A7 之所以被稱為「數學歸納法」的理由在於它直覺上斷說了：當 0 具有「$\varphi(x)$」所表達的性質，而且，當對於任何的自然數 x 來說，如果 x 具有「$\varphi(x)$」所表達的性質，那麼，x 的後續數也會具有「$\phi(x)$」所表達的性質，這時，我們就可以推出所有的自然數都會具有「$\phi(x)$」所表達的性質。

一個 PA 中的定理也就是一個可以從 {A1, ⋯, A7} 中一或多個公理邏輯上有效地推論出來的語句。作為一個簡單的例子，讓我們看一下如何從 {A1, ⋯, A7} 中的一些公理利用自然演繹法推論出「0'+0' = 0'' ∧¬ 0'' = 0」（也就是

「$1+1 = 2 \land 2\neq0$"」）這個語句；其推衍如下所示：[13]

1.	$\forall x \neg x' = 0$	A2
2.	$\forall x\, x+0 = x$	A4
3.	$\forall x\forall y\, x+y' = (x+y)'$	A5
4.	$\forall y\, 0'+y' = (0'+y)'$	$\forall$E, 3
5.	$0'+0' = (0'+0)'$	$\forall$E, 4
6.	$0'+0 = 0'$	$\forall$E, 2
7.	$0'+0' = 0''$	=E, 5, 6
8.	$\neg 0'' = 0$	$\forall$E, 1
9.	$0'+0' = 0'' \land \neg 0'' = 0$	$\land$I, 7, 8

事實上，PA 不僅可以用來證明像「$0'+0' = 0'' \land \neg 0'' = 0$」這樣簡單的算術真句，還能夠證明許多非常複雜的算術定理。有鑑於 PA 的強大證明力，20 世紀著名的數學家希爾伯特（David Hilbert，公元 1862-1943）[14]一度認為：或許所有有關於自然數的算術真理都可以從 PA 的七個公理和一些定義中推論出來。不幸的是，哥德爾（Kurt Friedrich Gödel，公元 1906-1978）在 1931 和 1932 年間連續發表的兩個著名不完備性定理（Gödel's first and second incompleteness theorems）徹底粉碎了希爾伯特對 PA 所作的猜想。尤其是，哥德爾的第一不完備性定理證明了：不但算術系統 PA 無法證明所有的算術真句，任何一個擴充了算術系統 Q[15]而且在邏輯上一致的算術公理化系統（如

---

[13] 這也就是常見算術記號中所謂的「$1+1 = 2 \land \neg 2 = 0$」。在 PA 樣的語言中，指稱 1 的符號是「$0'$」，指稱 2 的符號是「$0''$」，指稱 3 的符號是「$0'''$」，其餘以此類推。

[14] David Hilbert，1862 年 1 月 23 日生，943 年 2 月 14 日歿。德國著名數學家，是 20 世紀最偉大的數學家之一，被後人稱為「數學界的亞歷山大」。

[15] 算術系統 Q 指的是以下這個算術系統：

A1: $\forall x\forall y\, (x' = y' \rightarrow x = y)$
A2: $\forall x \neg x' = 0$
A3: $\forall x\, x+0 = x$
A4: $\forall x\forall y\, x+y' = (x+y)'$
A5: $\forall x\, x\times 0 = 0$
A6: $\forall x\forall y\, x\times y' = (x\times y)+x$
A7': $\forall x(\neg x = 0 \rightarrow \exists y\, x = y')$

Q 和 PA 的差別在於去除了 PA 中的 A7 而代之以此處的 A7'（A7' 說的是：任何不

PA）都不可能證明所有的算數真句。[16]哥德爾的這個證明在數學上有極為重要的影響[17]，但由於其證明的過程過於複雜，因而本書將不對之進行說明。[18]

　　作為邏輯在數學公理化應用的第二個例子，讓我們看一下當代著名的集合論公理化系統 ZFC[19]。ZFC 中有十個公理，但由於其公理都較 PA 來得複雜許

等於 0 的數都是某個自然數的後續數）。由於 PA 中的公理可以推出 Q 中的 A7' 作為定理（我們把這一個證明當作給讀者的作業），但 Q 中的公理卻無法推出 PA 中的 A7，因而 Q 的定理都是 PA 的定理，但反之不然；在此意義下，我們説 PA 是 Q 的擴充（extension）。

[16] 嚴格説起來，哥德爾第一完備性定理證明的結果只是：任何一個擴充了前一個注釋中的算術系統 Q 且為「ω-一致的」算術公理化系統都無法證明所有的算術真句。但 J. Barkley Rosser（1936）後來強化了這個結果，並且證明了：任何一個擴充了算術系統 Q 且為「邏輯上一致的」算術公理化系統都無法證明所有的算術真句。一個「ω-一致的」算術公理化系統是這樣的一個系統：不存在任何 QL 中的合式公式 $\varphi(v)$ 使得「$\exists x\varphi(v)$」、「$\neg\exists x\varphi(0)$」、「$\neg\exists x\varphi(0')$」、「$\neg\exists x\varphi(0'')$」、「$\neg\exists x\varphi(0''')$」…這無窮多個語句都可以被證明。

[17] 根據武漢大學哲學系程勇教授的看法（程勇，「哥德爾不完全性定理」，forthcoming），哥德爾不完備性定理對數學和哲學至少有五方面重要的影響。首先，它揭示了公理化方法在數學應用上的侷限性。其次，它揭示了「真理」和「可被證明」是兩個本質上不同的概念。第三，它摧毀了弗雷格、羅素和懷海德有關於數學的邏輯主義的構想。第四，它摧毀了希爾伯特猜想中有關於 PA 的部分。最後，它引起了許多後續的重要研究成果，如塔斯基（Alfred Tarski，公元 1901-1983）的真理不可定義性證明、邱奇（Alonzo Church，公元 1903-1995）的謂詞邏輯的不可決定性證明、圖靈（Alan Mathison Turing，公元 1912-1954）的圖靈機是否停機的不可決定性的證明和集合論中有關於連續統假設在 ZFC 中的不可證明性結果等。雖然最後這一點中所提到的許多重要證明結果（包括哥德爾的不完備性定理）都是負面的結果，但讀者們千萬不要因此被誤導認為邏輯的方法無法應用在數學上。事實上，這些證明本身所使用的方法都是邏輯的方法。

[18] 對這個證明有興趣的讀者可以進一步參考程勇，「哥德爾不完全性定理」，forthcoming；或 R. Smullyan: "Godel's Incompleteness Theorem," in Lou Goble (ed.), *The Blackwell Guide to Philosophical Logic*, Oxford: Blackwell Publishers Ltd, 2001, chapter 4。

[19] 其中「Z」代表「Zermelo」，「F」代表「Fraenkel」，而「C」代表「choice axiom」。ZFC 系統是在 Zermelo 和 Fraenkel 於 1908 年所提出的 ZF 公理化系統中再加上選擇公理（即以下的 A10）的結果。

多，我們將先介紹和說明其中的六個，然後再陸續介紹和說明其它的四個。以下是 ZFC 的前六個公理（在以下的寫法中，我們對函數符號的寫法（如交集）仍然採取集合論中習慣的中綴寫法，並在 QL 中增加一個中綴的二位謂詞「$\in$」去表示「……屬於……」這個介於一個集合中的元素（elements）與該集合之間的屬於關係）：

A1: $\exists x \forall y \neg y \in x$

A2: $\forall x \forall y (\forall z(z \in x \leftrightarrow z \in y) \rightarrow x = y)$

A3: $\forall x \exists y \forall z(z \in y \leftrightarrow (z \in x \wedge \varphi(z)))$

A4: $\forall x \forall y \exists z \forall x_1(x_1 \in z \leftrightarrow (x_1 = x \vee x_1 = y))$

A5: $\forall x \exists z \forall y(y \in z \rightarrow \exists x_1(x_1 \in x \wedge y \in x_1))$

A6: $\forall x \exists z \forall y(y \in z \leftrightarrow \forall x_1(x_1 \in y \rightarrow x_1 \in x))$

以上 A1 這個被稱為「存在公理」的公理說的是：至少存在一個其中沒有任何元素的集合；換言之，A1 斷言了「空集合存在」。A2 這個被稱為「外延公理」的公理說的是：任何兩個集合，如果它們的元素都相同，那麼它們就是同一個集合。這個公理有相當的重要性，因為它讓我們能夠證明許多公理中所談到的集合（比方說，A1 中所說的空集合、A4 中所說的對集、A5 中所涵蓋的 {A,B} 的聯集以及 A6 中所說的冪集）都是唯一的。像 PA 中的 A7 一樣，A3 是一個公理語架，這個被稱為「分離公理語架」的語架說的是：不論 $\phi(z)$ 是 QL 中什麼樣的合式公式，對於任何的集合 x 來說，都有一個集合 y 剛好包含了 x 中那些滿足了 $\varphi(z)$ 的元素。A3 保證了任何兩個集合 x 和 x_1 都有一個獨一無二的交集 [20]，因為從 A3 我們很容易推出「$\forall x_1 \forall x \exists y \forall z(z \in y \leftrightarrow (z \in x \wedge z \in x_1))$」。A4 這個被稱為「對集公理」的公理說的是：對於任何兩個事物 x 和 y 來說，都有一個集合 z 剛好包含了這兩個事物。A5 這個被稱為「聯集公理」的公理說的是：對任何集合 x 來說，都有一個集合 z 剛好包含了 x 中也是集合的那些元素中的所有元素。A6 這個被稱為「冪集公理」的公理說的是：對任

---

[20] 在集合論中，我們說：y 是 x 和 x_1 的交集，若且唯若，y 中的元素都既是 x 中的元素也是 x_1 中的元素，亦即，$\forall z(z \in y \rightarrow (z \in x \wedge z \in x_1))$。

何集合 x 來說，都有一個集合 z 是以 x 的所有子集合（subset）㉑為元素的集合。

　　以下，我們證明 A1 中所提到的空集合是唯一的，亦即，「$\exists x(\forall y\neg y \in x \land \forall z(\forall y\neg y \in z \rightarrow z = x))$」（類似的證明可以用來證明：A4 中所說的對集、A5 中所涵蓋的 {A,B} 的聯集以及 A6 中所說的冪集也都是唯一的，但我們將有關於後幾種集合的唯一性證明留給讀者作為練習）：

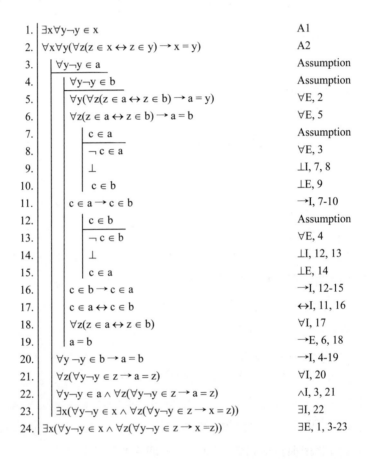

1.	$\exists x\forall y\neg y \in x$	A1
2.	$\forall x\forall y(\forall z(z \in x \leftrightarrow z \in y) \rightarrow x = y)$	A2
3.	$\forall y\neg y \in a$	Assumption
4.	$\forall y\neg y \in b$	Assumption
5.	$\forall y(\forall z(z \in a \leftrightarrow z \in b) \rightarrow a = y)$	$\forall$E, 2
6.	$\forall z(z \in a \leftrightarrow z \in b) \rightarrow a = b$	$\forall$E, 5
7.	$c \in a$	Assumption
8.	$\neg c \in a$	$\forall$E, 3
9.	$\bot$	$\bot$I, 7, 8
10.	$c \in b$	$\bot$E, 9
11.	$c \in a \rightarrow c \in b$	$\rightarrow$I, 7-10
12.	$c \in b$	Assumption
13.	$\neg c \in b$	$\forall$E, 4
14.	$\bot$	$\bot$I, 12, 13
15.	$c \in a$	$\bot$E, 14
16.	$c \in b \rightarrow c \in a$	$\rightarrow$I, 12-15
17.	$c \in a \leftrightarrow c \in b$	$\leftrightarrow$I, 11, 16
18.	$\forall z(z \in a \leftrightarrow z \in b)$	$\forall$I, 17
19.	$a = b$	$\rightarrow$E, 6, 18
20.	$\forall y \neg y \in b \rightarrow a = b$	$\rightarrow$I, 4-19
21.	$\forall z(\forall y\neg y \in z \rightarrow a = z)$	$\forall$I, 20
22.	$\forall y\neg y \in a \land \forall z(\forall y\neg y \in z \rightarrow a = z)$	$\land$I, 3, 21
23.	$\exists x(\forall y\neg y \in x \land \forall z(\forall y\neg y \in z \rightarrow x = z))$	$\exists$I, 22
24.	$\exists x(\forall y\neg y \in x \land \forall z(\forall y\neg y \in z \rightarrow x = z))$	$\exists$E, 1, 3-23

　　由於 A1 中所提到的空集合是唯一的，我們可以使用一個特殊的個體常元，如「∅」，去作為它的名字。類似地，由於任意兩個集合的交集（或聯集）也是唯一的，因而兩個集合與其交集（或聯集）之間的關係實際上是

㉑ 在集合論中，我們說：y 是 x 的子集合，若且唯若，y 中的元素都是 x 中的元素，亦即，$\forall x_1(x_1 \in y \rightarrow x_1 \in x)$。

一個全函數關係，因此我們可以引入一個（中綴）函數符號「$x \cap y$」（或「$x \cup y$」）去代表 x 和 y 的交集（或聯集）。此外，從存在公理和對集公理，我們可以推論出：不僅空集合 $\varnothing$ 存在，即便是 $\{\varnothing\}(=\{\varnothing, \varnothing\})$ 也是存在的集合。一般性地說，我們可以推論出：如果 x 存在，則 $\{x\}$ 也會存在。甚者，從聯集公理和剛才這個一般性的結果，我們可以進一步推知：

$$\varnothing, \{\varnothing\}, \{\varnothing, \{\varnothing\}\}, \{\varnothing, \{\varnothing\}, \{\varnothing, \{\varnothing\}\}\}, \cdots$$

也都是存在的集合。因而我們可以定義一個函數關係 s 是這樣的：對於任意的集合 x 來說，$s(x) = \{x, \{x\}\}$；比方來說，$s(\varnothing) = \{\varnothing, \{\varnothing\}\}$，而 $s(s(\varnothing)) = s(\{\varnothing, \{\varnothing\}\}) = \{\varnothing, \{\varnothing\}, \{\varnothing, \{\varnothing\}\}\}$。有了這些基本認識，我們就可以繼續介紹 ZFC 的另外四個公理了：

A7: $\exists x(\varnothing \in x \wedge \forall y(y \in x \rightarrow s(y) \in x))$

A8: $\forall x(\neg x = \varnothing \rightarrow \exists y(y \in x \wedge x \cap y = \varnothing))$

A9: $\forall x(\forall x_1(x_1 \in x \rightarrow \exists! x_2 \varphi(x_1, x_2)) \rightarrow \exists y \forall z(z \in y \leftrightarrow \exists x_3(x_3 \in x \wedge \varphi(x_3, z))))$

A10: $\forall x((\neg x = \varnothing \wedge \neg\varnothing \in x \wedge \forall y_1 \forall y_2((y_1 \in x \wedge y_2 \in x \wedge \neg y_1 = y_2) \rightarrow y_1 \cap y_2 = \varnothing)) \rightarrow \exists y \forall x_1(x_1 \in x \rightarrow \exists! z \, y \cap x_1 = \{z\}))$

A7 這個被稱為「無限公理」的公理說的是：存在著一個包含了 $\varnothing$、$s(\varnothing)$、$s(s(\varnothing))$、$s(s(s(\varnothing)))$⋯這些集合作為其中的元素的集合。由於我們可以證明 $\varnothing$、$s(\varnothing)$、$s(s(\varnothing))$、$s(s(s(\varnothing)))$⋯中的任何兩個集合都不是同一個集合，因而 A7 也間接斷說了：存在著一個包含了無窮多個元素的集合，因而被稱為「無限公理」。A8 這個被稱為「基礎公理」的公理說的是：任何一個非空的集合都會至少有一個元素 y 是這樣的：y 與該集合的交集是空集合。這個公理的一個重要性在於，從 A8（加上其它公理），我們可以證明：並不存在高中教科書（或素樸的集合論）中所謂的「宇集合」（universal set，詳見以下的證明）。從 A8（加上其它公理）可以推論出來的另一個重要結果則是：也不

存在著羅素在 1902 年認為存在 ㉒但會導致矛盾的羅素集（Russell's set，詳見以下的證明）。像 PA 中的 A7 和之前看到的 ZFC 中的 A3 一樣，A9 也是個公理語架，而這個被稱為「替換公理語架」的語架說的是：不論 $\varphi(x_1, x_2)$ 是 QL 中什麼樣的合式公式，也不論 x 是個什麼樣的集合，如果 x 中的每一個元素 x_1 都有一個唯一的事物與之有 $\varphi(x_1, x_2)$ 所表示的函數關係（「$\exists!x_2\varphi(x_1, x_2)$」這個符號縮寫了「$\exists x_2\varphi(x_1, x_2) \wedge \forall x_3(\varphi(x_1, x_3) \rightarrow x_3 = x_2)$」），那麼，就會有一個集合 y 是這樣的：y 中的元素正好是那些與 x 中的元素有 $\psi(x_1, x_2)$ 這個函數關係的事物。最後，A10 這個被稱為「選擇公理」的公理說的是：對於任何一個 (i) 本身不是空集合，(ii) 本身也不包含空集合作為元素，並且 (iii) 其任何不同兩個元素間的交集皆為空集合的集合 x 來說，都會存在著一個集合 y 是這樣的：對於 x 中的每個元素來說，y 和該元素的交集是某個獨一無二的事物 z 所形成的集合。（A10 中的「$\exists!z\, y \cap x_1 = \{z\}$」縮寫了「$\exists z(\forall y_1(y_1 \in y \cap x_1 \leftrightarrow y_1 = z) \wedge \forall z_1(\forall y_1(y_1 \in y \cap x_1 \leftrightarrow y_1 = z_1) \rightarrow z_1 = z))$」。）㉓

　　以下，我們從 ZFC 的公理出發去證明「不存在宇集合」這個定理。宇集合是一個包含了一切事物（因而也包含一切集合，包括它自己）的集合，因而，我們要證明的是「$\neg\exists x\forall y\, y \in x$」。但為了證明這個定理，我們首先證明每一個集合都不會是自己的元素，亦即，「$\forall x\, \neg x \in x$」。為了節省篇幅起見，我們對後者的證明將採取不太嚴謹的方式進行。現在，作為歸謬假設，我們假設有一個集合 x 是它自己的一個元素，亦即 $\exists x\, x \in x$（這在邏輯上等價於「$\neg\forall x\, \neg x \in x$」）。如果這個假設為真，那麼，根據對集公理，就會有一個集合是只由 x 所形成的集合，也就是 $\{x\}$。但 $\{x\}$ 中只有一個元素 x，而 x 中（根據假設）也有 x 這個元素，因而，$\{x\}$ 和它自己的每一個元素（也就是 x）都有一個共同的元素 x，因而其交集並不是空集合，但這違反了 A8 基礎公理所斷說的事情。因此，ZFC 的 A8 和其它公理邏輯上可以共同推出：不存在任

㉒ 更嚴格地說，該集合是羅素在 1902 年發現弗雷格的理論必須認為存在但會導致矛盾的集合，但由於發現這個事實的人是羅素，所以該集合一般被稱為「羅素集」。

㉓ 選擇公理是一個相當複雜、不容易理解、其可接受性也存在著爭議的公理。但基於本書的目的，我們不打算去說明這些爭議。去除選擇公理後由 A1 至 A9 所形成的系統，一般被稱為「ZF 系統」。

何是自己元素的集合，亦即，$\neg\exists x\ x \in x$。現在，我們可以由此接著證明不存在宇集合這樣的集合了。

1.	$\neg\exists x\ x \in x$	已知的定理
2.	$\exists x\forall y\ y \in x$	Assumption
3.	$\forall y\ y \in a$	Assumption
4.	$a \in a$	$\forall$E, 3
5.	$\exists x\ x \in x$	$\exists$I, 4
6.	$\bot$	$\bot$I, 1, 5
7.	$\bot$	$\exists$E, 2, 3-6
8.	$\exists x\forall y\ y \in x \rightarrow \bot$	$\rightarrow$I, 2-7
9.	$\neg\exists x\forall y\ y \in x$	$\neg$I, 8

以上證明中的 9 斷說了不存在包含了一切事物（因而也不存在包含了一切集合，包括它自己）的宇集合。有了宇集合不存在的證明後，我們接下來就可以說明為何羅素在 1902 年時發現會導致矛盾的羅素集合其實並不存在。羅素在 1902 年時設想了一個現在被稱為「羅素集」的集合 R。R 中的元素都是集合，而且都是那些並非自己的元素的集合；換言之，R ={x| $\neg$x $\in$ x}。根據弗雷格當時所提出的集合論理論，R 是一個存在的集合。問題是，如果 R 存在，那麼，我們就可以從 R 的存在本身推論出矛盾。因為，如果 R 存在，那麼，要嘛 R $\in$ R，要嘛 $\neg$R $\in$ R。然而，如果 R $\in$ R，由於 R 中的元素都不是自己的元素，因而作為其中一個元素的 R 也不能是自己的元素，亦即，$\neg$R $\in$ R；而如果 $\neg$R $\in$ R，由於 R 包括了所有不是自己的元素的集合作為元素，因而 R 會是 R 的一個元素，也就是 R $\in$ R。因此，不論我們假定 R $\in$ R 或 $\neg$R $\in$ R，我們都會得到一個矛盾的結果，而這就是 1902 年時羅素所發現的著名的集合論悖論。但從 ZFC 我們其實可以證明：並不存在像 R 這樣的集合；而這個證明其實很簡單：我們剛才已經看到過，根據 ZFC 的公理，每一個集合都不是自己的元素，因而 R 這個包含了一切不是自己的元素的事物的集合其實也就是稍早我們看到過的那個宇集合。由於宇集合並不存在，因而 R 也不存在。

最後一件事提醒讀者：我們在本書第四章和第九章中分別介紹的語義樹枝法軟體 ProofTools 和自然演繹法軟體 NDPEC 並不支持函數符號的輸入，但我們在第四章中介紹的使用語義樹枝法的 Proof Tree Generator 網站則仍然支持函數符號的輸入，而且它所使用的前綴記號法與本章所介紹的記號法相同，所

以讀者們仍然可以利用該網站去練習帶有函數符號的語義樹枝法證明。

一、試著使用自然演繹法以 PA 中的 A1 至 A7 作為前提，推論出本章注釋 14 中系統 Q 的 A7'。

二、試著使用自然演繹法以 PA 中的 A1 至 A7 作為前提，推論出任何兩個集合 x_1 和 x_2 的交集是唯一的，亦即，證明：$\forall x_1 \forall x_2 \exists y (\forall z (z \in y \leftrightarrow (z \in x_1 \land z \in x_2)) \land \forall y_1 (\forall z_1 (z_1 \in y_1 \leftrightarrow (z \in x_1 \land z \in x_2)) \rightarrow y_1 = y))$

三、試著使用自然演繹法以 PA 中的 A1 至 A7 作為前提，推論出 A4 中所說的對集、A5 中所涵蓋的 {A,B} 的聯集以及 A6 中所說的冪集都是唯一的。

Chapter ⑬

邏輯學在語言學之應用

第一節　邏輯蘊涵與衍涵

　　語言學（linguistics）研究自然語言的方方面面，其中包括研究語言發音的語音學（phonetics）、研究語言形態的語形學（morphology）、研究語言文法的語法學（syntax）、研究語言意義的語義學（semantics）、研究語言使用的語用學（pragmatics）和研究語言對話的會話分析學（discourse analysis）等等。邏輯學雖然沒有語言學那麼方方面面，卻也和自然語言有著極為親密的關係：我們說過，邏輯的語言，如 PL 和 QL，無論在語法和語義上都只是對日常語言的某個部分進行模擬的人工語言而已。如果我們光看日常語言的語法和語義部分，一個很自然的問題便是：我們可不可能對日常語言進行全面性的邏輯形式化工作？換言之，我們可不可能使用類似於本書所介紹的（但可能會更為複雜的）人工語言去對自然語言給出一個完整而又全面的語法和語義分析？上個世紀一些著名的語言學家，如杭士基（Avram Noam Chomsky，b.1928）和蒙塔古（Richard Merritt Montague，公元 1930-1971）[1]，都樂觀地認為這是可能的。如果他們的想法是正確的，邏輯學在語言學上的全面應用將指日可待，也值得我們仔細加以說明。不幸的是，他們的具體構想（特別是當代在蒙塔古的想法上所建立起的「蒙塔古語法」）有許多概念上和邏輯表達方式上的複雜之處 [2]，並不適合在一本有關於邏輯學的導論書中加以說明。我們在這一章中將說明的事情一部分與自然語言的語義有關，另一部分則與自然語言的使用有關，屬於語言學中語用學、語義學及會話分析學的交叉部分。

　　在日常的會話交流中，我們經常會看到聽話者從說話者所說的一些話中作出一些「非常好的」推論來。這些非常好的推論大致可以分成兩類：一類是從邏輯學的標準上來說是「非常好的」推論，或者更為精確地說，是演繹上有效

---

[1] 蒙塔古說：「在我看來，自然語言和邏輯學家的人工語言之間並無重要的理論性差異；我甚至認為，我們可以使用同一種既自然又在數學上精確的理論，同時去理解這兩種語言的語法和語義。」見其 "Universal Grammar," *Theoria*, 36(3): 373-398, 1970。

[2] 如 λ- 操作詞（lambda operator）和高階（higher-order）謂詞等，有興趣的讀者可以參考 T. F. Gamut, *Logic, Language, and Meaning*, volume 2, Chicago: University of Chicago Press, 1991。

的推論 ③，另一類則是從邏輯學的標準上來說雖然不是演繹上有效的推論，但其前提和結論之間仍然存在著非常緊密的「必然連結」。我們不必在此重複說明前一類「非常好的」推論（相關的說明請見本書頭兩部分），但由於後一類「非常好的」推論是會話當中經常見到的推論，其之所以非常好的理由便值得加以說明。為了將這種「非常好的」推論與邏輯上有效的推論或邏輯蘊涵（logical implication）關係區分開來，達沃倫（Jen Davoren）和雷斯特（Greg Restall）稱第二類「非常好的」推論關係為「衍涵」（entailment）推論（一個衍涵推論的結論也被稱為其前提的「衍涵」）。④我們將遵循他們的說法，並在這一節中簡單說明衍涵關係。

作為衍涵關係的一些例子，讓我們想像一下以下的會話與推論：

1. 你：「Moco 養了一隻柯基。」我：「所以，Moco 養了一隻狗。」
2. 你：「Moco 養的柯基是米黃色的。」我：「所以，Moco 養的柯基是淡色的。」
3. 你：「Moco 比 Richard 高。」我：「所以，Richard 比 Moco 矮。」
4. 你：「Moco 比 Richard 高，而 Richard 又比 Tom 高。」我：「所以，Moco 比 Tom 高。」
5. 你：「Moco 擁有的一張桌子是米黃色的。」我：「所以，Moco 擁有的一張桌子不是藍色的。」
6. 你：「存在著（抽象的）自然數 0。」我：所以，至少存在一個事物是沒有體積的。」

在日常的對話中，你大概不會認為我在以上對話中所作的推論有任何問題可言；你甚至可能認為：所有我推論出的結論都是被你所說的話（前提）「保證」為真的必然結論，以至於：必然地，如果你所說的為真，那麼，我所

---

③ 當然也有可能是演繹上無效但歸納上強的推論。為了簡單起見，我們在這裡只考慮演繹的推論。

④ 見 Jen Davoren, Greg Restall, *Logic - Language and Information Volume 1*, Melbourne: University of Melbourne, 2015, pp. 144-147。

說的也會為真。但如果我們利用第六章教過的 QL 語言去對這些論證進行形式化，我們可能會驚訝地發現，它們並不是在邏輯上有效的推論。比方來說，如果我們使用「a」去表示「Moco」、「b」去表示「Richard」、「c」去表示「Tom」、「Fx」去表示「x 是一隻柯基」、「Gx」去表示「x 是一隻狗」、「F_1x」去表示「x 是米黃色的」、「F_2x」去表示「x 是淡色的」、「Hxy」去表示「x 擁有 y」、「H_1xy」去表示「x 比 y 高」、「H_2xy」去表示「x 是 y 矮」，那麼，對話中我所作的前四個推論就可以分別被形式化為：

1. $\{\exists x(Fx \wedge Hax)\}$ / $\therefore$ $\exists x(Gx \wedge Hax)$
2. $\{\exists x(Fx \wedge Hax \wedge F_1x)\}$ / $\therefore$ $\exists x(Fx \wedge Hax \wedge F_2x)$
3. $\{H_1ab\}$ / $\therefore$ H_2ba
4. $\{H_1ab, H_1bc\}$ / $\therefore$ H_1ac

利用我們在第八章所介紹過的軟體 ProofTools，你不僅可以很快看出上述這些形式化的推論都不是邏輯上有效的推論，還可以從開放的樹枝中讀出讓它們的前提都為真但讓它們的結論為假的模型形態，因而，這些推論中的前提（或前提的連言）和結論之間並不存在著所謂的「邏輯蘊涵」關係。

　　類似地，如果我們使用「a」去表示「Moco」、「b」作為 0 這個自然數的名字、「Fx」去表示「x 是一張桌子」、「F_1x」去表示「x 是米黃色的」、「F_2x」去表示「x 是藍色的」、「G_1x」去表示「x 是一個（抽象的）自然數」、「G_2x」去表示「x 是有體積的」、「Hxy」去表示「x 擁有 y」，那麼，在那個虛擬對話中我所作的最後兩個推論就可以分別地被形式化為：

5. $\{\exists x(Fx \wedge Hax \wedge F_1x)\}$ / $\therefore$ $\exists x(Fx \wedge Hax \wedge \neg F_2x)$
6. $\{\exists x(x = b \wedge G_1x)\}$ / $\therefore$ $\exists x \neg G_2x$

再一次地，利用我們在第八章所介紹過的軟體 ProofTools，你不僅可以很快看出上述這些形式化的推論也都不是邏輯上有效的推論，還可以從開放的樹枝中讀出讓它們的前提都為真但讓它們的結論為假的模型形態，因而，這些推論中前提與結論之間也無所謂的「邏輯蘊涵」關係存在。但我們說過，這些推論都

是在直覺上非常好的推論，而其結論似乎也都是被其前提所必然保證為真的結論。因而，我們可以繼續追問的是：如果它們不是邏輯上有效的推論，那麼，它們的「非常好」是在哪個意義層面上的非常好呢？這些前提與結論間的必然關係與演繹上有效推論的前提與結論間的必然關係又有何不同呢？

　　前述這些論證之所以在直覺上非常好，其實是因為我們暗中（有意識或無意識地）補充了一些「很自然的前提」的緣故。而這些暗中補充的前提之所以很自然，主要是出於兩個原因當中的一個所致：(1) 它們是推論中一些語詞的意義成分，以至於被使用了同一個語言的說話者和聽話者視為理所當然；(2) 它們雖然不是推論中任何語詞的語義成分，但在說話者和聽話者共享的世界觀中卻被視為某類事物的「本質」特性，以至於被認為是理所當然而不需要明說的事實。以下我們分別說明這兩者。

　　就 (1) 而言，如果我們在之前虛擬對話中的前四個推論的前提裡分別加入了像「所有的柯基都是狗」、「凡是淺黃色的是淡色的」、「當一個事物比另一個事物高時，後者就會比前者矮」和「高具有傳遞性：如果一個事物比另一個事物高時，後者又比第三個事物高，那麼，第一個事物就會比第三個事物高」這樣的語句，那麼，之前那四個原本在邏輯形式上屬於演繹上無效的推論就會變成了以下這四個演繹上有效的推論（讀者們可以自行使用本書第二部分中所教的 QL 的語義樹枝法或自然演繹法加以證明）：

1. $\{\exists x(Fx \wedge Hax), \forall x(Fx \rightarrow Gx)\}$ / ∴ $\exists x(Gx \wedge Hax)$
2. $\{\exists x(Fx \wedge Hax \wedge F_1x), \forall x(F_1x \rightarrow F_2x)\}$ / ∴ $\exists x(Fx \wedge Hax \wedge F_2x)$
3. $\{H_1ab, \forall x\forall y(H_1xy \rightarrow H_2yx)\}$ / ∴ H_2ba
4. $\{H_1ab, H_1bc, \forall x\forall y\forall z((H_1xy \wedge H_1yz) \rightarrow H_1xz)\}$ / ∴ H_1ac

問題是，為什麼在這些對話中補充這些前提是一件「很自然」的事情呢？這個問題的答案應該很清楚：因為它們是基於「柯基」、「狗」、「米黃色」、「淡色」、「高」和「矮」等字的語義而為真的語句（「狗」當然是「柯基」一詞意義的一部分，「淡色的」當然是「米黃色的」一詞意義的一部分，而「當一個事物比另一個事物高時，後者就會比前者矮」和「高具有傳遞性：如果一個事物比另一個事物高時，後者又比第三個事物高，那麼，第一個事物就

會比第三個事物高」當然也是「……比……高」一詞意義的一部分），以至於在日常的對話中，它們通常無需被說出就會被聽話者自動地加入到前提中進行推論。像這種原本並非演繹上有效、但一旦我們以和字詞意義有關的語句加以補充後就會變成演繹上有效的推論，就是一種前提與結論間具有「衍涵關係」（儘管不具有邏輯蘊涵關係）的「非常好的推論」。

　　但讀者們這時或許會問：邏輯中演繹上有效的推論同樣是基於一些語詞（如各種的真值函數連接詞、量化詞和等同符號）的意義而成為「非常好的」推論，而這和上述那些具有衍涵關係的非常好的推論之間有何差別呢？這個差別是這樣的：演繹上有效的推論是基於「邏輯常項」或「邏輯符號」（如各種的真值函數連接詞、量化詞和等同符號）的意義而成為「非常好的」推論，但以上這些具有衍涵關係的非常好的推論則是基於「非邏輯詞項」（如謂詞、常元和函數符號等）的意義而成為「非常好的」推論。邏輯常項與非邏輯詞項最主要的差別在於：邏輯常項是主題中立的（topic neutral）語詞，它們在幾乎每一個學科或每一個主題的討論中都會出現，並在相關的推論中扮演著重要的角色；而非邏輯詞項則不是主題中立的語詞，它們往往只與特定的討論主題或學科有關，儘管在相關的推論中也會扮演著一定的角色。[5]邏輯學研究的是基於邏輯常項的語義而成為「非常好的」推論，或者說，在各種學科和討論主題中都容易出現的「非常好的」推論類型，而非研究基於「非邏輯詞項」的語義而成為「非常好的」推論。邏輯學中演繹上有效推論的前提與結論之間的必然關係，也只是基於這些邏輯常項的語義而產生的必然關係，而非基於「非邏輯詞項」的語義而產生的必然關係。儘管如此，一旦補充了非邏輯詞項的語義後，邏輯學仍舊可以讓我們清楚地看出具有衍涵關係的推論為何在直覺上是一種非常好的推論。

　　就 (2) 而言，如果我們在上述最後兩個推論的前提中分別加入像「任何是淺黃色的東西都不是藍色的東西」和「任何（抽象的）自然數都沒有體積」這

---

⑤ 但這個關於邏輯常項與非邏輯常項的區分並非沒有爭議。對這個爭議有興趣的讀者可以參考《史丹佛哲學百科全書》上的相關詞條「logical constants」：John MacFarlane: "Logical Constants," *SEP*, 2015，網址：https://plato.stanford.edu/entries/logical-constants/。

樣的兩個語句，那麼，之前那兩個原本在邏輯中屬於演繹上無效的推論就會變成以下這兩個演繹上有效的推論：

5. $\{\exists x(Fx \land Hax \land F_1x), \forall x(F_1x \rightarrow \neg F_2x)\} / \therefore \exists x(Fx \land Hax \land \neg F_2x)$

6. $\{\exists x(x = b \land G_1x), \forall x(G_1x \rightarrow \neg G_2x)\} / \therefore \exists x\neg G_2x$

這兩個例子與前四個例子不同之處在於：「不是藍色」很難被看作是「米黃色」一詞意義的一部分。因為，如果我們將「不是藍色」看作是「米黃色」一詞意義的一部分，那麼，我們似乎也應該將「不是紅色」、「不是綠色」、「不是白色」等也看作是「米黃色」一詞意義的一部分。但這樣的說法似乎會讓在直覺上意義相當簡單的「米黃色」一詞變成在語義上極為複雜。並且，由於同樣的說法也適用於其它顏色，（比方來說：在這個觀點下，「不是米黃色」也應該被看作是「藍色」一詞意義的一部分），而這似乎會導致「米黃色」一詞的意義會間接透過「不是藍色」而循環地包含了「不是不是淺黃色」的荒謬結果。類似地，「沒有體積」也很難被看作是「（抽象的）自然數」一詞意義的一部分。因為，如果我們將「沒有體積」看作是「（抽象的）自然數」一詞意義的一部分，那麼，我們是否也應該將「沒有高矮」、「沒有長短」、「沒有重量」、「不是麵粉作的」等都當作是「自然數」一詞意義的一部分呢？但這樣的說法似乎會再度讓直覺上意義相當簡單的「（抽象的）自然數」一詞變成在語義上極為複雜。

　　那麼，如果「不是藍色」和「沒有體積」很難被分別看作是「米黃色」和「（抽象的）自然數」這兩個詞意義的一部分，為什麼在最後這兩個例子中補充這些相關的前提會是一件「很自然」的事情呢？這個問題的答案與其說和其中非邏輯詞項的意義有關，不如說是與我們對於顏色、抽象事物（包括自然數）這兩類事物的「本質特性」（essential properties）的看法有關。我們對於顏色的看法似乎包括了以下對它們的本質特性的看法：顏色必然是互斥的、必然需要有承載者、必然要能夠被看見等；而我們對於抽象事物如自然數的看法則似乎包括了以下對它們的本質特性的看法：抽象的事物如自然數必然沒有體積、必然沒有重量、必然沒有出生或死亡的日期、必然沒有高矮長短、必然不是麵粉作的等等。這些對於顏色和抽象事物本質特性的共同看法是說話者和聽

話者共享的世界觀中的一個部分，而這使得人們在討論與它們有關的對話時，往往會自動但不自覺地將這些描述本質特性的語句暗中加入到他們的討論中，作為額外的推論前提來進行推論。由於這些本質特性都具有一定的必然性（哲學家一般稱這類必然性為「形上學的必然性」〔metaphysical necessity〕，以別於基於邏輯常項語義而產生的「邏輯的必然性」〔logical necessity〕和基於非邏輯詞項語義而產生的「分析的必然性」〔analytic necessity〕），因而這樣的推論也必然能夠保證其結論為真。就是在這個意義上，我們說這些前提衍涵了（儘管不是邏輯上蘊涵）其結論；也就是在這個意義上，我們說最後這兩個推論也是「非常好的」推論。

第二節　邏輯蘊涵與會話蘊涵

除了前一節中所介紹的兩種衍涵推論外，我們在日常對話中還經常進行另一種雖然算不上「非常好」（因為前提與結論之間通常沒有必然性的連結），但仍然可以說是「相當合理」（但也不一定是歸納上強）的推論。為了將這種「相當合理」的推論與前述各種「非常好的」推論（如演繹有效的推論、基於非邏輯詞項的語義或事物的本質特性所進行的衍涵推論）區分開來，哲學家格萊斯（Herbert Paul Grice，公元 1913-1988）於 1975 年發表的文章特別稱前者為「會話蘊涵」（conversational implicature）。[6]我們將在這一節中說明這個會話蘊涵的過程與機制，這一節的內容與其說是在說明邏輯學在語言學上的應

---

⑥ 見 H. P. Grice: "Logic and Conversation," in Cole and Morgan (eds.), *Syntax and Semantics Volume 3: Speech Acts*. New York: Academic Press, 1975, pp. 41-58。此文也可以至以下的網址下載：https://www.ucl.ac.uk/ls/studypacks/Grice-Logic.pdf。其實，除了這一節中所說明的會話蘊涵之外，格萊斯還區分了另一種同樣不是邏輯蘊涵關係的「約定性蘊涵」（conventional implicature），後者是由說出的句子中若干詞的意義所產生的言外之意。我們在這一節中說明的重點在於會話蘊涵，而非約定性蘊涵。但即便是對於會話蘊涵，格萊斯還是區分了高度依賴脈絡所產生的「特殊」（particular）會話蘊涵，和不太依賴脈絡所產生的「一般性」（generalized）會話蘊涵兩種，本節說明的是隔萊斯所謂的特殊性會話蘊涵。

用，不如說是在說明邏輯蘊涵推論與日常會話蘊涵推論之間的差異與關係。

　　會話蘊涵是日常推論的一個重要特性：當一個說話者想要傳達的意思不同於他字面上所說的語句的意思，而這個想要傳達的意思又被聽話者成功地加以捕捉時，我們就稱這個被成功捕捉的意思為說話者的會話蘊涵。我們在第一章結束前曾經說過，日常語言經常有所謂的「言外之意」發生，這使得說出的語句的字面意義與它們實際上所傳達的想法之間往往不同。雖然言外之義可能會造成理解和評價語句或理解和評價論證上的困難，但它畢竟是自然言語的一個重要特色。沒有言外之意，諸如暗示、笑話、諷刺、譬喻等語言行為就會變得不可思議，而我們日常的對話也會變得相對繁瑣與無趣。因此，從事語言研究的語言學家和語言哲學家都對這種言外之意產生的機制感到興趣盎然。

　　作為會話蘊涵的一些例子，請讀者們考慮以下幾個虛擬的對話：

1. A：「這位邏輯老師的邏輯課教得好嗎？」B：「他的黑板字都是中規中矩的中文，上課也都講中文。」A：「聽起來教得不是很好。」
2. A：「這家餐廳的牛排好吃嗎？」B：「吃起來像牛肉，不像石頭。」A：「聽起來不怎麼好吃。」
3. A：「王老師在辦公室嗎？」B：「他辦公室的燈還亮著。」A：「我想你是對的，他很可能在辦公室裡。」
4. A：「你的婚姻還好吧？」B：「今天天氣不錯，你應該出去走走。」A：「好吧，你不想談，我換個話題，行嗎？」
5. A：「你看到我老公沒？」B：「他通常不在他的研究室，就在圖書館或餐廳吧。」（B 其實知道 A 的老公在研究室內和女學生調情。）A：「看來你也不知道他的位置。」

在上述的五個對話中，B 都使用了某個語句 P 去傳達 P 之外的某個意思 Q，而 A 也都能適當地從 B 所說的話（和其它事情）去「推論出」B 的言外之意或「會話蘊涵」Q（如例 1 中的「他教得不是很好」、例 2 中的「這家餐廳的牛排不怎麼好吃」、例 3 中的「他很可能在辦公室」、例 4 中的「B 不想談論他的婚姻狀態」和例 5 中的「B 不知道 A 的老公的位置」）。顯然，這些推論都不是演繹上有效的推論，甚至很難說是歸納上強的推論；但 A 的這些推論不僅

不能說是犯了邏輯上的錯誤，甚至是一個正常的聽話者很自然會做出的推論，更是說話者 B 期盼聽話者 A 能夠作出的推論。一般性地說，當說話者在說出 P 卻想傳達言外之意 Q 時，說話者會希望聽話者能夠推論出其言外之意 Q 來，而如果聽話者無法做出這個有關的言外之意的推論，他也就無法理解說話者真正的意思。當說話者的言外之意被聽話者正確地推論出來時，我們會說聽話者做了一個「相當合理」的推論。問題是：這種「相當合理」的推論是如何進行的？

　　為了說明會話蘊涵的推出過程，讓我們先看看格萊斯所謂的「合作原則」（the cooperative principle）。格萊斯認為，人際間的會話或對話就和人類合作做一些事情一樣，須要說話者和聽話者共同的合作進行，否則就無法順利達成預定的目標。為了要順利達成會話的目標，說話者和聽話者因此都應該遵守「根據對話目的與方向的需求而儘可能做出貢獻」這個合作原則。但這個合作原則只是一個大方向；具體來說，這個大方向性的合作原則還至少可以再進一步細分為四大類的九個小「格言」（maxims）（為了讓讀者們充分理解這些格言，在以下的每個格言後方，我們各寫下一個顯然不遵守該格言的例子）：⑦

1. 質的格言：貢獻真理
   (1) 不要說你相信為假的話。（A：「你覺得我的男朋友怎麼樣？」B：「我覺得他是個女的。」）
   (2) 不要說你沒有恰當證據去相信的話。（A：「你覺得我的男朋友怎麼樣？」B：「雖然沒證據，但我覺得他爸爸應該是菲律賓人。」）

---

⑦ 格萊斯之所以稱這些小原則為「格言」（而非「原則」），主要的理由在於他認為：雖然在日常會話中，我們會期待這些「格言」被共同遵守，但它們並不是強制性的原則，而是像我們想做到卻經常無法做到的人生格言一樣。格萊斯之所以將這些格言分成四類，其用意也只是在於模仿康德對先驗範疇（*a priori* categories）的分類方式，並無特別重要的想法。另外值得注意的是：格萊斯於 1975 發表的文章顯示，他並不認為他所提出的九個格言窮盡了所有會話時被期待遵守的格言。

2. 量的格言：訊息量要恰如所需

(1) 儘可能依當下言談目的所要求的訊息量去提供訊息。（A：「你住哪裡？」B：「地球上。」）

(2) 不要提供當下言談目的所不要求的過多訊息。（A：「你住哪裡？」B：「我住在門口 1 公里內有兩間超商的巷子裡的某間房子內。」）

3. 關係的格言：不要說一些不相關的事情。（A：「你覺得我的男朋友怎麼樣？」B：「我覺得這本邏輯書的作者很帥。」）

4. 方式的格言：要有效率地說話

(1) 避免使用晦澀的語詞。（A：「你覺得我的男朋友怎麼樣？」B：「我覺得他個性很像某種雲彩。」）

(2) 避免歧義。（A：「我們見面要做什麼呢？」B：「看黃瑟（導演）的電影啊！」A：「你真噁心！」）

(3) 要簡短（避免冗長的說法）。（A：「你住哪裡？」B：「從這裡搭 5 路公車坐兩站，下車後往東走 1500 步，然後右轉進一條小巷子，巷子底一棟有門有窗的水泥房子就是我住的地方。」）

(4) 說事情要注意時間順序。（A：「小花生了個孩子，而且她也結婚了。」B：「妳是說她奉子成婚嗎？」A：「沒啊，我沒這麼說啊！」）

讀者們應該很容易看出，上述這些格言都是我們在和他人在會話時會儘量期許雙方遵守的格言。

了解了格萊斯的「合作原則」及相關的格言後，我們就可以說明言外之意產生的一般性機制了。這個機制大致有兩類：(1) 說話者狀似「公然」違反或打破了某個（或某些）格言而說出了語句 P，但說話者期待聽話者能夠看出這只是狀似而已，並期待聽話者繼續相信說話者仍然在遵守各種的會話格言。(2) 說話者「私下」違反或打破了某個（或某些）格言而說出語句 P，但說話者並不期待聽話者看出他背後的「故意」，只希望聽話者繼續相信說話者仍然在遵守各種的會話格言。在這兩種情況下，說話者都期待聽話者繼續相信說話者仍然在遵守各種的會話格言，並從說話者說出的語句 P 去推論出那個言外之意

Q 來。但這個推論是如何進行的呢？通常，聽話者會根據那個（或那些）似乎公然或私下被打破的格言和在該脈絡中各種可能的言外之意，去「推論」出說話者真正想要傳達的意思。作為 (1) 的一個例子，讓我們再看一眼稍早我們提到過的一個例子，亦即，A：「你覺得我的男朋友怎麼樣？」B：「我覺得這本邏輯書的作者很帥。」在這個虛擬的對話中，B 的回答狀似公然而且故意地打破了關係的格言（不要說一些不相關的事情），而 B 也期待 A 能夠看出這只是狀似而已。在聽到 B 的回答後，如果 A 假設 B 仍然在遵守相關的會話格言，她就不應該把 B 的話做字面上的解釋，因為這樣的解釋無法讓 B 的回答符合關係的格言。但要做何種的解釋呢？A 或許會這麼推論：「她是在藉這本邏輯書的作者來誇我男朋友很帥嗎？還是想藉此表達她不想討論這個話題呢？從她的表情看起來，後者似乎比較可能。因此，她應該是要我不要再繼續談論我男朋友了吧。」而最後這個語句「她要我不要再繼續談論我的男朋友」也就是 B 話語中的會話蘊涵或言外之意。作為 (2) 的一個例子，讓我們再看一次本節一開始所設想的對話 5，亦即，A：「你看到我老公沒？」B：「他通常不在他的研究室，就在圖書館或餐廳吧。」（B 其實知道 A 的老公在研究室內和女學生調情。）A：「看來你也不知道他的位置。」在這個虛擬的情節中，B 在既不想說謊也不想出賣 A 的老公的情況下說了一句暗中違反量的格言（儘可能如當下言談目的所要求地提供訊息）的真話，但 B 不但不希望 A 看出這個「故意」，反倒希望 A 相信 B 說這話時仍然在遵守相關的格言。在對話中，A 從 B 所說的話中推論出了 B 的會話蘊涵：「B 不知道 A 的老公在哪裡」，但 A 是如何辦到這一點的呢？A 可能作了如下的推論：「我問他知不知道我老公的位置。如果他知道我老公實際上的位置，根據量的相關格言，他應該會直接告訴我他在哪裡，但他只說了幾個可能的地點。在假設這是他能夠提供的最豐富訊息的情況下，這表示他並不知道我老公實際的位置。」而最後這個語句「他不知道我老公實際的位置」正是 B 話語中的會話蘊涵或言外之意。

顯然，對會話蘊涵所做出的推論既不是演繹上有效的推論，也不是本章第一節中所提到的衍涵推論。會話蘊涵與這兩者之間的一個明顯區別在於前提與結論之間缺乏了「必然性」的聯結。由於缺乏這種必然性的聯結，會話蘊涵

具有「可取消性」（cancelability），而邏輯蘊涵和衍涵則不具有可取消性。⑧
所謂可取消性，我們指的是這樣的特性：否認該會話蘊涵並不會引起一種「牴
觸了某些已經說過的話的邏輯怪異感」。舉例來說，在前一段落的第一個例子
中，B 可以在說完了「我覺得這本邏輯書的作者很帥」之後繼續說「我無意不
談論你的男朋友，讓我們繼續這個話題吧」，或者說「你男朋友跟他一樣帥」
等，以便取消可能會產生的會話蘊涵，而這樣的取消並不會引起「牴觸了某些
已經說過的話的邏輯怪異感」。同樣地，在前一段落的第二個例子中，B 可以
在說完了「他通常不在他的研究室，就在圖書館或餐廳吧」之後繼續說「但我
剛才看到他在研究室」，以取消可能會產生的會話蘊涵，而這樣的取消同樣不
會引起「牴觸了某些已經說過的話的邏輯怪異感」。相對來說，如果你在說完
「所有的烏鴉都是黑色的，而且這世界有許多烏鴉」之後，藉著說出「但並非
有些烏鴉是黑色的」而立即否定「有些烏鴉是黑色的」（最後這個語句者是前
兩個語句的邏輯蘊涵），那麼，你對於該邏輯蘊涵的否定勢必會讓人產生「牴
觸了某些已經說過的話的邏輯怪異感」。類似地，如果你在說完「Moco 養了
一隻柯基」之後，藉著說出「但他沒養狗」而立即否定「Moco 養了一隻狗」
（最後這個語句是第一個語句的衍涵），那麼，你對於該衍涵的否定勢必也會
讓人產生「牴觸了某些已經說過的話的邏輯怪異感」。

　　會話蘊涵和邏輯蘊涵（或衍涵）的第二個區別在於前者的產生依賴於脈
絡，而後者則不然。舉例來說，B 在本節一開始對話 1 中所說的話（亦即：
「他的黑板字都是中規中矩的中文，上課也都講中文。」）如果是用來回答 A
如下的問題：「這位中文老師的中文教得好嗎？」當然就不會產生該處所說的
會話蘊涵。但邏輯蘊涵（或衍涵）的關係則不會隨著脈絡而改變。如果 A 邏
輯上蘊涵（或衍涵）B，那麼，在任何脈絡中，A 都邏輯上蘊涵（或衍涵）B。

---

⑧ 其實，格萊斯（1975）一共提出了會話蘊涵的四個特性：可取消性、不可分離性
（non-detachability，指形式不同但內容相同的話會有相同的會話蘊涵）、非約定性
（non-conventional）和不確定性（indeterminacy）。為了簡單起見，我們這裡只說
明其中的一個特性。

第三節　會話蘊涵和真值函數式連接詞的意義

　　我們在第二章第一節中暗示說，日常語言中的「……而且……」和「如果……則……」都是真值函數式的連接詞，或至少有一種真值函數式的意義與用法。我們也在該處說，日常語言中的「……或者……」有排斥性和包含性兩種真值函數式的意義與用法。但這些說法其實都沒有那麼簡單，我們將在這一節中對此進行說明。

　　讓我們先從日常語言中的「……或者……」一詞開始說起。我們在第二章的注釋中說該詞有排斥性和包含性兩種真值函數式的意義與用法，並且說我們在本書中所使用的符號「∨」代表的是該詞的包含性用法。但有些學者認為該詞在日常語言中並沒有所謂的包含性用法可言，而他們通常給出的理由是這樣的：包含性的用法會（但排斥性的用法不會）使得我們在第五章所介紹的 ∨I 推論，亦即，「α /∴ α ∨ β」，成為有效的推論，而這意味著這樣的推論總是沒問題的；但在日常「……或者……」一詞的用法中，我們發現，從 α 推論出「α 或者 β」的推論有時是相當不恰當的，甚至是不應該作出的推論。舉例來說，如果你已經知道「王文方是男人」、「王文方是老師」、以及「2+2 = 4」都為真，那麼，無論是以下的推論 (1) 或推論 (2) 看起來都像是不恰當、甚至是不應該作出的推論：

(1) 王文方是男人。因此，王文方是男人或者他是老師。
(2) 王文方是男人。因此，王文方是男人或者 2+2 = 4。

這些例子似乎顯示出，儘管這些論證的前提為真，但其結論卻很難說是真的；因而，日常語言中的「……或者……」一詞似乎並無所謂包含性的真值函數式用法可言。

　　但主張日常語言中「……或者……」一詞有包含性真值函數用法的人，則會一方面從數學中舉例說：「像『2+2 = 4 或者 Q』這樣的語句無論如何都會在數學中為真，不論 Q 是哪個數學的語句，因而至少該詞在數學中的用法是包含性的用法」，另一方面則可能會藉著前一節中所謂的會話蘊涵而去「解消」像 (1) 和 (2) 這樣的反例。根據這個解消性的想法，(1) 和 (2) 中的結論的

確都為真（因為其中的「……或者……」一詞是包含性的用法），但反對者對這兩個推論所產生的「不恰當」甚至「不應該」感覺也都是正常的直覺；不過，這個正常的直覺並非不能解釋，嚴格說起來也不正確。根據這個解消性的想法，(1) 的不恰當性並不在於其結論為假，而是在於：從邏輯的強度上來說[9]，「P 而且 Q」的強度大於 P（也大於 Q），而後者的強度又大於「P 或者 Q」；因而，如果你的確已經知道 P 和 Q 都為真，那麼，說出比 P 或 Q 更弱的「P 或者 Q」作為結論，便會違反我們在前一節中所提到的合作原則中的量的格言（儘可能依當下言談目的所要求的訊息量去提供訊息）。類似地，(2) 的不恰當性同樣不在於其結論為假，而是在於：除了違反合作原則中的量的格言之外，該結論還因為引進了一個與當前討論問題無關的語句，亦即，「2+2 = 4」，而違反了合作原則中的關係格言（不要說一些不相關的事情）。但這些合作原則中的格言都不是語義規則，而是語用規則。因此，儘管 (1) 和 (2) 的推論有其不恰當之處，但在語義和邏輯的角度上來看卻是沒問題的，而其結論也的確為真。當然，認為「……或者……」一詞沒有包含性的非真值函數式意義的人可以繼續提出證據去反駁上述的解消性說法，但我們在此說明的目的只在於指出其中的問題，而不在於判定哪一種說法才是正確的說法。

　　其次，讓我們看一下日常語言中的「……而且……」一詞。有些人主張：日常語言中的「……而且……」一詞是歧義的，該詞不僅有真值函數式的意義與用法，還有一種與時間順序有關的非真值函數式的意義和用法：在後者的用法下（讓我們使用「……而且$_t$……」表示該用法），「P 而且$_t$ Q」為真，若且唯若，P 和 Q 兩者都為真而且 P 發生在 Q 之前。[10]換言之，在這個看法下，日常語言中的「……而且……」除了有真值函數式的意義與用法之外，還有一個與「……之後……」或「……然後……」同義的非真值函數意義與用法（也就是「……而且$_t$……」的用法）。「……而且……」一詞有真值函數式的意義與用法是難以否認的；畢竟，該詞是數學中經常用來連接兩個真語句以形成

⑨ 有關於邏輯強度的比較，請參考本書第一章第二節第 7 點的相關說明。

⑩ 這個用法是非真值函數式的用法這件事應該很容易明白：只知道它所連接的兩個語句都為真並不足以決定該複合句的真假；我們還需要知道該兩個語句所描述的事情的先後順序。

連言句的詞，而我們很難說數學中「P而且Q」這樣的連言句表達了兩個數學語句間的時間順序關係（數學語句通常被用來表達與時間無關的數學事實）。問題在於：除了這個真值函數式的意義與用法之外，「……而且……」一詞是否還有一個與時間順序有關的非真值函數用法？

　　主張「……而且……」一詞還有一個與時間順序有關的非真值函數用法的人，通常會提出如下的說法來支持自己的主張：通常，當一個人說出「P而且Q」時，說話者和聽話者都會很自然地認為P發生在Q之前，如以下的例子所示：

1. A：「小花生了個孩子，而且她也結婚了。」B：「妳是說她奉子成婚嗎？」
2. A：「他出門了，而且吃了晚飯。」B：「哦，他是去哪家餐廳吃的飯呢？」

這樣的例子似乎顯示「……而且……」一詞是歧義的：除了數學中常見的真值函數意義與用法之外，該詞還有一個與時間順序有關的非真值函數意義與用法。但反對這個看法的人可以利用我們在前一節中所說的會話蘊涵去提出反駁；他們可以說：這一段落中的例子之所以讓人很自然地認為P發生在Q之前，純粹是因為說話者和聽話者都假設了雙方遵從合作原則中的方式的格言（說事情要注意時間順序）使然，而這些原則只是一般性的會話原則，並不屬於任何語詞的語義部分，特別是不屬於「……而且……」一詞的意義。因而，「……而且……」一詞只有真值函數式的意義與用法，並沒有這裡所謂與時間順序有關的非真值函數式意義與用法。當然，認為「……而且……」一詞有與時間順序有關的非真值函數式意義與用法的人可以繼續提出證據去反駁上述的說法，但再一次地，我們在此說明的目的只在於指出其中的問題，而不在於判定哪一種說法才是正確的說法。[11]

---

[11] L. T. F. Gamut 認為（見其 *Logic, Language, and Meaning Volume 1*, Chicago, University of Chicago Press, 1991, pp.195-198），以上這些關於「……而且……」和「……或者……」的事實顯示：儘管這些語詞並不歧義，但它們除了有與語句真假

最後，讓我們看「如果……則……」一詞。英文中具有「如果 P 則 Q」（if P then Q；Q if P）型態的語句其實有兩類，這兩類語句在語言學和哲學中分別被稱為指示條件句（indicative conditionals）與虛擬條件句（subjunctive conditionals），而其間的差異可以 (1) 以語氣或語態（mood or mode，即動詞的型態）來加以區分：根據這個標準，指示條件句是其動詞具有正常型態的條件句，而虛擬條件句則是其動詞具有某種特殊型態的條件句 [⑫]；或者 (2) 以使用的時機來加以區分：根據這個標準，指示條件句是在不知道也不相信其前件為假時使用的條件句，通常用來斷說一般性的事實，而虛擬條件句則是在已知或至少相信其前件為假時使用的條件句，通常用來斷說某個虛擬情況下會發生的事情。[⑬] 重要的事情是，無論是採取 (1) 的語法標準或是採取 (2) 的語用標準，大部分的語言學家和哲學家相信它們是語義上兩類不同的條件句，以至於兩個擁有相同前後件的指示條件句和虛擬條件句可以有不同的真假值，如以下這個著名的例子所示：

1. 如果不是奧斯華殺了甘迺迪，那麼就會是別人幹的。（If Oswald did not kill Kennedy, then someone else did.）
2. 假如奧斯華當初不去殺甘迺迪，別人還是會幹的。（If Oswald had not killed Kennedy, then someone else would have.）

有關的真值條件意義（truth-conditional meaning）之外，還有一種與語句真假無關的非真值條件意義。基本上，Gamut 的作法是廣泛地將語詞的使用方式都當作是語詞意義的一部分，但我個人並不同意這樣的觀點。

⑫ 英文中虛擬語氣的古老用法，是在第三人稱單數時，不在其動詞後面加上「s」，而不論人稱為何時，其 be 動詞一概使用「be」這個字。但其近代的用法，則是使用包含有「would」、「should」、「might」等模態助動詞的動詞片語，而不論其人稱為何，其 be 動詞則一概使用「were」這個字（Chapman, 2002）。不過，*The American Heritage Dictionary of the English Language* 也提醒我們說，近代英文的虛擬語氣，在不論人稱時使用「was」這個 be 動詞的趨勢，有越來越普遍的傾向。

⑬ 詳見「Counterfactual」條，Garth Kemerling, (ed.): *A Dictionary of Philosophical Terms and Names*；亦見「If」條，*The American Heritage Dictionary of the English Language*, 4th edition, Houghton Mifflin, 2000。

上述的第一個語句是一個指示條件句，而第二個語句則是一個虛擬條件句。許多哲學家和文法學家認為它們有相同的前後件，但認為第一個語句為真而第二個語句為假。類似的例子還有很多，而這些例子使得語言學家和哲學家們普遍認為自然語言中至少有兩種語義上十分不同的條件句。

　　問題是：我們在這本書中所使用的符號「P → Q」——許多哲學家稱「P → Q」這種類型的語句為「實質條件句」（material conditionals）或「實質蘊涵句」（material implications）——代表的是自然語言中的哪一類條件句呢？我們在第二章第一節中說，「→」這個符號代表的是「如果……則……」一詞在數學中或類似在數學中的用法，但這是個什麼樣的用法呢？數學中「如果P則Q」這樣的語句無論從語法或語用的標準上來看都屬於我們這裡所說的指示條件句。因而，我們在第二章第一節中的說法，相當於是在說：日常語言中的指示條件句「如果P則Q」與本書中的實質條件句「P → Q」有著相同的語義。⑭但這個看法經常受到哲學家和文法學家的質疑。質疑指示條件句「如果P則Q」與本書中實質條件句的「P → Q」有著相同的語義的人通常會聚焦於以下的事實：當一個實質條件句「P → Q」的前件為假或後件為真時，「P → Q」整體而言便一定為真，但以下的例子（或類似的例子）似乎顯示出，這對於日常語言中的指示條件句來說未必成立：

(3) 如果王文方是個牙醫，那麼，他就會每天洗五次澡。

(4) 如果王文方是個牙醫，那麼，2+2 = 5。

(5) 如果王文方是個牙醫，那麼，2+2 = 4。

在 (3) 至 (5) 的三個例子中，(3) 和 (4) 是前後件都是為假的語句，而 (5) 則是前件為假但後件為真的語句。純粹從 (3) 至 (5) 的前件為假，或從 (5) 的後件

---

⑭ 我們可以在此簡單說明一下為何虛擬條件句「如果P則Q」與本書中的「P → Q」有不同的語義。「P → Q」在前件為假時，整個的條件句總是為真，不論其後件為何。這一點與虛擬條件句非常不同：大多數的虛擬條件句是已知（或被說話者相信）其前件為假的條件句，但並非所有這樣的虛擬條件句都會被認為整體而言為真。

為真，你不會因此就認為 (3) 至 (5) 是真語句。⑮對於許多哲學家和語言學家來說，像 (3) 至 (5) 這樣的語句似乎顯示出：指示條件句「如果 P 則 Q」與實質條件句「P → Q」在語義上相當不同。⑯

主張指示條件句與實質條件句有著相同語義的人則可以藉著前一節中的會話蘊涵去「解消」像 (3) 至 (5) 這樣的反例。根據這個解消性的想法，(3) 至 (5) 的確都為真（因為指示條件句與實質條件句有著相同的語義），而反對者對這三個語句所產生的「怪異感」也是正常的直覺，但並非不能解釋。(3) 至 (5) 的怪異處在於：「如果 P 則 Q」通常暗示著 P 和 Q 之間存在著一定的關聯，但 (3) 至 (5) 中的前後件之間顯然缺乏了這樣的關聯。但這種關聯與合作原則中的關係格言（不要說一些不相關的事情）有關，而這些合作原則中的格言並不是語義規則，而是語用規則。⑰因此，儘管 (3) 至 (5) 的語句有其怪異之處，但在語義和邏輯的角度上來看卻是沒問題的，實際上也都為真。當然，認為指

---

⑮ 一個相關的問題是被哲學家稱為「實質蘊涵悖論」或「實質蘊涵怪論」（the paradox of material implication）的推論模式：如果指示條件句「如果 P 則 Q」與實質條件句「P → Q」有著相同的語義，那麼，由於「$\neg P / \therefore P \to Q$」和「$Q / \therefore P \to Q$」都是演繹上有效的推論模式（讀者可以自己利用我們在本書第一部分學過的方法去檢查這些事實），因而「$\neg P / \therefore$ 如果 P 則 Q」和「$Q / \therefore$ 如果 P 則 Q」（其中的結論都是指示條件句）也應該是演繹上有效的推論模式。但無論是從 (3) 或 (4) 或 (5) 中前件的否定推論出 (3) 或 (4) 或 (5) 來，或是從 (5) 中的後件推論出 (5) 來，都是直覺上怪異的、不好的推論。

⑯ 認為指示條件句與實質條件句「P → Q」在語義上相當不同的人通常還會指出以下的事實：邏輯上而言，「P → Q」等價於「$\neg P \lor Q$」；因而，如果指示條件句與實質條件句有著相同的語義，那麼，「如果 P 則 Q」也應該邏輯上等價於「非 P 或 Q」。然而，(3) 至 (5) 似乎直覺上與以下的 (3') 至 (5') 不同：

(3') 王文方不是個牙醫，或者，他會每天洗五次澡。
(4') 王文方不是個牙醫，或者，2+2 = 5。
(5') 王文方不是個牙醫，或者，2+2 = 4。

直覺上（如果前述關於「……或者……」的包含性用法的辯護是成功的），(3') 至 (5') 為真，但 (3) 至 (5) 卻是怪異的語句。

⑰ 這個反駁對於解消實質蘊涵悖論特別有說服力，因為在該悖論中，我們在結論裡引進了與前提或結論無關的後件或前件，因而顯然違反了合作原則中關係的格言（不要說一些不相關的事情）。

示條件句與實質條件句在語義上相當不同的人可以繼續提出證據去反駁上述的說法，但再一次地，我們在此說明的目的只在於指出其中的問題，而不在於判定哪一個說法才是正確的說法。

一、（一）試著使用第八章的語義樹枝法或第九章的自然演繹法證明以下這些論證都是演繹上有效的論證。（二）使用 ProofTools 軟體或 NDPEC 網頁軟體去檢查你的證明。

1. $\{\exists x(Fx \wedge Hax), \forall x(Fx \rightarrow Gx)\} / \therefore \exists x(Gx \wedge Hax)$

2. $\{\exists x(Fx \wedge Hax \wedge F_1x), \forall x(F_1x \rightarrow F_2x)\} / \therefore \exists x(Fx \wedge Hax \wedge F_2x)$

3. $\{H_1ab, \forall x\forall y(H_1xy \rightarrow H_2yx)\} / \therefore H_2ba$

4. $\{H_1ab, H_1bc, \forall x\forall y\forall z((H_1xy \wedge H_1yz) \rightarrow H_1xz)\} / \therefore H_1ac$

5. $\{\exists x(Fx \wedge Hax \wedge F_1x), \forall x(F_1x \rightarrow \neg F_2x)\} / \therefore \exists x(Fx \wedge Hax \wedge \neg F_2x)$

6. $\{\exists x(x = b \wedge G_1x), \forall x(G_1x \rightarrow \neg G_2x)\} / \therefore \exists x\neg G_2x$

二、試證明：如果以下的「……或者……」一詞是具有排斥性意義的「……或者……」，那麼，「α / $\therefore$ α 或者 β」就不會是一個演繹上有效的推論模式。

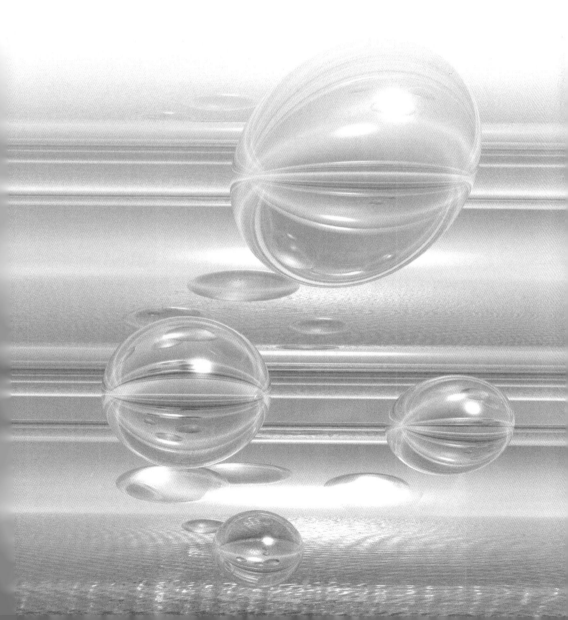

Chapter **14**

邏輯學在AI之應用

第一節　人工智慧與邏輯學──常識推理[①]

　　電腦是這個時代幾乎人人必備的工具。為了善用電腦，你必須對電腦有所了解，最好還精通幾樣與電腦有關的技能。當你在學習電腦時，大概每位教電腦的老師都會告訴你：「邏輯對電腦很重要」，但很少老師會清楚告訴你這個重要性何在。事實上，電腦有軟硬體兩方面，而邏輯學在這兩方面都有很重要的應用與關聯。就硬體方面來說，電腦主機板中最簡單的「組合性數位系統」（combinational digital system），也就是利用多個被稱為「且閘」（AND gate）、「或閘」（OR gate）和「非閘」（NOT gate）等電路閘門和連接這些閘門的電線所設計完成的系統；光從這些閘門的名稱上看，我們就可以知道這種數位電路系統和我們在本書第一部分命題邏輯中所教過的三個功能上完備的真值函數式連接詞 {∧, ∨, ¬} 密切相關。[②]而電腦主機中所採用的「時序數位電路」（sequential digital circuit），則是另一個較 PL 來說略為複雜的時態命題邏輯（temporal propositional logic）在電路設計上的應用。就軟體方面來說，邏輯學與電腦的關係更是密切相關：邏輯學中所發展出來的模型語義論可以為程式語言中的各種指令與宣稱提供一種基本的語義論解釋，而對各種電腦程式、資料庫系統和操作系統的分析與設計等，也無不仰賴於邏輯學所提供的形式化工具。由於邏輯學和電腦科學之間的密切關係，我們不可能在這一章中對邏輯學在電腦科學上的應用給出一個完整的說明；我們的說明將侷限在邏輯學在當代電腦科學中一個極為重要領域上的應用，也就是人工智慧[③]。

　　人工智慧（Artificial Intelligence；以下簡稱 AI）是當代電腦科學中一個十分重要的領域。AI 的目標是讓機器或電腦系統能夠模擬人類的智能，而邏輯學則是研究人類各種智慧能力中智性推理活動的學科；兩者之間有著明顯的關聯。1956 年夏天召開的達特茅斯會議（Dartmouth Summer Research Project on Artificial Intelligence）標誌著 AI 學科和研究領域的誕生。在該會議上，紐

[①] 本章第一節部分改寫自徐超、梁飛、王文方著：〈邏輯與人工智慧〉，王一奇編，《華文哲學百科》，2023。在此特別感謝該文的另外兩位作者，特別是第一作者。

[②] 有關於 {∧, ∨, ¬} 這一組真值函數式連接詞的功能完備性，詳見本書第十章第一節中的說明。

[③] 尤其與人工智慧學中所謂的「自動化推理」（automated reasoning）的研究有關。

厄爾（Allen Newell，公元 1927-1992）和賽蒙（Herbert Alexander Simon，公元 1916-2001）展示了邏輯理論家（Logic Theorist）這個程式，該程式可以證明羅素和懷海德合著的《數學原理》第二章中的大部分定理。④此一展示也使得不少著名的 AI 學者認為，我們可以透過邏輯學的方法來讓 AI 模擬人類的高層次智能活動。例如：AI 領域的奠基人之一麥卡錫（John McCarthy，公元 1927-2011）便在 1960 年時主張使用邏輯的方法去解決 AI 中有關於常識推理的問題，而摩爾（Robert C. Moore，公元 1948）在 1995 年的文章中則主張邏輯在 AI 領域中可以扮演三種重要的角色：作為一種分析工具的角色（如 AI 中常用的 Herbrand 模型）、作為推理方法的角色（見本章第二節的說明）和作為編程語言的角色（見本章最後一節的一個例子）。⑤由於上述這些推動性的想法，自 1956 年起至上世紀 90 年代止，邏輯學方法便持續被廣泛應用在 AI 的各個領域中 ⑥，並在 AI 的發展上占據著主流的地位。⑦

---

④ 見 Allen Newell, Herbert Simon: "The logic theory machine-A complex information processing system", *IRE Transactions on information theory*, 2(3): 6179, 1956。

⑤ 見 John McCarthy: *Programs with Common Sense*. Cambridge, MA, USA: RLE and MIT computation center, 1960，及 R. C. Moore: *Logic and Representation*, Center for the Study of Language (CSLI) , 1995。

⑥ 不但邏輯學的應用促進了 AI 的發展，AI 的發展也反過來促進了邏輯學的成長。十九世紀末開始萌芽的當代（古典）邏輯學，其發展動力主要來自於數學與哲學，但隨著 AI 領域的不斷發展，AI 學者慢慢發現，過去既有的（古典）邏輯並無法滿足 AI 任務的要求，因而促使 AI 學者和邏輯學家共同開始探索新的邏輯系統。舉例來說，古典邏輯具有單調性，然而 AI 學者發現人類在推理時往往是非單調的，即當有新資訊引入時，人類往往會撤回原來推理的結論。為了刻劃這種非單調性，在最近的邏輯學中因而產生了所謂的非單調邏輯。但非單調邏輯遠超出本書的介紹內容，有興趣的讀者可以參考前述所及徐超、梁飛、王文方著：〈邏輯與人工智慧〉，第四節。

⑦ 當前對 AI 的研究有三個主流學派：邏輯主義、聯結主義和行為主義（見蔡自興和徐光祐著：《人工智慧及其應用》，清華大學出版社，2004）。邏輯主義又稱符號主義，此學派主張採用符號操作系統來描述人類的思維推理過程，並強調有限的合理性；聯結主義，又稱為仿生學派，主張通過模擬人類的神經網路和神經活動來模仿人類的行為；行為主義，又稱為控制論學派，主張機器需要在真實世界的複雜環境中學習與訓練才能獲得智能。當前熱門的深度學習技術屬於聯結主義，但上世紀

　　我們剛才說過，AI 的目標是讓機器或電腦系統能夠模擬人類的智能；但人類智有兩個面向，一是與所有動物共享的低層次智能，如物體識別、運動、感知覺能力等；二是人類有別於動物所特有的高層次智能，如語言使用、概念推理、判斷、規劃、問題解決、想像力、創造力等。在 AI 中，邏輯學方法的主要應在於對人類高層次智能的模擬上，而非在低層次智能的模擬上⑧，並由此逐漸形成了一些較以往更為成熟的研究領域與成果；這些研究領域與成果包括：常識推理、知識表徵、規劃與問題解決、因果推理、自然語言理解以及各種的專家系統等。但這些領域的研究並非完全獨立，而是相互交叉。比方來說，常識推理的研究也涉及對知識表徵和因果推理等其它主題的研究，而知識表徵不僅與常識推理有關，也被廣泛應用在各種的專家系統中。⑨由於邏輯學即便是在 AI 上的應用上也相當廣泛，因而我們也只能就其中的一部分來加以說明。我們在這一章中將說明的主要是邏輯學在常識推論上的應用，但我們也會在第三節中說明邏輯學在知識表徵上的應用。

　　常識推理是指人類在日常生活中，對於所遇到的場景利用常識去進行推斷

---

90 年代之前，邏輯主義學派曾經一枝獨秀，占據著 AI 的主流地位，迄今在人工智慧的發展中仍占有一定的地位。

⑧ 事實上，在試圖讓 AI 成功模擬人類低層次智能（如視覺辨識）的方法上，邏輯學的方法通常被認為是成效不佳的方法。但這不能當作是邏輯學對 AI 無所助益的證明，只能說是這些低層次智能並不涉及邏輯推理所致。

⑨ 專家系統（expert systems）是一種包含大量專門與/或經驗知識的程式系統，它根據某個領域中一或多個專家所提供的專門知識和經驗去建立相關的專業知識庫，並利用邏輯推理手段從這些專業知識庫和新獲得的場景資訊進行推理和判斷，以模擬人類專家的決策過程，解決那些通常需要人類專家處理的複雜問題。專家系統和常識推理的主要區別在於前者的知識限於特定的領域（domain-specific），而後者則是日常的「常識性」知識。人類第一個專家系統出現於 1965 年，為 E. A. Feigenbaum 等人所研製 Dendral，可以推斷化學分子結構。近年來，由於知識工程學（建構知識庫的方法學）不斷進展，專家系統的理論和技術也不斷發展，其應用面幾乎遍及各個領域，包括化學、數學、物理、生物、醫學、農業、氣象、地質勘探、軍事、工程技術、法律、商業、空間技術、自動控制、電腦設計和製造等，其中不少在功能上已達到或超過同領域中人類專家的水準，並在實際應用中產生巨大的經濟效益。

的能力。例如：如果我們獲知小明剛吃了一大碗飯，我們就可以利用常識推斷他現在不餓；如果我們剛獲知小明只有五歲，我們就可以利用常識推斷他不能灌籃等。顯然，在這些推理中，除了「小明剛吃了一大碗飯」和「小明只有五歲」這些甫獲得的訊息之外，還需要一些有關於五歲兒童的平均食物需求量、平均身高和彈跳能力、以及正常籃框高度等「常識性的知識」作為推論中的隱藏前提。從這兩個例子我們可以知道，要讓 AI 具有人類所具有的常識推理能力，就得讓它像人類一樣能夠從世界某個場景中獲取資訊，然後利用一般性的常識知識或世界運行的規律，而去對該場景的其它方面作出推斷。[10]AI 中常識推理的主要任務因而便在於讓 AI 擁有以下的三種能力：(1) 獲得場景資訊的能力並擁有取得常識知識的管道；(2) 利用清晰的常識知識表示法去建立充分的知識庫；(3) 良好的邏輯推理能力或推理機制。這一節我們簡單說明這裡的 (1)，有關於 (3) 和 (2) 的說明則詳見以下兩節。

　　就 (1) 而言，AI 對當下場景訊息的獲得主要是透過尖端科技所製造的各種傳感器（sensors），如物理傳感器、光纖傳感器和仿生傳感器等，而 AI 對於人類常識知識的獲取方法或管道，則主要有以下三種方式[11]：由人類專家建構造的方式（如 CYC 知識庫）、利用網路挖掘技術從網頁文本中提取相關常識資訊的方式（如 KnowItAll 專案）、和眾包（crowdsourcing）的方式（即通過大量網路用戶來收集常識知識的方式，如：ConceptNet 專案）。其中，人類專家構造的方式精確度最高，但成本也最貴；網路挖掘的方式精確度最差，且容易出現不一致的情況，但成本最低；眾包的方式比網路挖掘的方式來得準確，但由於一般用戶無法給出關於某些基礎領域（如關於時間和空間領域）的系統性知識，因而並不適合收集與這些基礎領域有關的常識。由於這個部分並不屬於邏輯學在 AI 的應用，因而我們對之將不多作說明。但一旦獲取常識知識的手段確定之後，一個自然而然（甚至是先決）的問題便是：哪些類型的人

---

[10] 這個對於人工智慧中常識推理的定義來自於 Erik T. Mueller: *Commonsense Reasoning: An Event Calculus Based Approach*, 2nd edition, Burlington: Morgan Kaufmann, 2014。

[11] 見 Ernest Davis, Gary Marcus : "Commonsense reasoning and commonsense knowledge in artificial intelligence," *Communications of the ACM*, 58(9), 2015, pp. 92-103。

類常識知識是需要收集並放在 AI 知識庫中的知識？按照常識推理主頁（https://commonsensereasoning.org/）中的分類，AI 常識推裡任務中所需要收集的人類常識知識至少包括以下幾個重要的種類：(a) 關於時間、改變、行為和因果的常識；(b) 關於物理和空間的常識；(c) 關於法律、生物、醫學、科學推理的常識；(d) 關於信念、意圖和情感的心理狀態的常識；(e) 關於社會活動和關係的常識。從清單上來說，一件可想見的事情是：由於讓 AI 能夠進行常識推理所需要的人類常識知識類型十分繁多，數量上也相當龐大，因而，不僅建立常識知識庫的工作會十分繁重，在大量常識知識條目中所進行的推論也勢必十分耗時耗能，困難重重。

　　儘管任務艱鉅而困難，但在無數人工智慧工作者持續共同努力下，到目前為止，人工智慧學界已經利用前述三種獲取常識知識的方式而構建了多個大型的常識知識庫，包括：WordNet、ConceptNet、VerbNet、FrameNet、Cyc、Knowledge Graph、DBpedia 和 YAGO 等。無論從理論的基礎或實際的構造方式來看，這些常識知識庫都有相當大的不同。比方來說，WordNet 最初是基於認知科學理論所構建的常識知識庫；VerbNet、FrameNet 是基於語言學理論所構建的常識知識庫；Cyc 是基於邏輯學理論所構建的常識知識庫，而 ConceptNet、Knowledge Graph、DBpedia、YAGO 則是從具體工程應用的實際出發點所構建的常識知識庫。就構建方式來說，像 WordNet、VerbNet、FrameNet、Cyc 這樣的常識知識庫最初完全是由人工來構建的，後來則利用一些資訊獲取技術以輔助人工構建；Knowledge Graph、DBpedia 和 YAGO 是利用語意抽取計算去自動構建的常識知識庫；至於 ConceptNet，最初是採用眾包的方式去收集數據，後來則兼採資訊處理技術以進行結構化。由於這些常識知識庫所建立起來的知識量（我們以其中語句或斷言的數量來計算常識知識庫中的知識量）都相當龐大（比方來說，2015 年所發布的 YAGO3 中，其知識量就超過六千萬筆），讀者們因此可以想見依據它們所進行的推論工作將會有多麼地繁瑣而艱鉅（但詳見以下第二節中的說明）。

　　當前，利用邏輯學去進行 AI 常識推裡的研究仍然在持續進行中，也有不少的成果發布。在成果方面，一個有趣也廣泛引起大眾討論的成果是 2011 年由 IBM 所發布的 Watson 系統。當時的 Watson 在配備了全套維基百科（和其它知識）作為知識庫但沒有網路連線的情況下，於 2011 年的 2 月 14 日

至 16 日連續三天，在當時紅遍全美的常識益智問答競賽節目《危險邊緣》（Jeopardy）中，成功擊敗該節目歷史中兩位人類冠軍選手，贏得勝利獎金美金一百萬元，而它所依靠的 Prolog 推理軟件，也是邏輯學在人工智慧上的一個重要應用。⑫（有關於 Prolog 的簡單介紹，請見本章的第三節。）儘管擁有多項研發成果，但無可否認的事情仍然是：這些研發的成果仍然遠遠比不上人類的智能，甚至比不上利用神經網路和統計方法而設計的 AI 產品，因而仍有大幅改進的空間。舉例來說，在當前人工智慧界中主流評測常識推理能力的 Winograd 模式挑戰中，基於深層神經網路系統（而非使用邏輯推理）而建造的 GPT-3（更別說剛發布的 GPT-4）語言模型的準確率超過 90%（Brown 等 2020⑬），但基於邏輯方法構造的系統卻只能處理部分的 Winograd 實例，且其準確率仍低於 70%（Kocijan 等 2020⑭）。儘管如此，當代不少人工智慧專家仍然深信⑮：使用邏輯進行推理這件事，仍然是未來成功的 AI 常識推理系統不可或缺的元素。

第二節　自動化推理機制

為 AI 建立了（常識或專門的）知識庫之後，接下來的工作就是要讓 AI

---

⑫ 當然，參加綜藝節目獲得獎金並非 Watson 研發的目的。2013 年後，IBM 宣布將 Watson 研發的技術與成果應用在癌症臨床診斷和非洲國家健康照護的專家系統上。有興趣的讀者可以參考以下網頁：http://en.wikipedia.org/wiki/Watson_(computer).

⑬ Tom B. Brown, Benjamin Mann, Nick Ryder, Melanie Subbiah, Jared Kaplan, Prafulla Dhariwal, Arvind Neelakantan, Pranav Shyam, Girish Sastry, Amanda Askell et al: "Language Models Are Few-Shot Learners," *Advances in neural information processing systems 33*: pp.1877-1901, 2020.

⑭ Vid Kocijan, Thomas Lukasiewicz, Ernest Davis, Gary Marcus, Leora Morgenstern: "A Review of Winograd Schema Challenge Datasets and Approaches," 2020, arXiv preprint: 2004, 13831v1.

⑮ 如 Jobst Landgrebe, Barry Smith: "Making AI meaningful again," *Synthese*, 198: pp. 2061-2081, 2021.

懂得如何利用已有的知識（加上場景中甫獲得的資訊）去進行邏輯推論；而要
讓 AI 懂得邏輯推論，也就是要讓 AI 能夠計算任意的一個論證是否為演繹上
有效的論證。[⑯]但要如何讓 AI 能夠計算任意的一個論證是否為演繹上有效的論
證呢？讀者們可能會認為這個做法應該很簡單：我們只需要讓 AI 懂得如何使
用本書第一部分和第二部分所教過的任何一種語法推論方法（如樹枝法或自
然演繹法）去進行推論就可以了！[⑰]不幸的是，這個想法不太可能成功！在 AI
邏輯推理能力的獲得上首先面臨的問題，是我們在第八章末短暫說明過的不可
決定性問題（undecidable problem），其次面臨的則是電腦科學中常常強調的
計算複雜度（complexity）問題。以下我們簡單說明這兩個問題，並說明目前
AI 中克服這些問題的兩種主要方法：將知識庫中的語言限制在 QL 的某些可
決定片段上，並將為數眾多的邏輯推論規則簡化為少數的幾個，甚至是一個。

　　我們在第八章和第九章中曾經說過，對於 QL 來說，雖然語義樹枝法和自
然演繹法都具有強完備性（strong completeness），但它們卻是不可決定的語
法證明方法。說這些方法具有強完備性不過是說：對於任何一個 QL 的有效論
證來說，這些方法都能在有限多個步驟後（雖然可能很久）判定它的確有證明
並因而是個演繹上有效的論證。但如果我們想用它們去判定一個 QL 的無效論
證的確是演繹上無效的論證，它們具有強完備性這件事就不能保證它們能夠在
有限多個步驟後得到正確的解答。[⑱]舉例來說，如果我們使用 ProofTools 去判

---

⑯ 或讓 AI 能夠計算任意的一個語句是否為恆真句，或讓 AI 能夠計算任意論證前提
　的連言是否邏輯上蘊涵其結論，或讓 AI 能夠計算任意的一個語句集是否為邏輯上
　共同一致的或可共同滿足的集合等。這幾種能力其實是等價的能力（詳見本書第一
　章第三節中的說明），因而我們只取其一來作為說明。

⑰ 以下，我們將忽略讓 AI 使用語義方法（如使用完整真值表或語義模型的方法）去
　進行邏輯推論的想法。事實上，在 AI 學科的發展過程中，訴諸語義模型的模型檢
　查法（model checking）和訴諸語法的定理證明法（theorem proving）都是 AI 學者
　考慮過和嘗試過讓 AI 進行推論的方法，但由於 (i)PL 和 QL 的語義模型都有不可數
　的無限多個，而 (ii) 即便我們在 PL 的語言中使用真值表的方法（該方法並不適用
　於 QL），在語句數量較多的論證的情況下，我們仍得考慮行列數目極為龐大的真
　值表，因而，模型檢查法通常被認為是效率上極為不佳的方法，而 AI 發展的主要
　考慮仍然是聚焦在語法的方法之上。

⑱ 由於這些方法總是能夠在有限長的時間和有限多個步驟後告訴你一個演繹上有效的

定「∀x∃yRxy／∴∃x∀yRxy」是否為演繹上有效的論證，你就會得到如「圖14-1」這種永遠不會滿足樹的完成規則、因而永不停止成長的語義樹：[19]

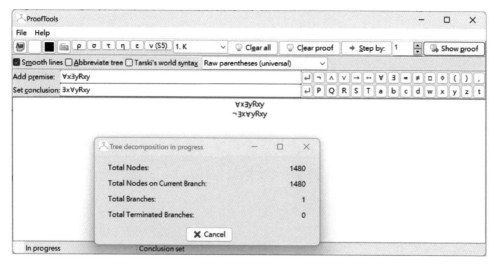

圖 14-1

　　當一個語法證明的方法**對於任何一個論證來說**都能在**有限多個步驟**後（不論時間花得有多長），告訴我們該論證**是否有**證明並因而**是或不是**一個演繹上有效的論證時，我們就說該語法證明的方法是一種「可決定的」（decidable）方法；否則，我們就說該語法證明的方法是一種「不可決定的」（undecidable）方法。對於任何一個語言（如 PL 或 QL 或更複雜的語言）來說，如果至少存在一種對該語言的任何論證來說為「可決定的」證明方法，我們就說該語言是「可決定的」；否則，我們就說該語言是「不可決定的」。事實上，PL 是可決定的語言[20]，但 QL 則不是[21]：不僅語義樹枝法與自然演繹法

論證的確是有效的，但卻無法對演繹上無效的論證都做出類似的判定，因而這些方法又被稱作是「半可決定的」（semi-decidable）方法。

[19] 另一個例子是第八章第三節中的「∃x∀yFxy」。

[20] 比方來說，完整的真值表方法就是一個對 PL 來說可決定的方法，儘管其複雜度很高。

[21] 事實上，即便是 QL 中所有具有「∀x∃y∀z α」這種形式的語句所形成的 QL 片

無法「總是」在有限多個步驟後告訴你：一個 QL 的論證是否有證明並因而是否是演繹上有效的論證，也沒有任何一種電腦能夠學會的方法「總是」可以在有限多個步驟後告訴你：一個 QL 的論證**是否有證明並因而是否是**演繹上有效的論證。

　　雖然 QL 是不可決定的，但它的一些較為簡單的片段（fragment）則是可決定的。比方來說，眾所周知的是，QL 中只包含一位謂詞的部分是可決定的，雖然其表達力並不強。事實上，以下這些較為複雜、表達力也較強的 QL 片段也是可決定的（其中，α 為 QL 中任意一個由謂詞、個體常元、個體變元和真值函數連接詞所組成的合式公式，∃* 為任意一或多個連續的存在量化詞，而 ∀* 則為任意一或多個連續的全稱量化詞）：

1. ∃*∀* α
2. ∃*∀∃* α
3. ∃*∀∀∃* α（但 α 中不包含等同符號）

因而，一個在 AI 中解決 QL 不可決定性的方法，乃是將 AI 所使用的語言限制在一個具有可決定性、但在實用上仍然有夠強表達力的 QL 片段上。[22]

　　但即便我們將 AI 知識庫中所使用的語言限制在 QL 某個可決定的片段上，我們仍然可能會碰到 AI 在進行推論時花費時間過長或使用儲存空間過於巨大的複雜度問題[23]。第八章所教的 QL 語義樹枝法的灌溉規則一共有十五個（其

　　段就已經是不可決定的了；其中，α 是任意由一個二位謂詞和任意多個一位謂詞利用真值函數連接詞組成的合式公式。這個結果是 Moore Kahr, Hao Wang, "Entscheidungsproblem Reduced to the ∀∃∀ Case", *Proceedings of the National Academy of Sciences*, 48, 1962, pp. 365-377 證明的一個結果。

㉒ 比方來說，在電腦科學上有廣泛應用的描述邏輯（description logic），其大部分（但非所有）系統背後所使用的語言就是 QL 中某個可決定的片段。

㉓ 複雜度是電腦科學中的一個專門術語，有其精確但較難說明的數學性定義。但從直覺上來說，該詞指的是電腦在計算某類可決定的問題（如一個 PL 論證是否為演繹上有效的論證這種問題）時，在最壞的情況下所需要花費的時間的長短（時間複雜度）或所需要使用的儲存空間的大小（空間複雜度）。以下我們所說的複雜度指的便是這兩種複雜度，特別是時間上的複雜度。

中九個與 PL 的灌溉規則相同），而第九章所教的 QL 自然演繹法的基本推論規則則有十九個之多（其中十三個與 PL 的基本推論規則相同），讓 AI 使用這麼多的規則去進行推論，必然會讓 AI 在進行推理時花費過多的時間或儲除空間，並因而在時間和金錢的成本上都不經濟，毫無實用性可言。（如果一個證明要等一百年才會出現結果，誰願意去使用這樣的 AI？）然而，如果我們能夠將語法證明的規則濃縮到少數幾個（甚至只有一個）但又不失其完備性，這將會是一個理想的解決方法。事實是：我們的確可以將 PL 和 QL 的語法證明方法簡化為只具有一個規則但依然具有完備性的方法，而這也就是羅賓遜（John Alan Robinson，公元 1930-2016）在 1965 年時為了讓 AI 能夠進行邏輯推理所特別想出的證明方法：消解法（resolution）。在以下的說明中，我們將先看如何在 PL 中使用消解法，然後看如何將這個方法延伸到 QL 中。我們的說明將與第十章第二節中所討論的連言標準式（conjunctive normal form；CNF）有關，必要時，讀者們可能需要先回顧該處的說明。

　　PL 的消解規則說的是：如果 $\alpha_1, \cdots, \alpha_k, \beta_1, \cdots, \beta_n$ 等為任意 k 個和 n 個「文字」（literals；記得，一個文字是 PL 中任意的一個簡單句或簡單句的否定），而其中的某兩個語句 α_i 和 β_j 為「互補的文字」（complementary literals；一對文字是互補的，若且唯若，其中的一個是另一個的否定），那麼，我們就可以從「$\alpha_1 \vee \cdots \vee \alpha_k$」和「$\beta_1 \vee \cdots \vee \beta_n$」這兩個子句（clause；記得，一個子句是由任意一或多個文字所形成的連續選言）推論出「$(\alpha_1 \vee \cdots \vee \alpha_{i-1} \vee \alpha_{i+1} \vee \cdots \vee \alpha_k \vee \beta_1 \vee \cdots \vee \beta_{j-1} \vee \beta_{j+1} \vee \cdots \vee \beta_n)^*$」這一個子句來；其中，「$(\alpha_1 \vee \cdots \vee \alpha_{i-1} \vee \alpha_{i+1} \vee \cdots \vee \alpha_k \vee \beta_1 \vee \cdots \vee \beta_{j-1} \vee \beta_{j+1} \vee \cdots \vee \beta_n)^*$」是「$\alpha_1 \vee \cdots \vee \alpha_{i-1} \vee \alpha_{i+1} \vee \cdots \vee \alpha_k \vee \beta_1 \vee \cdots \vee \beta_{j-1} \vee \beta_{j+1} \vee \cdots \vee \beta_n$」中去除重複文字的結果 [24]，而後者則是前兩個子句去除 α_i 和 β_j 後的選言；而如果 i = k = j = n = 1，亦即，如果這兩個子句都是文字而且是互補的文字，那麼，「$(\alpha_1 \vee \cdots \vee \alpha_{i-1} \vee \alpha_{i+1} \vee \cdots \vee \alpha_k \vee \beta_1 \vee \cdots \vee \beta_{j-1} \vee \beta_{j+1} \vee \cdots \vee \beta_n)^*$」=「$\bot$」。換言之，PL 的消解規則說的是（其下的「Res」為「Resolution」的簡寫）：

---

[24] 就算不加上「去除重複文字」這個限制，我們仍然可以證明這樣無限制的消解規則會是一個有效的推論規則。那麼，讀者可能會好奇，為什麼我們要加上「去除重複的文字」這樣的限制呢？我將在以下注釋 27 中說明這個限制的重要性。

$$
\begin{array}{l|l}
p. & \alpha_1 \vee \cdots \vee \alpha_k \\
& \cdots \\
q. & \beta_1 \vee \cdots \vee \beta_n \\
& \cdots \\
r. & (\alpha_1 \vee \cdots \vee \alpha_{i-1} \vee \alpha_{i+1} \vee \cdots \vee \alpha_k \vee \beta_1 \vee \cdots \vee \beta_{j-1} \vee \beta_{j+1} \vee \cdots \vee \beta_n)^* \qquad \text{Res, } p, q
\end{array}
$$

如果α_i和β_j為兩個「互補的文字」

圖 14-2　PL 消解規則

　　我們可以很容易證明：PL 的消解推論是一個演繹上有效的推論模式。[25]不僅如此，由於 $\{\wedge, \vee, \neg\}$ 已經是一組功能上完備的真值函數式連接詞（詳見第十章第一節的說明），因而我們還可以繼續證明：單單一個消解規則所構成的語法證明方法對於 PL 的演繹有效論證來說便已經是強完備的了。[26]作為一個例子，讓我看一下如何利用消解規則對 $\{P \vee Q, \neg P \vee R, \neg Q \vee R, \neg R\}$ 進行推論：

---

[25] 我們在這裡使用 PL 模型論的方法簡單證明如下：假設某個 PL 的模型 v 使得 $v(\alpha_1 \vee \cdots \vee \alpha_k) = v(\beta_1 \vee \cdots \vee \beta_n) = 1$ 但使得 $v((\alpha_1 \vee \cdots \vee \alpha_{i-1} \vee \alpha_{i+1} \vee \cdots \vee \alpha_k \vee_1 \vee \cdots \vee \beta_{j-1} \vee \beta_{j+1} \vee \cdots \vee \beta_n)^*) = 0$。由於 $v((\alpha_1 \vee \cdots \vee \alpha_{i-1} \vee \alpha_{i+1} \vee \cdots \vee \alpha_k \vee \beta_1 \vee \cdots \vee \beta_{j-1} \vee \beta_{j+1} \vee \cdots \vee \beta_n)^*) = 0$，因而 $v(\alpha_1) = \cdots = v(\alpha_{i-1}) = v(\alpha_{i+1}) = \cdots = v(\alpha_k) = v(_1) = \cdots = v(\beta_{j-1}) = v(\beta_{j+1}) = \cdots = v(\beta_n) = 0$。但如果 $v(\alpha_1) = \cdots = v(\alpha_{i-1}) = v(\alpha_{i+1}) = \cdots = v(\alpha_k) = 0$ 而 $v(\alpha_1 \vee \cdots \vee \alpha_k) = 1$，那麼，$v(\alpha_i) = 1$。同理，如果 $v(\beta_1) = \cdots = v(\beta_{j-1}) = v(\beta_{j+1}) = \cdots = v(\beta_n) = 0$ 而 $v(\beta_1 \vee \cdots \vee \beta_n) = 1$，那麼，$v(\beta_j) = 1$。但由於 α_i 和 β_j 是互補的文字，$v(\alpha_i) = 1$ 和 $v(\beta_j) = 1$ 意味著 v 賦予其中某個文字既為 1 又為 0 的真假值，而這是不可能的。因而，我們知道，不會有任何 PL 的模型 v 使得 $v(\alpha_1 \vee \cdots \vee \alpha_k) = v(\beta_1 \vee \cdots \vee \beta_n) = 1$ 但使得 $v((\alpha_1 \vee \cdots \vee \alpha_{i-1} \vee_{i+1} \vee \cdots \alpha_k \vee \beta_1 \vee \cdots \vee \beta_{j-1} \vee \beta_{j+1} \vee \cdots \vee \beta_n)^*) = 0$。

[26] 換言之，對於任何 PL 語句 $\alpha_1, \cdots, \alpha_n, \beta$ 來說，如果 $\{\alpha_1, \cdots, \alpha_n\} \vDash \beta$，則 $\{\alpha_1, \cdots, \alpha_n\} \vdash_{Res} \beta$，但我們將不會在此證明這一點。對此證明有興趣的讀者，可參閱 Stuart Russell, Peter Norvig: *Artificial Intelligence - A Modern Approach 3/e*, Boston: Prentice Hall, 2010, pp. 255-256。

1.	$P \lor Q$	Premise
2.	$\neg P \lor R$	Premise
3.	$\neg Q \lor R$	Premise
4.	$\neg R$	Premise
5.	$Q \lor R$	Res, 1, 2
6.	$P \lor R$	Res, 1, 3
7.	$\neg P$	Res, 2, 4
8.	$\neg Q$	Res, 3, 4
9.	Q	Res, 1, 7
10.	P	Res, 1, 8
11.	R	Res, 2, 6（我們在「$R \lor R$」中刪除了重複的「R」）
12.	R	Res, 3, 5（我們在「$R \lor R$」中刪除了重複的「R」）
13.	Q	Res, 4, 5
14.	P	Res, 4, 6
15.	R	Res, 2, 10
16.	R	Res, 2, 14
17.	R	Res, 3, 9
18.	R	Res, 3, 13
19.	$\bot$	Res, 4, 11

圖 14-3

　　一般而言，AI 利用 PL 消解規則證明其知識庫 KB 中的知識是否能夠演繹上有效地推論出語句 α 的作法如下（這個方法一般稱為「消解反駁」（resolution refutation）法，但它其實是一種歸謬法）：(i) 首先，利用連言符號將 KB 中相關的語句和 α 的否定共同形成一個長長的連言句「**KB ∧ ¬α**」（換言之，我們先假設 KB 中的語句都為真但 α 卻為假）；(ii) 然後，我們利用第十章第二節末所教的直接利用邏輯等價關係的方法，去將「**KB ∧ ¬α**」轉換（許多程式能夠自動快速進行轉換）為邏輯上等價的連言標準式「$C_1 \land \cdots \land C_n$」（其中的每一個 C_i 都是由一個或多個文字所形成連續選言或子句）；(iii) 以 $S_0 = \{C_1, \cdots, C_n\}$ 這個集合作為推論的開始進行「消解」：一旦 AI 發現 S_0 中任何兩個子句 C_i 和 C_j 包含有互補的文字而可以應用 Res 規則時，AI 便將 C_i 和 C_j 消解的結果（如果並不在 S_0 中）加入到 S_0 中，最後形成一個新的集合 S_1；(iv) 對新產生的集合 S_1 進行「消解」，以形成另一個新的集合 S_2，

並重複應用此步驟，直到以下兩種情況當中的一種發生為止：㉗

1. 集合中出現了一對互補的**子句**，以至於對它們進行消解後得到了「空子句」（empty clause，沒有任何選言項的選言句，符號表示爲「⊥」）。
2. 任何進一步的消解都再也不會產生新的（不在集合中的）結論。

當第一種情況發生時，我們也就從一開始的假設推論出了兩個互相否定並因而互相矛盾的文字子句，並因而知道一開始的假設（也就是 KB 中（與 α 有關）的語句都為真但 α 卻為假的假設）不可能成立，從而知道從 KB 到 α 的推論是一個演繹上有效的推論。舉例來說，「圖 14-3」中步驟 1 至 19 的推論就可以看作是從 KB = {P ∨ Q, ¬P ∨ R, ¬Q ∨ R} 到「R」的推論為演繹有效推論的一個證明（其中，S_0 = {P ∨ Q, ¬P ∨ R, ¬Q ∨ R, ¬R}，為該推論第 1 至 4 行所構成的集合；S_1 = {P ∨ Q, ¬P ∨ R, ¬Q ∨ R, ¬R, Q ∨ R, P ∨ R, ¬P, ¬Q}，為該推論第 1 至 8 行所構成的集合；S_2 = {P ∨ Q, ¬P ∨ R, ¬Q ∨ R, ¬R, Q ∨ R, P ∨ R, ¬P, ¬Q, P, Q, R}，為該推論第 1 至 14 行所構成的集合；而 S_3 = {P ∨ Q, ¬P ∨ R, ¬Q ∨ R, ¬R, Q ∨ R, P ∨ R, ¬P, ¬Q, P, Q, R, ⊥}，為該推論第 1 至 19 行所構成的集合）。當第二種情況發生時，我們也就知道一開始的假設並不會推論出矛盾，因而知道從 KB 到 α 的推論並非演繹上有效的推論。舉例來說，以下的「圖 14-4」證明了：從 KB = {P ∨ Q} 到「P ∧ Q」（「P ∧ Q」的否定的 CNF 為「¬P ∨ ¬Q」）的推論並不是一個演繹上有效的推論：

㉗ 這解釋了為何在消解規則中我們得要求結論去除重複的文字；因為，如果我們不這麼做，我們有可能會得到一序列無限長的解消序列 S_0、S_1…是這樣的，其中沒有任何一個包含了空子句，但對於任何的 S_i 來說，S_{i+1} 總是在 S_i 中增加了一些新結論。比方來說，如果沒有去除重複文字的要求，那麼，當 S_0 = {P ∨ Q ∨ ¬Q, P ∨ Q} 時，我們就會有 S_1 = {P ∨ Q ∨ Q, P ∨ Q, P ∨ P ∨ Q}，S_2 = {P ∨ Q ∨ ¬Q, P ∨ Q, P ∨ Q ∨ Q, P ∨ P ∨ Q ∨ Q}，S_3 = {P ∨ Q ∨ ¬Q, P ∨ Q, P ∨ P ∨ Q, P ∨ P ∨ P ∨ Q, P ∨ P ∨ P ∨ P ∨ Q}…等，而以下的兩種情況都將不會發生。

$$
\begin{array}{lll}
1. & P \lor Q & \text{Premise} \\
2. & \neg P \lor \neg Q & \text{Premise} \\
3. & Q \lor \neg Q & \text{Res, 1, 2} \\
4. & P \lor \neg P & \text{Res, 1, 2}
\end{array}
$$

圖 14-4

其中，$S_0 = \{P \lor Q, \neg P \lor \neg Q\}$，為該推論第 1 至 2 行所構成的集合；$S_1 = \{P \lor Q, \neg P \lor \neg Q, Q \lor \neg Q, P \lor \neg P\}$，為該推論第 1 至 4 行所構成的集合；在第 4 行之後，無論我們再如何應用消解規則，我們都不會得到新的語句。

　　對 PL 的語言來說，消解法的確是一個既完備又可決定的語法證明方法。但如果我們將之用於 PL 的所有語句，其計算的效率仍然可能太低（或所謂的複雜度過高）。一個再度簡化其複雜度的方法仍然是將知識庫中使用的語言限制在 PL 的一個片段，但又希望這個片段不會失去實用性。幸運的是，許多知識庫中儲存的內容的確可以用比較為簡單的 PL 片段（或相應的 QL 片段）去加以描述，而其中兩個重要的 PL 片段也就是我們在第十章第二節中所說的：每一個子句都是確定子句（definite clause）的 CNF 所形成的 PL 片段，和每一個子句都是角子句（horn clause）的 CNF 所形成的 PL 片段。一個確定子句也就是任何一個只有一個肯定選言項在內的子句，如「P」、「$\neg P \lor Q$」、「$\neg P \lor Q \lor \neg R$」等，而一個角子句則是任何一個只包含了零或一個肯定選言項在內的子句，如「P」、「$\neg P \lor Q$」、「P Q R」、「$\neg P$」、「$\neg P \lor \neg Q$」、「$\neg P \lor Q \lor \neg R$」等等。顯然，並非所有的子句都是確定子句或角子句，比方來說，「$P \lor Q$」和「$\neg P \lor Q \lor R$」就既不是確定子句，也不是角子句。同樣顯然的是：每一個確定子句都是一個角子句，但反之則不然；因而，由角子句形成的 CNF 的集合會包含了由確定子句形成的 CNF 的集合作為一部分，而由角子句的 CNF 所形成的 PL 片段也會包含由確定子句的 CNF 所形成的 PL 片段作為一部分。如果一個資料庫中的語句都是角子句或確定子句，那麼，應用消解法去進行邏輯推論的效率將會非常的高，以 AI 的專門術語來說，其時間上的複雜度將會是其資料庫大小的多項式或線性函數。[28]

---

[28] 使用確定子句或角子句去建立資料庫的另一個好處是：AI 中常用的前向鍊算法

　　現在，讓我們看如何將 PL 的消解法擴充為對 QL 的消解法。但在說明之前，讓我們先看幾個術語和符號。讓我們稱 QL 中任意一個簡單的合式公式（不論是開放的簡單合式公式或封閉的簡單語句）和其否定為一個「文字」，並且，讓我們說：任何一個具有「$\forall v_1 \cdots \forall v_n\, \alpha$」這種形式的語句為一個 CNF，若且唯若，(i)α 中不包括任何的量化詞，而且 (ii)α 是由一個或多個連言項所形成的「連言式」，而它的每一個連言項都是由一個或多個「文字」所形成的「選言式」。當 $v_1, \cdots, v_n$ 為任意 n 個個體變元，而 $t_1, \cdots, t_n$ 為任意 n 個詞項（詞項包括變元、常元、甚至第十二章中所介紹的包含了函數符號的詞項）時，讓我們稱任何一個這樣的集合 $\theta = \{v_1/t_1, \cdots, v_n/t_n\}$ 為一個替代（substitution），並以符號「θ(α)」去代表將 α 中的變元 $v_1, \cdots, v_n$ 分別用詞項 $t_1, \cdots, t_n$ 去取代的結果。當 α 和 β 是兩個滿足條件 (i) 和 (ii) 的 QL 合式公式時，我們說 θ 統一（unify）了 α 和 β，若且唯若，θ(α) 和 θ(β) 是兩串完全相同的符號串。當兩個語句之間至少存在一個替代 θ 能統一該兩個語句時，我們也說它們是可統一的。舉例來說，「(Fx ∨ Gay) ∧ Hz」和「(Fx₁ ∨ Gzb) ∧ Hz₁」是可統一的，因為 θ = {x/x₁, y/b, z/a, z₁/a} 可以統一兩者（因為 θ((Fx ∨ Gay) ∧ Hz) = θ((Fx₁ ∨ Gzb) ∧ Hz₁) =「(Fx₁ ∨ Gab) ∧ Ha」），而「(Ff(x) ∨ Gg(a)y) ∧ Hz」和「(Fx₁ ∨ Gzb) ∧ Hz₁」也是可統一的，因為 θ = {x₁/f(x), y/b, z/g(a), z₁/g(a)} 也可以統一兩者（因為 θ((Ff(x) ∨ Gg(a)y) ∧ Hz) = θ((Fx₁ ∨ Gzb) ∧ Hz₁) =「(Ff(x) ∨ Gg(a)b) ∧ Hg(a)」），但「Fx ∨ Gab」和「Fa ∨ Gzx」則是不可統一的。[20]最後，當 α 是一個包含了變元 $v_1, \cdots, v_n$ 在其中自由出現的 QL 開放公式時，我們稱任何一個具有「$v_1 \cdots \forall v_n \alpha$」形式的語句為 α 的「全稱封閉句」（universal closure）。

　　（forward-chaining）和後向鍊算法（backward-chaining algorithms）都可以輕易地應用在這樣的資料庫上，並大幅提升計算的效率。前向鍊算法利用的是類似於我們在第五章自然演繹法中所介紹的→E規則，其複雜度是資料庫大小的多項式函數，而後向鍊算法利用的則是此處消解規則的一個直接應用，其複雜度是資料庫大小的線性函數，我們將在下一節中舉例說明這種利用後向鍊算法的一個邏輯程式語言：Prolog。

[20] 兩個可統一的合式公式或許會有多個替代可以統一兩者，但其中會有唯一的一個替代是最普遍的統一者（the most generalized unifier；MGU），但我們不會在此證明這一點。

　　現在，QL 的消解規則可以簡單說明如下了：如果「$\alpha_1 \vee \cdots \vee \alpha_k$」和「$\beta_1 \vee \cdots \vee \beta_n$」為兩個**沒有共同變元**的 QL 子句（亦即 $\alpha_1, \cdots, \alpha_k$ 和 $\beta_1, \cdots, \beta_n$ 分別為任意 k 個和 n 個「文字」，但沒有任何一個變元 v 同時出現在這兩組文字中），θ 是能夠統一這兩個子句的任意一個替代，而 α_i 和 β_j 又為這兩個子句中一對「互補的文字」（在 QL 中，一對文字是互補的，若且唯若，其中的一個與另一個的否定能夠被統一），那麼，我們就可以從「$\alpha_1 \vee \cdots \vee \alpha_k$」的全稱封閉句和「$\beta_1 \vee \cdots \vee \beta_n$」的全稱封閉句推論出「$(\theta(\alpha_1) \vee \cdots \vee \theta(\alpha_{i-1}) \vee \theta(\alpha_{i+1}) \vee \cdots \vee \theta(\alpha_k) \vee \theta(\beta_1) \vee \cdots \vee \theta(\beta_{j-1}) \vee \theta(\beta_{j+1}) \vee \cdots \vee \theta(\beta_n))*$」的全稱封閉句來；其中，「$(\theta(\alpha_1) \vee \cdots \vee \theta(\alpha_{i-1}) \vee \theta(\alpha_{i+1}) \vee \cdots \vee \theta(\alpha_k) \vee \theta(\beta_1) \vee \cdots \vee \theta(\beta_{j-1}) \vee \theta(\beta_{j+1}) \vee \cdots \vee \theta(\beta_n))*$」是「$\theta(\alpha_1) \vee \cdots \vee \theta(\alpha_{i-1}) \vee \theta(\alpha_{i+1}) \vee \cdots \vee \theta(\alpha_k) \vee \theta(\beta_1) \vee \cdots \vee \theta(\beta_{j-1}) \vee \theta(\beta_{j+1}) \vee \cdots \vee \theta(\beta_n)$」中**去除重複的文字**的結果，而後者則是前兩個子句去除 $\theta(\alpha_i)$ 和 $\theta(\beta_j)$ 後的選言；而如果 i = k = j = 1，那麼，「$(\alpha_1 \vee \cdots \vee \alpha_{i-1} \vee \alpha_{i+1} \vee \cdots \vee \alpha_k \vee \beta_1 \vee \cdots \vee \beta_{j-1} \vee \beta_{j+1} \vee \cdots \vee \beta_n)*$」的全稱封閉句 =「$\perp$」。換言之，QL 的消解規則說的是：

p. $\quad \forall v_1 \ldots \forall v_k (\alpha_1 \vee \cdots \vee \alpha_k)$
$\quad\quad \cdots$

q. $\quad \forall v_1 \ldots \forall v_n (\beta_1 \vee \cdots \vee \beta_n)$
$\quad\quad \cdots$

r. $\quad \forall v_1 \ldots v_{i-1} \forall v_{i+1} \ldots v_{k+j-1} \forall v_{k+j+1} \ldots \forall v_{k+n} (\theta(\alpha_1) \vee \cdots \vee \theta(\alpha_{i-1}) \vee \theta(\alpha_{i+1}) \vee \cdots$
$\quad\quad \vee \theta(\alpha_k) \vee \theta(\beta_1) \vee \cdots \vee \theta(\beta_{j-1}) \vee \theta(\beta_{j+1}) \vee \cdots \vee \theta(\beta_n))* \quad\quad$ Res, p, q

如果 θ 統一了編號為 p 和 q 的語句，而且 $\theta(\alpha_i)$ 和 $\theta(\beta_j)$ 為兩個「互補的文字」

圖 14-5　QL 消解規則

　　我們可以很容易證明：QL 的消解推論是一個演繹上有效的推論模式。不僅如此，由於每一個 QL 的語句都在推論上等價於（inferentially equivalent to）一個 QL 中的 CNF 語句 [30]，因而我們還可以繼續證明：單單一個消解規則

---

[30] 兩個 QL 的語句在推論上是等價的，若且唯若，若其中的一個是可滿足的（或有模型讓其為真），則另一個亦然。由於對這個宣稱的證明涉及了諸如 Skolemization 這樣的複雜操作，我們將不會在此證明它。有興趣的讀者可以參閱 Stuart Russell, Peter Norvig: *Artificial Intelligence-A Modern Approach 3/e*, Boston: Prentice Hall, 2010, p. 347 中的說明。

所構成的語法證明方法對於 QL 的有效論證來說便已經是強完備的了。[31]但因為 QL 是不可決定的,因而,雖然消解法對於 QL 來說是強完備的方法,但卻不是一個可決定的方法。不過,如果我們決定將此方法限制在 QL 中完備的語言片段,那麼,對該片段來說,我們還是可以有一個既完備又可決定的證明方法。

　　AI 利用 QL 消解規則證明其知識庫 KB 是否能夠演繹上有效地推論出語句 α 的作法,與其使用 PL 消解規則的方法類似:(i) 首先,利用連言符號將 KB 中相關的語句和「α」的否定形成一個長長的連言句「**KB ∧ ¬α**」;(ii) 然後,利用上一段落和注釋 30 中所謂的推論等價關係,將「**KB ∧ ¬α**」轉換(許多程式能夠自動快速進行轉換)為推論上等價的 CNF「$\forall v_1...\forall v_k(C_1 \wedge \cdots \wedge C_n)$」(其中的每一個 C_i 都是由一個或多個文字所形成的連續選言或子句;注意,這個 CNF 在邏輯上等價於「$\forall v_1...\forall v_k C_1 \wedge \forall v_1...\forall v_k C_2 \wedge \cdots \wedge \forall v_1...\forall v_k C_n$」);(iii) 以 $S_0 = \{\forall v_1...\forall v_k C_1, \forall v_1...v_k C_2, \cdots, \forall v_1...v_k C_n\}$ 這個集合作為推論的開始進行「消解」,並將消解的結果(如果並不在 S_0 中)加入到這個集合中;重複這個步驟,直到產生(如果會的話)「⊥」為止。

　　但即便消解法對於某個 QL 片段來說是既完備又可決定的,AI 使用該方法去計算其中的推論是否在演繹上有效的效率仍然可能太低(或所謂的複雜度過高)。一個再度簡化其複雜度的方法仍然是將知識庫中使用的語言限制在 QL 中的一個片段,但又希望不會失去表達力與實用性。幸運的是,許多知識

---

[31] 換言之,對於任何 QL 語句 $\alpha_1, \cdots, \alpha_n, \beta$ 來說,如果 $\{\alpha_1, \cdots, \alpha_n\} \vDash \beta$,則 $\{\alpha_1, \cdots, \alpha_n\}$ $\vdash_{Res} \beta$,但我們將不會在此證明這一點。對此證明有興趣的讀者,可參閱 Stuart Russell and Peter Norvig, ibid, pp. 350-353。但嚴格說起來,單單一個 QL 消解本身對於 QL 的有效推論來說並非強完備的方法,最多只是對 QL 中沒有等同符號的片段來說是強完備的,因為單單上述這個規則本身甚至無法證明「a = b / ∴ b =a」是一個有效的推論。為了要對整個 QL(包括帶等同符號的部分)的演繹上有效推論形成一個強完備的系統,除了此處的消解規則之外,我們還需要另外引進一或兩個與等同語句有關的消解規則(類似於我們在第九章所教的 Id 和 LL)。但由於對它們的說明稍嫌繁瑣,而我們的目的又僅在於展示邏輯學對於 AI 的應用,因而我們將不再對這些與等同有關的規則進行說明,有興趣的讀者可以參閱 Stuart Russell and Peter Norvig, ibid, 2010, pp. 353-355。

庫中儲存的知識內容的確可以用比較簡單的 QL 片段去加以描述，而其中兩個重要的 QL 片段也就是我們在稍早提到過的：每一個子句都是確定子句的 CNF 所形成的 QL 片段和每一個子句都是角子句的 CNF 所形成的 QL 片段。如果一個資料庫中的語句都是角子句或確定子句，那麼，應用消解法進行推論的效率將會非常的高。我們將在下一節中看到這樣一個使用角語句的邏輯程式語言：Prolog。

第三節　知識表示法與知識庫建立

　　為了要讓 AI 學會人類常識推裡（或 AI 專家系統）的能力，科學家們不僅需要收集人類的常識（或特殊領域）知識，還需要將這些知識轉換成機器或電腦系統能夠處理的形式，以便讓機器和電腦系統據以進行推理。在 AI 中，建立知識庫的過程又被稱為知識工程（knowledge engineering），在電腦科學中屬於知識工程師的工作。知識工程師研究常識或特定領域中的專業知識，[32]找出其中重要的概念，[33]然後將涉及這些概念的事實與通則進行形式化的表徵，儲存在電腦當中，以便讓電腦或機器能夠存取這些知識、據以進行推論，做出該有的反應。這種「告訴電腦有關於這個世界的知識，然後讓 AI 據以進行推論並決定行動」的程式設計方式一般被稱為系統建立的「宣告式途徑」（declarative approach to system building），十分不同於一般電腦程式中直接下達命令告訴電腦如何行動的「程序式（或命令式）立途徑」（procedural or imperative approach）。

　　建立知識庫必需使用語言，而且需要使用一種表達力強夠強，能夠描述這個世界並適用以進行推理的語言，在這一點上，常見的程式語言（如 C++，

---

[32] 據此，知識庫可以根據領域的寬窄而區分為專用知識庫（special-purpose knowledge base）和通用知識庫（general-purpose knowledge base）兩種，前者是專家系統使用的知識庫，後者則如本章第一節中所列出的八種常識知識庫。

[33] 找出常識或一個專門領域中重要概念並以形式化的方式進行表徵，這個階段通常被稱為本體論工程（ontology engineering）的階段。在這個階段中，知識工程師通常需要慎選一些形式化的謂詞、函數符號和常元來表徵這些重要的概念。

Java，Lisp 等）顯然並不適合。PL 雖然適合進行推論，但其表達力明顯不如 QL。由於 QL 是模擬自然語言的形式化語言，表達上十分精確而無自然語言所具有的各種問題（歧義，含混，依賴脈絡，意在言外等），並且兼具表達力強 ㉞與可進行推理的特性，因而，不少 AI 研究者認為，QL（或類似於 QL 的語言㉟）是建立知識庫所需語言的首選。㊱但正如我們在上一節中所說過的，基於 QL 的不可決定性，許多 AI 在實際的應用上都採取了較 QL 稍弱的片段，如描述邏輯所使用的語言 ㊲以及以下將簡單介紹的 Prolog 程式語言。

　　但讓我們小心一件事，雖然 AI 知識表徵中所使用的語言本質上為 QL 的一個片段，但為了要讓表示上更為簡潔起見，大部分知識表徵的語言都作了一些與我們在第七章的 QL 語義論不同的幾個語義假設。其中一個是所謂的「唯一名稱假設」（unique name assumption）：不同的個體常元不能作為論域中相同事物的名稱。第二個是所謂的「論域封閉假設」（domain closure assumption）：論域中不可以存在沒有名字的事物。第三個則是所謂的「封閉世界假設」（closed-world assumption）：知識庫中沒有出現的簡單句都會被當作是在模型中為假的簡單句。符合這三個假設的模型語義論通常被稱為「資料庫語義論」（database semantics）。讀者們不妨回顧第七章，比較這個資料庫語義論與我們在七章所介紹的 QL 語義論在前兩點上是如何的不同。

　　為了要讓讀者更加了解知識庫建立的過程以及邏輯學在 AI 上的應

㉞ 其實，QL 的表達力仍有一定的侷限，比方來說，它無法表達各種大小不一的無限大基數，並因而在表達力上並不如所謂的高階語言（higher-order language）。但由於高階語言甚至不存在任何完備的證明方法，因而我們將在此忽略使用高階語言的想法。

㉟ 如產生式系統、框架表示、語義網路等，參見前述所及徐超、梁飛、王文方著：〈邏輯與人工智慧〉，第二節。

㊱ 舉例來說，W3C 最近所倡導的語義網（semantic web）以及專為語義網所研發的重要語言 OWL（Web Ontology Language），其背後所使用的語言就都是 QL 的某個片段。

㊲ 描述邏輯（description logic）是 F. Baader 專為 AI 和語義網的應用所發展的邏輯系統，本質上屬於 QL 的一個部分，因為其中只包括任意多個一元謂詞和單一一個二元謂詞。

用，我們在此特別簡單介紹一種「邏輯程式語言」（logical programming language）：Prolog。[38]單從名稱上看（「Pro」是「program」的縮寫，而「log」則是「logic」的縮寫），讀者們應該就可以看出它是一套應用了邏輯學原理以進行程式設計並用以進行推理的程式語言。Prolog 是法國電腦科學家阿蘭・科爾默勞爾（Alain Colmerauer，公元 1941-2017）在 1972 年前後研發的程式設計語言，在過去四十年間廣泛被應用在自然語言處理、專家系統、自動化回答問題、知識表徵和訊息本體論上。具體實現 Prolog 語言的軟體本身都內建了一定的搜尋方法，而這個搜尋方式一般被稱為「SLD resolution」，其中「D」（definite clause）指的是本章和第十章所說的確定子句，而「resolution」一字指的則是本章所謂的消解法。由它所內建的方法，讀者們應該更容易看出 Prolog 和邏輯學之間的密切關係。[39]

使用 Prolog 語言去撰寫「程式」（也就是知識庫）的方式與常見的程式語言（如 C++ 和 Python）撰寫方式相當不同。常見的程式語言撰寫方式是以指令的方式，告訴電腦要做什麼以及如何做，但使用 Prolog 語言去撰寫程式的方式，則只是告訴電腦這個世界（或某個專門領域）中發生的事情。但一旦建立起電腦對這個世界（或其一部分）的知識庫，我們就可以利用實現 Prolog 的軟體中所內建的 SLD resolution 搜尋方式，去探索從這個知識庫還能繼續推論出什麼樣的結論來。實現 Prolog 程式設計語言的軟體有很多個，在此我們

---

[38] 將 Prolog 語言的原理應用在數據庫查詢而研發的語言則稱為 Datalog，Prolog 和 Datalog 是目前邏輯學在 AI 應用上的兩個主要語言，它們之間的主要差別在於 Prolog 語言包含函數符號而 Datalog 則否。對 Prolog 一個完整的介紹，可見 Patrick Blackburn, Johan Bos, Kristina Striegnitz: *Learn Prolog Now* 一書，該書可在 http://www.let.rug.nl/bos/lpn//lpnpage.php?pageid=online 網頁上免費下載閱讀。對 Prolog 和邏輯學之間關係的一個仔細介紹，則請見 J. Davoren, G. Restall: *Logic, Language and Information*, Melbourne, Melbourne University Press, 2015 第一冊和第二冊中的第六章。

[39] 此外，「SLD resolution」中的「S」（selective）指的是實現 Prolog 的軟體在進行推論時，選擇知識庫中有相同「頭部」（head）的子句的選擇策略，而「L」（linear）指的則是 Prolog 在推理過程中會產生的一序列線性「目標」（goals）。由於這兩部分與邏輯無關，所以我們不在此多作說明。

特別推薦一套網路上可免費下載且功能強大的邏輯編程軟體：SWI-Prolog；要下載該軟體，讀者只需登錄 http://www.swi-prolog.org/download/stable，下載最新的 SWI-Prolog 後進行安裝就可以了。下載完成後，打開該軟體，讀者就會看到如「圖 14-6」的畫面。要開始編程時，從「File」的目錄下拉選單，選擇「New...」，當對話窗開啟後，選擇檔案儲存目錄並輸入你要儲存的檔案名稱（記得副檔名要寫「.pl」），再按下「存檔」鍵，你就會看到如「圖 14-7」的編輯頁面，然後你就可以開始在其中撰寫你的「程式」了。另一種撰寫「程式」的方法是：直接使用 Notepad++ 開啟空白頁面，撰寫好「程式」後，儲存副檔名為「.pl」的檔案就可以了。

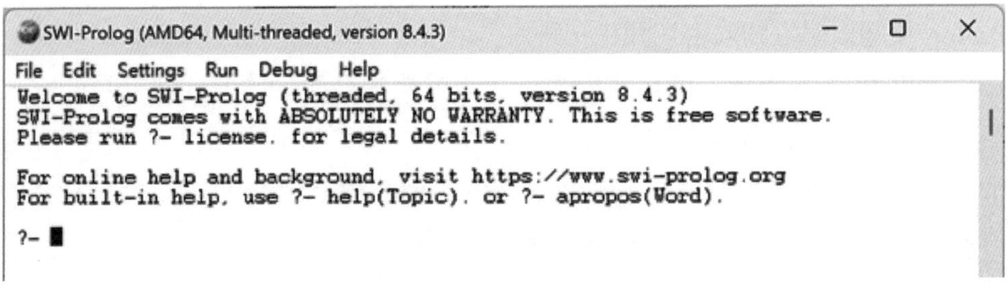

圖 14-6　SWI-Prolog 開啓圖

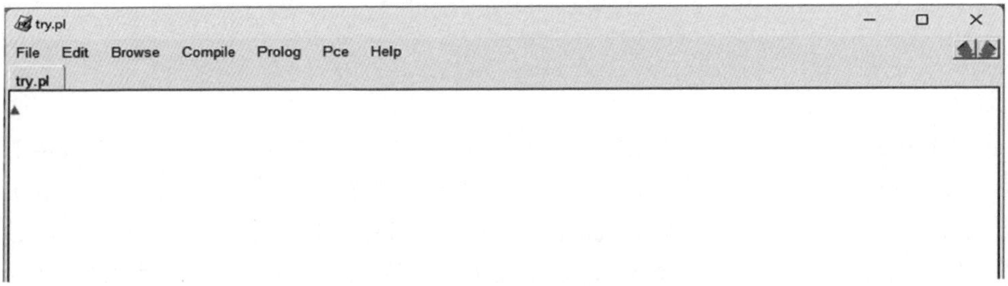

圖 14-7　Prolog 程式撰寫器

　　Prolog 允許你寫下兩類的語句儲存在你的知識庫程式中。一類是 QL 中的簡單合式公式（包括開放公式和封閉公式），或第十章第二節中所稱的「肯定文字」（positive literal），這一類公式在 Prolog 中被稱為「事實」（facts）。另一類則是前件為一或多個簡單合式公式（包括開放公式和封閉公式）的連

續連言 ⑩，而後件為一個簡單公式（開放公式或封閉公式，但不可以是等同語句或其否定）的條件句，這一類公式在 Prolog 中被稱為「規則」（rules）。當一個事實或一個規則中出現變元時，該事實或規則實際上會被 Prolog 解讀為省略了對這些變元加以拘束的前置全稱量化詞的語句，或者說，被解讀為該事實或規則的「全稱封閉句」。但利用 Prolog 撰寫知識庫時要注意四件事情：首先，Prolog 對於謂詞、函數、常元和變元符號的寫法，與我們在第六章中所規定的寫法不同。在 Prolog 中，謂詞、函數和常元可以是任意一串以小寫英文字母開始的不間斷英文字母（但可以有下標橫線），而在 Prolog 中，變元則可以是任意一串以大寫英文字母開始的不間斷英文字母（但可以有下標橫線）。其次，任何一個 n 位謂詞或 n- 元函數符號之後都應該接上一對括號，其後的 n 個詞項之間則應該以英文逗號區分開來。第三，也是最重要的，Prolog 對於條件句或「規則」的寫法是由左至右先寫下後件（後件又稱為該規則的「頭部」〔head〕），然後再寫下其前件（又稱為該規則的「身體」〔body〕）。最後，Prolog 的邏輯符號也和我們在第六章所看到的不同；在 Prolog 中，「:-」是表達了後件與前件條件關係的符號，而英文逗號「,」則表達連言。因而，以下是一些 Prolog 中可以寫下的事實和規則（我們在每個規則之後注記其英文含意。注意，每一個規則和事實最後都應該以英文句點作為結尾）：

1. is_mortal(X) :- is_man(X). 　　　 %(rule: All men are mortal.)

2. is_man(X) :- is_philosopher(X). %(rule: All philosophers are men.)

3. is_philosopher(socrates). 　　　 %(fact: Socrates is a philosopher.)

4. is_philosopher(plato). 　　　　　 %(fact: Plato is a philosopher.)

---

⑩ 一個例外是「等同語句」：規則的前件當中的連言項可以是一個對「等同語句」加以「否定」的否定句。在 Prolog 中，表示「否定」的符號是「\+」，而表示「等同」的符號是「=」；因而規則的頭部中可以有像「\+ X = Y」這樣的語句。但讀者要小心的是：「\+」和「=」在 Prolog 中其實有特定的意義，因而，嚴格說起來，「\+ a = b」在 Prolog 中並不表示「a 不等於 b」的意思，而是表示「a 和 b 之間的統一不可被證明」。

5. grandparent(X, Y) :- parent(X, Z), parent(Z, Y).　　%(rule: For all X, Y, and Z, if X is a parent of Z and Z is a parent of Y, then X is a grandparent of Y.)

6. grandmother(X, Y) :- grandparent(X, Y), female(X).　　%(rule: For all X and Y, if X is a grandparent of Y and X is female, then X is a grandmother of Y.)

7. parent(jenny, robert).　　　　　　%(fact: Jenny is a parent of Robert.)

8. parent(robert, mary).　　　　　　%(fact: Robert is a parent of Mary.)

9. female(jenny).　　　　　　　　　%(fact: Jenny is a female.)

　　一個簡單的 Prolog「程式」（或知識庫）也就是一組的事實和規則[41]。寫完了程式並儲存在電腦後，你就可以利用諸如 SWI-Prolog 這樣實現 Prolog 的軟體去「詢問」該知識庫能夠推論出什麼結論，又不能推論出什麼結論來。比方來說，如果你將上述的語句 1 至 4 儲存為「try1.pl」檔案，然後打開 SWI-Prolog，從「File」的目錄下拉選單，選擇「Consult...」，當對話窗開啟後，選擇「try1.pl」打開檔案，那麼，你就會看到如下「圖 14-8」的畫面，並可以開始進行「詢問」（query）了。詢問時，你可以在「?-」符號後方輸入一個由一或多個肯定文字所形成的連續連言（記得，表達連言的符號是英文的逗號），並在結束詢問時加上英文的句號。詢問中所寫下的每一個連言項又被稱為一個「目標」（goal），而一個詢問可以包含多個目標（goals）。如果你的目標中包括了變元，那麼，Prolog 就會將你的目標解讀為成省略了對這些變元加以拘束的前置特稱量化詞的特稱語句。舉例來說，如果你詢問的目標是「is_philosopher(W), is_mortal(W).」，那麼，Prolog 就會將你的目標解讀為「∃W(is_philosopher(W) ∧ is_mortal(W))」。當你輸入完你的詢問後，按下鍵盤的「Enter」鍵，Prolog 就會自動進行推理，並將推理的結果告訴你，如以下「圖 14-9」所示。在「圖 14-9」中，我們詢問 Prolog 是否能從「try1.pl」這個知識庫中推論出「∃W(is_philosopher(W) ∧ is_mortal(W))」來，而 Prolog

---

[41] 我們強調這只是一個「簡單的」Prolog 程式；實際上，Prolog 有更強大的應用，特別是在清單（list）的處理上。有興趣的讀者請參考前述所及 Patrick Blackburn, Johan Bos, Kristina Striegnitz: *Learn Prolog Now*。

則以提出該存在語句的一個例子（也就是 socrates）的方式，來給予你肯定的答覆。但當然，從「try1.pl」的知識庫中，我們可以推論出有兩個人滿足「is_philosopher(W), is_mortal(W).」的詢問。而如果我們想進一步知道還有沒有其他事物滿足我們的詢問，我們可以使用以下將說明的英文分號「;」。

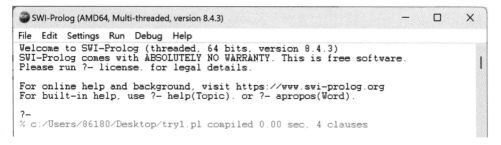

圖 14-8　SWI-Prolog 開啟檔案「try1.pl」後示意圖

圖 14-9　SWI-Prolog 對「is_philosopher(W), is_mortal(W).」詢問的答覆

一般說來，Prolog 回答詢問的方式有幾種，端賴於你的目標種類為何，以及你的目標是否能被知識庫中的知識推論出來。[42]如果你的目標是一個沒有任

---

[42] 以下的幾種回答方式都有例外。有時候，由於知識庫中語句的排列問題，或由於知識庫中存在著等價於一個雙條件句（如「happy(john):- happy(mary).」和「happy(mary):- happy(john).」）的兩個條件句，這時，不論你詢問的問題是否有肯定的答案，Prolog 的內鍵搜尋模式都會讓 Prolog 限於無窮的迴圈中，既無法給出「true」或「false」的答案，也無法再提示下一個「?-」符號。換言之，Prolog 的推論方式對 QL 的角子句片段來說並非一個強完備的推論方式。

何變元在內的簡單肯定文字（如「is_mortal(socrates).」）或數個沒有任何變元在內的肯定文字的連言（如「is_mortal(socrates), is_mortal(plato).」），並且該目標是你建立的知識庫的一個邏輯結果，那麼，Prolog 將對你的詢問回答「true」，然後換行給出提示符號「?-」，等待你詢問下一個問題（讀者們可以自己試一試）。但如果你的目標是一個包含了變元在內的簡單肯定文字（如「is_mortal(W).」）或數個包含變元的肯定文字的連言（如「is_mortal(W), is_mortal(T).」，記得這些被 Prolog 解釋為前置了存在量化詞的存在語句），並且該目標是你建立的知識庫的一個邏輯結果，那麼，Prolog 就會以「具體指出論域中的哪一個事物或哪一組事物滿足你的目標」的方式去肯定地回答你的問題。如果滿足你的詢問的事物有多個或多組，Prolog 就會先只給你其中的一個或一組，而如果你想知道還有哪些事物或哪幾組事物滿足你的目標，你可以在Prolog 給出答案後接連按下英文分號鍵「;」，以便看其它的例子。當 Prolog 列舉完所有滿足你的詢問的事物或事物組後，Prolog 就會換行並給出提示符號「?-」，等待你詢問下一個問題。舉例來說，如果你的目標是「is_mortal(W), is_mortal(T).」，那麼，在按下「Enter」後連續按下英文分號鍵「;」，Prolog 就會陸續給你四組答案，其結果如以下「圖 14-10」所示（讀者們可以自己試一試）。最後，如果你的目標並不是知識庫中知識的一個邏輯結果（如「is_mortal(happy).」或「is_mortal(happy), is_mortal(plato).」），那麼，不論你的目標當中是否有任何變元存在，Prolog 都將回答「false」，然後換行給出提示符號「?-」，等待你詢問下一個問題（讀者們可以自己試一試）。

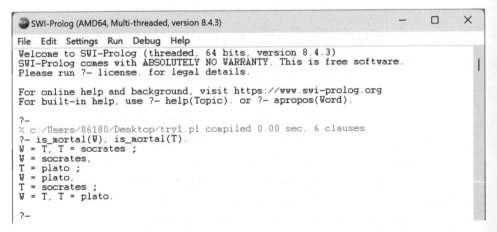

圖 14-10　SWI-Prolog 對「is_mortal(W), is_mortal(T).」詢問的答覆

　　看起來，使用 Prolog 語言去建立知識庫的方式並不困難，而實現 Prolog 的軟體似乎也能做出相當不錯的邏輯推論。但最後，讓我們說明兩個關鍵的問題：第一，為什麼我們說 Prolog 語言中的語句都是角子句呢？畢竟，條件句並非嚴格意義下的角子句，而詢問中的連言句本身也不是角子句。第二，為什麼我們說 Prolog 是消解法在自動化推理和 AI 推理上的一個應用呢？消解法在其中是如何被使用的呢？

　　首先回答第一個問題。我們說過，Prolog 的程式中有兩種語句：規則和事實；讓我們分別看這兩種語句。首先，事實是肯定的文字，而一個肯定的文字本身都是一個（只有一個選言項的）子句。由於事實是肯定的文字，而該子句恰好有一個肯定子句，所以事實都是確定子句，並因而是最多只有一個肯定文字的角子句。其次，規則是具有「$(\alpha_1 \wedge \cdots \wedge \alpha_n) \rightarrow \beta$」這種形式的條件句，而其中的每一個 α_i 和 β 都是一個肯定的文字。表面上看起來，規則並非角子句，但它們其實都在邏輯上等價於「$\neg\alpha_1 \vee \cdots \vee \neg\alpha_n \vee \beta$」這樣的子句（我們將它們在邏輯上等價性證明留給讀者作為練習）。由於「$\neg\alpha_1 \vee \cdots \vee \neg\alpha_n \vee \beta$」中恰好有一個肯定子句，所以這樣的語句都是確定子句，並因而也都是最多只有一個肯定文字的角子句。由於每一個規則都邏輯上等價於一個角子句，因而我們可以將規則都看作是某個角子句的不同寫法。最後，讓我們看詢問中所使用的語句。的確，由一或多個文字的連言所構成的詢問並不是一個角子句，但任何一個這樣的詢問的否定卻在邏輯上等價於一個角子句。比方來說，「is_mortal(socrates), is_mortal(plato).」的否定在邏輯上等價於「¬is_mortal(socrates) ∨ ¬is_mortal(plato).」這個沒有一個肯定文字（並因而最多只有一個肯定文字）的角子句（我們將它們在邏輯上等價性證明留給讀者作為練習），而「∃W∃T(is_philosopher(W) ∧ is_mortal(T)).」的否定則在邏輯上等價於「∀W∀T(¬is_philosopher(W) ∨ ¬is_mortal(T)).」這個沒有一個肯定文字（並因而最多只有一個肯定文字）的角子句（我們同樣將它們在邏輯上等價性證明留給讀者作為練習）。Prolog 在進行推理時其實是利用程式中的規則和事實以及目標的否定來進行推理，由於這些語句在邏輯上都等價於某個角子句，因而我們說：Prolog 語言中的語句都是角子句。

　　但 Prolog 是如何利用這些角子句和消解法去進行推論的呢？答案是：就是利用我們在這一節中稍早提到的 SLD resolution 方法。簡單地說，這個方法

是這樣進行的。首先，在接受詢問時，Prolog 假定知識庫中的每一個角子句都為真，但假定了作為目標的語句為假，並因而假定了與該目標的否定在邏輯上等價的某個角子句為真。然後，在假設了與目標的否定邏輯上等價的角子句為真的情況下，Prolog 開始 (i) 在知識庫中搜尋所有能夠與目標角子句中的第一個選言項相消解的角子句（這樣的角子句可能不只一個），讓它們與目標角子句進行消解，並將消解的結果（仍然是一個角子句）列為新的目標角子句。然後，(ii) 重複步驟 (i) 直到 (iia) 解消的結果得到「⊥」，並因而證明一開始的假設不可能（從而證明了知識庫中的知識可以演繹上有效地推論出詢問的語句）；但如果有多種方式能從一開始的假設推論出「⊥」，就分別記錄這些結果；或 (iib) 在窮盡地搜尋後，確認無法與資料庫中任何角子句解消得到「⊥」的結果，就以「false」回答一開始的詢問。從這個簡單的描述中，應該能夠看出 Prolog 是如何利用消解法從儲存的知識庫進行推論的。㊸

㊸ 我們對這個過程的描述其實過於簡單，無法精確說明其中所使用的 AI 搜尋策略，但我們的目的只在於說明說明消解規則是如何地被使用在 Prolog 尋求答案的過程中。對 Prolog 的 SLD solution 策略的細節有興趣的讀者，可以參考見 J. Davoren, G. Restall: *Logic, Language and Information*, Melbourne, Melbourne University Press, 2015 第一冊和第二冊中第六章的說明。

國家圖書館出版品預行編目資料

邏輯思維當代應用：從哲學、數學、語言學、
AI角度全方位學邏輯／王文方著. －－初
版. －－臺北市：五南圖書出版股份有限公
司, 2023.12
面； 公分
ISBN 978-626-366-411-1（平裝）

1.CST: 邏輯

150   112012440

1B1M

邏輯思維當代應用——
從哲學、數學、語言學、AI
角度全方位學邏輯

作　　者：王文方

發 行 人：楊榮川

總 經 理：楊士清

總 編 輯：楊秀麗

主　　編：蔡宗沂

特約編輯：張邁譽

封面設計：陳亭瑋

出 版 者：五南圖書出版股份有限公司

地　　址：106臺北市大安區和平東路二段339號4樓

電　　話：(02)2705-5066　　傳　　真：(02)2706-6100

網　　址：https://www.wunan.com.tw

電子郵件：wunan@wunan.com.tw

劃撥帳號：01068953

戶　　名：五南圖書出版股份有限公司

法律顧問：林勝安律師

出版日期：2023年12月初版一刷

定　　價：新臺幣450元

※版權所有·欲利用本書內容，必須徵求本公司同意※

五南
WU-NAN

全新官方臉書

五南讀書趣

WUNAN
Books

since1966

Facebook 按讚

1 秒變文青

f 五南讀書趣 Wunan Books

★ 專業實用有趣
★ 搶先書籍開箱
★ 獨家優惠好康

不定期舉辦抽
贈書活動喔！

經典永恆・名著常在

五十週年的獻禮——經典名著文庫

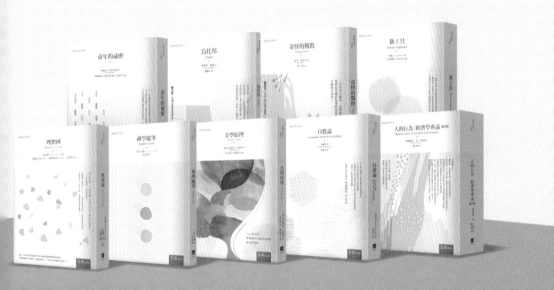

五南，五十年了，半個世紀，人生旅程的一大半，走過來了。

思索著，邁向百年的未來歷程，能為知識界、文化學術界作些什麼？

在速食文化的生態下，有什麼值得讓人雋永品味的？

歷代經典・當今名著，經過時間的洗禮，千錘百鍊，流傳至今，光芒耀人；

不僅使我們能領悟前人的智慧，同時也增深加廣我們思考的深度與視野。

我們決心投入巨資，有計畫的系統梳選，成立「經典名著文庫」，

希望收入古今中外思想性的、充滿睿智與獨見的經典、名著。

這是一項理想性的、永續性的巨大出版工程。

不在意讀者的眾寡，只考慮它的學術價值，力求完整展現先哲思想的軌跡；

為知識界開啟一片智慧之窗，營造一座百花綻放的世界文明公園，

任君遨遊、取菁吸蜜、嘉惠學子！